कश्मीर समस्या

जटिलताएँ और समाधान

कश्मीर समस्या

जटिलताएँ और समाधान

सम्पादक
कृष्णानन्द शुक्ल

राधा पब्लिकेशन्स
नई दिल्ली-110002

ISBN : 81-7487-677-4
ISBN : 978-81-7487-677-5
पहला संस्करण : 2010

राधा पब्लिकेशन्स
4231/1, अंसारी रोड, दरियागंज,
नई दिल्ली-110002
फोनः 23247003,23254306

श्री नितिन गर्ग द्वारा राधा पब्लिकेशन्स के लिए प्रकाशित तथा
एशियन ऑफसेट प्रेस, मौजपुर, दिल्ली-110053 में मुद्रित।

समर्पण

परम पूज्यनीया माता श्री स्वर्गीया
श्रीमती सरस्वती शुक्ला की स्मृति
में राष्ट्र को समर्पित एक
लघु प्रयास।

प्राक्कथन

महाशक्ति बनने की राह में भारत के लिए सबसे बड़ी चुनौती विकास और आत्मनिर्भरता की है, लेकिन यह तभी सम्भव है, जब राष्ट्रीय कोष का प्रवाह सही दिशा में हो। लेकिन यह इतना आसान भी नहीं है। विकासशील देशों के समक्ष कई तरह की चुनौतियाँ सदा ही बनी रहती हैं, जिससे सतत् जूझने के लिए न चाहते हुए भी विवश होना ही पड़ता है। भारत भी एक ऐसा ही विकासशील देश है, जो आजादी से लेकर अब तक समस्याओं से निरन्तर जूझता चला आया है।

यद्यपि कि भारत के पास वह सभी संसाधन और अवसर उपलब्ध हैं, जो किसी देश को महाशक्ति बनाने के लिए पर्याप्त हैं, किन्तु कमी यदि कोई है, तो बस सही दिशा में निरन्तर प्रयास करने की, किन्तु इसे दुर्भाग्य ही कहा जायेगा कि सही शुरूआत के बावजूद भी सही दिशा में पूरा प्रयास नहीं हो पा रहा है।

कहा जाता है कि एक युद्ध किसी देश को विकास की दिशा से दस साल पीछे ढकेल देता है और भारत तो चांर-चार युद्धों की मार झेल चुका है तथा इसके अतिरिक्त उग्रवाद और आतंकवाद तो निरन्तर पीड़ा पहुँचा ही रहा है। ऐसी स्थिति में सही मात्रा में विकास की कल्पना करना क्या उचित होगा? उत्तर तो निश्चय ही ना में होगा, लेकिन भारत इस मिथक को झुठलाने में लगा हुआ है और अब लगभग सभी विश्लेषक यह मानने लगे हैं कि देर-सबेर भारत महाशक्ति तो बनकर ही रहेगा, किन्तु सवाल फिर भी एक बचा रह जाता है कि कब तक? क्या 'विजन-2020' के तहत भारत इस लक्ष्य को हासिल कर लेगा? इस प्रश्न के उत्तर के लिए भारत के भीतर व बाहर के स्त्रातेजिक वातावरण का अध्ययन करना अपरिहार्य है।

भारत में सामाजिक, राजनीतिक एवं आर्थिक चुनौतियाँ सरकार की पेशानी पर बल तो डाल रही हैं, तो क्षेत्रीय एकता, अखण्डता एवं पड़ोसी देशों के साथ

सीमा-विवाद भी निरन्तर परेशानी का सबब बनता चला जा रहा है। ऐसी ही एक समस्या है, कश्मीर की समस्या, जो भारत के विकास के मार्ग में सबसे बड़ा रोड़ा है।

आजादी से लेकर अब तक भारत ने जितने भी युद्ध लड़े हैं, कश्मीर का मुद्दा सभी में शामिल रहा है। पाकिस्तान के साथ लड़े तीनों युद्धों में कश्मीर सबसे बड़ा कारण रहा है। 1962 के भारत-चीन युद्ध में भी लद्दाख क्षेत्र का अक्साईचिन भी चीनी आक्रमण की एक वजह थी। 1999 की कारगिल तथा 2005 की गुरेज की लड़ाइयाँ कश्मीर मुद्दे से ही जुड़ी हुई थी। पाकिस्तान के पूर्व राष्ट्रपति जनरल जिया ने, जो आपरेशन टोपैक चला रहता था, वह आज भी जारी है और इसका प्रमुख उद्देश्य है- कश्मीर के शेष बचे हिस्से को भारत से छीन लेना।

कश्मीर समस्या के आइने में तीन प्रत्यक्ष पक्षकार-पाकिस्तान, कश्मीरी आवाम और भारत हैं, जबकि चीन भी एक अप्रत्यक्ष पक्षकार है, जिसके आधिपत्य में कराकोरम दर्रा और अक्साईचिन का इलाका है। हालाँकि इस समस्या को बातचीत के जरिये सुलझाने के भरपूर प्रयास हो रहे हैं, लेकिन प्रत्येक प्रयास निराशाजनक परिणाम ही दे रहा है। आज यह समस्या एक ऐसे मकड़जाल के रूप में स्थापित हो चुका है कि इससे जितना निकलने का प्रयास किया जा रहा है, उलझनें उतनी ही बढ़ती जा रही हैं।

आज स्थिति यह है कि कश्मीर के बचे हुए हिस्से पर अपना नियंत्रण बनाये रखने के लिए भारत को अपनी सकल राष्ट्रीय जरूरतों का एक बड़ा भाग कश्मीर पर व्यय करना पड़ रहा है, जिसका कुप्रभाव शेष भारत के अन्य हिस्सों पर भी पड़ रहा है। आखिर कश्मीर का भविष्य क्या होगा? फाइनल मुकाबला कौन जीतेगा या बाजी ड्रा रहेगी? आखिर कौन सा ऐसा समाधान हो, जो सर्वमान्य हो? आदि प्रश्नों पर निरन्तर विचार विमर्श नित्य प्रतिदिन हो रहे हैं। ऐसे ही कुछ लिपिबद्ध विचारों को संकलित करके 'कश्मीर समस्या, जटिलताएँ और समाधान' नामक इस पुस्तक का सम्पादन एवं प्रकाशन किया जा रहा है, ऐसी उम्मीद के साथ कि यह पुस्तक कश्मीर समस्या रूपी 'रक्तबीज' के समापन में रौशनी की हल्की सी किरण दिखा सकेगी और यदि ऐसा हो सका, तो यह परम सौभाग्य और आनन्द का क्षण होगा।

विजयदशमी, 09 अक्टूबर 2008, — कृष्णानन्द शुक्ल
महराजगंज (उ०प्र०), सम्पादक

विषयानुक्रम

कश्मीर समस्या

जटिलताएँ और समाधान

1. कश्मीर समस्या : आसान नहीं है समाधान

कृष्णानन्द शुक्ल*

1940 में जिन्ना ने मुस्लिम लीग के लाहौर अधिवेशन में 'द्विराष्ट्र सिद्धांत' पर बोलते हुए कहा था कि हिन्दू और मुसलमान दो अलग-अलग राष्ट्र हैं। इन्हें एक राष्ट्र के अन्दर एक साथ रखना सम्भव नहीं है। दोनों के आदर्श अलग-अलग हैं और दोनों एक दूसरे के शत्रु। भाषा, धर्म, ग्रंथ, संस्कार, आचार-विचार सभी अलग हैं। इसलिए हिन्दुओं के मुसलमानों से अलग रखना चाहिए।[1] बाद में यही सोच विभाजन के समय धार्मिक उन्माद और एक दूसरे के प्रति घृणा का कारण बनी। अविश्वास में जीना पाकिस्तान की नियति बन गयी। अतः जब भारत पाकिस्तान के सम्बन्धों में विश्वास नाम की जब कोई चीज रह ही नहीं गयी, तब किसकी बहाली की बात हम करते हैं। विश्वास तो तब पैदा होगा, जब अविश्वास की मूल जड़ धर्मान्धता, घृणा एवं आपसी विवाद समाप्त हों। लेकिन पाकिस्तान इसे समाप्त करना ही नहीं चाहता। पाकिस्तान के जाने-माने न्यायविद एवं संयुक्त राष्ट्र में विशेष दूत डॉ० फारूख हसन का कहना है कि पाकिस्तान की सैनिक सरकार की वास्तव में भारत के साथ कश्मीर समेत विभिन्न मुद्दों को हल करने में कोई रूचि नहीं है, क्योंकि अगर वह ऐसा करेगी तो उसके वजूद का तर्क ही खत्म हो जायेगा।[2]

मेरी राय में पाकिस्तान के साथ बेहतर सम्बन्धों की राह में दो सबसे बड़े रोड़े हैं-घृणा एवं कट्टरपंथ तथा कश्मीर की समस्या। शुरू से लेकर आज तक पाकिस्तान की नियति ही रही है, भारतीयों से घृणा एवं भारत का विरोध करना। इस्लाम में काफिर उसे माना जाता है, जो इस्लाम को नहीं मानता, लेकिन पाकिस्तान में काफिर उसे समझा जाता है, जो भारत को मानता है। यह एक प्रवृति है, जो धीरे-धीरे समाप्त हो सकती है। अर्थशास्त्रियों सहित पाकिस्तान में भारत के पूर्व उच्चायुक्त जी०

***वरिष्ठ प्रवक्ता-रक्षा अध्ययन विभाग एवं अध्यक्ष-रक्षा अध्ययन शोध समिति, जवाहर लाल नेहरू स्मारक पी०जी० कालेज, महराजगंज (उ०प्र०)।**

पार्थसारथी का मानना है कि व्यापार इस दिशा में एक पुल का कार्य कर सकता है। धीरे-धीरे जब जरूरते एक दूसरे के पूरक और परस्पर निर्भरता का साधन बनेंगी, तब दोनों देशों के बीच अविश्वास की खाई अपने आप पट जायेगी। समस्याओं के समाधान में भी मदद मिलेगी।

लेकिन पाकिस्तान सारी समस्याओं के साथ कश्मीर का मुद्दा भी चिपका देता है। कश्मीर समस्या के समाधान के लिए तमाम विचार एवं सुझाव सामने आये हैं, लेकिन मेरा यह मानना है कि कश्मीर को एक 'बफर स्टेट' के रूप में स्थापित कर देना चाहिए। इससे आर्थिक क्षेत्र एवं राष्ट्रीय विकास में काफी संसाधन भारत को अतिरिक्त मिल जायेंगे। एक अनुमान के अनुसार आर्थिक दृष्टि से यदि देखा जाय तो 1947 से आज तक अकेले जितना सियाचिन ग्लेशियर पर भारत ने खर्चा किया है, वह कश्मीर के कुल मूल्य से अधिक हो सकता है। यदि सम्पूर्ण कश्मीर पर हो रहे सैन्य व्यय को मिला लें, तो यह और भी अधिक हो सकता है। यदि कश्मीर पर किये जा रहे पुनर्वास, रक्षा, शिक्षा, रोजगार व विकास के अन्य मद बिजली, पानी आदि सभी मदों के खर्चों को मिलाकर देखा जाय, तो शायद यह सकल राष्ट्रीय विकास की आवश्यकता के 33 प्रतिशत के आस-पास बैठेगा। यानी कश्मीर के नाम पर हम अपने एक तिहाई राष्ट्रीय विकास की तिलांजलि दे रहे हैं और बदले में कश्मीर से हमें क्या मिल रहा है - आतंकवाद, अस्थिरता और जलालत?[3]

कश्मीर मुद्दे पर भारत के पास विश्व जनमत भी नहीं हैं। इस मद्दे पर रूस को छोड़कर सभी बड़ी शक्तियों का मतदान भारत के खिलाफ रहा है। रूस का वीटो भी अमेरिकी विरोध के कारण ज्यादा था। कश्मीर मसले पर द्विपक्षीय वार्ता की बातें कही जाती हैं, लेकिन अक्साई चीन और कराकोरम दर्रे पर चीनी कब्जे के कारण चीन नाम के तीसरे पक्ष की बात कोई नहीं करता। वास्तव में कश्मीर एक ऐसी मृगतृष्णा है, जो भारत को कभी हासिल नहीं होगी। एक छोटे टुकड़े के लिए इतना बड़ा संसाधन व्यय करना सच्चाई से मुँह मोड़ने जैसा है और जो सच्चाई से मुँह मोड़ेगा, वह दौड़ में पीछे रह जायेगा। घाव का यदि समय पर इलाज न हो, तो वह नासूर बन जाता है और नासूर यदि पाला जाये तो वह अनेक विकृतियों को जन्म देता है। यही बात कश्मीर समस्या पर लागू होती है।[4]

कश्मीर भारत और पाकिस्तान के बीच एक ऐसा विवादित मुद्दा है, जो अन्तर्राष्ट्रीय निगरानी के साथ-साथ काफी संवेदनशील भी है। इसी मुद्दे पर 1947-48 से लेकर कारगिल संघर्ष तक की एक लम्बी और तनावपूर्ण दास्तान भी लिखी जा चुकी है। किन्तु इन दिनों इस तनावपूर्ण और संवेदनशील मुद्दे के समाधान पर काफी बहस चल रही है। पाकिस्तान जो पहले लड़कर कश्मीर लेने की बात करता था, का रूख इन दिनों नर्म प्रतीत हो रहा है।

"कश्मीर मुद्दे पर जनरल साहब नरम से पड़ गए लगते हैं। पाकिस्तान के रूख में बदलाव का जोरदार यकीन दिलाते हुए राष्ट्रपति जनरल परवेज मुशर्रफ ने अब कहा है कि उन्होंने टकराव का रास्ता छोड़ दिया है। वह इस मसले का हल सुलह सफाई से चाहते हैं। हम गुफा के दूसरे छोर पर कुछ रोशनी देख रहे हैं।"[5]

मुशर्रफ ने यह बात उस समय कही जब कश्मीर में आतंकियों और अलगाववादियों के समर्थन में कश्मीर दिवस मनाया जा रहा था। ईरान और तुर्की की यात्रा पर रवाना होने से पहले मुशर्रफ ने पत्रकारों से बातचीत में कहा कि हमारा ध्यान अब मसले का हल वार्ता से करने पर होगा। इसलिए, इस बार का कश्मीर दिवस पहले के सालों से अलग है।[6] उन्होंने कहा कि भारत के साथ जारी वार्ता प्रक्रिया में प्रगति हुई है, लेकिन इसे मजबूत करने के लिए अतिरिक्त कार्य करने की जरूरत है। हमें उम्मीद है कि हम जम्मू-कश्मीर के निवासियों को शांति मुहैया कराने में सक्षम हो सकते हैं।

कश्मीर पर पाकिस्तान के रुख में बदलाव पर कट्टरपंथी पार्टियां और आतंकी संगठन मुशर्रफ की आलोचना कर रहे हैं। उधर प्रधानमंत्री शौकत अजीज ने मुशर्रफ द्वारा देश में इमरजेंसी लगाने के विचार की अटकलों को आधारहीन बता इनका खंडन किया लेकिन पाकिस्तान में इमरजेंसी लगायी भी गयी और फिर दबाव में हटायी भी गयी। उधर कश्मीर मुद्दे पर राष्ट्रपति परवेज मुशर्रफ की मुश्किलें बढ़ाते हुए हिजबुल मुजाहिदीन प्रमुख सैयद सलाहुद्दीन ने कहा है कि बातचीत से इस मसले का हल नहीं निकलने वाला है, इसका हल केवल जेहाद से निकलेगा। उसका कहना है कि पाकिस्तान हमारी मदद करे, हमें मजबूत करे और हम इसका हल लड़कर निकाल लेंगे।[7] भारत से दोस्ताना संबंध बनाने के लिए दोनों देशों के बीच जारी शांति वार्ता को पूरी तरह से बकवास करार देते हुए सलाहुद्दीन ने कहा कि इस तरह की बातचीत में कोई दम नहीं है और राष्ट्रपति परवेज मुशर्रफ को बेकार की इस कवायद में अपना वक्त खराब करने की बजाए आतंकियों की मदद में खुले तौर आना चाहिए। सलाहुद्दीन ने कहा कि मुझे नहीं लगता कि तीन साल से चल रही शांति वार्ता का कोई हल निकलेगा। उसका कहना था जो लोग हमें शांति प्रस्ताव का समर्थन करने का उपदेश दे रहे हैं, उन्हें मालूम होना चाहिए कि हम इस व्यर्थ की बातचीत में हिस्सा नहीं लेंगे। सलाहुद्दीन यूनाइटेड जिहाद काउंसिल का नेता है, जो भारत के खिलाफ लड़ने वाले आतंकी समूहों का संगठन है।

पाक परस्त आतंकी संगठनों एक बार फिर बंदूक छोड़ने अपील ठुकरा दी है। ताजाक्रम में जमायत-उल-मुजाहिदीन ने कहा है कि उसे हुर्रियत चेयरमैन मीरवाइज उमर फारूक की हथियार छोड़ने की अपील मंजूर नहीं है। संगठन के प्रवक्ता जमील अहमद ने फैक्स से भेजे बयान में कहा है कि जो लोग सीज फायर की अपील कर

रहे हैं, हमें ऐसे लोगों के इरादे मालूम हैं। ऐसे लोगों को मालूम होना चाहिए कि आतंकी उनके जाल में नहीं आएंगे।[8] ज्ञातव्य हो कि नरमपंथी नेता मीरवाइज ने आतंकियों से हथियार छोड़ने की अपील की थी। इसे पहले गुलाम कश्मीर स्थित विभिन्न आतंकी संगठनों के संयुक्त संगठन युनाइटेड जिहाद काउंसिल ने नामंजूर किया था। जमायत ने कहा है कि जो लोग सीज फायर की बात कर रहे हैं, वे असल में राज्य में सत्ता पाना चाहते हैं।

कश्मीर की आजादी की बात करने वाले लोगों को यह नहीं भूलना चाहिए कि कश्मीर का प्रत्येक निवासी, चाहे वह हिन्दू हो या मुसलमान सभी के अधिकार समान हैं, किन्तु वहाँ इन्हीं लोगों द्वारा पक्षपात किया जा रहा है और हिन्दुओं को प्रताड़ित करके उन्हें पलायन के लिए मजबूर किया जा रहा है। अमेरिका स्थित एक हिन्दू मानवाधिकार संगठन ने जम्मू कश्मीर में हिन्दू अल्पसंख्यक समुदाय पर पर्याप्त ध्यान नहीं दिए जाने के लिए भारत की पिछली सरकारों की निंदा करते हुए कहा है कि प्रदेश में यह समुदाय मानवाधिकारों के 'घोर उल्लंघन' का सामना कर रहा है।

हिन्दू अमेरिकन फाउंडेशन के अध्यक्ष मीहिर मेघानी ने समूह द्वारा आयोजित एक कोष संग्रहण समारोह में कहा, हिन्दुओं के साथ हो रहे भेदभाव को अनदेखा किया जाता है, क्योंकि इसाइयों या मुस्लिमों के विपरीत इस समुदाय के लोगों के पेशतर आने वाली समस्याओं पर ध्यान केंद्रित करने के लिए संगठनों का अभाव है। उन्होंने कहा कि जम्मू-कश्मीर में हिन्दुओं को ऐसे मानवाधिकार से बुरी तरह वंचित किया जा रहा है जिन्हें वैश्विक स्तर पर मान्यता प्रदान की जा चुकी है।[9]

मानवाधिकार संगठन ने पूर्ववर्ती भारत सरकारों पर हिन्दू अल्पसंख्यक समुदाय की अनदेखी करने का आरोप लगाते हुए कहा है, उनकी जायज चिंताओं पर ध्यान देने से विवाद के राजनीतिक समाधान से ध्यान हट सकता है। फांडेशन ने कहा है, कश्मीरी हिन्दुओं के मानवाधिकारों की अनदेखी को लेकर सरकार की चुप्पी पर भारतीय और विदेशी मीडिया ने ध्यान आकर्षित किया है। अंतर्राष्ट्रीय मानवाधिकार संगठन भी इस त्रासदी को लेकर मूक दर्शक है, जिसका सामना कश्मीरी हिंदुओं को करना पड़ रहा है। संगठन ने विश्वभर में हिन्दुओं के हितों को लेकर आंदोलन करने के मकसद से दस लाख डालर की धनराशि एकत्रित करने के लिए कई आयोजन करने की भी घोषणा की। संगठन ने इस मौके पर एक रिपोर्ट भी जारी की जिसमें हिन्दुओं को बाँगलादेश, पाकिस्तान, अफगानिस्तान, फिजी और कई अन्य इस्लामी देशों में व्यापक स्तर के भेदभाव का शिकार होना पड़ रहा है। रिपोर्ट में इस भेदभाव तथा नफरत का राष्ट्रवार ब्यौरा देते हुए उनके धार्मिक स्थलों को हुई क्षति का भी उल्लेख किया गया है। इसके बावजूद भी कश्मीर के अलगाववादी नेता अमानुल्ला खान ने कहा है कि पाकिस्तान के संस्थापक मुहम्मद अली जिन्ना कश्मीर की

आजादी के तरफदार थे और उन्होंने कभी नहीं चाहा कि कश्मीर पाकिस्तान का अंग बने। खान ने कहा कि जिन्ना ने कश्मीर को दुखती रग नहीं कहा और अगर कोई इस बात को झूठ साबित कर दे, तो वह कड़ी से कड़ी सजा के लिए तैयार है।[10] 'न्यूज टुडे' ने खान के हवाले से बताया, तथ्य यह है कि कायदे आजम ने कश्मीर की आजादी का समर्थन किया। उन्होंने कहा कि जिन्ना ने अखिल भारतीय मुस्लिम लीग के अध्यक्ष की हैसियत से 17 जून 11 जुलाई और 30 जुलाई 1947 के नीतिगत बयान में स्पष्ट कहा था कि रियासतों को पूरा अधिकार है कि वे या तो स्वतंत्र हो जाएं अथवा भारत या पाकिस्तान में शामिल हो जाएं।

हुर्रियत कान्फ्रेंस के नरमपन्थी धड़े के प्रमुख मीरवाइज उमर फारूख ने कश्मीर मुद्दे के समाधान के लिए सशस्त्र संघर्ष को खत्म करने पर जोर देते हुए कहा है कि इसने सिर्फ कब्रगाहें तैयार कीं हैं।[11] हुर्रियत के इस उदारवादी नेता का मानना है कि बातचीत की प्रक्रिया के लिए जम्मू-कश्मीर के लोगों को एक मौका और दिया जाना चाहिए। जनवरी 2007 में पाकिस्तान दौरे पर गये तीन सदस्यीय हुर्रियत प्रतिनिधिमण्डल का नेतृत्व कर रहे मीरवाइज ने कहा कि कश्मीर मुद्दे के समाधान के लिए बातचीत की प्रक्रिया को एक मौका दिया जाना आवश्यक है, क्योंकि हथियारों के बल पर कोई हल नहीं निकल सकता। पाक अधिकृत कश्मीर के प्रधानमंत्री अतीक खान द्वारा आयोजित एक रात्रि भोज में मीरवाइज ने कहा कि नयी रणनीति के तहत हुर्रियत भारत को यह समझाने की कोशिश करेगा कि वह ज्यादा स्वीकार्य हल निकाले। उन्होंने बताया कि प्रतिनिधिमण्डल ने राष्ट्रपति परवेज मुशर्रफ से भी मुलाकात की। कश्मीर मुद्दे के समाधान के लिए शान्तिपूर्ण बातचीत को एकमात्र हल बताते हुए उन्होंने सैयद अली शाह गिलानी के नेतृत्व वाले हुर्रियत के कट्टरपन्थी धड़े की आलोचना की जो बातचीत की प्रक्रिया का विरोधी है। उन्होंने कहा कि संघर्ष में शामिल कुछ लोगों को अब भी कुछ आपत्ति हो सकती है, लेकिन जहाँ तक आल पार्टी हुर्रियत कान्फ्रेंस का सवाल है, तो हम अब अपने और चहेतों को खोने को तैयार नहीं हैं।[12]

आतंकवादियों को कड़ा संदेश देते हुए पाकिस्तान के राष्ट्रपति जनरल परवेज मुशर्रफ ने स्पष्ट किया कि कश्मीर मुद्दे का हल बंदूक के जरिए हासिल करने की सोच रखने वालों को इस मुद्दे के समाधान की प्रक्रिया में साथ नहीं लिया जा सकता है। वहीं तालिबान विद्रोह के प्रति पाकिस्तानी सेना के एक तब के द्वारा अपनी आंखें मूँद लिए जाने की बात स्वीकार करने के बावजूद पाकिस्तान के राष्ट्रपति जनरल परवेज मुशर्रफ ने कहा कि सेना या खुफिया एजेंसी उन्हें प्रश्रय नहीं दे रहीं। मुशर्रफ एक संवाददाता सम्मेलन में पत्रकारों से बातचीत कर रहे थे।[13] मुशर्रफ ने कहा, 'हम उन लोगों को साथ नहीं ले सकते जो टकराव में विश्वास रखते हैं। जो सोचते हैं कि

केवल आतंकवाद से ही समस्या का समाधान होगा, उन्हें साथ नहीं लिया जा सकता। वे जो भी करते हैं, उसका विरोध किया जाएगा।' उन्होंने भारत-पाक शांति प्रक्रिया की चर्चा करते हुए कहा, 'आतंकवादी हर तरह की बाधा पेश करेंगे। हमें उनके खिलाफ खड़ा होना होगा। कश्मीर गतिरोध पर दोनों देश जब किसी समाधान पर पहुंचेंगे तो पाकिस्तान को विश्वास में लिया जाएगा। बातचीत के ब्योरे का अपरिपक्व रूप से खुलासा करने से शांति प्रक्रिया को नुकसान होगा।' कुछ दिवस पूर्व हुर्रियत नेता मीरवाइज उमर फारूक से मुलाकात करने वाले मुशर्रफ जानना चाहते थे कि कश्मीरियों के नजरिये का प्रतिनिधित्व किसे करना चाहिए। उन्होंने कहा, 'हमें पहचानना होगा कि कश्मीरी कौन हैं। स्वाभाविक तौर पर हम सोचते हैं कि ऑल पार्टी हुर्रियत कांफ्रेंस कश्मीरी है। क्या सब लोग इस बात से सहमत हैं कि हुर्रियत कांफ्रेंस ही कश्मीर की अकेली आवाज है।' इस्लामाबाद के एक मशहूर होटल में भारतीय उच्चायोग द्वारा आयोजित गणतंत्र दिवस समारोह से कुछ घंटे पहले 26 जनवरी 2007 को हुए आत्मघाती बम हमले से मुशर्रफ विचलित नजर नहीं आये। उन्होंने कहा, 'कोई समस्या नहीं है, घटनाएँ होती हैं। लेकिन हमें दृढ़ता बनाये रखनी होगी।' उन्होंने यह भी कहा कि दोनों देशों को बम विस्फोट जैसी घटनाओं में नहीं बह जाना चाहिए और दृढ़ संकल्पित होना चाहिए। विस्फोट से जुड़ी जाँच की स्थिति के बारे में पूछने पर मुशर्रफ ने कहा कि जाँच में अभी कोई खास सुराग नहीं मिला है। भारत-पाक द्वारा शुरू किए गए विश्वास बहाली के उपायों के बारे में उन्होंने कहा कि इन उपायों की प्रगति अच्छी चल रही है।

पाकिस्तान के राष्ट्रपति परवेज मुशर्रफ ने उदारवादी हुर्रियत नेताओं को आश्वासन दिया है कि पाकिस्तान सरकार कश्मीर समस्या का समाधान ढूंढते वक्त कश्मीरियों की आकांक्षा की अनदेखी नहीं करेगी। उन्होंने हुर्रियत नेताओं से बातचीत करते हुए कहा कि कश्मीरी अवाम के बगैर कश्मीर समस्या का समाधान संभव नहीं है। उन्होंने कहा कि पाकिस्तान सरकार ऐसा कोई फार्मूला स्वीकार नहीं करेगी, जो कश्मीरियों को स्वीकार्य नहीं हो।[14] मुशर्रफ ने पाकिस्तान की यात्रा पर आए तीन सदस्यीय ऑल पार्टी हुर्रियत कांफ्रेंस (एपीएचसी) प्रतिनिधिमंडल से बातचीत करते हुए यह कहा। उदारवादी अलगाववादी नेता मीरवायज उमर फारूक इस प्रतिनिधिमंडल का नेतृत्व कर रहे हैं। हुर्रियत के उदारवादी गुट के प्रमुख फारूक ने कश्मीर समस्या के समाधान को लेकर पाकिस्तान की प्रतिबद्धता की तारीफ की। उन्होंने कहा कि मुशर्रफ की इस मुद्दे पर प्रतिबद्धता से हुर्रियत प्रभावित है। उन्होंने कश्मीरियों के प्रति पाकिस्तान की भावना की प्रशंसा की। पाकिस्तान के राष्ट्रपति ने भी एपीएचसी नेतृत्व की प्रशंसा की। मुशर्रफ ने कहा कि हुर्रियत नेता इस समस्या का तर्क संगत व सर्वमान्य हल निकालने के लिए पूरजोर कोशिश कर रहे हैं। उन्होंने कहा कि कश्मीरी नेतृत्व को शांति प्रक्रिया में अहम रोल दिये जाने की जरूरत है। राष्ट्रपति ने अपने एक

आधिकारिक बयान में यह कहा। मुशर्रफ ने हुर्रियत नेताओं से बातचीत करते हुए कहा कि जो लोग शांति प्रक्रिया को बाधित करने की कोशिश कर रहे हैं, उन्हें हाशिए पर धकेले जाने की जरूरत है।[15] उन्होंने कहा कि कुछ लोग कश्मीर जनता के बीच पाकिस्तान के बारे में गलतफहमी पैदा करने की कोशिश कर रहे हैं। ऐसे तत्वों से कश्मीरियों को सावधान रहने की जरूरत है। फारूक ने कश्मीर समस्या के समाधान में संयुक्त राष्ट्र संघ की विफलता पर निराशा जताई और भारत एवं पाकिस्तान से समस्या समाधान की कोशिशें और तेज करने की अपील की।

अमेरिका ने पाकिस्तान के राष्ट्रपति परवेज मुशर्रफ के उस बयान का स्वागत किया है जिसमें कहा गया था कि अगर भारत जम्मू-कश्मीर में स्वशासन स्वीकार कर लेता है तो पाकिस्तान कश्मीर पर से अपना दावा छोड़ने के लिए तैयार है।[16] अमेरिकी विदेश विभाग के प्रवक्ता सीन मैक्कार्मेक ने 7 दिसम्बर 2006 को वाशिंगटन में कहा कि यह एक स्वागतयोग्य बयान है। अमेरिका ने भारत और पाकिस्तान दोनों को आपसी रिश्ते के इस विवादित मसले का समाधान तलाशने के लिए प्रोत्साहित किया है। उन्होंने कहा कि विदेश मंत्री कोंडलीजा राइस जनरल मुशर्रफ की इस टिप्पणी से अवगत हैं। अमेरिका का मत है कि कश्मीर मसले का जो भी समाधान हो, उसमें वहाँ की अवाम की इच्छा का प्रतिनिधित्व भी हो। दरअसल जनरल मुशर्रफ ने गत दिनों निजी टीवी चैनल एनडीटीवी को दिए साक्षात्कार में कश्मीर मुद्दे के समाधान के लिए चार सूत्रीय प्रस्ताव पेश किया था। इसमें कहा गया था कि कश्मीर में स्वशासन लागू करके और यहाँ से सेना हटाकर इसका समाधान किया जा सकता है। अगर भारत इसके लिए तैयार हो जाता है तो पाकिस्तान कश्मीर पर से अपना दावा वापस ले लेगा।

पिछले कुछ समय से जनरल परवेज मुशर्रफ उन उपायों की चर्चा करते रहे हैं जिनके आधार पर कश्मीर समस्या का समाधान तलाशा जा सकता है। संवाददाता सम्मेलनों, कुछ नामी-गिरामी पत्रकारों के साथ साक्षात्कारों और विभिन्न सेमिनारों में अपने संबोधनों में जनरल मुशर्रफ नियंत्रण रेखा के दोनों ओर स्व-शासन, क्षेत्र के विसैन्यीकरण, दोनों ओर लोगों के मुक्त आवागमन, संयुक्त प्रबंधन और पूरे कश्मीर इलाके को विभिन्न क्षेत्रों में पुनर्गठित करने के संदर्भ में अपने सुझाव सामने रख रहे हैं। उदारता के चश्मे से देखें तो मुशर्रफ के इन सुझावों से यह निष्कर्ष निकलता है कि वह एक कुशल जनरल की भाँति पीछे हटने की लाइन तलाश रहे हैं, लेकिन यथार्थ के धरातल पर ये सुझाव उनके अतीत के इन हाव-भाव से अधिक मेल खाते हैं कि वह भारत के ऊपर एक नया फंदा डाल रहे हैं और अपने उस उद्देश्य को हासिल करने की कोशिश कर रहे हैं, जिसे वह छद्‌म युद्ध और आतंकवादी हथकंडों से नहीं हासिल कर सके।[17]

फिलहाल भारतीय हिस्से वाले कश्मीर क्षेत्र के स्वशासन संबंधी मुशर्रफ के सुझाव का निहितार्थ तलाशना उचित होगा, क्योंकि यही शायद उनके फार्मूले में सबसे अधिक महत्वपूर्ण बिंदु है। राष्ट्रपति मुशर्रफ ने कभी स्वशासन के अपने विचार को परिभाषित करने की जरूरत नहीं समझी, यद्यपि वह यह कहते रहे हैं कि जिस अधिकतम स्वायत्तता की बात आप कर रहे हैं और जिस स्व-शासन की चर्चा मैं कर रहा हूँ उन्हें हमें परिभाषित करने की जरूरत है। भारत के दूसरे राज्यों की तरह जम्मू-कश्मीर के लोग राज्य की विधानसभा के लिए अपने प्रतिनिधि चुनते हैं, जिसे अपने न्यायाधिकरण क्षेत्र के अंतरगत स्वतंत्र शासन के व्यापक अधिकार हासिल हैं। इतना ही नहीं, जम्मू-कश्मीर राज्य को भारतीय संविधान के अनुच्छेद 370 के तहत विशेष दर्जा भी प्राप्त है। इस व्यवस्था के तहत जम्मू-कश्मीर राज्य को रक्षा, विदेशी मामलों और संचार के विषयों को छोड़कर सभी मामलों में स्वायत्तता हासिल है और भारतीय संसद द्वारा बनाया गया कोई भी कानून तब तक जम्मू-कश्मीर पर लागू नहीं होता जब तक कि राज्य विधानसभा स्वयं ऐसा न चाहे। इसके अतिरिक्त जम्मू-कश्मीर भारतीय संघ का एकमात्र ऐसा राज्य है, जिसका अपना संविधान है। यहाँ तक कि राज्य के राज्यपाल की नियुक्ति तक इस संविधान के तहत की जाती है। जम्मू-कश्मीर के नागरिक तो भारत के नागरिक हैं और देश की संसद के लिए अपने छह प्रतिनिधि भी निर्वाचित करते हैं, लेकिन इसी आधार पर भारत के नागरिक जम्मू-कश्मीर के नागरिक नहीं हैं।[18]

देश के दूसरे राज्यों के लोग जम्मू-कश्मीर में संपत्ति नहीं खरीद सकते। जम्मू-कश्मीर में रह रहे दूसरे राज्यों के लोग वहां विधानसभा या स्थानीय निकाय के चुनावों में मतदान भी नहीं कर सकते। इसके अलावा भारतीय संघ जम्मू-कश्मीर के संदर्भ में वित्तीय आपातकाल की घोषणा नहीं कर सकता और न ही देश का राष्ट्रपति संघ की कार्यकारी शक्ति का इस्तेमाल करते हुए जम्मू-कश्मीर राज्य सरकार को कोई निर्देश जारी कर सकता है, जैसा कि वह देश के दूसरे सभी राज्यों के संदर्भ में कर सकता है। दुर्भाग्य से संकीर्ण राजनीतिक सोच के चलते समय-समय पर निहित स्वार्थवश ऐसा दुष्प्रचार किया जाता रहा है कि जिस स्वायत्तता का प्रारंभ में वायदा किया गया था उससे राज्य को वंचित कर दिया गया। सच यह है कि जम्मू-कश्मीर राज्य और भारतीय संघ के बीच कामकाजी व्यवस्था के लिए 1952 में शेख अब्दुल्ला और जवाहर लाल नेहरू के बीच विस्तृत बातचीत के बाद एक समझौता हुआ था, जिसे दिल्ली एग्रीमेंट के नाम से जाना जाता है। इस समझौते के अनुरूप ही भारत के राष्ट्रपति ने जम्मू-कश्मीर के संदर्भ में संविधान आदेश 1954 की घोषणा की। भारतीय संविधान के कुछ प्रावधानों को जोड़ने के लिए इस आदेश को समय-समय पर संशोधित किया गया। 1954 के राष्ट्रपति के आदेश द्वारा जम्मू-कश्मीर में दूसरे

राज्यों के साथ वित्तीय एकरूपता को प्रभावित किया गया। 1958 में नियंत्रक एवं महालेखा परीक्षक के अधिकार क्षेत्र को जम्मू-कश्मीर तक विस्तारित किया, जबकि 1960 में सुप्रीम कोर्ट को जम्मू-कश्मीर उच्च न्यायालय द्वारा निर्णयों के संदर्भ में विशेष अनुमति याचिकाओं पर सुनवाई का अधिकार दिया गया। इसी तरह भारतीय निर्वाचन आयोग की भूमिका को इस राज्य में भी प्रभावी बनाया गया। 1965 में भारतीय संविधान के अनुच्छेद 356 और 357 के प्रभाव क्षेत्र में जम्मू-कश्मीर को भी शामिल कर लिया गया।

तथ्य यह भी है कि कश्मीर समझौते (1975) के बाद भी न तो शेख अब्दुल्ला और न ही फारुक अब्दुल्ला ठोस अर्थों में कोई ऐसा प्रस्ताव तैयार कर भारत सरकार को भेज सके कि अगस्त 1953 से फरवरी 1975 की अवधि के दौरान जम्मू-कश्मीर तक विस्तारित भारतीय संविधान के किसी कानून या प्रावधान को वापस लिया जाए। कश्मीर समझौते में समीक्षा संबंधी प्रावधान होने के बावजूद किसी बदलाव की माँग न उभरने के पीछे कारण यह है कि अगस्त 1953 से फरवरी 1975 के बीच की गई सभी व्यवस्थाएँ व्यावहारिक जरूरतों और राज्य के आम नागरिकों के व्यापक हितों के अनुरूप थीं। उदाहरण के तौर पर सुप्रीम कोर्ट, राष्ट्रीय निर्वाचन आयोग और नियंत्रक एवं महालेखा परीक्षक जैसी संस्थाओं के अधिकार क्षेत्र को जम्मू-कश्मीर तक विस्तारित करने में क्या आपत्ति उठाई जा सकती थी? सच्चाई यह है कि कश्मीर की स्वायत्तता के कथित अतिक्रमण संबंधी शेख अब्दुल्ला का राग कुछ और नहीं, बल्कि आम कश्मीरियों की नादानी का लाभ उठाने तथा स्वयं को उनका सबसे बड़ा हितैषी साबित करने के लिए एक छल ही था। जो लोग जम्मू-कश्मीर में 1952-53 से पहले की स्थिति या अधिकतम स्वायत्तता की वकालत कर रहे हैं उन्हें वास्तव में इस राज्य के हितों की परवाह नहीं है। वे इस तथ्य को दबाते हैं कि भारतीय संघ के साथ पूर्ण वित्तीय एकरूपता के अभाव में जम्मू-कश्मीर को अपने विकास के लिए कोई वित्तीय संसाधन नसीब न होते। यह केन्द्र के वित्तीय प्रबंध हैं, जो इस राज्य को अपनी पंचवर्षीय योजनाओं और गैर-योजनागत व्यय के अधिकांश भाग के लिए समस्त धन उपलब्ध कराते हैं। केन्द्र से जहाँ बिहार को प्रति व्यक्ति 876 रुपए मिलते हैं वहीं जम्मू-कश्मीर के लिए यह राशि 9754 रुपए (भारत के सर्वाधिक गरीब राज्य से लगभग 11 गुना) है। यदि यह वित्तीय मदद बंद हो जाए तो क्या होगा? रक्षा, विदेश मामलों और संचार के अलावा जम्मू-कश्मीर को सभी मामलों में अधिकतम स्वायत्तता की जो माँग की जा रही है, उसके संदर्भ में क्या यह आशंका आधारहीन है कि केंद्र के पैसे का इस्तेमाल इस्लामिक कायदे-कानून कायम करने में किया जा सकता है? क्या यह भारतीय संविधान के मूल उद्देश्यों को नष्ट करने वाला नहीं साबित होगा? जम्मू-कश्मीर के पास जो अधिकार हैं उनमें छेड़छाड़,

चाहे वह मुशर्रफ की योजना के आधार पर हो या महत्वाकांक्षी राजनेताओं की माँग पर, विनाशकारी ही साबित होगी।

पाकिस्तानी राष्ट्रपति ने इस उम्मीद में फिर चीनी चाल चली है कि भारतीय नेता झांसे में आ जाएंगे। कई बार ऐसा हुआ है कि मुशर्रफ ने कुछ कहा नहीं कि भारतीय नेता इस पार से 'हुआ हुआ' करने लग जाते थे। जुल्फिकार अली भुट्टो ने बरसों पहले ही कहा था कि पाकिस्तान के लिए चीन एक 'प्लस फैक्टर' है।[19] तब से सभी पाकिस्तानी नेता चीन को अपना सही त्राता ही नहीं मानते उसकी राजनयिक शैली की नकल भी करते रहते हैं। नवम्बर 2006 में चीन के राष्ट्रपति ने अपनी राजकीय यात्रा से ठीक पहले अपने राजदूत के माध्यम से अरुणाचल प्रदेश पर चीनी दावे की घोषणा करवा कर भारतीय नेताओं को बचावी मुद्रा में डाल दिया।[20] हमारे यहाँ किसी की समझ में ही नहीं आया कि क्या कहे और क्या न कहें। मुशर्रफ भी तब तक कोई न कोई शिगूफा छोड़ जाते हैं। जब-जब भारत और पाकिस्तान के बीच गंभीर बातचीत की संभावनाएँ बन जाती हैं। पाकिस्तान ने इस बारे में अपने राजनयिकों का इस्तेमाल करना कम कर दिया है, क्योंकि इससे बेवजह दोनों देशों के बीच राजनयिक जंग छिड़ जाती है। वे अपने पूर्ववर्ती राष्ट्रपतियों और प्रधानमंत्रियों से हटकर भारतीय प्रेस का इस्तेमाल करते हैं। इस बार उन्होंने कश्मीर पर चार सूत्री सुझाव दिया है। इसका गंभीरता से अध्ययन किया जाए तो साफ होगा कि इस सुझाव में न तो कोई नई बात है न ही यह व्यावहारिक है।

मुशर्रफ कहते हैं कि पाकिस्तान कश्मीर में जनमत संग्रह करवाने की अपनी उस माँग को छोड़ने को तैयार है, जो वह अट्ठावन साल से करता रहा है। अपने आप में यह बड़ी बात लगती है जब तक उनकी शर्तों को न जाने। पहली शर्त है कि कश्मीर में असैन्यीकरण हो जाए। यानी कश्मीर से भारतीय सेना हटाई जाए। अगर यह माँग मान ली जाए, तो आतंकवाद को कौन रोकेगा? पाकिस्तान तो मानता ही नहीं कि आतंकवाद में उसका कोई हाथ है। मुंबई बम कांड जैसी गंभीर आतंकवादी वारदातों पर भी पाकिस्तान उन प्रमाणों को दरकिनार कर चुका है जो उसे आधिकारिक रूप से दिए गए। कश्मीर में आतंकवादी गुटों के बारे में पाकिस्तान का दावा है कि उनका पाकिस्तान सरकार या वहां सक्रिय संगठनों से कोई लेना-देना नहीं। मुशर्रफ और उनके विदेश मंत्री के दावे मान लें तो यह भी मानना होगा कि कश्मीरी आतंकवादी गुटों पर पाकिस्तान का कोई नियंत्रण नहीं है। ऐसा है तो बिना सेना के उन्हें रोकेगा कौन? इसका जवाब भी हाजिर है। भारत और पाकिस्तान को मिलकर आतंकवाद का मुकाबला करना चाहिए। भारत में भी कई राजनीतिक प्रेक्षक इस प्रस्ताव से प्रभावित हुए थे। उनका कहना है कि पाकिस्तान स्वयं भी आतंकवाद और कट्टरपंथी गुटों से त्रस्त है। मुशर्रफ पर कई बार हमले की कोशिश की गई। उन्हें भी अमेरिका परस्त

और इस्लाम का दुश्मन कहा जाता है। तो यह भी पूछना होगा कि क्या संयुक्त कमान को यह भी अधिकार होगा कि वह पाकिस्तान के अंदर भी आतंकवादी गुटों और शिविरों को नष्ट करे या हथियारों के जखीरों की तलाश करे? आतंकवादी गुटों के लिए राजनीतिक सीमाएँ अनुलंघनीय नहीं होतीं, तो क्या उनका पीछा करने वाले सिपाहियों के लिए भी ऐसा ही होगा? संयुक्त कमान का कोई अर्थ नहीं होता जब हित आपस में टकराते हों। यह दावा करना मूर्खता होगा कि भारत और पाकिस्तान इस जगह पर पहुँच गए हैं, जहाँ उनके आपसी हित एक हो गए हैं।[21]

अगर यह भी मान लिया जाए कि कश्मीर में सेना कम करने की प्रक्रिया क्रमिक हो तो तब तक इस पर विचार करना ही संभव नहीं, जब तक आतंकवाद के बारे में पाकिस्तान जिम्मेदारी नहीं लेता और उसे समाप्त करने के सिलसिले में ठोस कदम नहीं उठाता। इसलिए मुशर्रफ की दूसरी शर्त भी संभव नहीं। सीमाओं को खोलना दो देशों के बीच एक आदर्श स्थिति हो सकती है। लोग आसानी से आ-जा सकें, व्यापार करें; यह सही मायने में अच्छे पड़ोस की मिसाल होगी। लेकिन अगर मूल शिकायत है कि सीमा पार से देश में हिंसा फैलाने के लिए भारी मात्रा में हथियार आते हैं और प्रशिक्षित आतंकवादियों की घुसपैठ होती, तो उस सीमा से निगरानी हटाकर कौन देश आत्महत्या करने की कोशिश करेगा? उनकी तीसरी शर्त भारत सरकार को कठघरे में खड़ा करने के लिए रखी गई है। कश्मीर में स्वशासन स्थापित हो। यानी कश्मीर में स्वशासन नहीं है। अगर भारत सरकार यह मान लेती है तो यह भी साबित होगा कि कश्मीर एक उपनिवेश है जिस पर भारत ने जबरन अधिकार किया है।[22] तब तो पाकितान का मूल दावा ही सही साबित होगा। जनमतसंग्रह का उद्देश्य था कि कश्मीर में मजहब का वास्ता देकर बहुसंख्यक मुसलमानों को पाकिस्तान के साथ मिलने को प्रेरित किया जाए। पाकिस्तान को उम्मीद थी कि वह जेहाद के नाम पर ऐसा करवा लेगा। लेकिन पिछले पचास साल में कश्मीरी बहुत कुछ देख-समझ चुके हैं और पश्चिमी देश भी। कश्मीर में आतंकवाद के बावजूद चुनाव होते हैं-केवल लोकसभा के लिए ही नहीं विधानसभा के लिए भी। राजनीतिक दलों में खूब प्रतिस्पर्धा होती है। दो दर्जन से अधिक अलगाववादी संगठनों के मंच हुर्रियत कांफ्रेंस के बायकाट के बावजूद सरकारें चुनी जाती हैं। जनमत संग्रह अब पाकिस्तान के लिए ऐसा नुस्खा नहीं रहा है, जिस पर आँख मूँद कर भरोसा किया जा सके। दरअसल, धुर कट्टरपंथी गुटों का असर अब बहुत कम हो गया है। अंतर्राष्ट्रीय स्तर पर संयुक्त राष्ट्र ने पाकिस्तान की जनमत संग्रह माँग को ठुकरा दिया है। और अब यूरोपीय संघ ने न केवल पाकिस्तान अधिकृत कश्मीर की दुर्दशा के बारे में अपनी तीखी टिप्पणी की है, अपितु यूरोपीय देशों की संसद ने यह भी कहा है कि मानवीय समस्याओं और चिन्ताओं को ध्यान में रखकर कश्मीर में जनमत संग्रह की दलील का अब कोई औचित्य नहीं है।

इसलिए कश्मीर में स्वशासन की वकालत की जा रही है। स्वशासन की माँग का अगर कोई औचित्य है तो वह पाक अधिकृत कश्मीर के बारे में है जिसे निष्पक्ष यूरोपीय प्रतिनिधि भी लोकतंत्रविहीन मानते हैं। स्वशासन की माँग गिलगित के बारे में उठाई जानी चाहिए, जहाँ के स्थानीय नेता अमानुल्ला खान को भी अब मुँह खोलने की अनुमति नहीं है। याद रखना होगा यह वही अमानुल्ला है, जिन्हें पाकिस्तान ने आरंभ में कश्मीर घाटी में हिंसक आंदोलन चलाने के लिए इस्तेमाल किया था। जम्मू कश्मीर लिबरेशन फ्रंट ने ही घाटी में हिंसा की शुरूआत की थी, लेकिन जेकेएलएफ कश्मीर को पाकिस्तान में नहीं मिलाना चाहता, आजाद करना चाहता है। इसलिए वह पाकिस्तान के मंसूबों के अनुकूल नहीं रहा। गिलगित भी कश्मीर रियासत का अंग था, लेकिन पाकिस्तान ने उसे अपने साथ मिला उसके स्वायत्त चरित्र को ही नष्ट कर दिया है। इस सबके बावजूद मुशर्रफ की कूटनीति प्रायः सफल ही रही है। भारत सरकार को वे ऐसी प्रतिक्रिया करने के लिए उकसाते रहे हैं, जिसका निर्वाह भारत के लिए कठिन होता है। उदाहरण के लिए संयुक्त रूप से आतंकवाद का सामना करने की बात स्वयं मनमोहन सिंह ने विदेश यात्रा के दौरान उठाई थी। सीमाओं को अप्रासंगिक बनाने का बड़बोला दावा भी प्रधानमंत्री ने हाल ही में दोहराया। कोई घोषणा अपने उद्देश्य को ही तिरोहित करती है अगर वह समय से पहले की जाए। दुर्भाग्य से यह हमारे राजनय का रोग बन गया है।

भारत ने कश्मीर समस्या के समाधान के लिए पाकिस्तान के राष्ट्रपति परवेज मुशर्रफ द्वारा सुझाए गए चार सूत्री फार्मूले को खारिज कर दिया है।[23] रक्षामंत्री एके एंटनी ने कहा कि जनरल मुशर्रफ ने जो बातें कही हैं उनमें कुछ भी नया नहीं है। श्री एंटनी ने भारत–म्याँमार के सैनिकों की संयुक्त कार रैली को रवाना करने के अवसर पर संवाददाताओं के सवालों के जवाब में कहा कि जनरल मुशर्रफ जो बात कह रहे हैं वह उन्होंने पहली बार नहीं कही है। वह यह बहुत दिनों से बोल रहे हैं। उन्होंने कहा कि हमारा रूख इस बारे में पूरी तरह साफ है और उसे दोहराने की जरूरत नहीं है।[24] जनरल मुशर्रफ ने निजी टीवी चैनल एनडीटीवी को दिये साक्षात्कार में कहा था कि अगर भारत और पाकिस्तान कश्मीर समस्या के चार सूत्री समाधान पर सहमत हो जाते हैं तो उनका देश कश्मीर पर अपने दावे के साथ ही वहां जनमत संग्रह कराने और संयुक्त राष्ट्र प्रस्तावों को लागू करने की मांग छोड़ने को तैयार है। उन्होंने कहा था कि स्वशासन और स्वायत्तता का मतलब आजादी नहीं है और पाकिस्तान कश्मीर की आजादी के खिलाफ है।[25]

भारत–पाकिस्तान द्वारा दिये गए जम्मू–कश्मीर के संयुक्त प्रबंधन के प्रस्ताव पर सहमत नहीं है, लेकिन वह पर्यटन तथा स्वास्थ्य सहित विभिन्न मुद्दों पर संयुक्त सलाह मशवरा प्रक्रिया अपनाने आदि पर विचार कर सकता है। भारत ने सियाचिन

में विसैन्यीकरण के लिए शर्त रखी थी कि पाकिस्तान को इस ग्लेशियर पर अपने सैनिकों के वर्तमान ठिकानों को प्रमाणित करना होगा। पाकिस्तान इस पर सहमत हो गया है। सर क्रीक मुद्दे के हल के प्रयासों में प्रगति हो रही है और यहाँ की विवादित दलदली भूमि तथा गुजरात के तटीय हिस्से के जलक्षेत्र के सर्वेक्षण का काम मार्च 2007 तक पूरा हो जाने की उम्मीद[26] जतायी गयी थी।

गौरतलब है कि विदेश मंत्री प्रणव मुखर्जी 14 अप्रैल 2007 को नई दिल्ली में होने वाले दक्षेस सम्मेलन के लिए राष्ट्रपति परवेज मुशर्रफ को न्यौता देने के उद्देश्य से पाकिस्तान गये थे। अपने प्रवास के दौरान वह अपने पाकिस्तानी समकक्ष खुर्शीद महमूद कसूरी से सभी द्विपक्षीय मुद्दों पर बातचीत की। जम्मू-कश्मीर के बारे में भी भारत विभिन्न मुद्दों पर बातचीत करने के लिए तैयार है। मुशर्रफ ने जम्मू-कश्मीर में संयुक्त प्रबंधन का प्रस्ताव दिया था जो भारत के लिए स्वीकार्य नहीं है।[27] सूत्रों ने यह जानकारी देते हुए बताया कि भारत पर्यटन स्वास्थ्य और पारिस्थितिकी जैसे विभिन्न मुद्दों पर संयुक्त सलाह मशवरा प्रक्रिया अपनाने पर विचार कर सकता है। बातचीत के दौरान भारतीय पक्ष हालाँकि पाकिस्तान से जम्मू-कश्मीर में संयुक्त प्रबंधन और संयुक्त नियंत्रण के उसके प्रस्ताव के बारे में विस्तृत जानकारी लेगा। नई दिल्ली जम्मू-कश्मीर में स्वशासन की पाकिस्तानी अवधारणा से सहमत नहीं है और उसकी दलील है कि, प्रदेश में पहले ही स्वशासन की व्यवस्था है। लेकिन वह नियंत्रण रेखा पर लचीलेपन रूख का पक्षधर है। खासकर व्यापार संबंधों को अनुमति देने के लिए भारत नियंत्रण रेखा पर लचीलापन चाहता है। भारत मानता है कि विश्वास बहाली उपाय जम्मू कश्मीर मुद्दे का एकीकृत हिस्सा है। दोनों पक्षों की बातचीत में पर्यटन का मुद्दा प्रमुख होने की उम्मीद है, क्योंकि भारत को लगता है कि सीमा के दूसरी ओर जाने की उत्कंठा दोनों देशों के लोगों में है।[28]

सूत्रों के अनुसार नवम्बर 2006 में भारत में आतंकवादी ढाँचे के मुख्य ठिकानों के तार पाकिस्तान से जुड़े होने के बारे में पड़ोसी देश को प्रमाण दिये जा चुके हैं और अब भारत जानना चाहेगा कि इस्लामाबाद ने घुसपैठ समाप्त करने और आतंकवादी ढाँचे को नष्ट करने के लिए कौन-कौन से कदम उठाए हैं। भारत इस मुद्दे पर पाकिस्तान को अपनी अपेक्षाएँ बताएगा और जमीनी स्थिति भी उसके समक्ष पेश करेगा। सूत्रों ने बताया कि आतंकवाद में कमी आई है, लेकिन उसका कारण मौसम है। भारत ने स्पष्ट कहा है कि दोनों देश क्षेत्र में कट्टरवाद की समाप्ति चाहते हैं, जिससे पश्चिमी पाकिस्तान और अफगानिस्तान प्रभावित हो चुके हैं।[29]

सूत्रों ने कहा कि भारत वजीरिस्तान और बलूचिस्तान में चरमपंथियों के बढ़ते प्रभाव को लेकर चिंतित है क्योंकि उस प्रभाव के तार यहाँ उग्रवाद से जुड़े हैं। लेकिन कट्टरवाद से मुकाबले के लिए पाकिस्तान की विचारधारा में व्यापक बदलाव जरूरी

है। मुखर्जी की यात्रा के दौरान भारत और पाकिस्तान द्वारा वीजा प्रक्रिया को लचीला बनाने पर भी विचार किया जाएगा।[30] भारत ने एक साल पहले 2005 यह प्रस्ताव दिया था जिसका जवाब उसे अब मिला है। पाकिस्तानी प्रारूप में हालाँकि वीजा प्रक्रिया को अधिक लचीला बनाने के लिए वह व्यवस्था नहीं मिली, जो भारत में पहले से ही अपनाई जा रही है। भारत कराची और मुंबई में दोनों देशों के महावाणिज्य दूतावास खोलने का भी इच्छुक है। इस संबंध में एक करार हो चुका है लेकिन पाकिस्तान अपने मिशन के लिए मुंबई में अभी तक जगह नहीं खोज पाया है।[31]

जम्मू-कश्मीर में सत्तारूढ़ गठबंधन की सहयोगी पीडीपी ने कहा कि पाकिस्तान के राष्ट्रपति परवेज मुशर्रफ द्वारा प्रस्तावित नए प्रस्तावों पर गंभीरता से विचार किया जाना चाहिए, ताकि क़श्मीर मुद्दे के शांतिपूर्ण समाधान की शुरुआत हो सके। पीडीपी के संरक्षक और राज्य के पूर्व मुख्यमंत्री मुफ्ती मोहम्मद सईद ने बयान में कहा कि कुछ करने की तुलना में ऐसा नहीं करने की लागत काफी अधिक होगी। मुशर्रफ ने कहा था कि अगर भारत उनके चार सूत्री समाधान को स्वीकार कर लेता है तो उनका देश राज्य पर अपना दावा छोड़ देगा। उनके प्रस्ताव में विसैन्यीकरण और संयुक्त निगरानी प्रणाली के साथ स्व-शासन शामिल है। सईद ने कहा, 'समय आ गया है कि किसी संस्थागत व्यवस्था के लिए भारत और पाकिस्तान कार्य करें और आगे बढ़ें। बेशक समझौता प्रारूप संवैधानिक और कानूनी तौर पर अपरिपक्व प्रतीत हो लेकिन एक शुरूआत करनी होगी। पूरे मुद्दे के समाधान के लिए कदम दर कदम व्यावहारिक नजरिया अपनाने की आवश्यकता है। लेकिन इसके लिए सिर्फ माहौल ही नहीं बनाना होगा बल्कि जमीनी स्तर पर ठोस प्रगति करनी होगी।' सईद ने कहा कि इतिहास और भौगोलिक स्थितियों की जटिलताओं में जाने के बदले व्यावहारिक नीति संबंधी विचार-विमर्श पर अधिक ध्यान दिया जाना चाहिए, जिसके लिए पीडीपी का स्वशासन फार्मूला एक बेहतर आधार है।[32]

पाकिस्तान के राष्ट्रपति परवेज मुशर्रफ के जम्मू-कश्मीर में संयुक्त निगरानी तंत्र के साथ स्वशासन के प्रस्ताव को खारिज करते हुए राज्य के मुख्यमंत्री गुलामनबी आजाद ने कहा कि यह संभव नहीं है क्योंकि सीमाओं का निर्धारण फिर से नहीं किया जा सकता। आजाद ने कहा, 'यह कैसे संभव है। मुशर्रफ स्वयं कह रहे हैं कि सीमाओं का फिर से निर्धारण नहीं हो सकता। संयुक्त तंत्र का गठन नहीं हो सकता है।' बहरहाल उन्होंने मुशर्रफ के राज्य की आजादी का समर्थन नहीं करने की पेशकश का स्वागत किया। उन्होंने कहा, 'श्री मुशर्रफ ने कम से कम यह स्वीकार कर लिया है कि कश्मीर की आजादी संभव नहीं है। हम इसकी सराहना करते हैं। पाक के इस संदर्भ में दावे का कोई आधार नहीं है।' उन्होंने मुशर्रफ के उस प्रस्ताव का भी स्वागत किया जिसमें उन्होंने कहा था कि अगर भारत उनकी पेशकश को स्वीकार कर लेता

है, तो उनका देश राज्य पर अपने दावे को छोड़ देगा। आजाद ने कहा कि लेकिन मुशर्रफ का राज्य में स्वशासन का सुझाव उनके अपने विचार हैं। अच्छे शब्दों का मिलान अच्छे इरादों से जरूरी है और उनका अनुवाद जमीनी तौर पर अच्छी कार्यवाही के रूप में होना चाहिए। मुख्यमंत्री ने कहा, 'कोई भी हल आमराय तथा तीन क्षेत्रों जम्मू, लद्दाख और कश्मीर की जनता की आकांक्षाओं के मुताबिक निकाला जाना चाहिए।[33]

भले ही कोई औपचारिक एजेंडा नहीं था लेकिन भारत ने पाक के महत्वपूर्ण नेताओं से साफ कहा है कि दोनों देशों के बीच सीमा का फिर से निर्धारण करने का प्रश्न ही नहीं पैदा होता है। साथ ही जोड़ा कि जहाँ तक राजनीतिक मतभेदों का सवाल, उन्हें हम समग्र रूप से सुलझाये जाने के पक्षधर हैं। भारत ने सलाह दी कि दोनों पक्ष आर्थिक एवं व्यापारिक सहयोग के लिए यूरोपीय संघ के उदाहरण को अपनाए।[34] दो दिवसीय पाकिस्तान यात्रा के व्यस्त कार्यक्रम के दौरान विदेश मंत्री प्रणव मुखर्जी ने सत्तारूढ़ और विपक्षी पार्टियों के नेताओं से पाकिस्तान स्थित भारतीय उच्चायुक्त सत्यव्रत पाल के आवास पर करीब डेढ़ घंटे तक बातचीत के दौरान उक्त विचार व्यक्त किये। मुखर्जी ने पाकिस्तान के राजनेताओं के साथ भारत-पाक शांति प्रक्रिया और आम चुनावों से पहले पाक के सियासी हालात सहित विभिन्न मुद्दों पर विस्तार से चर्चा की। पाकिस्तान में विपक्ष के नेता मौलाना फजलुर रहमान ने विसैन्यीकरण, स्वशासन तथा संयुक्त प्रबंधन को लेकर राष्ट्रपति परवेज मुशर्रफ के प्रस्ताव का जिक्र किया। मुखर्जी ने रहमान से कहा कि भारत का रूख यह है कि सीमाओं को बदला नहीं जा सकता और दोनों देशों को विवादों का समाधान करने तथा संबंध सुधारने के लिए कदम दर कदम आगे बढ़ना चाहिए।

जनरल मुशर्रफ ने हाल में एक भारतीय टेलीविजन पर अपने साक्षात्कार में घोषणा की है कि यदि भारत जम्मू-कश्मीर पर उनके चार सत्रीय फार्मूले को स्वीकार कर ले तो वह कश्मीर पर अपने देश का दावा छोड़ देंगे। उनका चार सूत्रीय फार्मूला है-जम्मू-कश्मीर राज्य का क्षेत्रीयकरण, उसका विसैन्यीकरण, स्वायत्तता और संयुक्त प्रबंधन। इस फार्मूले में कुछ भी नया नहीं। सच यह है कि जनरल मुशर्रफ इस प्रकार के विचार पिछले दो वर्ष से अधिक समय से आगे बढ़ाते रहे हैं और वह यह कहकर इन्हें न्यायोचित ठहराने की चेष्टा करते हैं कि इसमें सीमाओं का पुनरांकन जरूरी नहीं है और इससे नियंत्रण रेखा भी अप्रासंगिक हो जाती है। ध्यान रहे कि ये दो शर्तें हैं जिन्हें प्रधानमंत्री मनमोहन सिंह ने कश्मीर के संदर्भ में पाकिस्तान के समक्ष दृढ़ता से रखा है। मुशर्रफ ने जिस तरह अपने पुराने विचारों को नए सिरे से प्रस्तुत किया उसने भारत और पाकिस्तान में इनके प्रति व्यापक रूचि उत्पन्न की है।[35]

भारत में इन प्रस्तावों पर जहाँ आमतौर पर मीडिया ने ही टिप्पणी की है, वहीं

पाकिस्तान में राजनीतिज्ञों, पूर्व सैन्य प्रमुखों और राजनीतिक प्रेक्षकों ने इसके पक्ष-विपक्ष में अपने विचार व्यक्त किए हैं। इसी दौरान पाकिस्तानी विदेश विभाग की प्रवक्ता ने एक भारतीय पत्रकार से कहा कि उनके देश ने कश्मीर पर कभी अपना दावा नहीं किया, बल्कि पाकिस्तान ने बस इतना चाहा है कि अपना भविष्य तय करने का अधिकार राज्य की जनता को मिलना चाहिए। उन्होंने यह भी उल्लेख किया कि पाकिस्तान के कब्जे वाले कथित आजाद जम्मू-कश्मीर का अपना संविधान है। उनके इस कथन को स्वयं पाकिस्तान में उतनी वाहवाही नहीं मिली जितनी कि इसकी आलोचना की गई। ज्यादातर आलोचकों ने इसे कश्मीर के संदर्भ में 60 वर्षों की पाकिस्तानी नीति में यू-टर्न की संज्ञा दी। नई दिल्ली ने पाकिस्तानी प्रवक्ता के इस बयान पर ज्यादा कुछ नहीं कहा। इसमें संदेह नहीं कि जनरल मुशर्रफ के प्रस्ताव और पाकिस्तानी विदेश विभाग की प्रवक्ता की टिप्पणी का भारत में सतर्कता से विश्लेषण किए जाने की आवश्यकता है-खासकर तब जब नई दिल्ली जम्मू-कश्मीर के सभी राजनीतिक वर्गों के साथ बातचीत में संलग्न है। विभाजन के समय भारत का रुख यह था कि सभी रियासतें अपने जनसांख्यिकीय स्वरूप और वहाँ की आबादी की इच्छा के अनसार भारत या पाकिस्तान के साथ जुड़ने के लिए स्वतंत्र हैं। यह मोहम्मद अली जिन्ना थे, जिन्होंने यह तर्क दिया था कि अंग्रेजी शासन समाप्त होने के बाद हर रियासत एक संप्रभु राज्य है और वह भारत व पाकिस्तान में किसी के साथ जाने या स्वतंत्र बने रहने का विकल्प चुन सकता है। उन्होंने जोधपुर और जैसलमेर रियासतों के अपने देश में विलय का प्रस्ताव किया-यद्यपि ये दोनों हिन्दू बहुल क्षेत्र थे। इसी तरह उन्होंने हिन्दू बहुल जूनागढ़ रियासत के पाकिस्तान में विलय का भी समर्थन किया। यद्यपि उन्होंने द्वि-राष्ट्र के सिद्धांत को अपनाया, लेकिन व्यवहार में उन्होंने इस सिद्धांत के प्रति अपने को प्रतिबद्ध प्रदर्शित नहीं किया। उन्होंने यह दलील भी दी कि हैदराबाद के निजाम स्वतंत्र बने रह सकते हैं और उनके भारत में विलय की जरूरत नहीं-यद्यपि वहाँ की जनता इसके पक्ष में थी।[36]

इन्हीं परिस्थितियों का परिणाम था कि कश्मीर के महाराजा ने तब तक अपने राज्य के भारत में विलय से परहेज किया, जब तक कि पाकिस्तान द्वारा समर्थित कबीलाई कश्मीर पर कब्जा जमाने नहीं आ धमके। इसके बाद ही कश्मीर का भारत में विधिवत विलय हुआ। बाद में शीत युद्ध की स्थितियों ने इस मुद्दे को द्वि-राष्ट्र सिद्धांत से जोड़ दिया और सुरक्षा परिषद ने जनमत संग्रह का प्रस्ताव किया। पाकिस्तान ने जनमत संग्रह की शर्तें कभी पूरी नहीं की, मसलन अपने अधिकृत क्षेत्र से सीमाओं की वापसी और 15 अगस्त 1947 के बाद जम्मू-कश्मीर के क्षेत्र में आए सभी लोगों को बाहर निकालना। लिहाजा पाकिस्तानी प्रवक्ता का यह कहना एकदम सही है कि पाकिस्तान ने कभी जम्मू-कश्मीर को अपना अभिन्न अंग घोषित नहीं किया, जबकि भारतीय संविधान में जम्मू-कश्मीर का क्षेत्र देश का अभिन्न अंग है।

इस पृष्ठभूमि में हमें मुशर्रफ के प्रस्तावों पर गौर करना होगा। मुशर्रफ के प्रस्ताव के मुताबिक पूरी जम्मू-कश्मीर रियासत को पाँच क्षेत्रों में विभाजित किया जाना चाहिए और सभी को संप्रभुता जैसी स्वायत्तता दी जानी चाहिए और उनका संयुक्त प्रबंधन भारत और पाकिस्तान मिलकर करें। इस प्रस्ताव पर गंभीरतापूर्वक विचार करने में कोई बुराई नहीं। कश्मीर के संबंध में ऐसी कोई पहल कभी भविष्य में दक्षिण एशियाई संघ स्थापित होने का आधार बन सकती है, लेकिन इस प्रस्ताव पर विचार होने के पहले मुशर्रफ को उत्तरी क्षेत्रों तथा पाक अधिकृत कश्मीर में लोगों को लोकतांत्रिक अधिकार देकर अपने नेक इरादे जाहिर करने होंगे। यह उनके अधिकार क्षेत्र में है, लेकिन वह इस दिशा में नहीं बढ़े हैं। उन्हें अपनी ओर के लोगों से यह पूछना चाहिए कि क्या वे ऐसी किसी व्यवस्था पर सहमत होंगे? भारत में लोकतांत्रिक रूप से निर्वाचित लोग हैं, जिनसे सलाह की जा सकती है, लेकिन पाकिस्तान के लिए यह सही नहीं। यदि नियंत्रण रेखा को अप्रासंगिक बनाना है ताकि दोनों ओर के लोग एक-दूसरे के क्षेत्रों में आ-जा सकें, तो मूलभूत कानून भी काफी कुछ समान होने चाहिए-भले ही वे एकदम एक जैसे न हों।[37]

पाकिस्तान के विदेश मंत्री खुर्शीद महमूद कसूरी ने कहा है कि जम्मू-कश्मीर समस्या के तत्काल समाधान की कोई संभावना नहीं है। अंग्रेजी दैनिक 'द नेशन' ने श्री कसूरी के एक टीवी चैनल पर प्रसारित साक्षात्कार को प्रकाशित किया है। इसमें उन्होंने कहा है कि कश्मीर मसले का समाधान इस क्षेत्र की जनता की इच्छाओं के अनुरूप होना चाहिए। कश्मीर मसले के समाधान के बारे में निर्णय पाकिस्तान की संसद करेगी। उन्होंने कहा कि इस मसले के समाधान संबंधी जो विचार पेश किए गए हैं, उन पर सीमा के दोनों तरफ गार किया जाना है। श्री कसूरी का यह बयान राष्ट्रपति परवेज मुशर्रफ के गत दिनों के चार सूत्रीय फार्मूले के संदर्भ में काफी महत्वपूर्ण है। जनरल मुशर्रफ ने कहा था कि जम्मू-कश्मीर से सेना हटाकर वहां स्वशासन और संयुक्त नियंत्रण लागू किया जा सकता है। उनके बयान के तत्काल बाद पाकिस्तान विदेश मंत्रालय ने कहा था कि पाकिस्तान ने कभी भी कश्मीर को अपना अभिन्न हिस्सा नहीं माना।[38] भारत-पाकिस्तान संबंधों और कश्मीर मुद्दे पर कसरी के लंबे-चौड़े भाषण के बाद वाजपेयी से मिलने पहुँचे कसूरी ने उनकी शान में कसीदे काढ़ने में खूब दरियादिली दिखाई। पूर्व प्रधानमंत्री को भारत-पाकिस्तान के बीच शांति वार्ता शुरू करने का श्रेय देने के साथ वाजपेयी को हरदिल अजीज और राजनेता बताते हुए पाकिस्तान की तरफ से उनका शुक्रिया भी अदा किया। जैसे ही कसूरी थोड़ा रुके, वैसे ही वाजपेयी ने बस इतना ही कहा कि 'मगर.....।' पूर्व प्रधानमंत्री के इस एक शब्द के मायने खासे व्यापक थे। मतलब साफ था कि इतने सब प्रयासों के बाद भी क्या हुआ? जनवरी, 2004 के मश्विरे के बाद पाकिस्तान की जमीन पर चल रहे आतंकी शिविरों को ध्वस्त करने पर क्या किया गया? दोनों देशों के बीच चल रही

शांति प्रक्रिया के बीच वाजपेयी के इस 'मगर' को कसूरी को भी समझने में देर नहीं लगी। इसके बाद आतंकवाद के मुद्दे पर खासतौर से उन्होंने सफाई दी।[39] कसूरी यह साबित करने में लगे रहे कि पाकिस्तान खुद आतंकवाद का शिकार है और इस दौरान 27 हमले हो चुके हैं। वाजपेयी के साथ इस मौके पर पूर्व विदेशी मंत्री यशवंत सिन्हा और पूर्व राष्ट्र सुरक्षा सलाहकार बृजेश मिश्र भी मौजूद थे। इसी बातचीत के दौरान व्यापार पर भी बातचीत चली तो सिन्हा ने 2004 से अब तक व्यापारिक संबंधों में उल्लेखनीय प्रगति न होने का मुद्दा उठाया। इस पर कसूरी का तर्क था कि भारत ने कई वस्तुओं से आयात शुल्क नहीं हटाया। सिन्हा ने उनके इस तर्क को तथ्यों से खारिज किया और कहा कि पाकिस्तान ने तमाम बार पूछे जाने के बाद भी ऐसी कोई सूची नहीं दी है। तब कसूरी ने कहा कि 'देखिये पाकिस्तान सरकार तो व्यापार बढ़ाने के प्रति सकारात्मक है, लेकिन देश में आम राय बनाने के लिए थोड़ा समय चाहिए।' इस पर वाजपेयी ने फिर चुप्पी तोड़ी और बस इतना ही कहा कि 'व्यापार के मामले में आपको इतना समय लग रहा है, तो जम्मू कश्मीर के मामले में इतनी जल्दबाजी क्यों?'[40]

दक्षिण एशिया के रक्षा एवं सामरिक मामलों पर वर्ष 2007 की वार्षिकी में प्रकाशित नक्शे में पाक अधिकृत कश्मीर (पीओके) को भारत के अभिन्न अंग के रूप में नहीं दर्शाया गया है, बल्कि इसे पाकिस्तान के नक्शे में अधिकृत कश्मीर को पाकिस्तान के हिस्से के रूप में पेश किया गया है।[41] 'साउथ एशिया डिफेंस एंड स्ट्रेटैजिक ईयर बुक 2007' शीर्षक से प्रकाशित इस पुस्तक का अनावरण चार जनवरी 2007 को विदेश मंत्री प्रणव मुखर्जी ने किया था। इस अवसर पर मंच पर वायुसेना अध्यक्ष एयरचीफ मार्शल एसपी त्यागी भी मौजूद थे। इस रक्षा वार्षिकी में भारत का विवरण देते हुए पृष्ठ संख्या 147 पर देश का मानचित्र प्रकाशित किया गया जिसमें जम्मू कश्मीर की अंतरराष्ट्रीय सीमा ही नहीं दिखाई गई है। इसके स्थान पर डाटेड रेखा से नियंत्रण रेखा दिखाई गई है, जो पाकिस्तान के कब्जे वाले कश्मीर को पृथक करती है, मगर इस हिस्से को पाकिस्तान के अंग के रूप में दिखाया गया है। इसी तरह अक्साईचीन को डाटेड रेखा से दिखाया गया है और यहीं से पाकिस्तान की अंतरराष्ट्रीय सीमा का उद्गम दिखाया गया है।[42] पंचशील द्वारा प्रकाशित इस वार्षिकी में राष्ट्रपति डा० एपीजे अब्दुल कलाम एवं रक्षा मंत्री एके एंटनी के संदेश भी प्रकाशित हुए हैं। पूर्व रक्षा और गृह सचिव एनएन वोहरा इसके सलाहकार हैं जिन्होंने इस वार्षिकी की प्रस्तावना लिखी है। प्रस्तावना मं वोहरा ने लिखा है कि 'साउथ एशिया डिफेंस स्ट्रेटैजिक ईयर बुक' मौजूदा सुरक्षा अध्ययनों में एक और कीमती योगदान साबित होगी। वार्षिकी के सम्पादक मंडल में कई पूर्व शीर्ष रक्षा अधिकारियों के भी नाम शामिल हैं जिसमें पूर्व राजदूत शेखर दास गुप्ता, अवकाश प्राप्त एयर

मार्शल एसके मलिक, अवकाश प्राप्त लेफ्टीनेंट जनरल रंजीत एस नागरा, अवकाश प्राप्त रियर एडमिरल आर चोपड़ा के नाम भी शामिल हैं। वार्षिकी में कहा गया है कि विभिन्न देशों के बारे में आंकड़े और रिर्पोट यू एस लाइब्रेरी आफ कांग्रेस वेबसाइट, सीआईए हैंडबुक वेबसाइट, यूएनओ वेवसाइट व अन्य स्रोतों से लिए गए।

इन सबसे परे पाक अधिकृत कश्मीर की सरकार ने सद्भाव के तौर पर जम्मू-कश्मीर को गैस और बिजली देने की पेशकश की है और जम्मू-कश्मीर के सभी क्षेत्रों एवं धर्मों के व्यवसायियों को अपने यहाँ निवेश करने का न्योता दिया है।[43] अधिकृत कश्मीर के प्रधानमंत्री सरदार अतीक अहमद खान ने कहा कि राजधानी मुजफ्फराबाद सहित ज्यादातर भूकंप प्रभावित इलाकों को गैस पाइपलाइन से जोड़ा जा रहा है इस पाइपलाइन को बढ़ाकर नियंत्रण सीमा के दो बिंदुओं से जम्मू-कश्मीर को ईंधन की आपूर्ति की जा सकती है। खान ने कहा कि उन्होंने जम्मू-कश्मीर को अतिरिक्त गैस और बिजली मुहैया कराने के लिए पाकिस्तानी अधिकारियों से बातचीत की है। सीमा की दूसरी तरफ से सकारात्मक जवाब मिलने पर अधिकृत कश्मीर उन्हें बिजली देने को तैयार है। उन्होंने लद्दाख, जम्मू सहित जम्मू-कश्मीर के सभी इलाकों के व्यवसायियों के अधिकृत कश्मीर में उद्योग लगाने का न्योता दिया है। उन्होंने कहा कि 2005 के भूकंप के बाद यहां उद्योग लगाने के लिए सभी जाति और धर्म के कश्मीरियों का स्वागत है। खान ने इससे पहले जम्मू-कश्मीर के पेशेवरों जैसे डाक्टरों और इंजीनियरों के लिए पीओके का दरवाजा खोले जान का प्रस्ताव किया था। यह प्रस्ताव अब भी खुला है। खान अपनी इस पेशकश के बदले जम्मू-कश्मीर के विश्वविद्यालयों के विभिन्न विभागों में अपने विद्यार्थियों को उच्च शिक्षा दिलाना चाहते हैं क्योंकि पीओके में इन सुविधाओं का अभाव है।

भारत सरकार द्वारा जम्मू-कश्मीर के लिए एक और बड़े पैकेज की तैयारी हो गई है। जम्मू-कश्मीर के विकास पर गठित कार्यदल ने करीब 8300 करोड़ रुपये की कार्ययोजना प्रधानमंत्री डॉ० मनमोहन सिंह को सौंप दी है।[44] रिजर्व बैंक के पूर्व गर्वनर व तथा प्रधानमंत्री की आर्थिक सलाहकार परिषद के अध्यक्ष सी. रंगराजन की अध्यक्षता में गठित इस टास्क फोर्स में उद्योग जगत की कई जानी-मानी हस्तियां शामिल थीं। मार्च 2005 में इस टास्क फोर्स का गठन किया गया था। टास्क फोर्स ने कहा है कि घाटी में आतंकवाद की वजह से न केवल संपत्ति व बुनियादी ढाँचे ध्वस्त हो गए हैं, बल्कि जनमानस बुरी तरह प्रभावित हुआ है। इसलिए ऐसी योजनाएँ शुरू की जानी चाहिए जिसके नतीजे लोगों को तत्काल दिखे। इस क्रम में बदहाल बिजली की हालत को सुधारने के लिए एनएचपीसी की 390 मेगावाट दुलहस्ती पनबिजली परियोजना को राज्य सरकार को स्थानांतरित करने की सिफारिश की गई है। 1020 मेगावाट की बरसर स्टोरेज योजना को भी राज्य सरकार को सौंपने के साथ

बिजली वितरण क्षेत्र में गुणात्मक सुधार के उपाय सुझाए गए हैं। पर्यटकों का लुभाने के लिए हवाई व रेल संपर्क को बेहतर करने के साथ होटलों, हाउस बोट व सिकारों की हालत दुरुस्त करने की जरुरत बताई गई है। टास्क फोर्स ने कहा है कि पर्यटन व उद्योग के विकास के लिए औद्योगिक समूहों को प्रोत्साहन दिया जाना चाहिए।

कैसा हो समाधान का स्वरुप? :- देश विभाजन और कश्मीर विवाद के साठ वर्ष से भी अधिक का समय व्यतीत हो जाने के बाद भी आज तक इस समस्या के समाधान के लिए दोनों ही पक्षों ने कोई सार्थक शान्तिपूर्ण प्रयास नहीं किये हैं। बगलिहार परियोजना पर मुँह की खाने के बाद और आतंकवाद पर सच्चाई के जगजाहिर हो जाने के बाद, अब पाकिस्तान को यह समझ में आया है कि युद्ध नहीं, केवल कूटनीति ही कश्मीर समस्या का हल निकाल सकती है, लेकिन पाकिस्तान अपने स्वयं के विरोधाभाषी बयानों से त्रस्त है। जहाँ एक ओर मुशर्रफ कश्मीर समस्या के समाधान के लिए कूटनीतिक प्रस्ताव प्रस्तुत कर रहे हैं, वहीं उनके पूर्व प्रधानमंत्री ने इसे जटिल और तत्काल हल न होने वाली समस्या कहा। और तो और, जिन कश्मीरियों के लिए मुशर्रफ प्रस्ताव प्रस्तुत कर रहे थे, वही कश्मीरी उनके प्रस्तावों से सहमत नहीं दिखे और समझौता एक्सप्रेस में बम विस्फोट कर अपनी मंशा भी जाहिर कर दी। मेरी समझ से कश्मीर समस्या का जो भी हल प्रासंगिक हो सकता है, उसकी चर्चा हम आगे कर रहे हैं।

यदि हम कश्मीर की बात करें, तो यह मुद्दा आज एक ऐसे 'मकड़जाल' के रूप में स्थापित हो चुका है, जिसमें से निकलन की जितनी ही कोशिश की जाती है, उतनी ही उलझने बढ़ती ही जाती हैं। कश्मीर समस्या के ऐतिहासिक पृष्ठ भूमि से तो सभी परिचित हैं। अतः हम इसके कुछ विश्लेषणात्मक पहलुओं की ही चर्चा करेंगे।[45]

जम्मू-कश्मीर के लद्दाख क्षेत्र में अक्साई चिन पर चीन के कब्जे को जायज ठहराने तथा कराकोरम दर्रे को चीन के हवाले करने वाले पाकिस्तान का यह कहना कि कश्मीर की आजादी उनका संकल्प है। यदि पाकिस्तान के इस कथन पर विश्वास कर लिया जाय, तो यह प्रश्न उठता है कि किस कश्मीर की जाआदी वे चाहते हैं? सिर्फ भारत से कश्मीर छीन लेना ही कश्मीर की आजादी कहलायेगी? क्या अक्साइ चिन और कराकोरम दर्रा कश्मीर राज्य के हिस्से नहीं हैं? इनकी आजादी कैसे होगी? मौजूदा पाक अधिकृत कश्मीर (तथाकथित आजाद कश्मीर) के वे अधिकांश हिस्से जिन्हें पाकिस्तान अपने पूर्ण नियंत्रण में बताता है, क्या वे आजाद नहीं होंगे? पाकिस्तान इनकी आजादी के विषय में कोई चर्चा क्यों नहीं करता है? ऐसे तमाम प्रश्न हैं, जिनको कश्मीर समस्या पर होने वाले सभी वार्ताओं में शामिल किया जाना चाहिए। जब तक कश्मीर के भू-सीमांकन एवं कानूनी पहलुओं की तस्वीर स्पष्ट नहीं

की जायेगी, कश्मीर समस्या का निदान हो ही नहीं सकता।

कश्मीर विवाद की शुरूआत पाकिस्तान द्वारा विलय की चाहत के साथ की गयी। कश्मीर के भारत में विलय और 1947-1948 के युद्ध के दौरान भारतीय नेतृत्व की एक चूकवश संयुक्त राष्ट्र संघ में कश्मीर का मसला उठाये जाने के बाद से पाकिस्तान का स्वर बदल गया और वह कश्मीर की आजादी की बातें करने लगा, किन्तु इस आजादी की बातों में भी कश्मीर हासिल करने की चाहत साफ-साफ झलकती थी। 1972 में तस्वीर बदली। बाँगलादेश के सृजन के रूप में पूर्वी पाकिस्तान गँवा देने के बाद से यह 'चाहत' जिद के रूप में परिवर्तित हो गयी और पाकिस्तान ने एक तरह से यह कसम उठा ली कि जिस प्रकार भारत ने पूर्वी पाकिस्तान को पाकिस्तान से जुदा किया, उसी प्रकार वह भी कश्मीर को भारत से अलग कर के ही चैन लेगा। भारत के हुक्मरानों को भी यह तथ्य भली-भाँति समझ लेना चाहिए और कश्मीर समस्या के निदान पर विचार करते समय इसे अवश्य ही ध्यान में रखना चाहिए। भारत को कश्मीर समस्या के सम्बन्ध में निम्न तथ्यों को भी विचार की विषय वस्तु अवय ही बनाना चाहिए[46] :

(क) कश्मीर की आजादी 'कश्मीरी आवाम' की मनोकामना है। कहीं पर यह सुषुप्त है, तो कहीं यह जाग्रत है। पाकिस्तान ने इस मनोविज्ञान को समझ लिया है, किन्तु भारत ने इसे विशेष महत्व नहीं दिया है। शायद यही वजह है कि हुर्रियत के नेता भारत सरकार से बातचीत में पाकिस्तान को भी शामिल करना चाहते हैं, क्योंकि उन्हें लगता है कि बातचीत के निर्णायक मोड़ पर पाकिस्तान ही उनकी मदद कर सकता है।

(ख) कश्मीर समस्या के समाधान के मुद्दे पर एक सुझाव यह कि 'नियंत्रण रेखा को अन्तर्राष्ट्रीय सीमा रेखा मान ली जाय' से समस्या का समाधान नहीं होने वाला है, क्योंकि इससे भारत नुकसान में रहेगा और पाकिस्तान फायदे में रहेगा। हमें यह नहीं भूलना चाहिए कि पाकिस्तान के कब्जे वाले कश्मीर की भूमि का विवाद सिर्फ भारत के साथ है और नियंत्रण रेखा के सीमा रेखा में तदील होने से वह कश्मीर की लगभग आधी भूमि पर निर्विवाद रूप से काबिज हो जायेगा और भारत चीन के साथ अक्साई चिन के विवाद में उलझा ही रहेगा। तब कश्मीर समस्या भारत के लिए चीन के साथ द्विपक्षीय समस्या बन जायेगी। इस बात की भी कोई गारण्टी नहीं है कि चीन भारत को अक्साई चिन वापस करगा। इस स्थिति में भारत के हिस्से में एक तिहाई कश्मीरी भूमि आयेगी और साथ ही साथ सियाचिन ग्लेशियर विवाद भी विरासत में मिलेगा।

(ग) हुर्रियत नेताओं के रूख और कश्मीर की स्वायत्तता का मुद्दा अथवा कश्मीर

पर संयुक्त नियंत्रण का मुद्दा भी बातचीत की विषय वस्तु हो सकती है।

(घ) कश्मीर पर संयुक्त राष्ट्र संघ का नियंत्रण और उसकी देख-रेख में कश्मीर की आजादी की घोषणा। मेरी समझ से कश्मीर समस्या के निपटारे के लिए उपरोक्त में से अंतिम दो बिन्दु काफी महत्वपूर्ण सिद्ध हो सकते हैं। यदि हम कश्मीर की स्वायत्तता और उस पर संयुक्त नियंत्रण की बात करें, यह जितनी आसान दीख पड़ती है, उतनी ही कठिन है, क्योंकि जैसा कि 1940 में जिन्ना ने स्वीकार किया था कि हिन्दू और मुसलमान दो अलग-अलग राष्ट्र हैं, इन्हें एक राष्ट्र के रूप में रखना सम्भव नहीं है, भारत और पाकिस्तान का संयुक्त नियंत्रण विभाजन के समय की वीभत्स तस्वीरों को फिर से साकार कर देगा और भारत-पाकिस्तान के मध्य एक और युद्ध अवश्यम्भावी हो जायेगा।

यदि हम अंतिम बिन्दु पर विचार करे, तो मेरी समझ में कश्मीर समस्या का यह एक सर्वश्रेष्ठ हल सिद्ध हो सकता है। हो सकता है मेरे इस विचार का अधिसंख्य मात्रा में विरोध हो, किन्तु मेरे पास इस सम्बन्ध में जो तर्क हैं, उससे शायद आलोचनाओं पर विराम लग सके। अपनी बात की शुरूआत हम पाकिस्तान के एक न्यायविद एवं संयुक्त राष्ट्र में विशेष दूत डा० फारूक हसन व जो बनजीर भुट्टो, नवाज शरीफ समेत चार पाकिस्तानी प्रधानमंत्रियों के सलाहकार भी रह चुके हैं, के कथन से कि "पाकिस्तान की सैनिक सरकार की वास्तव में भारत के साथ कश्मीर समेत विभिन्न मुद्दों को हल करने में कोई रूचि नहीं है। कोई सैनिक सरकार कश्मीर समेत भारत के साथ विवादों को कभी हल नहीं करना चाहेगी, क्योंकि अगर वह ऐसा करेगी, तो उसके वजूद का तर्क ही खत्म हो जायेगा।"[47] डॉ० हसन ने ये बातें विदेशी मामलों पर पाक सरकार को परामर्श देने वाले एक प्रमुख गैर सरकारी संगठन "सिक्यूरिटी एण्ड पालिटिकल रिस्क एनालिसिस (सैप्रा)" के एक कार्यक्रम में कहीं। उनका यह भी कहना था कि "यह कहना बहुत मुश्किल है कि क्या सेना मुल्लाओं की सैन्य शाखा है अथवा मुल्ला सेना की राजनीतिक शाखा। मुल्लाओं और सेना के बीच इतने अधिक अंतरंग सम्बन्ध हैं कि यदि सेना को हटाया गया, तो मुल्ले भी हट जायेंगे। यही वजह है कि दोनों मुख्य धारा की धर्मनिरपेक्ष और लोकतांत्रिक पार्टियों को अलग-अलग रखना चाहते हैं। पाकिस्तानी सेना में कर्नल या मेजर के निचले ओहदों तक में चरमपंथी धार्मिक तत्वों का दबदबा है क्योंकि उनमें से ज्यादातर निम्न या मध्यम वर्ग पृष्ठभूमि से आते हैं, जहाँ शिक्षा की कमी है। लश्कर-ए-तय्यबा व जैश-ए-मोहम्मद समेत तमाम आतंकवादी संगठन महज हाशिये पर रहने वाली तंजी में ही नहीं हैं, बल्कि निम्न आप वर्ग से आने वाले एवं मदरसा की तालीम पाये बेरोजगार नौजवानों पर उनकी पूरी पकड़ है। अफगानिस्तान से लेकर चेचेन्या व चीन तक पाकिस्तान हर तरह के समूहों के लिए विभिन्न तरीके के प्रशिक्षणों का तजुर्बेगाह

है। इस तरह के कई संगठनों पर लगा परवेश मुशर्रफ सरकार का प्रतिबन्ध सिर्फ नुमाइशी है।"

डॉ० हसन की उक्त बाते किसी नये तथ्य पर प्रकाश नहीं डालती, बल्कि पाकिस्तान की भारत के प्रति सोच के सम्बन्ध में लगाये गये कयासों की पुष्टि करती हैं। जुल्फिकार अली भुट्टो की सरकार को अपदस्थ करने के बाद जनरल जिया उल हक ने पाकिस्तान के कठमुल्लाओं का व्यापक समर्थन मात्र इसी आधार पर हासिल किया कि वे काफिरों को सबक सिखा कर रहेंगे तथा बाँगलादेश के जख्मों पर मरहम कश्मीर को भारत से छीनकर लगायेंगे।[48] गौर तलब है कि इस्लाम में काफिर उसे माना जाता है, जो इस्लाम के अलावे किसी अन्य धर्म को मानता है, लेकिन पाकिस्तान में काफीर उसे कहा जाता है। जो भारत को मानता है या उसके समर्थन की बातें करता है। शिमला समझौता को भुट्टो की काफिरी समझी गयी और फाँसी दे दी गयी। जनरल जिया ने कश्मीर हासिल करने तथा भारत को सबक सिखाने के लिए 'आपरेशन टोपैक' की व्यूह रचना की, जो तीन चरणों में सम्पादित होनी है। प्रथम चरण और द्वितीय चरण में भारत विरोधी आतंकियों की फौज तैयार करके भारत में राजनीतिक अस्थिरता फैलाना तथा तीसरे चरण में भारत के विरूद्ध निर्वायक पहल करना। यह पहल सैनिक भी हो सकती है और तीसरे पक्ष की दमदार मध्यस्थता। विलेषकों की राय में मौजूदा दौर 'आपरेशन टोपैक' का अंतिम दौर है। तब से लेकर आजतक कश्मीर सहित भारत के तमाम मर्म स्थलों पर अंतहीन रक्तपातों के सिलसिले जारी हैं। साथ ही साथ तमाम अंतर्राष्ट्रीय मंचों पर पाकिस्तान का भारत विरोध भी जारी है। इन सबके आधार पर अक्टूबर 2001 में मैंने भारत-पाक सम्बन्धों को 'RED COLD WAR' की संज्ञा दी थी -

Meaning of 'RED COLD WAR' is "To reduce the economic capabilities, democratic structure, cohesiveness of Indians, land of Indian territories and all types of development of India with the help of weaponisation, aggression and religious approaches."

कश्मीर के सम्बन्ध में हमें निम्न बिन्दुओं पर भी गौर करना होगा[49] :-

(क) पाकिस्तान न तो कश्मीर भारत का मानता है और न ही वह इस समस्या पर खुली बातचीत करना चाहता है।

(ख) चीन ने कश्मीर राज्य के अक्साई चिन पर कब्जा कर रखा है और वह अपने नक्शे में अक्साई चिन, कराकोरम दर्रा और पाक अधिकृत कश्मीर को भारतीय भू-भाग के रूप में नहीं दर्शाता है।

(ग) 1947 से लेकर आज तक विश्व के किसी भी देश ने कश्मीर के मुद्दे पर भारत को अपना आधिकारिक समर्थन नहीं दिया है।

(घ) कश्मीर के मुद्दे पर रूस को छोड़कर सभी महाशक्तियों का सुरक्षा परिषद् में मतदान भारत के विरोध में रहा है। यद्यपि कि उस समय रूस ने भारत के पक्ष में 'वीटो' का प्रयोग अवश्य ही किया था, किन्तु उसने भी कश्मीर को भारतीय भू-भाग खुलकर नहीं कहा। इस वीटो के पीछे उसका उद्देश्य अमेरिका विरोध ज्यादा था।

उक्त आधार पर यदि देखा जाय, तो यही स्पष्ट होता है कि अमेरिका आदि देश भी नहीं चाहते हैं कि कश्मीर भारतीय भूमि का अंग बना रहे। सभी द्विपक्षीय वार्ता से समस्या के हल की बात करते हैं, लेकिन कश्मीर में मौजूद तीसरे पक्ष 'चीन' के विषय में कोई भी बात नहीं करता है। यदि चीन कराकोरम दर्रा व अक्साई चिन न छोड़े तथा नियंत्रण रेखा के उस पार पाकिस्तान का ही कब्जा बना रहे, तो भारत के पास बचेगा क्या और वह किस आधार पर और क्या पाने के लिए द्विपक्षीय वार्ता कर रहा है? यदि देखा जाय तो भारत कश्मीर के मुद्दे पर एक ऐसी मृगतृष्णा पाले हुए है, जो उसे कभी हासिल नहीं हो सकती। कश्मीर भारत के लिए एक ऐसा मसला है, जिसके दोनों तरफ कुँआ और दोनों तरफ खाई है यानी मामला सुलझे तो घाटा, न सुलझे तो भी घाटा। एक अनुमान के अनुसार "आर्थिक दृष्टि से यदि देखा जाय, तो 1947 से आज तक अकेले जितना सियचिन ग्लेशियर पर भारत ने खर्चा किया है, वह कश्मीर के कुल मूल्य से भी अधिक हो सकता है। यदि सम्पूर्ण कश्मीर पर हो रहे सैन्य व्यय को मिला लें तो यह और भी अधिक हो सकता है। यदि कश्मीर पर किये जा रहे पुनर्वास, रक्षा, शिक्षा, रोजगार व विकास के अन्य मद बिजली, पानी आदि सभी मदों के खर्चे को मिलाकर देखा जाय, तो शायद यह सकल राष्ट्रीय विकास की आवश्यकता के 33 प्रतिशत के आस-पास बैठेगा।[50] यानी कश्मीर के नाम पर हम अपने एक तिहाई राष्ट्रीय विकास की तिलांजलि दे रहे हैं और बदले में कश्मीर से हमें क्या मिल रहा है? आतंकवाद और अस्थिरता। कश्मीर-कश्मीर की रट में हमे कश्मीर मिले या न मिले एक बड़ी कश्मीरी आवादी से हमने दिल्ली जरूर आबाद कर लिया है। क्या यदि कभी जनमत संग्रह हुआ, तो इनके मतदान का भविष्य कौन निर्धारित करेगा? विडम्बना तो यह है कि भारतीय क्षेत्र में निवास करने वाले आधे कश्मीरी अपने आपको आज भी भारतीय मानने को तैयार नहीं हैं। अब प्रश्न यह उठता है कि जब हम कश्मीर का हल निकाल पाने की स्थिति में नहीं हैं और कश्मीरियों के एक बड़े वर्ग सहित चीन, पाकिस्तान सहित कई देश कश्मीर को भारतीय भू-भाग मानने को तैयार नहीं हैं, तो क्या हक है सम्पूर्ण देश का संसाधन कश्मीर पर जाया करने का।

घाव जब लाइलाज हो जाये, तो वह नासूर बन जाता है और यदि इस नासूर को पाला जाय, तो यह अनेक विकृतियों को जन्म देता है। अतः मेरी राय में कश्मीर

समस्या का सबसे अच्छा हल यही है कि कश्मीर राज्य के सम्पूर्ण भू-भाग को चिह्नित कर इसकी आजादी की घोषणा कर दी जाय। इससे भारत का अपमान नहीं होगा, बल्कि विजन-2020 के लक्ष्य मार्ग उसके लिए और आसान हो जायेंगे। इसके लिए भारत को निम्न कदम उठाने होंगे :–

(क) सबसे पहले भारत को सम्पूर्ण विश्व सहित संयुक्त राष्ट्र संघ को यह अवगत कराना होगा कि वह कश्मीर को आजाद कर देगा, बशर्ते कश्मीर की स्थिति 15 अगस्त 1947 के पूर्व जैसी थी, बहाल करने की गारंटी संयुक्त राष्ट्र ले।

(ख) भारत को यह भी घोषित करना होगा कि कश्मीर की आजादी की घोषणा तक उसके राष्ट्रीय संसाधनों का इस्तेमाल कश्मीर के लिए नहीं होगा, किन्तु नया सीमांकन होने तक कश्मीर में उसकी सेनाएँ बनी रहेंगी।

(ग) चूँकि भारत के पास कश्मीर के विलय का अधिकृत पत्र है, इसलिए पहले पाकिस्तान और चीन को कश्मीरी क्षेत्र खाली करना होगा। तत्पश्चात् कश्मीर की नयी सरकार को भारत सत्ता हस्तांतरित करेगा।

(घ) कश्मीर 'बफर स्टेट' के रूप में माना जाय, ऐसी घोषणा एवं माँग भी भारत को करनी होगी।

निश्चय ही यह बात गले नहीं उतरेगी, लेकिन दवा भी कड़वी होती है और सच भी। और सच्चाई को जो लोग नहीं स्वीकार करते, वे हमेशा दौड़ में पीछे रह जाते हैं। आकार बड़ा होने से हैसियत नहीं बड़ी हो जाती। यदि ऐसा होता, तो रूस अमेरिका से आगे होता। ब्रिटेन सम्पूर्ण विश्व पर राज्य नहीं करता। यदि छोटा होना अवनति का प्रतीक होता, तो जापान तरक्की नहीं करता, और न ही विभाजन के बाद प० जर्मनी। विखण्डन की त्रासदी सबसे ज्यादा यूरोपीय देशों में रही है, लेकिन तरक्की भी उन्हीं के हिस्से में ज्यादा आयी है। इसलिए कश्मीर का एक टुकड़ा हमसे छिन जायेगा, ऐसी कुण्ठा पालने से अच्छा है कि हम यह खुशफहमी पालें कि हमारे राष्ट्रीय विकास के मद में 33 प्रतिशत राशि की वृद्धि हो गयी है। साथ ही साथ हमें इस बात से भी संतोष होना चाहिए कि कश्मीर का एक छोटा टुकड़ा गँवाकर हमने एक बड़ा टुकड़ा अपने शत्रुओं से छीन लिया। यदि मेरे इस फार्मूले पर अमल हो, तो इसके सम्भावित फायदे निम्न हो सकते हैं–

(क) कश्मीर के 'बफर स्टेट' के रूप में स्थापित होने पर उत्तरी सीमा की सैनिक तैयारियों के भारी अपव्यय से भारत बचा रह सकता है।

(ख) कश्मीर में लगे सभी भारतीय संसाधनों का उपयोग भारत के विकास के क्षेत्र में होने लगेगा।

(ग) पाकिस्तान की भीतरी राजनीति में कश्मीर की रोटियाँ सिंकनी बन्द हो जायेंगी और तब पाकिस्तान से तानाशाही सैनिक सत्ता का उत्पादन भी बंद हो जायेगा।

(घ) पाकिस्तान का 'आपरेशन टोपैक' निराधार हो जायेगा तथा आतंकवाद से भारत काफी हद तक निजात पा सकता है।

(ङ) कश्मीर की जनता को शायद यह महसूस हो कि उसकी खुशहाली का वास्तविक स्रोत क्या है-भारत या उसकी आजादी?

(च) कश्मीर की आजादी, जितनी छोटी शिकस्त भारत के लिए होगी, उतनी ही बड़ी पराजय पाकिस्तान और चीन के लिए भी होगी।

(छ) इस नये प्रस्ताव से हो सकता है चीन न सहमत हो, लेकिन पाकिस्तान नियंत्रण रेखा को अन्तर्राष्ट्रीय सीमा रेखा मानने के लिए तैयार जरूर हो जायेगा।

(ज) भारत भी अपने अन्य घरेलू समस्याओं सहित विकास के अन्य कार्यक्रमों पर ध्यान केन्द्रित कर सकता है।

हो सकता है, उक्त समाधार पर सबकी राय एक समान न हो, किन्तु विगत साठ वर्षों के इतिहास को देखने और मौजूदा परिस्थितियों के आंकलन के बाद इससे बेहतर समाधान की उम्मीद करना बेमानी होगा, क्योंकि वर्ष 2005 में कराये गये एक सर्वे में कश्मीर समस्या के जो दस सर्वश्रेष्ठ चयनित समाधान जन-पटल पर रखे गये थे, उसमें जिस प्रस्ताव को सर्वाधिक जनमत मिला था, वह उक्त प्रस्ताव से काफी हद तक मेल खाता था।

सन्दर्भ सूची

1. कुलदीप तलवार का लेख, "भारत-पाक सम्बन्ध और वर्तमान परिदृश्य", मनोरमा ईयर बुक-2005, पृष्ठ-76
2. नवम्बर 2005 में हिन्दू कालेज, मुरादाबाद (उ.प्र.) में आयोजित राष्ट्रीय सेमिनार में प्रस्तुत लेखक के शोध पत्र "भारत-पाक सम्बन्ध : कैसा विश्वास, किसकी बहाली ?" के सार-संक्षेप में उद्धृत।
3. तूणीर, वर्ष-2, अंक-6, 26 जनवरी 2006, पृष्ठ-147
4. तूणीर, वर्ष-2, अंक-6, 26 जनवरी 2006, पृष्ठ-147
5. दैनिक जागरण, गोरखपुर, 6 फरवरी 2007, पृष्ठ-16
6. अमर उजाला दैनिक, 6 फरवरी 2007, पृष्ठ-2
7. दैनिक जागरण, गोरखपुर, 6 फरवरी 2007, पृष्ठ-
8. दैनिक जागरण, गोरखपुर, 6 फरवरी 2007, पृष्ठ-
9. राष्ट्रीय सहारा दैनिक, 2 फरवरी 2007, पृष्ठ-15
10. राष्ट्रीय सहारा दैनिक, 28 दिसम्बर 2006, पृष्ठ-16
11. राष्ट्रीय सहारा दैनिक, 21 जनवरी 2007, पृष्ठ-1
12. राष्ट्रीय सहारा दैनिक, 21 जनवरी 2007, पृष्ठ-2

13. राष्ट्रीय सहारा दैनिक, 3 फरवरी 2007, पृष्ठ-2
14. पी.टी.आई. न्यूज, 20 जनवरी 2007
15. वार्ता न्यूज, 20 जनवरी 2007
16. राष्ट्रीय सहारा दैनिक 9 दिसम्बर 2006, पृष्ठ-16, (यह समाचार देश के सभी बड़े अंग्रेजी व हिन्दी दैनिक समाचार पत्र में प्रमुखता के साथ छपा और तत्समय की पत्रिकाओं ने इस पर लेख भी लिखा है)
17. जगमोहन का लेख, "मुशर्रफ का खतरनाक सुझाव", दैनिक जागरण, 4 जनवरी 2007, पृष्ठ-10
18. जगमोहन का लेख, "मुशर्रफ का खतरनाक सुझाव", दैनिक जागरण, 4 जनवरी 2007, पृष्ठ-10 (इस मुद्दे पर संसद के भीतर और बाहर, राजनीतिक व सामाजिक गलियारों में भी काफी गम्भीरता से चर्चा होती आयी है।)
19. शिमला समझौता-1972 के बाद पाकिस्तान में दिये गये एक सार्वजनिक भाषण में भुट्टो ने यह बात कही थी।
20. द हिन्दू अंग्रेजी दैनिक, 20 नवम्बर 2006, पृष्ठ-8
21. जवाहर लाल कौल का लेख, "आतंकवाद रहे, पर सेना न रहे", राष्ट्रीय सहारा, 11 दिसम्बर 2006, पृष्ठ-8
22. जवाहर लाल कौल का लेख, "आतंकवाद रहे, पर सेना न रहे", राष्ट्रीय सहारा, 11 दिसम्बर 2006, पृष्ठ-8
23. दैनिक जागरण गोरखपुर, 6 दिसम्बर 2006, पृष्ठ-1
24. अमर उजाला दैनिक, 6 दिसम्बर 2006, पृष्ठ-1
25. राष्ट्रीय सहारा दैनिक, 6 दिसम्बर 2006, पृष्ठ-1
26. पी.टी.आई. न्यूज, 11 जनवरी 2007
27. यूनीवार्ता, 11 जनवरी 2007
28. राष्ट्रीय सहारा दैनिक, 12 जनवरी 2007, पृष्ठ-10
29. दैनिक जागरण गोरखपुर, 12 जनवरी 2007, पृष्ठ-2
30. अमर उजाला दैनिक, 12 जनवरी 2007, पृष्ठ-15
31. राष्ट्रीय सहारा दैनिक, 12 जनवरी 2007, पृष्ठ-10
32. राष्ट्रीय सहारा दैनिक, 8 दिसम्बर 2006, पृष्ठ-10
33. राष्ट्रीय सहारा दैनिक, 8 दिसम्बर 2006, पृष्ठ-10
34. दैनिक जागरण गोरखपुर, 15 जनवरी 2007, पृष्ठ-1
35. के०सुब्रह्मण्यम का लेख, "नये रूप में पुराने विचार", दैनिक जागरण गोरखपुर, 18 दिसम्बर 2006, पृष्ठ-10
36. के०सुब्रह्मण्यम का लेख, "नये रूप में पुराने विचार", दैनिक जागरण गोरखपुर, 18 दिसम्बर 2006, पृष्ठ-10
37. के०सुब्रह्मण्यम का लेख, "नये रूप में पुराने विचार", दैनिक जागरण गोरखपुर, 18 दिसम्बर 2006, पृष्ठ-10
38. राष्ट्रीय सहारा दैनिक, 26 दिसम्बर 2006, पृष्ठ-2

39. दैनिक जागरण गोरखपुर, 23 फरवरी 2007, पृष्ठ-1
40. दैनिक जागरण गोरखपुर, 23 फरवरी 2007, पृष्ठ-2
41. राष्ट्रीय सहारा दैनिक, 21 जनवरी 2007, पृष्ठ-1
42. साउथ एशिया डिफेंस एण्ड स्ट्रेटेजिक ईयर बुक-2007, पृष्ठ-147
43. राष्ट्रीय सहारा दैनिक, 11 फरवरी 2007, पृष्ठ-16
44. दैनिक जागरण गोरखपुर, 23 दिसम्बर 2006, पृष्ठ-2
45. तूणीर, वर्ष-2, अंक-6, 26 जनवरी 2006, पृष्ठ : 142-143
46. तूणीर, वर्ष-2, अंक-6, 26 जनवरी 2006, पृष्ठ : 143-144
47. पाकिस्तानी प्रधानमंत्रियों के सलाहकार डॉ० फारूक हसन का अभिकथन
48. आपरेशन टोपैक की घोषणा करते समय जनरल जियाउल हक ने यह बात कही थी।
49. तूणीर, वर्ष-2, अंक-6, 26 जनवरी 2006, पृष्ठ-146
50. सीनियर इंडिया, अगस्त-2005
51. प्रो० डी०डी० खन्ना, डायलाग आफ दी डेफ, दी इंडिया-पाकिस्तान डिवाइड।
52. रत्ना टिकू, इंगे-पाक रिलेशंस, पालिटिक्स आफ डाइवरजेंस एण्ड कंजरवेंस।
53. एलेस्टेयर लैम्ब, कश्मीर : ए डिस्प्यूटेड, लेजेसी।
54. सीताराम जौहरी, आकर वार्डर लैण्डस।
55. शाह मेहताब अली, दी फारेन पालिसी आफ पाकिस्तान।
56. दत्ता एवं शर्मा, पाकिस्तान-जिन्ना से जेहाद तक।
57. अमिताभ कुमार, हसवैण आफ ए फेनेटिक।
58. लैरी कोलिंस एण्ड डोमिनिक लेपिज, फ्रीडम ऐट मिडनाइट।
59. डॉ० बी०एल० फाड़िया, अन्तर्राष्ट्रीय सम्बन्ध।
60. डॉ० दीनानाथ वर्मा, अन्तर्राष्ट्रीय सम्बन्ध।
61. प्रो० लल्लन जी सिंह, राष्ट्रीय सुरक्षा।
62. डॉ० अशोक कुमार सिंह, राष्ट्रीय सुरक्षा।
63. डॉ० सुरेन्द्र कुमार मिश्र, राष्ट्रीय रक्षा व सुरक्षा।

2. कश्मीर समस्या : युद्ध ही आखिरी विकल्प

डॉ० हेमन्त कुमार पाण्डेय*
सुनीत कुमार चौबे**

कश्मीर की वस्तुस्थिति एक गम्भीरी एवं निष्पक्ष अध्ययन की माँग करती है। न केवल उन लोगों द्वारा जो कि गुरिल्ला एवं प्रतिगुरिल्ला कार्यवाहियों में रूचि रखते हैं, अपितु उन समस्त भारतीय नागरिकों द्वारा, जिनमें राष्ट्र के प्रति थोड़ी सी भी जागरूकता है। कश्मीर के लिए त्रासद घटनाएँ कोई नई नहीं है, उनमें से एक यह है कि देश में बहुत ही कम लोगों को कश्मीर के सच के बारे में सही-सही जानकारी है। सबसे दुखान्त तथ्य यह है कि जो लोग कश्मीर के लिए नीति का निर्धारण करते हैं, जिस पर कि राज्य का भविष्य उपलम्बित होगा, वे (नीति-निर्धारक) उस सच्ची तस्वीर को तब तक नहीं दिखाते जब तक कि जनता उसके विषय में व्यग्र नहीं हो जाती। कभी-कभी तो ऐसा होता है कि घटनाएँ एकाएक अप्रिय मोड़ ले लेती है और यह प्रत्यक्ष दिखाई पड़ता है कि तब लागू की गई नीतियों की जिम्मेदारी लेने से स्पष्ट रूप से बचने का प्रयास किया जाता है, तब वे कश्मीर पर राष्ट्रीय आम-सहमति बनाने की बात करने लगते हैं।[1] कश्मीर के सन्दर्भ में यह अति आवश्यक है कि लोग जानें कि अब तक वहाँ क्या हुआ है, इस समय हम वहाँ क्या कर रहे हैं और हमें भविष्य में वहाँ क्या करने की आवश्यकता है ? इस बात को कदापि झुठलाया नहीं जा सकता कि हमारा सुरक्षित भविष्य उसी दशा में सम्भव हो सकता है, जबकि हम कश्मीर में पहले हुई गलतियों और उसकी वर्तमान वस्तुस्थिति का निष्पक्ष ढंग से विश्लेषण नहीं करते।

---

*वरिष्ठ प्रवक्ता-रक्षा अध्ययन विभाग, मेरठ कालेज, मेरठ
**शोध छात्र-रक्षा अध्ययन विभाग, मेरठ कालेज, मेरठ

कश्मीर जो कि अतिशत सुन्दरता से परिपूर्ण भूमि है, भारत एवं पाकिस्तान के बीच झगड़े की मुख्य जड़ है। भारत जम्मू एवं कश्मीर को अपना अभिन्न अंग मानता है, तो पाकिस्तान इसे विवादित क्षेत्र की संज्ञा देता है। भारत का दावा ऐतिहासिक वास्तविकताओं पर आधारित है। श्रीनगर जो कि राज्य की ग्रीष्मकालीन राजधानी है, की स्थापना महान मौर्य सम्राट अशोक द्वारा की गई, जिन्होंने घाटी में तीसरी शताब्दी पूर्व में शासन किया।[2] उसके बाद भारत के विभिन्न राजाओं एवं रानियों द्वारा जो कि अलग-अलग धर्मों से थे, द्वारा कश्मीर पर शासन किया गया। परन्तु पाकिस्तानी राजनीतिज्ञ इस ऐतिहासिक वास्तविकता को नकारते हैं। उनकी कश्मीर के बारे में जानकारी मध्यकाल से शुरू होती है जब कश्मीरी बहुसंख्यक, हिन्दू एकसत्तावाद में विश्वास करता था जो कि शैव मत था और बाद में इस्लाम में तब्दील हो गया, जबकि भारत की कश्मीर के इतिहास के बारे में जानकारी कश्मीर सभ्यता के उदय के समय से है। कश्मीर की आंतरिक कठिनाईयों का सामना वहाँ के लोग विभिन्न ऐतिहासिक अनुभवों के साथ तेरहवीं शताब्दी से ही झेल रहे हैं, जो कि निर्दयी मुस्लिम शासकों और उनके प्रतिद्वन्द्वी मध्य एशियाई नायकों द्वारा दिए गए।[3] भारत एक धर्मनिरपेक्ष राष्ट्र है, जो कि इतिहास को कभी धर्म की निगाह से नहीं देख सकता, जबकि पाकिस्तान का जम्मू एवं कश्मीर के विषय में दावा जातीय जनसंख्या के सिद्धान्त पर आधारित है, जो कि माउंटबेटन द्वारा भारतीय उपमहाद्वीप के बँटवारे के समय अपनाई गयी थी। माउंटबेटन की योजना में मुस्लिम बहुत क्षेत्र को पाकिस्तान का राज्य घोषित करना था। यह निश्चित किया गया था कि इस उपमहाद्वीप में दो राष्ट्र होंगे और सभी राजसी राज्यों को इन्हीं दोनों राष्ट्रों में से किसी एक के साथ मिलना होगा। परन्तु ब्रिटिश सरकार शक्ति के हस्तांतरण के लिए व्यग्र थी। दोनों राष्ट्रों को शक्ति के हस्तांतरण के बजाय, शाही शासन ने एक साथ असंख्य राजसी राज्यों को शक्ति का हस्तांतरण कर दिया।[4]

इसने स्थिति को और भी अधिक जटिल बना दिया। कश्मीर के राजा हरी सिंह ने प्रारम्भ में इन दोनों राष्ट्रों में से किसी के साथ विलय न करके स्वतंत्र राष्ट्र के रूप में रहने का निर्णय लिया। उन्होंने पाकिस्तान के साथ यथास्थिति के समझौते पर हस्ताक्षर किए तथा उसी का एक प्रारूप भारत के पास भेजा। पाकिस्तान के विपरीत भारत ने कश्मीर मसल को ठंडे बस्ते में डाल दिया। दूसरी तरफ पाकिस्तान, जम्मू एवं कश्मीर को हड़पने के लिए बेचैन था। जिन्ना को संदेह हुआ कि महाराजा हरी सिंह न तो पाकिस्तान के साथ जम्मू-कश्मीर का विलय करेंगे और न ही उनका जिन्ना पर भरोसा ही है। इस मनोवैज्ञानिक दबाव ने उनकी राजनैतिक महत्वाकांक्षा को ठेस पहुँचाई। महाराजा हरी सिंह द्वारा यथास्थिति बनाए रखने के समझौते से नाराज होकर जिन्ना ने जम्मू एवं कश्मीर पर आर्थिक प्रतिबंध लगा दिए, ताकि उसका विलय

पाकिस्तान के साथ हो सके,[5] जबकि पाकिस्तान के साथ हुए समझौते (Stand Still Agreement) में यह व्यवस्था थी कि पाकिस्तान, जम्मू एवं कश्मीर राज्य के लिए लगातार आवश्यक वस्तुओं की आपूर्ति करता रहेगा।[6]

कश्मीर के लिए पाकिस्तान के इस अमानवीय एवं रूखे व्यवहार ने निश्चित रूप से राज्य सरकार को प्रभावित किया। परन्तु स्थिति उस समय बिगड़ गयी, जब 22 अक्टूबर 1947 को पाकिस्तान ने कश्मीर पर धावा बोल दिया और श्रीनगर के निकट बारामुला से घुसपैठ कर कश्मीर में प्रवेश किया। महाराजा हरी सिंह की सेनाएँ इस स्थिति में नहीं थी कि वे पाकिस्तानी आक्रमण का मुकाबला कर सकें।[7] ऐसी विषम परिस्थिति में महाराजा हरी सिंह ने भारत से सैन्य मदद की माँग की, परन्तु स्वतंत्र भारत के प्रथम गवर्नर जनरल लार्ड माउंटबेटन, कश्मीर में तब तक सेना भेजने के खिलाफ थे, जब तक कि उसका भारत के साथ विलय न हो जाए। इस विषय पर दिल्ली में उच्चस्तरीय रक्षा समिति की बैठक में विचार-विमर्श हुआ। इस बैठक में यह तय हुआ कि यदि भारतीय सेनाएँ पाकिस्तानी आक्रमण, घेराबन्दी एवं लूटमार से राज्य की रक्षा करेंगी, तो उसका भारत के साथ विलय हो जायेगा। इस विचारगोष्ठी में महाराजा हरी सिंह का प्रतिनिधित्व शेख अब्दुल्ला कर रहे थे। इस विचार विमर्श का निष्कर्ष यह निकल कर सामने आया कि 26 अक्टूबर 1947 को कश्मीर का भारत में विलय हो गया।[8] उधर सीमावर्ती जिले मुजफ्फराबाद में हमलावरों के हाथों राज्य की सेना के पराजित होने के कारण और भारतीय सेना के वहाँ पहुँचने तक नेशनल कांफ्रेंस के स्वयंसेवकों और उनके प्रमुखतः मुस्लिम समर्थकों ने ही पाकिस्तान से आए संगठित सैन्य बल तथा राजधानी श्रीनगर के बीच खड़े रहकर अपनी जान देकर आक्रमण का सामना किया। इसके बाद कश्मीर के प्रमुखतया मुस्लिम फारेस्ट रेंजरों और शेख अब्दुल्ला की आपातकालीन सरकार के नुमाइंदों ने पहाड़ों और घने जंगलों के बीच अविश्वसनीय रफ्तार से घूमकर दुश्मन की ताकत, संख्या स्थिति और गतिविधियों के बारे में अत्यन्त सटीक जानकारी दी।[9]

सामान्यतः यह विश्वास किया जाता है कि जिन्ना ने भारतीय वायुसेना द्वारा 27 अक्टूबर 1947 को श्रीनगर की सुरक्षा के लिए भारतीय सैनिकों के वहाँ उतरने (पहुँचने) का समाचार सुनकर अपने कमाण्डर-इन-चीफ को आदेश दिया कि-कश्मीर में पाक सेना की दो ब्रिगेड भेज दी जाए, एक रावलपिंडी से और दूसरी सियालकोट से। सियालकोट की सेना जम्मू के लिए जाए और महाराजा हरी सिंह को बंदी बना ले। रावलपिंडी की सेना श्रीनगर की तरफ जाए और शहर पर कब्जा कर ले।[10] इस बात की पुष्टि ले० जनरल गुल हसन खान जो कि उस समय जिन्ना के ADC थे, ने अपनी पुस्तक 'Memories' में लिखा है कि "जिन्ना, पंजाब के गवर्नर सर फ्रांसिस मूडी, रक्षा सचिव सिकन्दर मिर्जा और प्रधानमंत्री लियाकत अली खान के बीच 24

अक्टूबर 1947 को एक बैठक हुई, जिसमें वे स्वयं मौजूद थे। एक दिन पहले ही राज्य के भारत में विलय से स्पष्ट रूप से अन्जान जिन्ना का यह भी विचार था कि कबायली आक्रमण हमारी जिम्मेदारी को सिद्ध करता है और जैसे-जैसे समय गुजरता गया बैठक में एक योजना बनाई गई कि भारतीय इरादों को तुरन्त नाकाम कर दिया जाए। इसलिए यह निश्चय किया गया कि कश्मीर में भारतीय सैन्य अभियान को रोकने के लिए केवल यही एक रास्ता है कि हम अपनी नियमित सेना की एक टुकड़ी को श्रीनगर हवाई मैदान को कब्जे के लिए भेजें।[11] यह सूचना पाकिस्तान के तत्कालीन कमाण्डर-इन-चीफ जनरल ग्रेसी को उसी दिन भेज दी गयी, जिसमें लिखा था कि, 'इस योजना को कार्यान्वित करो जो कि प्रधानमंत्री के शयनकक्ष में बनी है।' जनरल ग्रेसी ने जिन्ना की इस आज्ञा को मानने से इन्कार कर दिया। जनरल ग्रेसी का तर्क था कि इस कार्यवाही से दोनों देशों में युद्ध छिड़ जायेगा। जिन्ना उस समय लाहौर में पाकिस्तानी पंजाब के गवर्नर सर फ्रांसिस मूडी के अतिथि थे। मूडी ने गालियाँ देते हुए जनरल ग्रेसी से टेलीफोन पर कहा कि उन्होंने पाकिस्तान के गवर्नर जनरल के आदेशों का पालन नहीं करने की जुर्रत कैसे की।[12] परन्तु दूसरे दिन (28 अक्टूबर 1947) जनरल ग्रेसी ने यह सूचना फील्ड मार्शल अचनलेक को दी और यह स्पष्ट किया कि वे स्वयं इस आदेश का पालन नहीं करेंगे, लेकिन पाकिस्तानी सैनिकों को बारामुला, श्रीनगर तथा बैनिहाल गलियारे को सीज करने के लिए भेज देंगे। मेजर जनरल शाहिद हमीद जो कि पाकिस्तान के सैन्य गुप्तचर विभाग के प्रथम डायरेक्टर और विभाजन के समय, फील्ड मार्शल सर क्लाड अचनलेक (Sir Cloud Auchinleck) के व्यक्तिगत सचिव थे, ने अचनलेक की डायरी के एक पन्ने पर लिखी बातों को उद्धत करते हुए (जो कि 28 अक्टूबर 1947 को लिखा गया था) लिखते हैं कि ब्रिटिश भारतीय सेना जिससे Auchinleck पहले सम्बन्धित थे, जिसका उन्होंने नेतृत्व किया, वे आपस में लड़ रही थीं और उस दिन से एक व्यवस्थित युद्ध शुरू हो चुका था।[13]

भारत, पाकिस्तान द्वारा जम्मू एवं कश्मीर राज्य पर हमले के मामले के 1 जनवरी 1948 को संयुक्त राष्ट्र संघ में ले गया और संयुक्त राष्ट्र संघ के हस्तक्षेप से युद्ध-विराम की घोषणा हो गयी, परन्तु उस समय पर पाकिस्तान, जम्मू एवं काश्मीर की 83294 वर्ग किमी० भूमि पर कब्जा कर चुका था।[14] पाकिस्तानी सैनिकों को बिना पीछे ढकेले ही युद्ध विराम रेखा (Cease Fore Line) की घोषणा से राज्य क्षेत्र का लगभग आधा भाग पाकिस्तान के कब्जे में चला गया। इस प्रकार पाकिस्तान, जम्मू एवं कश्मीर राज्य के भू-भाग को युद्ध द्वारा हड़पने की अपनी योजना में बहुत हद तक सफल हुआ। पाकिस्तान के कब्जे में लगभग राज्य का आधा हिस्सा चला गया है, जो कि निम्न आँकड़ों से स्पष्ट होता है[15] –

Territory of Jammu and Kashmir

Total Area	2,22,236 sq.km.
Under Pok Occupation	78,114 sq.km.
Given to China by Pakistan	5,180 sq.km.
Occupied by China	37,555 sq.km.

यह प्रश्न उठना स्वाभाविक है कि आखिर जम्मू एवं कश्मीर की समस्या इतनी गंभीर स्थिति में कैसे पहुँच गई? चूँकि पाकिस्तान एक आक्रमणकारी देश था और महाराजा हरी सिंह ने बिना शर्त विलय पत्र पर हस्ताक्षर किए थे, तो फिर पाकिस्तान को जम्मू कश्मीर की सीमा से बाहर किए बिना ही सम्पूर्ण मामले को UNO ले जाना और अपनी सीमा को मुक्त कराये बिना ही युद्ध विराम के समझौते पर हस्ताक्षर करना, यह दर्शाता है कि सारी गलती अपनी तरफ से ही हुई, जिसका पाकिस्तान ने भरपूर फायदा उठाया। सच्चाई यह है कि महाराजा ने तब तक स्वीकार नहीं किया, जब तक जेल में बंद मुस्लिम कांफ्रेंस के नेता शेख मोहम्मद अब्दुल्ला को रिहा करा कर विलय प्रस्ताव पर उनके हस्ताक्षर नहीं करा लिए गए। शेख ने बिना शर्त हस्ताक्षर नहीं किए। जम्मू-कश्मीर के पृथक अस्तित्व के प्रस्ताव पर हस्ताक्षर हुए, जिसके कारण सदरे रियासत और वजीरे आजम के पद का सृजन हुआ तथा भारतीय संसद आदि के प्रभाव क्षेत्र से कश्मीर को बाहर रखा गया। इस व्यवस्था ने कश्मीर में भारत से पृथक अस्तित्व के बोध को इतना बढ़ाया कि चुनाव में भारी जीत के बाद शेख अब्दुल्ला ने अपने को कुछ और ही समझ लिया। उनकी पाकिस्तान से साँठ-गाँठ बढ़ गयी। यह भी लगा कि वह संविधान सभा के माध्यम से विलय के निर्णय को बदलने का प्रयास कर रहे हैं। इन हालात में रफी अहमद किदवई का आकलन स्वीकार कर पंडित नेहरू के इशारे पर सद्र-ए-रियासत कर्ण सिंह ने अपने विशेष अधिकार के तहत शेख अब्दुल्ला को प्रधानमंत्री पद से बर्खास्त कर उन्हें जेल में बंद कर दिया। आज यदि राष्ट्रपति, राष्ट्रध्वज, संसद, सर्वोच्च न्यायालय, निर्वाचन आयोग, महालेखा परीक्षक तथा सिविल सेवा के नियम जम्मू एवं कश्मीर में लागू हैं, तो उसका श्रेय रफी अहमद किदवई और शेख के हटने के बाद प्रधानमंत्री बने बख्शी गुलाम मोहम्मद को है।[18]

यहाँ यह जानना महत्वपूर्ण हो जाता है कि जब महाराजा हरी सिंह ने बिना शर्त विलय पत्र पर हस्ताक्षर किए थे, तो फिर जम्मू-काश्मीर को विशेष दर्जा देने की क्या आवश्यकता थी ? जम्मू एवं कश्मीर के लिए भारतीय संविधान में धारा-370 क्यों जोड़ना पड़ा, जिसके कारण जम्मू-कश्मीर की स्थिति आज इतनी विस्फोटक हो

गई है ? इसका उत्तर यह है कि शेख अब्दुल्ला सन् 1931 से ही महाराजा हरी सिंह के खिलाफ विरोध प्रदर्शन का नेतृत्व कर रहे थे। इस दौरान उन्होंने स्वयं को एक सच्चे मुसलमान के रूप में प्रस्तुत किया और यह दर्शाने का प्रयास किया कि वह मोहम्मद युसुफ शाह के आश्रित हैं। दोनों उस समय जन नेता के रूप में काम करते हुए काफी लोकप्रिय हो चुके थे। शेख अब्दुल्ला जो कि आकर्षक व्यक्तित्व वाले थे, ने बहुत जल्द ही अत्यधिक जन समर्थन प्राप्त कर लिया।[17] सन् 1938 तक शेख अब्दुल्ला, जवाहर लाल नेहरू तथा भारतीय राष्ट्रीय काँग्रेस के प्रभाव में आ चुके थे, इसलिए उन्होंने स्वयं को ज्यादा धर्मनिरपेक्ष दिखाने की कोशिश की। सन् 1939 में उन्होंने मुस्लिम कांफ्रेन्स को औपचारिक रूप से भंग कर जम्मू-कश्मीर नेशनल कांफ्रेंस का गठन किया। इस घटनाक्रम ने शेख अब्दुल्ला और मीर वायज के बीच दरार पैदा कर दी। शेख अब्दुल्ला के अनेक करीबी लोग जो कि रूढ़िवादी थे, जिनमें चौधरी गुलाम अब्बास मुख्य थे, मोहम्मद युसुफ शाह के साथ हो लिए और मुस्लिम कांफ्रेंस को 1941 में पुनर्जीवित किया, जो कि हर प्रकार से भारतीय मुस्लिम लीग एवं जिन्ना का समर्थक, साथी या मित्र दल था।[18] यहाँ हमें इस तथ्य को ध्यान में रखना चाहिए कि सन् 1940 के दौरान मुस्लिम कांफ्रेंस ने घाटी में और पश्चिमोत्तर प्रान्तों में काफी विश्वसनीय समर्थन हासिल कर लिया था।

सन् 1939 में कश्मीर के महाराजा हरी सिंह ने व्यापक जन समर्थन प्राप्त करने के लिए एवं मुस्लिम कांफ्रेंस के विरोध को कम करने के लिए एक नया संविधान प्रस्तुत किया, जिसने विधानसभा में चुने गए प्रतिनिधियों की संख्या को बढ़ा दिया। यद्यपि 1934 के संविधान के तहत जो साम्प्रदायिक चुनाव क्षेत्र थे, अब भी बने रहे। सन् 1944 में उन्होंने दो सामान्यतया निर्वाचित सदस्यों को अपने मंत्रालय में मंत्री पद दिया जिसमें एक वजीर गंगा राम और दूसरे मिर्जा अफजल बेग थे जो कि शेख के घनिष्ठ सहयोगी थे। मार्च 1946 में मिर्जा अफजल बेग ने त्यागपत्र दे दिया और शेख अब्दुल्ला ने 'कश्मीर मुक्ति' आन्दोलन का नेतृत्व किया। उन्होंने यह घोषणा की कि अंग्रेजों द्वारा 'कश्मीर घाटी' को बेचने की कोई कानूनी वैधता नहीं थी और इसीलिए महाराजा, कश्मीर को तुरन्त मुक्त कर दें। शेख अब्दुल्ला गिरफ्तार कर लिए गए और विरोध के पारम्परिक तरीकों द्वारा लोग जलूस, हड़ताल आदि में संलग्न हो गए और पुलिस फायरिंग में लोगों की मौत की घटनाएँ प्रारम्भ हो गई। अन्त में मार्शल ला (सैन्य शासन) लगा दिया गया तथा शेख अब्दुल्ला को राजद्रोह के अपराध में तीन साल की जेल की सजा दी गई। इस दौरान मुस्लिम कांफ्रेंस ने काश्मीर मुक्ति आन्दोलन को केवल दबे जुबान से सहायता दिया या आगे बढ़ाया।[19]

कश्मीर घाटी में दंगे एवं हिंसा के शान्त होने पर जब महाराजा हरी सिंह ने कश्मीर घाटी में प्रजा सभा के चुनाव की घोषणा की, तो नेशनल कांफ्रेंस ने चुनाव

का बहिष्कार किया, किन्तु मुस्लिम कांफ्रेंस ने चुनाव में भाग लिया और 15 सीटें जो कि मुस्लिमों के लिए चुनी गई थी, पर जीत हासिल कर प्रजा सभा (विधान सभा) में बहुसंख्यक मुस्लिम पार्टी हो गई। यद्यपि इसने कश्मीर के पाकिस्तान के साथ विलय प्रस्ताव के विधेयक को पास किया, परन्तु बड़ी संख्या में इसके सदस्यों ने, जिसमें मुस्लिम कांफ्रेंस के तत्कालीन अध्यक्ष चौधरी हामिद-उल्ला-खान भी शामिल थे, ने आजाद रहने का विकल्प सुरक्षित रखा या रोके रखा।

अगस्त 1947 की पूर्व संध्या पर शक्ति के हस्तांतरण के समय शेख अब्दुल्ला और मीर वायज मोहम्मद युसुफ शाह दोनों राजनीतिक विरोधी हो गए और महाराज हरी सिंह कश्मीर घाटी में आवश्यक जन समर्थन न प्राप्त कर सके तथा भारत या पाकिस्तान के कश्मीर के विलय के मुद्दे को निश्चित न कर सके और न ही आजाद रहने का निश्चय ही कर पाए। अन्त में शेख अब्दुल्ला ने महाराजा का समर्थन प्राप्त कर लिया, क्योंकि यह विश्वास किया जाता था कि मुस्लिम कांफ्रेंस के नेता सम्पूर्ण जम्मू एवं कश्मीर को पाकिस्तान के पाले (पक्ष में या की ओर) में ले जाना चाहते थे। शेख अब्दुल्ला एक ऐसे नेता दिखते थे, जिनकी रूचि भारत के साथ जुड़े स्वतन्त्र काश्मीर की थी। इस संकटकाल में पाकिस्तान की तरफ से हुए कबायली आक्रमण ने सभी समीकरण बदल दिए। इस घटनाक्रम के कारण शेख अब्दुल्ला को कारावास से तुरन्त मुक्त किया गया और जम्मू एवं कश्मीर का भारत के साथ विलय (26 अक्टूबर 1947) हुआ।[20] इस कबायली आक्रमण का कश्मीर घाटी के मुसलमानों ने भीषण प्रतिरोध किया। इस मोड़ पर कश्मीर के लोग पूर्णतः पाकिस्तान के खिलाफ हो चुके थे और शेख अब्दुल्ला इस समय तक काफी लोकप्रिय हो चुके थे। जब शेख अब्दुल्ला को अक्टूबर 1947 में आपातकालीन सरकार बनाने का निमंत्रण दिया गया, तो बख्शी गुलाम मोहम्मद, मिर्जा अफजल बेग, जी०एम० सादिक, एस०एल० सर्राफ, जी०ए० डोगरा, कर्नल पीर मोहम्मद और सरदार बुध सिंह उनके मंत्रालय में मंत्री बने। वहाँ फिर भी व्यवस्था में एक दुविधा बनी रही कि मेहर चन्द महाजन राज्य के प्रधानमंत्री तब भी बने रहे।[21]

शेख अब्दुल्ला और उनके नेशनल कांफ्रेंस के 'अपातकालीन कैबिनेट' के सहयोगी सदस्यों ने प्रधानमंत्री (M.C. Mahajan) तथा स्वयं महाराजा हरी सिंह का तीखा विरोध किया। शेख अब्दुल्ला की राजनीतिक विचारधारा तभी से स्पष्ट हो चुकी थी। अब ऐसा दिखने लगा था कि वह बाद में केवल आजाद होने की इच्छा से ही शक्ति प्राप्त करना चाहते हैं। कश्मीरियों के लिए शेख अब्दुल्ला नए मसीहा बन चुके थे, जिन्होंने कश्मीर घाटी के लोगों के उत्थान के लिए न सिर्फ भू एवं सामाजिक सुधार कार्यक्रमों की घोषणा की, अपितु पूर्ण आजादी का वायदा भी किया। अन्ततोगत्वा (आखिरकार) मेहर चन्द महाजन मार्च 1948 में अपने पद से अलग हो

गए और स्वयं महाराजा हरी सिंह ने भी जून 1949 में शेख अब्दुल्ला तथा भारत सरकार के दबाव में अपना पद छोड़ दिया। उन्होंने 9 जून 1949 को अपने पुत्र युवराज कर्ण सिंह को सारी शक्ति सौंप दी, जो कश्मीर में संवैधानिक प्रमुख नियुक्त हुए तथा संविधान सभा द्वारा अगले 5 वर्षों के लिए सदरे रियासत चुने गए।[22] स्मरण रहे कि भारत सरकार ने जब विलय स्वीकार किया था, तब यह शर्त रखी थी कि महाराजा अपने राज्य में निर्वाचित सरकार बनायेंगे। इस समझौते के अनुसरण में विलय के ठीक पश्चात् महाराजा ने अखिल जम्मू-कश्मीर नेशनल कांफ्रेंस के सभापति शेख मुहम्मद अब्दुल्ला को अंतरिम सरकार बनाने और राज्य का प्रशासन चलाने का निमंत्रण दिया। बाद में अंतरिम सरकार पूर्ण मंत्रिमंडल में परिवर्तित हो गई आर शेख अब्दुल्ला 4 मार्च 1948 को प्रधानमंत्री बने। किन्तु अब्दुल्ला मंत्रिमंडल को महाराजा सर हरी सिंह के शासन को समाप्त किए बिना चैन नहीं आया। सन् 1949 में महाराजा सर हरी सिंह को बाध्य किया गया कि वे अपने पुत्र युवराज कर्ण सिंह के पक्ष में गद्‌दी छोड़ दें।[23] बाद में युवराज को राज्य की संविधान सभा (जो 31 अक्टूबर 1951 को अस्तित्व में आई) ने सदर-ए-रियासत के रूप में निर्वाचित किया। इस प्रकार जम्मू कश्मीर राज्य में राजाओं का शासन समाप्त हो गया और राज्य का प्रधान (प्रमुख), निर्वाचित व्यक्ति होने लगा।[24]

जम्मू-कश्मीर राज्य के भारत में विलय (26 अक्टूबर 1947) के पश्चात् 4 मार्च 1948 को शेख अब्दुल्ला जम्मू कश्मीर के प्रधानमंत्री बने। उन्हें यह पद उनकी सक्रिय भूमिका के लिए दिया गया, जो उन्होंने नेशनल कांफ्रेंस के माध्यम से निभायी थी और पाकिस्तान समर्थक मुस्लिम कांफ्रेंस को मात दी थी तथा कबायलियों के विरूद्ध जनता को जाग्रत कर जन युद्ध का वातावरण बनाया था।[25] परन्तु धीरे-धीरे शेख मोहम्मद अब्दुल्ला पुनः आजाद कश्मीर की दिशा में काम करने लगे, जो उनकी 1944 की सोच को दर्शा रही थी, जिसमें उन्होंने जम्मू एवं कश्मीर को एशियन स्वीट्जरलैंड बनाने का ख्वाब संजोया था। वास्तव में उन्होंने जम्मू या लद्‌दाख के लोगों के विचारों की तरफ कोई ध्यान नहीं दिया। सन् 1950 में शेख अब्दुल्ला ने भारत सरकार को एक और झटका दिया। उन्होंने भारत में संयुक्त राष्ट्र संघ के तत्कालीन दूत Loy Henderson के साथ कश्मीर के भविष्य पर गुप्त बैठक में मंत्रणा की। Loy Henderson ने बाद में कश्मीर की अपनी गुप्त यात्रा के दौरान बताया कि, कश्मीर की आजादी के विषय पर परिचर्चा के समय शेख अब्दुल्ला ने पूरे उत्साह के साथ अपना यह विचार रखा कि कश्मीर स्वतन्त्र हो, क्योंकि यहाँ की बहुसंख्यक लोगों की इच्छा आजादी की है। उनके इस विश्वास का कारण यह था कि आजाद कश्मीर के कुछ नेताओं की इच्छा आजाद रहने की है, जो कि नेशनल कांफ्रेंस ने नेताओं की इच्छा से मेल खाती। यदि उचित समय आया, तो ऐसा सहयोग आजादी में बदल जायेगा।[26]

दरअसल सारी गलती पं० नेहरू की थी, जिन्होंने कश्मीर मसले को संयुक्त राष्ट्र संघ में ले जाकर उसका अन्तर्राष्ट्रीयकरण कर दिया तथा बाह्य शक्तियों को जम्मू एवं कश्मीर में हस्तक्षेप का आधार प्रदान कर दिया। जब जम्मू-कश्मीर का मामला संयुक्त राष्ट्र संघ में पहुँचा तो UNO के प्रतिनिधि सर ओवर डिक्सन ने जनमत संग्रह की योजना बनाई। इसके तीन खण्ड थे-पहला जम्मू एवं लद्दाख के हिन्दू बहुल क्षेत्र को भारत के पक्ष में मान लेना। दूसरा पाक अधिकृत मुस्लिम बहुल क्षेत्र को पाकिस्तान के पक्ष में स्वीकार करना और तीसरा कश्मीर घाटी और उससे सटे क्षेत्र में जनमत संग्रह करवाना।[27] शेख अब्दुल्ला और पं० नेहरू की दोस्ती जगजाहिर थी। इसलिए शेख अब्दुल्ला इस तीसरे हिस्से को अपने खातिर स्वतन्त्र बनाने की योजना पर काम करना चाहते थे, क्योंकि शेख इस नए राज्य के वजीर-ए-आजम बनने की प्रबल इच्छा से बेचैन थे। परन्तु गृहमंत्री सरदार पटेल को शेख का प्रस्ताव बहुत अखरा और उन्होंने शेख को डाँटा। तत्पश्चात् शेख ने दावा पलटा और उन्होंने कश्मीर का मूल चरित्र बनाए रखने तथा सुरक्षा एवं विदेश नीति को छोड़कर पूर्ण स्वायत्तता तक सीमित रहने का नया मसौदा पेश किया। पं० नेहरू ने इस प्रस्ताव को संवैधानिक दर्जा दिलाने की हामी भरी और इस प्रस्ताव के साथ शेख अब्दुल्ला को संविधान के ड्राफ्टकार निर्माता डॉ० बी०आर० अम्बेडकर के पास भेजा। चूँकि बाबा साहब भीम राव अम्बेडकर पूर्णतः देशभक्त थे, और वे जम्मू-कश्मीर की विशेष संवैधानिक स्थिति एवं धारा-370 से असहमत थे, इसलिए उन्होंने शेख अब्दुल्ला से स्पष्ट कहा कि आप चाहते हैं कि शासन आप करें, सीमाओं की सुरक्षा और सरकारी खर्च हम चलायें। हम ऐसा बर्दाश्त नहीं कर सकते। मैं भारत का विधि मंत्री हूँ और तुम्हारे इस प्रस्ताव को मानना भारत से द्रोह करना होगा। इसलिए मैं संविधान में ऐसी धारा डालने के विरूद्ध हूँ।[28] इसके बावजूद पं० नेहरू को शेख का प्रस्ताव भा गया और अन्ततः अम्बेडकर के इन्कार करने पर यह प्रस्ताव एक दूसरे मंत्री जी०एस० आयंगर ने संविधान सभा में रखा। इसका विरोध भी हुआ, परन्तु पं० नेहरू की कूटनीतिक चाल के द्वारा इसे अस्थायी चरित्र का उपबन्ध बनाकर अनुच्छेद-370 का प्राविधान संविधान में कर दिया गया (June 1949)। इसी चरित्र के चलते अनुच्छेद-370 अस्थायी बनाया गया, जिसके कारण जम्मू-कश्मीर की भारतीय एकात्मता भी अस्थायी चरित्र की बनी है। इसी कारण जम्मू-कश्मीर के अलग संविधान को मान्यता मिली और अलग झंडा, अलग राज्य, अध्यक्ष एवं अलग प्रधानमंत्री का प्राविधान हुआ।[29]

1 मई 1951 को जम्मू-कश्मीर के पृथक संविधान सभा बनाने की उद्घोषणा युवराज कर्ण सिंह ने की जो 31 अक्टूबर, 1951 को अस्तित्व में आई और 21 अगस्त 1952 को उसने युवराज कर्ण सिंह को सदर-ए-रियासत के रूप में निर्वाचित

किया। संविधान सभा के गठन के उपरान्त 40 हजार की आबादी पर एक चुनाव क्षेत्र बना। 75 चुनाव क्षेत्रों से 75 प्रतिनिधि आए। इनमें 73 पर शेख की नेशनल कांफ्रेंस निर्विरोध जीती तथा दो पर उसने चुनाव जीते, 24 सीटें पाक अधिकृत कश्मीर के लिए सुरक्षित छोड़ी गई, जो अभी तक नहीं भरी जा सकी है। जम्मू में हिन्दू प्रजा परिषद ने इस चुनाव का बहिष्कार किया। उसका कहना था कि एक देश में दो संविधान, दो प्रधानमंत्री और दो ध्वज नहीं हो सकते, परन्तु धारा-370 के अन्तर्गत यह व्यवस्था थी।[30] संविधान सभा एक चुनी गई संस्था थी, जो राज्य के लोगों की इच्छा को दर्शा रही थी, परन्तु शेख अब्दुल्ला ने अपने लोगों को यह बतलाया कि संविधान सभा सर्वोच्च संस्था है, जो कि भारतीय संवैधानिक बाध्यताओं से स्वतन्त्र है।[31] मई 1953 में जब शेख अब्दुल्ला Adlai Stevenson से श्रीनगर में मिले, तो उन्होंने सार्वजनिक रूप से यही बात उनसे कही। जहाँ तक भारत की बात है इसने शेख अब्दुल्ला तथा कश्मीर घाटी के लोगों को, आधारभूत तथ्यों की अनदेखी करके हद से ज्यादा तवज्जो (महत्ता) दी और लगातार इन पर निर्भर रहे। साथ ही जम्मू-कश्मीर की स्थानीय जनता या स्थानीय नेताओं तक पहुँचने का कोई प्रयास नहीं किया। उधर शेख अब्दुल्ला जितने लोगों से मिलते थे, उनसे उतने ही प्रकार की बात करते थे। जवाहर लाल नेहरू के साथ वे एक पूर्ण सेक्यूलरिस्ट बन जाते थे और भारत के साथ मजबूती के साथ जुड़ा होने का दम भरते थे। जब वे पश्चिमी जगत के नेताओं से मुखातिब होते थे, तो कश्मीर की आजादी की बात करते थे। कश्मीर घाटी में वे स्वयं को सच्चा मुसलमान बना लेते थे, जो कश्मीर की स्वतन्त्रता से कम कुछ भी स्वीकार नहीं करेगा।[32]

चुनाव में भारी जीत के बाद शेख अब्दुल्ला ने स्वयं को कुछ और ही समय लिया। उनकी पाकिस्तान से साठ-गाँठ बढ़ गयी। यह भी लगा कि वह संविधान सभा के माध्यम से विलय के निर्णय को बदलने का प्रयास कर रहे हैं। उनकी संदिग्ध गतिविधि के विरूद्ध भारतीय जनसंघ तथा अन्य हिन्दू संगठनों ने नया आन्दोलन छेड़ दिया। इसी के तहत भारतीय जनसंघ के अध्यक्ष श्यामा प्रसाद मुखर्जी श्रीनगर गए, जहाँ शेख अब्दुल्ला ने उन्हें गिरफ्तार कर नजरबंद करा दिया। नजरबंदी की हालात में उनकी मृत्यु हो गयी। अतः प्रधानमंत्री पं० जवाहर लाल नेहरू के इशारे पर सद्र-ए-रियासत कर्ण सिंह ने अपने विशेष अधिकार के तहत शेख अब्दुल्ला को 8-9 अगस्त 1953 की रात में प्रधानमंत्री पद से बर्खास्त कर दिया और उनके स्थान पर बख्शी गुलाम मोहम्मद नये प्रधानमंत्री बनाए गए।[33] गिरफ्तारी के बाद शेख अब्दुल्ला प्रायः जेल में रहे और 1964 में उन्हें इस आधार पर छोड़ा गया था कि उनके दृष्टिकोण में परिवर्तन हो गया है। किन्तु पुनः वे गलत रास्ते पर आ गए और उन्हें 1965 में भारत रक्षा नियम के अधीन निरूद्ध किया गया और अन्ततोगत्वा मई, 1971

में राज्य से निष्कासित किया गया। इसके बाद वे कभी पक्ष में बोलते थे और विपक्ष में। भारत और प्लैबिसिट फ्रंट के प्रतिनिधियों के बीच बहुत सी वार्ताएँ हुईं और अन्त में 24 फरवरी 1975 को एक करार की घोषणा की गई। इस समझौते का शुद्ध राजनीतिक परिणाम यह हुआ कि जनमतसंग्रह की माँग को शेख अब्दुल्ला और उनके अनुयायियों ने त्याग दिया और यह तय किया गया कि जम्मू-कश्मीर राज्य की, भारतीय संविधान के अनुच्छेद-370 के उपबन्धों के अधीन विशेष स्थिति बनी रहेगी।[34] इस प्रकार जम्मू-कश्मीर राज्य और भारत संघ के बीच पूर्ण सम्मिलन की प्रगति, जो 1954 में जम्मू-कश्मीर की संविधान सभा ने राज्य के विलय का अनुमोदन किया था और इस प्रकार भारत सरकार द्वारा इस निमित्त दिए गए नैतिक आश्वासन को पूरा किया था प्रारम्भ हुई थी, रूक गई और कुछ विषयों में राज्य की विधान सभा को अधिक स्वायत्तता प्राप्त हो गई।

आज कश्मीर की त्रासदी केवल यही नहीं है कि पूरा राष्ट्र स्तब्ध है, बल्कि यह भी है कि कश्मीर में भारत के समर्थकों की संख्या धीरे-धीरे कम होती जा रही है। ला इलाही इल्ला, यहाँ क्या चलेगा, निजाम-ए-मुस्तफा (यहाँ केवल इस्लामी शासन ही चलेगा)। हमें क्या चाहिए-आजादी-आजादी जैसे नारे कश्मीर की फिजा में बहुत गहराई तक घुल चुके हैं। इस फिजा का मूल कारण यह भी है कि पंडित नेहरू से लेकर राजीव गाँधी तक सभी ने बराबर इस विचार को बल प्रदान किया है कि भारत सरकार की कश्मीर नीति का मुख्य आधार तुष्टीकरण है, चाहे वह पाकिस्तान के सन्दर्भ में हो या कश्मीर के स्थानीय समूहों या संगठनों के सन्दर्भ में। पिछले चार दशक में केन्द्र सरकार ने कश्मीर में अपने समर्थकों तथा विरोधियों को एवं सीमापार के नीति-निर्धारकों को इस बात का पक्का अहसास करा दिया है कि इसके पास न तो दृढ़ इच्छा शक्ति है और न ही यह व्यावहारिक है। तुष्टीकरण एवं उदासीनता के समानातर झूलों में भारत की कश्मीर नीति झूलती रही है। क्या यह त्रासदी नहीं है कि पिछले 58 वर्षों तक कश्मीर की विशेष राज्य का दर्जा दिये जाने और राज्य के विकास हेतु अरबों रूपये नियोजित करने के बावजूद भी केन्द्र सरकार कश्मीर में अपने समर्थकों की पहचान नहीं कर पाई है।[35]

इसके साथ ही अनुच्छेद-370 के कारण जम्मू-कश्मीर और शेष भारतीय प्रदेशों के बीच एक ऐसी अपारदर्शी अभेद्य दीवार खड़ी हो गयी है जिसके कारण वहाँ के लोगों के साथ सामान्य आवाजाही और आदान-प्रदान कभी भी नहीं हो सका। कश्मीरियों के लिए शेष प्रदेशों के लोग 'हिन्दुस्तान' से आने वाले पर्यटक मात्र बन कर रह गए और जहाँ निवास, सम्पत्ति बनाने के कानून से वंचित कर दिए गए। शेष भारत के लिए कश्मीर का महत्व सैरगाह से ज्यादा कभी नहीं बन सका।[36] जम्मू कश्मीर में भारत से पृथक अस्तित्व के वर्तमान उग्र अभियान की जड़ सन् 1948 का

समझौता और तदनुरूप संविधान में किया गया उपबंध है। जवाहर लाल नेहरू ने शेख अब्दुल्ला से ऐसा समझौता किस नीयत से किया था, इस सन्दर्भ में तो सिर्फ अनुमान ही लगाया जा सकता है, लेकिन उसके जो परिणाम हुए हैं, उससे स्पष्ट है कि आज की विषम परिस्थिति का कारण वही समझौता है।[37]

भारतीय राजनीतिज्ञों ने जम्मू-कश्मीर के सन्दर्भ में पहली गलती, शेख अब्दुल्ला को हद से ज्यादा महत्व देकर किया तथा कश्मीर को विशेष राज्य का दर्जा लेकर धारा-370 का उपबंध कर दिया। दूसरी गलती यह हुई कि पाकिस्तानी घुसपैठियों एवं तथाकथित कबायलियों को सीमापार खदेड़े बिना ही सम्पूर्ण मामले को संयुक्त राष्ट्र संघ में ले जाना और युद्ध विराम रेखा को स्वीकार करना था। दुर्भाग्य की बात यह है कि जवाहर लाल नेहरू ने आजादी के बाद भी भारत के गवर्नर जनरल लार्ड माउंटबेटन की धूर्ततापूर्ण राय मानी। यह पहला मौका नहीं था, जब जवाहर लाल नेहरू ने एक बड़ी गलती की थी। जब चीन ने 1950 में तिब्बत पर आक्रमण किया था, तब सरदार पटेल ने पं० नेहरू को आगाह किया था कि भारत के प्रति चीन के मैत्रीपूर्ण भाव प्रदर्शन पर भरोसा नहीं किया जा सकता। लेकिन चीन के साथ स्थायी मैत्री की अपनी पहले से तय धारणा से जवाहर लाल नेहरू इतने प्रभावित थे कि उन्होंने ध्यान नहीं दिया और जब 1962 में युद्ध छिड़ा तब हम पूरी तरह गफलत में खड़े पाए गए। पाकिस्तान ने कश्मीर के लिए हिस्से पर कब्जा कर रखा था और 1963 में उसका करीब दो हजार वर्गमील इलाका उसने चीन को दे दिया। तब हमें सतर्क हो जाना चाहिए था कि भारत के खिलाफ ये दोनों देश मिलकर मोर्चाबंदी कर रहे हैं। इन दोनों देशों की नीयत बहुत साफ नहीं थी। लेकिन भारत, पाकिस्तान के साथ आपसी विवादों को बातचीत के माध्यम से हल करने का व्यर्थ प्रयास करता रहा। भारत को पुरस्कार क्या मिला ? पहले कच्छ में और फिर 1965 में कश्मीर में पाकिस्तानी हमले का सामना करना पड़ा।[38]

1965 में हुई पाकिस्तानी घुसपैठ का तरीका बिल्कुल वही था, जो 1999 में कारगिल में रहा। लेकिन हालात से निपटने का तरीका भिन्न रहा। प्रधानमंत्री लाल बहादुर शास्त्री ने चेतावनी दी कि अगर घुसपैठ खत्म नहीं हुई, तो भारत न सिर्फ युद्ध विराम रेखा पर, बल्कि जरूरी हुआ तो अन्तर्राष्ट्रीय सीमा पर भी कार्रवाई करेगा। पाकिस्तान ने भारत की चेतावनी पर ध्यान नहीं दिया, तब युद्ध छिड़ गया, जिसकी परिणति ताशकंद समझौते में हुई। भारत ने अन्तर्राष्ट्रीय सीमा के पार जिस क्षेत्र पर कब्जा किया था, न सिर्फ उसे खाली कर दिया, बल्कि युद्ध विराम रेखा के पार जिस क्षेत्र तक पहुँचा था, उसे भी पाकिस्तान को लौटा दिया, हालाँकि कानूनी तौर पर वह भारत का हिस्सा था। इसी तरह 1972 के शिमला समझौते में पाकिस्तानी शासक जुल्फिकार अली भुट्टो ने युद्ध में हारी हुई बाजी बातजीत की मेज पर जीत ली थी

और इस समझौते के कारण कश्मीर मसले के हल का एक और अवसर हाथ से निकल गया। उस समय नब्बे हजार में अधिक पाकिस्तानी सैनिक भारत के कब्जे में थे[39] और जुल्फिकार अली भुट्टो के सामने कोई रास्ता नहीं था। भारतीय शासक चाहते तो इन सैनिकों की रिहाई के मुद्दे पर गुलाम कश्मीर (PoK) को छुड़ाने का समझौता कर सकते थे। लेकिन भारत ने पाकिस्तान को यूँ ही सब वापस कर दिया। यह कमाल कैसे हुआ ? भारत एवं पाकिस्तान के कुछ विद्वान इंदिरा गाँधी को यह समझाने में सफल हो गए कि भुट्टो को अभी विजेता के रूप में जाने देना और उनकी सत्ता का बना रहना भारत के हित में है। उदारता दिखाने के दीर्घकालीन लाभ होंगे आदि। इंदिरा गाँधी के सचिव पी०एन० धर की किताब, 'Indira Gandhi : The Emergency and Indian Democracy-2000' में भी इसकी पुष्टि मिलती है। उस विचित्र उदारता का नतीजा भारत आज तक भुगत रहा है।[40]

वास्तव में जम्मू-कश्मीर राज्य का 80 प्रतिशत मुस्लिम आबादी के साथ भारत में सम्मिलित होना पाकिस्तान की विश्वसनीयता को दक्षिण एशिया में मुस्लिग समर्थक के रूप में गहरा आघात था, क्योंकि उसने मुस्लिम बाहुल्य कश्मीर पर आक्रमण कर तथा उसके खिलाफ प्रतिबंध लगाकर अपनी छवि पहले ही धूमिल कर ली थी। पाकिस्तान के लिए स्थिति उस समय शर्मनाक हो गई जब पूर्वी पाकिस्तान ही उससे अलग होकर एक स्वतन्त्र देश (बाँगलादेश) बन गया और तो और बाँगलादेश मुक्ति संग्राम में पाकिस्तान की भारत के हाथों शर्मनाक पराजय तथा 93 हजार सैनिकों के बन्दी बनने, जैसी घटना ने पाकिस्तान को हिला कर रख दिया। इस घटना ने पाकिस्तान की पहचान के लिए संकट खड़ा कर दिया है और बाँगलादेश की क्षतिपूर्ति के लिए ही पाकिस्तान कश्मीर में आतंकवाद का संचालन कर रहा है। आज कश्मीर, भारत एवं पाकिस्तान के बीच मनमुटाव का स्थायी कारण बन गया है। पाकिस्तान की घरेलू नीतियाँ भी कश्मीर मुद्दे को लेकर ही संचालित होती है, जिनसे भारत किसी भी प्रकार जुड़ा हुआ हो।[41] पाकिस्तान राजनीतिज्ञों की यह मानसिकता गहरी जड़ कर गई है कि उन्हें भारत से प्रत्यक्ष खतरा है और जम्मू एवं कश्मीर का भारत में विलय एक इस्लामिक राज्य के रूप में भारतीय उपमहाद्वीप में उसकी विश्वसनीयता के लिए गहरा आघात है। भुट्टो स्वयं इस बात की वकालत करते थे कि पाकिस्तान को प्रभावित करने वाले सभी विचार भारत से आते हैं।[42]

ईरान में खुमैनी क्रान्ति की सफलता और इस्लामिक क्रांति की विचारधारा के प्रसार ने एशियाई मुसलमानों को भी प्रभावित किया। अफगानिस्तान में सोवियत सैन्य हस्तक्षेप ने अन्य इस्लामिक देशों को भी लगातार भयभीत किए रखा। यह घटनाक्रम कश्मीर में सक्रिय जमायते इस्लामी और अन्य इस्लामिक कट्टरपंथी संगठनों के लिए इस्लामिक विजय और निराशा दोनों ही थी, जिन्होंने अपने सिद्धान्तों का विस्तार,

मस्जिदों एवं मदरसों में धर्मोपदेश देकर, जुमे की सभाओं एव सामाजिक तथा राजनैतिक जनसभाओं के माध्यम से करके काश्मीर के बहुसंख्यक मुस्लिमों के सम्मुख इस्लामिक विचारों को उत्तेजक ढंग से रखा तथा युवा कश्मीरी संगठनों का निर्माण कर कश्मीरी समाज का इस्लामीकरण करने के अपने उद्देश्य को प्राप्त करने का प्रयास किया।[43] विदेशी धन की बहुतायत जो कि मुख्यतः सउदी अरब और पाकिस्तान से आता है, के बल पर जमायते इस्लामी ने अपनी पहुँच बढ़ा कर कश्मीर घाटी तक कर लिया। सन् 1986 तक इसके 10,000 कट्टर समर्थक सद्स्य, 25,000 साधारण सदस्य और 50,000 आम लोग इसके वैचारिक प्रभाव में आ चुके थे।[44]

कश्मीरी मुसलमानों का कट्टरपंथी इस्लामिक विचारधारा के अन्तर्गत आना भारत और जो कुछ भी भारतीय संस्कृति सभ्यता, समाज और यहाँ की नीतियों को प्रदर्शित करते हैं, के सम्मुख एक गंभीर चुनौती थी। अब जिहाद के नारे और निजाम-ए-मुस्तफा कायम करने की बात जम्मू एवं कश्मीर में खुलकर सामने आ रही थी। सन् 1988 के मध्य में अल्लाहवाले संगठन (उत्तर भारत में स्थापित कट्टरपंथी इस्लामिक संगठन) ने जमायते इस्लामी के साथ मिलकर श्रीनगर में एक सम्मेलन आयोजित किया, जिसमें भारत के अलग-अलग जगहों से एवं कुछ पश्चिमी एशियाई देशों के मुस्लिम प्रतिनिधियों ने भाग लिया। कुछ समय बाद कट्टपंथी अल्लाहवाले संगठन के अनेक इमामों को कश्मीर की अनेक मस्जिदों में, स्थानीय कश्मीरी मुस्लिम इमामों, जो कि भारतीय संस्कृति एवं सहिष्णु इस्लामिक विचारधारा में विश्वास करते थे, के स्थान पर धार्मिक शिक्षा 'ताब्लीक' देने के लिए नियुक्त किया गया।[45] इस घटनाक्रम के तहत मस्जिदों का व्यापक कार्यभार इस्लामिक कट्टरपंथियों द्वारा हथिया लिया गया और कश्मीरी मुसलमानों को जिहाद के लिए उकसाया जाने लगा। यह स्थिति पाकिस्तान और राष्ट्रपति जिया-उल-हक के लिए भारत के खिलाफ जम्मू एवं कश्मीर में इंसर्जेंसी की गतिविधियों को भड़काने के लिए पूर्णतः अनुकूल थी, जो बाद में 'आपरेशन टोपैक' के रूप में सामने आया। सन् 1989 में कश्मीर में आतंकवाद के प्रथम चरण की शुरूआत हुई। चूँकि पाकिस्तान 1947-48, 1965 तथा 1971 के प्रत्यक्ष युद्ध में मुँह की खाकर, सम्पूर्ण कश्मीर को हड़पने में असफल हो चुका था। अतः उसने भारत के खिलाफ कम खर्चीले छद्म युद्ध को चुना और कश्मीर में आतंकवाद को प्रायोजित करने लगा।[46]

बीते 17 वर्षों के दौरान जम्मू एवं कश्मीर में आतंकवाद की वास्तविक स्थिति का पता, वहाँ के भयभीत एवं विवश नागरिकों को देखने से चल जाता है। कश्मीरी समाज एवं संस्कृति को अतिवादी इस्लाम के रंग में रंगना, मानवाधिकार का उल्लंघन, जीने एवं अभिव्यक्ति की स्वतन्त्रता का हनन, सम्पत्ति का विनाश, अल्पसंख्यक हिन्दुओं का जातीय धार्मिक नरसंहार, लोगों को बंधक बनाना, सुरक्षाबलों पर

आक्रमण, बारूदी सुरंगों एवं बमों का विस्फोट, जम्मू-कश्मीर के न्यायसंगत नागरिक एवं राजनीतिक प्राधिकरणों को नष्ट करना तथा प्रजातान्त्रिक एवं बहुलतावादी सामाजिक राजनीतिक संगठनों, जो कि समानता एवं शांतिपूर्ण सह-अस्तित्व पर आधारित थे, को गुप्त रूप से नष्ट करना ही इन इस्लामिक संगठनों का लक्ष्य रहा है।[47] कश्मीर में इस्लामिक चरमपंथ की दिशा कट्टरपंथी एवं आतंकवादी संगठन हिजबुल मुजाहिदीन, जमायत-उल-मुजाहिदीन, हरकत-उल-अंसार, लश्कर-ए-तैयबा, मरकाज-उल-दावा-उल-इरसाद इत्यादि आतंकवादी इस्लामिक संगठनों द्वारा कश्मीर के गैर मुस्लिम अल्पसंख्यकों के खिलाफ धार्मिक युद्ध की घोषणा के पश्चात् अल्पसंख्यक हिन्दुओं का जिहाद के नाम पर कत्ल करना सार्वजनिक रूप से भी गर्व की बात समझी जाने लगी। मुस्लिम चरमपंथियों ने कश्मीरी हिन्दुओं के खिलाफ स्थानीय समाचार पत्रों में लगातार विद्वेषपूर्ण अभिमान चलाकर तथा मस्जिदों से धार्मिक प्रवचन द्वारा माहौल को हिन्दू विरोधी बनाए रखा तथा अल्पसंख्यक हिन्दू समुदाय को प्रेस के माध्यम से अन्तिम चेतावनी 14 अप्रैल 1990 को दिया गया, जिसमें उन्हें दो दिनों के भीतर कश्मीर घाटी को छोड़ने या मृत्यु का सामना करने के लिए तैयार रहने की बात कही गयी।[48]

इस दौरान लगभग 1000 हिन्दू अल्पसंख्यक समुदाय के लोगों की निर्मम हत्या की गई तथा इस समुदाय के 3,50,000 सदस्यों को बलपूर्वक अपना घरबार छोड़ने के लिए बाध्य किया गया। आतंकवादियों ने हत्या के सबसे क्रूरतम या कहें कि निकृष्टतम तरीकों का सहारा लिया, जिसमें लोगों को फाँसी देकर, गला दबाकर, सर काटकर, जिन्दा जलाकर, लोगों को डायनामाइट से उड़ाकर, गला चीरकर, नाखून उखाड़कर तथा गोली मारकर निरपराध लोगों को मौत की नींद सुला दिया गया। आज कश्मीर का अल्पसंख्यक हिन्दू समुदाय अपने ही देश में शरणार्थी बनकर दर-दर की ठोकरें खाने को विवश हैं। आतंकवाद एवं धार्मिक कट्टरपंथ ने काश्मीर से विस्थापित हुए लोगों के सामाजिक, मनोवैज्ञानिक, शारीरिक स्वास्थ्य एवं जनसांख्यिकीय संतुलन का विध्वंस कर डाला है। कश्मीरी पंडितों के 30 हजार घरों, सैकड़ों व्यापारिक प्रतिष्ठानों, शैक्षणिक-सांस्कृतिक एवं धार्मिक संस्थाओं को, कश्मीरी पंडितों के 5000 वर्षों पुराने इतिहास एवं संस्कृति को दर्शाने वाले प्रतीक चिन्हों के साथ ही जलाकर नष्ट कर दिया गया।[49]

हाल के वर्षों में पाकिस्तान की शिराओं से निकले इस्लामी कट्टरवाद का चिन्ताजनक पहलू यह है कि यह कुछ गुटों या उग्र मौलवियों तक ही सीमित नहीं है। यह विचारधारा तो निम्न मध्यवर्ग के लोगों के दिलों पर राज करती हुई लगती है। वहाँ का आम नागरिक चाहे स्त्री हो या पुरुष, वह इस्लाम के लिए अपनी जान कुर्बान करने को तैयार है और वे इस बात को गर्व के साथ कहते हैं कि कश्मीर के लिए

भी मौका मिलने पर ऐसा ही करेंगे। उनका कहना है कि भारत हमें कश्मीर दे दे तभी इस क्षेत्र में शांति आ सकती है। अगर ऐसा नहीं हुआ तो वे इस्लाम की खातिर कश्मीर के जेहाद में शहीद होना पसन्द करेंगे।[50]

जम्मू एवं कश्मीर में आतंकवादी हिंसा जब से शुरू हुई है, पाकिस्तान ने सदा ही वहाँ जारी हिंसा में अपनी संलिप्तता को कपटपूर्ण ढंग से नकारा है। जम्मू एवं कश्मीर में जारी हिंसा पर पाकिस्तान की अधिकृत स्थिति यह है कि वहाँ 'स्वतन्त्रता संघर्ष' या 'आजादी की लड़ाई' चल रही है। पाकिस्तान इस बात पर बल देता है कि यह घरेलू संघर्ष है और पाकिस्तान की इसमें भूमिका बहुत ही सीमित है, केवल 'राजनीतिक, कूटनीतिक तथा नैतिक समर्थन तक ही वह भी कश्मीरी लोगों के आत्मनिर्णय के अधिकार' के संघर्ष के लिए।[51] भारत में कुछ लोगों का विचार है कि कश्मीर में हिंसा की जड़ 1987 के तिकड़मी चुनावों में निहित है। जबकि वास्तविकता यह है कि कश्मीर में सक्रिय इस्लामिक आतंकवादियों एवं धर्मांध मुल्ला मौलवियों का इस्लामिक श्रेष्ठता का विचार ही कश्मीर में सभी आतंकी गतिविधियों की जड़ है। उदाहरण के लिए –

(1) इस्लामी विद्वान मौलाना मौदूदी, "इस्लाम और राष्ट्रीयता" के रिश्तों की बेबाक व्याख्या करते हुए कहते हैं –

'इस्लाम और राष्ट्रीयता, आत्मा और मकसद के लिहाज से एक दूसरे के मुखालिफ हैं।' जहाँ इस्लाम है वहाँ राष्ट्रीयता के लिए कोई जगह नहीं है। इस्लाम के मायने यह है कि राष्ट्रीयता की जड़ बुनियाद से उखड़ जाए (मौलाना मौदूदी–'मसल्लम कौमियत', पेज–69)।[52]

(2) 16 दिसम्बर 1999 के ओसाम बिन लादेन ने भारत के खिलाफ जेहाद छेड़ने की आवाज पहली बार बुलन्द करते हुए घोषणा की कि "हिन्दुस्तान और अमेरिका अब हमारे सबसे बड़े दुश्मन हैं। हिन्दुस्तान को निशाना बनाने के लिए पाकिस्तान के सभी मुजाहिदीन गुटों को एकजुट हो जाना चाहिए। हम कश्मीरी मुजाहिदीन की मदद के लिए तैयार हैं।"[53]

(3) महिलाओं के अतिवादी संगठन दुक्तराने मिल्लत ने नवम्बर 1992 में एक पत्रकार सम्मेलन में यह घोषणा की कि –

'कश्मीर का पाकिस्तान के साथ विलय, उम्माह के एकीकरण की दिशा में पहला कदम होगा। कश्मीर समस्या का कोई और समाधान इस्लाम विरोधी होगा। चूँकि हम समस्त विश्व में इस्लामिक धर्म की स्थापना चाहते हैं, जिसके लिए उम्माह की एकता प्रथम शर्त या आवश्यकता है।[54]

(4) हिजबुल मुजाहिदीन ने जोर देकर कहा कि उनका उद्देश्य समस्त विश्व में इस्लामिक धर्म की स्थापना करना है। हम किसी सैद्धान्तिक या भौगोलिक सीमाओं को नहीं मानते।[55]

(5) पाकिस्तान समर्थक और कश्मीर के जमायते इस्लामी संगठन के नेता सैयद अली शाह गिलानी ने अपने वक्तव्य में स्पष्ट रूप से कहा कि-कश्मीरी मुसलमान मिल्लत या उम्माह के भाग हैं तथा मिल्लत का भाग होने की भावना ने अफगानिस्तान, सउदी अरब, सूडान आदि देशों के मुजाहिदीनों को कश्मीर की तरफ आकर्षित किया है।[56]

(6) लश्करे-तैयबा के प्रमुख, हाफिज मोहम्मद सईद ने लिखित बयान दिया कि – 'प्रजातंत्र हमारा वंशानुगत संकट है। ये सभी बेकार की प्रक्रियाएँ हैं तथा उस व्यवस्था का भाग हैं, जिनके खिलाफ हम लड़ रहे हैं। यदि अल्लाह ने हमें एक अवसर दिया, तो हम यहाँ (जम्मू एवं कश्मीर में) पूर्णतः इस्लामिक धर्म की स्थापना का प्रयास करेंगे।[57]

(7) पाकिस्तान के जमायते इस्लामी के प्रमुख काजी हुसैन अहमद ने रावलपिंडी में फरवरी 1992 में कश्मीरी एकता दिवस के अवसर पर यह घोषणा की कि-कश्मीर की आजादी के उपरान्त, कश्मीर से मध्य एशिया तक नए इस्लामिक राज्य का उदय होगा।[58]

(8) मुसलमानों की अन्तर्राष्ट्रीय संस्था जमात-ए-इस्लामी के संस्थापक और कुरान के विश्व प्रसिद्ध व्याख्याता सैयद अबुल मौदूदी ने बताया, 'कुरान सारी दुनियाँ में सिर्फ दो पार्टियाँ देखता है। एक हज्बे अल्लाह यानी अल्लाह की पार्टी और दूसरी हज्ब उल शैतान अर्थात् शैतानों की पार्टी।' (सैयद अबुल मौदूदी : मसल्लम कौमियत पृष्ठ 102)। अन्तर्राष्ट्रीय विद्वान सैयद कुत्ब ने इन्हीं नामों की दो पार्टियाँ बताते हुए कहा, 'अल्लाह की पार्टी अल्लाह के झण्डे और निशानी के नीचे खड़ी होती है। शैतान की पार्टी में वह सब शामिल हैं, जो उसके नीचे नहीं खड़े होते हैं' (सैयद कुत्ब : हदाह अलदीन, पृष्ठ-84)। सैयद अबुल हसन नदवी अली मियां ने फरमाया कि मुसलमान के लिए इस्लाम के प्रति परिपूर्ण भावनात्मक लगाव ही काफी नहीं, समस्त गैर इस्लामी विचारों और सिद्धान्तों से घृणा करना भी जरूरी है। (सैयद अबुल हसन नदवी : कैलेमिटी आफ लिंगुस्टिक एंड कल्चरल शाविनिज्म, पृष्ठ 10)।[59]

(9) हमारा शीर्ष राजनीतिक नेतृत्व जिस पाकिस्तानी राष्ट्राध्यक्ष जनरल परवेज मुशर्रफ से शांति की वार्ता करता है वही व्यक्ति भारतीय राजनैतिक नेतृत्व से बातचीत करने से पहले आतंकवादियों से पूर्ण मंत्रणा करता है।

उदाहरण के लिए आगरा शिखरवार्ता (जुलाई 2001) में भारतीय प्रधानमंत्री श्री अटल बिहारी वाजपेयी से वार्ता से पहले जनरल परवेज मुशर्रफ ने पाकिस्तान में यूनाइटेड जिहाद कांउसिल के नेताओं के साथ अनेक बैठकें करके भारत के साथ होने वाली वार्ता के सन्दर्भ में उन्हें विश्वास में लिया। कश्मीरी संघर्ष में यूनाइटेड जिहाद कांउसिल के महत्वपूर्ण अंशदान को देखते हुए जनरल मुशर्रफ ने उन्हें यह विश्वास दिलाया कि भारतीय नेताओं से वार्ता में उसके हितों को सर्वोच्च प्राथमिकता दी जायेगी।[60]

सन् 1987 के राज्य विधानसभा के चुनाव तथा उसके बाद घटित घटनाओं का जम्मू-कश्मीर पर वही प्रभाव पड़ा जो कि अफगानिस्तान में 1970 के पहले की राजनीतिक उथल-पुथल का उस देश पर पड़ा। अफगानिस्तान के मामले में, पाकिस्तानियों ने असंतुष्ट अफगानों को सोवियत आक्रमण से पहले ही प्रोत्साहित करना शुरू कर दिया था गुलबदीन हिकमतयार, अहमद शाह मसूद जैसे लोग और दूसरे जो कि पहले मुजाहिदों के नेता रहे थे, सभी ने पाकिस्तान के अन्दर शरणार्थियों को भेजा जिसका श्रेय उसी आदमी को जाता है, जिसने अफगानिस्तान में तालिबानों को अवतरित किया, जिसका नाम मेजर जनरल नसीरूल्ला बाबर है। अतः जब सोवियत संघ ने अफगानिस्तान पर धावा बोला, पाकिस्तानी पहले से ही सोवियत सैनिकों के खिलाफ छद्म युद्ध को आरम्भ करने के लिए तैयार थे। कश्मीर के मामले में भी ठीक यही रणनीति अपनाई गयी और उन्हें भारत से विमुख करने का अभियान चलाया गया। इस अभियान के परिणामस्वरूप बहुत से युवा लोग सीमा पार करके पाकिस्तान गये, जहाँ उन्होंने हथियारों तथा संगठित अभियानों का बाकायदा प्रशिक्षण लिया और फिर उन्हें कश्मीर घाटी में वापस भेजा गया।[61] इस अभियान के परिणामस्वरूप युवा कश्मीरी लोगों का एक प्रमुख संगठन अवतरित हुआ जो कश्मीरियों को भारतीय राज्य का विरोध, सैनिक एवं राजनैतिक रूप से करने के लिए एकत्र करने लगा। जब 1987 का चुनाव हुआ तो ये लोग कश्मीर के अन्दर बड़े उपद्रव के लिए पहले से ही तैयार बैठे थे। चुनावों में धांधली, जिसने मुस्लिम यूनाइटेड फ्रंट की जीत को नकार दिया, ने निर्णायक रूप से आग में घी का काम किया और उसके कुछ ही समय बाद सैकड़ों की संख्या में युवा कश्मीरी सीमा पार करके पाकिस्तान गए और पाकिस्तान नियंत्रित काश्मीर में हथियारों का प्रशिक्षण लिया और वे वापस आकर भारत के खिलाफ हथियारों का प्रयोग एक प्रशिक्षित सैनिक की भाँति करने लगे।[62]

यदि हम कश्मीरी जिहाद के उद्भव के मूल (1987) में जाए तो पता चलता है कि इसी समय गुलाम कश्मीर (PoK) में आतंकी आंदोलन की रूपरेखा तय की गयी। इस सम्बन्ध में जमायते इस्लामी के नेता, जिया-उल-हक एवं पाकिस्तानी

गुप्तचर सेवा के अधिकारियों से वार्ता कर रहे थे। जमायते इस्लामी के एक प्रमुख सदस्य के अनुसार, जमायते इस्लामी एवं जम्मू-कश्मीर लिबरेशन फ्रंट के नेता सन् 1987 में जिया-उल-हक के साथ अन्तिम दौर की बातचीत की। इस बातचीत में यह निश्चय किया गया कि, दो आतंकवादी संगठन कश्मीर में आतंकवादी गतिविधियों को तेज करेंगे तथा पाकिस्तान उन्हें व्यापक समर्थन देगा। फलस्वरूप 1989 से आतंकवादी गतिविधियों में तेजी आयी तथा पाकिस्तान स्थित जेहादी आतंकवादी संगठनों ने इसका फायदा उठाते हुए जम्मू कश्मीर में अपनी स्थिति मजबूत की।[63]

हाल के वर्षों में पाकिस्तान की शिराओं से निकले इस्लामी कट्टरवाद का चिन्ताजनक पहलू यह भी है कि यह कुछ गुटों या कुछ उग्र मौलवियों तक ही सीमित नहीं है। यह विचारधारा तो निम्न मध्यवर्ग के लोगों के दिलों पर राज करती हुई लगती है। वहाँ का आम नागरिक चाहे स्त्री हो या पुरूष, वह इस्लाम के लिए अपनी जान कुर्बान करने के लिए तैयार है और वे इस बात को गर्व के साथ कहते हैं कि कश्मीर के लिए मौका मिलने पर ऐसा ही करेंगे। उनका कहना है कि भारत हमें कश्मीर दे दे तभी इस क्षेत्र में शांति आ सकती है। अगर ऐसा नहीं हुआ तो वे इस्लाम की खातिर कश्मीर के जेहाद में शहीद होना पसंद करेंगे।[64] पाकिस्तान के अन्दर मदरसे, जिहाद की संस्कृति को मनगढ़न्त एवं भ्रांति धारणा के साथ प्रचारित कर उसके असली सिद्धान्त की अनदेखी कर रहे हैं। पाकिस्तान द्वारा अपनी विदेश नीति के लक्ष्य को प्राप्त करने के लिए जिहाद के अनुचित ढंग से प्रयोग के चलते आज वहाँ मदरसों की बढ़ती संख्या ने उन्हें आतंक के पाठशाला के रूप में प्रतिष्ठित कर दिया है।

सन् 2003 में इस्लामाबाद स्थित Sustainable Development Policy Instiute (SDPI) ने इन घटनाक्रमों के परिप्रेक्ष्य में इस खबर की पुष्टि करते हुए एक रिपोर्ट प्रकाशित की कि किस प्रकार पाकिस्तानी राज्य, भड़कीले धार्मिक विचारधारा का प्रचार कर स्पष्ट रूप से गैर-मुसलमानों के खिलाफ घृणा, हिंसा एवं द्वेष को बढ़ावा दे रहे हैं। इस रिपोर्ट ने यह स्पष्ट कर दिया कि राज्य के सभी विद्यालयों के पाठ्यक्रम इस प्रकार निर्धारित किये गए हैं कि बच्चे पाँच से छः वर्ष की उम्र में ही जिहाद को अपने मन में बसाने के लिए उत्तेजित हो जाते हैं। SDPI की रिपोर्ट एक गंभीर आरोप है जो पाकिस्तानी सैन्य तानाशाह जनरल परवेज मुशर्रफ के कथनी और करनी के विरोधाभास को दर्शाता है। इस SDPI रिपोर्ट को पढ़ने पर, पाकिस्तानी छात्रों की तीन पीढ़ियों को दी गयी जिहादी शिक्षा के बारे में समझने में पूरी मदद मिलती है तथा यह भी स्पष्ट हो जाता है कि कुछ सहिष्णु विषयों और विज्ञान के विषयों को इन मदरसों में पढ़ाने से जिहादी संस्कृति, जो कि पाकिस्तान के जड़ में समा चुकी है, में शायद ही कोई बदलाव लाया जा सके। वास्तव में मदरसे में पढ़े विद्यार्थी को आधुनिक विषय जैसे विज्ञान पढ़ाने से समस्या और भी अधिक

गंभीर हो जायेगी क्योंकि उसके बाद यह उन्हें (कट्टरपंथियों) और अधिक सुरक्षित बना देगी जो कि विज्ञान की विध्वंसक शक्ति के बारे में अभी तक अनजान थे तथा उन कट्टरपंथियों की तुलना में जो कि विध्वंस की आधुनिक जानकारी रखते हैं और अधिक खतरनाक बना देगी। SDPI रिपोर्ट के अनुसार सरकार द्वारा संचालित स्कूल तो मदरसों से भी दो कदम आगे निकल गये हैं। यहाँ पढ़ाई जाने वाली किताबें झूठी बातें बताती हैं, घृणा एवं नफरत फैलाती हैं, जिहाद तथा शहादत के लिए भड़काती हैं।[65]

यह रिपोर्ट उन लोगों को भी वास्तविकता बताने के लिए पर्याप्त है, जो स्वयं को इस बात का भरोसा देकर धोखा देते हैं कि भारत और पाकिस्तान एक साथ शांति के साथ रह सकते हैं। इसकी सम्भावना बहुत ही कम है कि पाकिस्तान में पढ़ाये जा रहे पाठ्यक्रम को पूरी तरह ठीक कर दिया जाए, जब तक कि उनका गलत शिक्षा देने का उद्देश्य पूरा नहीं हो जाता। इसका कारण यह है कि पाकिस्तान के स्कूलों का पाठ्यक्रम पाकिस्तानी बच्चों को स्पष्ट रूप से यह बतलाता है कि भारत एवं हिन्दुओं से घृणा करो और उनके खिलाफ शहस्त्राब्दियों तक जिहाद करते रहो जब तक कि हिन्दुओं का इस पृथ्वी पर से नामोंनिशान नहीं मिट जाता। पाकिस्तानी बच्चों को मदरसों में साथ ही राज्य संचालित स्कूलों में यह पढ़ाया जा रहा है कि भारत एक महायुद्ध की तैयारी कर रहा है जो कि भविष्य में बहुत ज्यादा दूर नहीं है।[66] मदरसों तथा राज्य प्रायोजित स्कूलों के पाठ्यक्रम में निम्न बिन्दुओं को महत्वपूर्ण मानकर निर्धारित किया गया है–

(A) बच्चों को हिन्दू और मुसलमानों के बीच के अन्तर तथा पाकिस्तान की आवश्यकता को समझाना चाहिए।

(B) हिन्दू एवं मुसलमानों के बीच सांस्कृतिक भिन्नता एवं भारत का पाकिस्तान के समक्ष एक शैतानी निर्माण।

(C) हिन्दू इस्लाम के सनातन शत्रु हैं।

(D) हिन्दुओं का धर्म उन्हें अच्छी बातें नहीं सिखलाता तथा हिन्दू औरतों का सम्मान नहीं करते।

(E) हिन्दुओं की इच्छा मुसलमानों को एक राष्ट्र के रूप में सदैव कुचलने की रही है। हिन्दुओं द्वारा मुस्लिम सभ्यता एवं संस्कृति को नष्ट करने के अनेक प्रयास किए गए हैं। हिन्दू-उर्दू विवाद, शुद्धी और संगठन आन्दोलन अधम हिन्दू मानसिकता का ज्वलन्त उदाहरण है।

पाकिस्तानी राज्य प्रायोजित स्कूलों द्वारा हिन्दुओं और भारत के खिलाफ जो जहर उगला जा रहा है, वह तो सिर्फ एक उदाहरण है, जो कि पाकिस्तान की जिहादी मानसिकता को समझने के लिए पर्याप्त है। हमें यह भी याद रखना चाहिए कि

उपरोक्त कही गयी बातें कोई बहुत पुराने पाठ्यक्रम से नहीं ली गई हैं। यह सब सन् 2002 के लिए निर्धारित पाठ्यक्रम की विषय वस्तु है, जब पाकिस्तानी सैन्य तानाशाह जनरल परवेज मुशर्रफ विश्व के सम्मुख, 'आतंकवाद के खिलाफ साहसिक गठबंधन' का हिस्सा बने हुए थे और हैं। साथ ही मदरसों में आवश्यक सुधार का खोखला दावा कर रहे हैं। यह अत्यन्त चिन्ताजनक तथ्य है कि जनरल मुशर्रफ मदरसों को आधुनिक करके उस समस्या को कैसे कम कर सकते हैं, जो कि सरकारी स्कूलों द्वारा लगातार भारत के खिलाफ जहर उगल कर बढ़ाया जा रहा है। लेकिन निशाना केवल भारत एवं हिन्दू ही नहीं हैं। पाकिस्तानी राज्य प्रायोजित स्कूल के पाठ्यक्रम सभी गैर मुस्लिम लोगों एवं देशों को निशाना बनाता है। राज्य प्रायोजित स्कूल के पाठ्यक्रमों में जिहाद का महत्वपूर्ण स्थान है, जो कि अतिसंवेदनशील युवा बच्चों के सम्मुख युद्ध और आतंकवाद को महिमामंडित करता है, साथ ही युद्ध एवं आतंकवाद को धार्मिक ढंग से उचित ठहराता है।[67]

अतः स्पष्ट है कि पाकिस्तानी राज्य केवल जिहादी संस्कृति के फैलाव के लिए ही दोषी नहीं हैं, अपितु उसने इस प्रकार की संस्कृति को पूरे देश में सक्रियता से बढ़ावा दिया है, प्रचारित किया है, प्रोत्साहित एवं संरक्षित किया है तथा ही राज्य प्रायोजित विद्यालयों ने कुछ दुःसाहसिक वक्तव्य भी दिए कि पाकिस्तानी सैन्य शासक (जनरल परवेज मुशर्रफ) देश को जिहादी संस्कृति से आजाद कराने के लिए एक कदम भी नहीं चल सकते। कुछ दिखावटी इंतजामात जरूर किए गए हैं, परन्तु वे गर्म हवा के एक झोंके ती तरह हैं, जो कि जनरल मुशर्रफ के मुँह से आ रहा है और यह सब अन्तर्राष्ट्रीय बिरादरी को दिखाने मात्र के लिए किया गया, जबकि जमीनी हकीकत कुछ और ही कहानी कहती है।[68] पाकिस्तान में जो मदरसे जिहादी शिक्षा दे रहे हैं उनमें से दो मदरसे काफी महत्वपूर्ण हैं-पहला, मदरसा दारूल उलूम हकानिया है जो कि अकोरा खटक (Akora Khattak) में है। यह दुनिया की सबसे बड़ी जिहाद फैक्ट्री है।[69] दूसरी, बैनुरी मस्जिद है। मौलाना मसूद अजहर बैनुरी मस्जिद का ही छात्र रहा है और उसके ही तरह हजारों छात्र इस मस्जिद से जिहाद की शिक्षा ग्रहण कर चुके हैं। इस मस्जिद के लोग कहते हैं कि हजारों लोगों ने मौलाना मसूद अजहर का हाथ विश्वास के साथ पकड़ा है और संगठन कश्मीर में जिहाद के लिए अधिक से अधिक लड़ाकों की भर्ती करेगा।[70]

पूर्व केन्द्रीय मंत्री जगमोहन की किताब, 'माई फ्रोजेन टर्बुलेंस इन कश्मीर' की शुरूआती पंक्तियाँ है-'यह पहले घट चुका है, आज भी घट रहा है और आगे भी घटेगा।' जगमोहन ने यह इसलिए लिखा था क्योंकि उनका मानना है कि भारत का राजनीतिक और प्रशासनिक व्यवहार आतंकवाद के खतरे को बढ़ा रहा है। राष्ट्र-राज्य के रूप में भारत आतंकवाद का सामना करने के मामले में बेहद नर्म है और उसके

संस्थान भी आत्माहीन है। विघटन और जनउत्तेजना देश के लोकतंत्र के ढाँचे में इतनी गहरी पैठ बना चुके हैं कि अब उनसे उबरना मुश्किल है। रही-सही कसर राजनीतिक दलों के संकीर्ण रवैये ने पूरी कर दी, जिनके लिए वोट सर्वोपरि है।[71] इस माहौल में मुझे तनिक भी संदेह नहीं रह गया है कि आतंकी घटनाएँ जारी रहेंगी। फिर चाहे वे तत्कालीन केन्द्रीय गृहमंत्री की पुत्री रूबैया सईद के अपहरण के रूप में हो, जिन्हें 1989 के दिसम्बर माह में श्रीनगर से अपहृत कर लिया गया था या फिर 1999 के कांधार विमान अपहरण काण्ड के रूप में रहा हो या कश्मीर विधानसभा पर 1 अक्टूबर 2001, भारतीय संसद भवन पर 13 दिसम्बर 2001, कालूचक नरसंहार 14 मई 2002, या फिर दिल्ली मुम्बई और बंगलौर अर्थात् भारत की प्रशासनिक, व्यावसायिक और तकनीकी राजधानी में बम धमाकों के रूप में हो या फिर देवों के देव महादेव काशी विश्वनाथ की नगरी में 7 मार्च 2006 को इस्लामिक आतंकवादियों द्वारा विश्व प्रसिद्ध संकट मोचन मंदिर परिसर तथा कैंट रेलवे स्टेशन पर निर्दोष, निरपराध लोगों की बम विस्फोट में हत्या रही हो।[72]

उपरोक्त घटनाएँ यह प्रदर्शित कर रही हैं कि हमारा राजनैतिक नेतृत्व आतंकवाद से लड़ने में पूर्णतः असफल रहा है। वास्तव में अब तक के हमारे राजनैतिक नेतृत्व में, आतंकवाद से लड़ने के सन्दर्भ में दृढ़ इच्छा शक्ति की घोर कमी रही है। हमारा शीर्ष राजनीतिक नेतृत्व सिर्फ कोरी बयानबाजी करना जानता है, जिसके कारण पाकिस्तानी शासक चाहे वे राजनीतिक रहे हों या सैन्य तानाशाह या इस्लामिक जेहादी, वे यह समझ गए हैं कि भारतीय राजनेता न सिर्फ डरपोंक हैं, अपितु बेशर्मी की पराकाष्ठा तक बेशर्म हैं। ऐसा इसलिए कह रहा हूँ–भारत में जब भी कोई बड़ी आतंकवादी घटना होती है, तो हमारा शीर्ष राजनैतिक नेतृत्व ढपोलशंख की तरह पाकिस्तान तथा इस्लामिक जेहादियों को तरह-तरह की धमकियाँ देता है और कुछ समय बाद सब कुछ भूलकर शांत बैठ जाता है या बेशर्मी की सीमा लांघकर उस सैनिक तानाशाह को भारत आने का निमंत्रण देता है, जो न सिर्फ कारगिल घुसपैठ का षड़यंत्रकारी है, अपितु कश्मीर में जारी इस्लामिक करतूत को आजादी की जंग कहता है। हमारा शीर्ष राजनीतिक नेतृत्व किस कदर बेबश, लाचार, अपाहिज, डरपोक, ढपोलशंख एवं अन्तिम रूप से गैरजिम्मेदार है ? इसे हमारे राजनेताओं द्वारा जनरल मुशर्रफ से जारी वार्ता को देखकर समझा जा सकता है। पाकिस्तानी प्रधानमंत्री नवाज शरीफ का तख्ता पलटकर 12 अक्टूबर 1999 को पाकिस्तानी सत्ता प्रतिष्ठान पर बलपूर्वक कब्जा करने वाले कारगिल के षड़यंत्रकारी जनरल परवेज मुशर्रफ ने जब स्वयं को पाकिस्तान का सर्वेसर्वा घोषित कर दिया, तो भारत ने कहा कि वह एक राष्ट्राध्यक्ष के रूप में मुशर्रफ को न तो मान्यता देगा और न ही उससे किसी तरह की बातचीत करेगा।[73] इतना ही नहीं हमारे ढपोलशंखी नेताओं ने यहाँ तक कहा था कि

जब तक पाकिस्तान आतंकवादियों पर रोक नहीं लगायेगा, तब तक उससे कोई बातचीत नहीं की जायेगी और लाहौर बस यात्रा (20 फरवरी 1999) के बाद कारगिल के कारण पाकिस्तान पर भरोसा नहीं किया जा सकता।[74] परन्तु अफसोस कि हुआ इसका सिर्फ उल्टा। भारत के विघटनकारियों के प्रति हमदर्दी और अपनापन दिखाने वाले एक अविश्वसनीय और स्वघोषित राष्ट्राध्यक्ष से भारत के अखंडतावादियों ने हाथ मिलाया, उससे गले मिले। यह दर्द है भारत देश का। फिर भी भारत शांति चाहता है, तो केवल इसलिए कि पड़ोसी पाकिस्तान दुश्मन की तरह नहीं, मित्र की तरह रहे। लेकिन जिसकी जन्मकोख ही दुश्मनी है, वह दोस्ती क्या जाने ? आगरा शिखर वार्ता के पश्चात किसे क्या मिला, किसने क्या गँवाया ? यह बात आज सारी दुनिया जान चुकी है और मुशर्रफ 'व्यक्तिगत स्तर' पर जो भी चाहते थे, वह सब उन्हें मिल गया।

भारतीय समाचार पत्रों में इस विषय पर बहुत अधिक चर्चा नहीं की गई थी, परन्तु पाकिस्तानी समाचार पत्रों में कई ऐसे लेख छपे थे, जिनका आशय यह था कि 'जनरल मुशर्रफ की भारत यात्रा तथा दोनों देशों के बीच शांति और सौहार्द्र स्थापित करने की मंशा जताने के पीछे एक महत्वपूर्ण कारक यह भी था कि इस यात्रा के माध्यम से वह अपने लिए, अपने शासन के लिए और स्वयं द्वारा स्वयं के लिए किए गए सत्ताहरण को विश्व समुदाय की मान्यता दिलाना चाहते थे। इस सन्दर्भ में ध्यान देने योग्य एक तथ्य यह भी है कि पाकिस्तान में लोकतांत्रिक सत्ता का हरण किए जाने को वह नैसर्गिक रूप से स्वीकार करने को तैयार नहीं है। अमेरिकी विदेश विभाग के प्रवक्ता ने स्पष्ट कहा था कि-'मुशर्रफ के स्वयं को राष्ट्रपति घोषित करने जैसे कदमों से स्पष्ट होता है कि पाकिस्तान में डेमोक्रेसी नहीं, अपितु डिक्री (राजदंड) का शासन स्थापित हो गया है ? ऐसे वातावरण में सैनिक शासन को भारत द्वारा दी गई मान्यता से स्पष्ट है कि विश्व विरादरी में उसकी साख बढ़ी। कारगिल में सैनिक पराजय और अपने देश में आर्थिक की लड़ाई हारने, विश्व भर में आतंकवाद के समर्थक और प्रायोजक के रूप में कुख्यात होने और स्वयं का अस्तित्व संकटग्रस्त होने के बाद स्पष्ट है कि पाकिस्तान शांति की ही बात करता। अपनी रक्षा करने और पाकिस्तान को टूटने से बचाने के लिए शांति की बात करना उसकी मजबूरी थी। आतंकवाद के इस प्रायोजन पर अब उसके ही आतंकवादी भारी पड़ने लगे थे। आतंकवादी देश होने की उसकी छवि के कारण सारा विश्व उसका आर्थिक बहिष्कार करने का मन बन रहा था। यदि भारतीय राजनीतिज्ञ अपना कौशल दिखा सके होते, तो पाकिस्तान गिड़गिड़ाते हुए भारत की शरण में आ सकता था। पाकिस्तानी अर्थव्यवस्था जिस छिन्न-भिन्न दशा में थी, ऐसे में यदि भारत, मुशर्रफ को मान्यता और प्रतिष्ठा न देता, तो गृह युद्ध के ज्वालामुखी के मुहाने पर बैठे

पाकिस्तान का विघटन एक आसान प्रक्रिया हो सकती थी। किन्तु समस्त कुकर्मों के बावजूद भारत ने मुशर्रफ को वह मान्यता और प्रतिष्ठा दे दी, जिसकी उन्हें सर्वाधिक आवश्यकता थी।[76]

अब तक के अनुभवों के मद्देनजर यह कहने का मन होता है कि वाजपेयी–मुशर्रफ शिखर वार्ता ने पाकिस्तान को भारत–पाकिस्तान की सीमा पर बारूद बिछाने और काश्मीर को जलाते रहकर अपना अस्तित्व बचाते रहने का समय, शक्ति और समर्थन दे दिया है। यदि भारत की भावी पीढ़ी के लिए स्थायी और दीर्घकालीन शांति चाहिए, तो पाकिस्तान को साँस लेने के लिए जगह और समय नहीं देना चाहिए था, जिससे कि उसके संभावित विघटन की प्रक्रिया धीमी पड़ जाए। शान्ति का राग बुरा नहीं है, किन्तु भारतीय राजनीतिज्ञों ने सावधानियाँ नहीं बरतीं कि यह सुनिश्चित किया जा सके कि पाकिस्तान का विघटन भारत के लिए कम से कम कष्टदायक परिस्थितियाँ उत्पन्न कर सके, जबकि समय और इतिहास का प्रवाह दोनों यह स्पष्ट बता रहे हैं तक पाकिस्तान का विघटन निश्चित है। भारतीय राजनय को उसके समय और रूप का निश्चय तथा निर्धारण करना चाहिए। यदि शांति के शाब्दिक भावना के प्रवाह में बहकर इस संभावित विघटन को रोकने का प्रयास किया गया, तो देश की भावी पीढ़ियों को इसके भयंकर दुष्परिणाम भोगने पड़ सकते हैं और पड़ रहे हैं।[77] भारत सरकार कश्मीर में अपनी हर कार्यवाही को राष्ट्रीय नहीं, अन्तर्राष्ट्रीय प्रभाव और परिणाम की कसौटी पर परखती है। भारत सरकार के नियंता सम्भवत: यह भूल गए हैं कि जिनके खिलाफ हमारे जवान पिछले पचास वर्षों से लड़ते आ रहे हैं, वे सिर्फ और सिर्फ गोली की भाषा समझते हैं। उनके हाथों में बन्दूकें रूष्ट या तुष्ट होने के कारण नहीं आई है। उनके लिए कश्मीर भावना या भावनात्मक राष्ट्रीय एकात्मता का विषय नहीं, वेतनभोगी हिंसक पेशा है। हर हत्या के बदले उन्हें दौलतें मिलती हैं। ऐसी स्थिति में हमारे सुरक्षा बल को अपनी बन्दूकों की नोकें नीचे करने का निर्देश देने वाले क्या खुद का घर फूँककर तमाशा देखने की नादानी नहीं कर रहे हैं? कश्मीर के सन्दर्भ में यह तर्क देना कि यह सब लोकतांत्रिक मर्यादाओं के लिए किया जा रहा है, एक भद्दे मजाक के अतिरिक्त और क्या है? भारत सरकार को पाकिस्तान के बारे में यह गलतफहमी कैसे हो गई है कि शांति की भाषा समझता है या वह शांति की भाषा समझेगा? 1971 के भीषण संग्राम में शर्मनाम पराजय के बाद भी जब जुल्फिकार की लड़ाई पाकिस्तान के अस्तित्व के साथ जुड़ी हुई है, तो फिर लोकतांत्रिक सरकार का तख्तापलट कर सत्ता में आए सैनिक तानाशाह जनरल परवेज मुशर्रफ से किसी शांतिपूर्ण समाधान की उम्मीद कैसे की जा सकती है?[78]

भारत सरकार के चाटुकर कूटनीतिज्ञ शायद यह सोच रहे हैं कि पाकिस्तान पर अन्तर्राष्ट्रीय दबाव डलवाकर वे उससे किसी शांति समझौते पर हस्ताक्षर करवा

लेंगे। इन चाटुकारों और मजहबपरस्त मुस्लिम अल्पसंख्यकवादी सेक्यूलरिस्टों को अब होश में आ जाना चाहिए कि शांति समझौते के अनेक प्रयासों के बाद भी पाकिस्तान का नज़रिया एक सूत भी नहीं बदला है। यह आजमाया हुआ तथ्य है कि पाकिस्तान, कश्मीर समस्या का कोई शांतिपूर्ण समाधान निकलने नहीं देगा। पाकिस्तान और पाकिस्तान समर्थित इस्लामिक जेहादियों के मन में लोकतंत्र या शांति मार्ग के लिए कोई आस्था न कभी थी, न आज है। यदि भारत सरकार ने नियंत्रण रेखा को ही अन्तर्राष्ट्रीय सीमा बनाने को लेकर पाकिस्तान के साथ कोई समझौता किया अर्थात् गुलाम कश्मीर (PoK) को आजाद न कराकर उसे पाकिस्तान के कब्जे में रहने देने का प्रयास किया, तो देश ऐसे समझौते को एक झटके में ठुकरा देगा। देशवासी किसी भी कीमत पर अपनी धरती दुश्मनों के हाथ नहीं सौंप सकते। जिस नियंत्रण रेखा को अमान्य करते हुए हमारे जवानों ने 1947-48, 1965 तथा 1971 के भयानक युद्धों में अप्रतिम बलिदान दिए हैं, उसे देशवासी क्यों माने और कैसे मानें ? पाकिस्तान अधिकृत कश्मीर के भू-भाग को मुक्त कराने का जो संकल्प भारतीय संसद ने 22 फरवरी 1994 को पारित किया है, उसे खारिज करके यदि कूड़ेदान में फेंका जाएगा, तब देश क्या मूकदर्शक बना रहा सकेगा ? कश्मीर समस्या का समाधान वस्तुतः तब तक सम्भव नहीं होगा, जब तक पाकिस्तान और पाकिस्तान समर्थित आतंकवादियों के मन में यह भ्रम पैदा न हो जाए कि भारत-भूमि पर खून बहाने की उनकी हवस का मुँहतोड़ जवाब दिया जायेगा। काश्मीर के सन्दर्भ में भारत सरकार की स्थिति-'तुम मानों न मानों, हम तो प्यार किए जायेंगे' गीत से अधिक कुछ नहीं है। मुझे तो पाकिस्तान की नापाक हरकतों को देखते हुए गुरू गोविन्द सिंह जी की मुगल बादशाह औरंगजेब के नाम फारसी में लिखी वह पंक्तियाँ स्मरण हो आती है जिसमें उन्होंने लिखा था कि-"चो दस्त अज हमा हिलते दरसिकस्त हलालस्त बुर्दन व शमशीरे दस्त।"

सन्दर्भ सूची

1. Dr. N.C. Asthana, "Terrorism, Insurgency & Counterinsurgency Opration's" Pointer Publishers, Jaipur, 2001, P. 57
2. Premnath Bajaj, The History of Struggle for Freedom in Kashmir.
3. Maj. Gen (Retd.) Afsir Karim, "Kashmir The Troubled Frontiers" Lancer Publishers Pvt. Ltd. New Delhi, 1994. P.61
4. Kshitij Prabha, "Terrorism, An Instrument of Foreign Policy" Institute for Defence Studies and Analysis South Asian Publishers, New Delhi, 2000 P. 118
5. Ibid P. 118
6. M.S. Deora and R.G. Grover (ed) 'Documents of Kashmir Problem's

Vol-1 (New Delhi-Discovery Publishing House 1991, P.10)
7. B.M. Kaul, 'Conforntation with Pakistan' Vikash Publication : New Delhi-1971, P.6)
8. Kshitij Prabha, "Terrorism, An Instrument of Foreign Policy" Institute for Defence Studies and Analysis South Asian Publishers, New Delhi, 2000 P. 120
9. Orient Logman, 1969, P.36 Dainik Jagran, 12 July 2001, P.14
10. Stanley Wolpert, 'Jannah of Pakistan' (Oxford University Press : New Delhi, 1988) P. 350
11. Lt. General Gul Hasan Khan, "Memories" (Karachi : Oxford University Press, 1993) P. 120
12. Dainik Jagran, 1 June 2006, P. 10
13. Major General Shahid Hamid, "Disastrous Twilight" (Leo Cooper, 1986) P. 278-79.
14. Jasjit Singh, "Kargil 1999" Pakistan Forth War for Kashmir Published by, Knowledge World, New Delhi, 1999, P.16
15. India Year Book : A reference Annual (New Delhi : Publication Division, Government of India 1981) P. 441
16. Dainik Jagran, 4 August 2005 P. 10 Pariksha Manthan Part-1 (2001-2002) P. 3
17. Major General (Retd.) Afsir Karim "Kashmir : The Troubled Frontiers" Lancer Publishers Pvt. Ltd. New Delhi, 1994. P. 64
18. Ibid P. 65
19. Ibid
20. Ibid P. 66
21. Ibid P. 71
22. Ibid
23. Dr. Durga Das Basu, The Constitution of India Wadhwa and Company, Law Publishers New Delhi, 2004 P. 259-260
24. Ibid
25. Pariksha Mantahan, Part-1 (2001-2002) P. 3
26. Maj. Gen. (Retd.) Afsir Karim "Kashmir : The Troubled Frontiers" Lancer Publishers Pvt. Ltd. New Delhi, 1994. P. 72
27. Dr. L.J. Singh, "National Defence and Security" Parkash Book Dipo, Bada Bazar, Bareli, 2003, P. 452
28. Dainik Jagran, 10 June 2005, P. 10
29. Dr. L.J. Singh, "National Defence and Security" Prakash Book Dipo, Bada Bazar, Bareli, 2003, P. 453
30. Parisha Mantahan, Part-1 (2001-2002) P. 3
31. Maj. Gen. (Retd.) Afsir Karim "Kashmir : The Troubled Frontiers"

Lance Publishers New Delhi, 1994. P. 72
32. Ibid P. 72-73
33. Parisha Mantahan, Part-1 (2001-2002) P. 3
34. Statesman (Kolkata), 25/2/1975 P.-7
35. Dr. L.J. Singh, "National Defence and Security" Prakash Book Dipo, Bada Bazar, Bareli, 2003, P. 448
36. Ibid
37. Daink Jagran, 4 August 2005 P. 10
38. ए.पी. वेकटटेश्व, "पाक : नखरैल दुलहन की मनुहार क्या करना" अमर उजाला, 7 फरवरी 2000, पेज-4
39. Mahavir Singh, "International Terrorism and Religious Extremism Challenges to Central and South Asia" Anamika Publishers & Distributors (P) Ltd. New Delhi, 2004, P. 260
40. Dainik Jagran, 24 May, 2003, P. 10
41. S.M. Bark, Pakistan's Foreign Policy (Oxford University Press : London, 1973) P. 83-84
42. Z.A. Bhutto, The Myth of Independence (Oxford University Press : London 1969) P. 113.
43. Riyaz Punjabi, "The Concept of an Islamic Caliphate : Religious and Ethnic Pulls of Kashmiri Militant Movement" Journal of Peace Studies, Vol. 1 November-December 1993. P. 42
44. Anil Maheshwari, "Crescent Over Kashmir" Lancer International, New Delhi, 1993, P. 104
45. D.N. Dhar, "Dynamics of Political Change in Kashmir" Kalinga Publishers New Delhi, 2001. P. 204
46. Mahavir Singh, "International Terrorism and Religious Extremism Challenges to Central and South Asia" Anamika Publishers & Distributors (P) Ltd. New Delhi, P. 254
47. Ibid
48. Daily Alsafa, Srinagar, 14 April 1990
49. Times of India, 19 November 1997
50. India Today, 6 February 2002, P. 44
51. Sushant Sareen, "The Jihad Factory Pakistan Islamic Revolution in the Making" Har-Anand Publications Pvt. Ltd. New Delhi, 2003 P. 111
52. Dainik Jagran, 24 February 2003, P. 10
53. India Today, 6 October 1999, P. 37-38
54. Daily Afaq Srinagar, 16 November 1992
55. Daily Nida-e-Mashriq, Srinagar, 30 January 1993
56. Indian Express, 4 January 2001

57. The Herald Annual, Karachi, January 1998
58. Mahavir Singh, "International Terrorism and Religious Extremism Challenges to Central and South Asia" Anamika Publishers & Destributors P. Ltd. New Delhi, 2004, P. 256
59. हृदय नारायण दीक्षित, "जिहाद का भूमंडलीकरण" Dainik Jagran, 28 July 2006, P-10
60. Pakistan Observer, 11/07/2001
61. Sushant Sareen, "The Jihad Factory Pakistan Islamic Revolution in the Making" Har-Anand Publications Pvt. Ltd. New Delhi, 2003 P. 112
62. Ibid
63. Ibid P. 120
64. India Today, 6 February 2002, P. 44
65. Sushant Sareen, "The Jihad Factory" P. 35
66. Ibid P. 26
67. Ibid P. 30
68. Ibid P. 35
69. India Today, 8 December 2003, P. 34
70. Ibid
71. जगमोहन, 'आतंक के समक्ष असहाय राष्ट्र', दैनिक जागरण, 23 मार्च 2006, पृष्ठ-10
72. Dainik Jagran, 8 March 2006, P. 1
73. Amar Ujalla, 5 July 2000, P. 4
74. Amar Ujalla, 16 July 2001, P. 4
75. Ibid
76. Ibid
77. Amar Ujalla, 19 February 2001, P. 4

3. कश्मीर समस्या : राजनीतिक प्रक्रिया की शुरूआत या जोखिम उठाने का अवसर

डॉ० आर०बी० सिंह*

यूँ तो हिन्दुस्तान के हर राज्य का अपना राजनीतिक अतीत है जिसका उसके वर्तमान से एक खास किस्म का रिश्ता भी है। पूर्वोत्तर को छोड़ दें, तो अधिकांश राज्यों ने अपने अतीत और वर्तमान के बीच संतुलन कायम कर भविष्य की रणनीति तैयार की है, जबकि जम्मू और कश्मीर के पास अपने अतीत के विकृत्यों को ढोने के अलावा कोई रास्ता शेष नहीं बचा है। इस लिहाज से इस राज्य के वर्तमान और अतीत के बीच का रिश्ता अन्य सभी राज्यों की तुलना में कहीं अधिक विशिष्टता समेटे हुए है। अपेक्षाकृत शान्त मौजूदा कश्मीर या कुछ वर्ष पहले के रक्त रंजित कश्मीर के हालात पर अब लगभग एक आम राय सी बन गयी है कि इतिहास की गलतियों के चलते ही कश्मीर की यह दुर्दशा हुई है। भाजपा के सिद्धान्तकारों से लेकर मानवाधिकारवादियों तक, कांग्रेस से लेकर कम्युनिष्टों तक और आतंकवादियों से लेकर अमन पसंद नागरिकों तक सब के सब इतिहास के पन्ने खोलने को विवश हैं। इसका मतलब यह कतई नहीं कि जम्मू कश्मीर के इतिहास को लेकर इन सभी की समझ एक जैसी है, बल्कि इनमें जमीन और आसमान के बीच का फर्क है। भाजपा धारा 370 से शुरू कर घाटी के मुसलमानों को सबक सिखाने तक पहुँचती है। कांग्रेस और अन्य सभी बीच के रास्ते पर चलना चाहते हैं। मानवाधिकारवादियों को लगता है कि नेहरू से लेकर वर्तमान तक की सभी केन्द्र सरकारों की नीतियाँ ही कश्मीर की मौजूदा हालात के जिम्मेदार हैं। कम्युनिष्टों को बहुत कुछ समझ में नहीं आता

---

*प्रवक्ता – रक्षा अध्ययन विभाग, लखनऊ विश्वविद्यालय, लखनऊ (उ०प्र०)।

लिहाजा वे तब निर्णय लेते हैं, जब निर्णय पर अमल करने का वक्त समाप्त हो चुका होता है।

वास्तव में जम्मू कश्मीर की राजनीतिक इतिहास के कुछ प्रमुख तथ्यों को यहाँ प्रकाशित करने का मकसद सिर्फ इतना ही है कि गत चुनावों पर चर्चा करते वक्त कश्मीर के अतीत को कहीं भुला न दिया जाये। वैसे सारे तथ्य 1947 के बाद के हैं। 1947 के पहले वाले कश्मीर के बारे में सिर्फ एक तथ्य जरूर याद रखिए कि जब समूचा भारतीय उपमहाद्वीप अंग्रेजों के खिलाफ स्वतंत्रता संग्राम लड़ रहा था, तब कश्मीरी जनता रियासत की कमान संभाले डोंगरा राजबंश के खिलाफ लड़ाई लड़ रही थी। यानि उनकी दुश्मनी अंग्रेजों से कम रियासत से ज्यादा थी।

1947 से पहले जिस जम्मू और कश्मीर रियासत का जिक्र आता है। वह भारतीय उपमहाद्वीप का एक वृहतर क्षेत्र था। आज वह दो हिस्सों में विभाजित है। जिसे हम "जम्मू और कश्मीर" कहते हैं उसे ही पाकिस्तान भारत अधिग्रहीत कश्मीर कहता है और जिसे हम "पाकिस्तान अधिग्रहीत कश्मीर" कहते हैं, उसे पाकिस्तान "आजाद कश्मीर" कहता है। भारतीय जम्मू-कश्मीर के तीन डिवीजन हैं। छह जिलों को मिलाकर जम्मू डिवीजन और इतने ही जिलों को मिलाकर कश्मीर डिवीजन बना जबकि लद्दाख डिवीजन में कुल दो जिले हैं। ठीक इसी तरह पाकिस्तानी कश्मीर के भी तीन डिवीजन हैं। मीरपुर डिवीजन में तीन और मुजफ्फराबाद डिवीजन में दो जिले हैं। बिल्कुल उत्तर में स्थिति गिलगिट भी पाक अधिग्रहीत कश्मीर का ही एक हिस्सा है, लेकिन उसे पाकिस्तान ने अपनी केन्द्र सरकार के प्रशासनिक दायरे में रखा है।

जब हमें आजादी मिली, तब जम्मू कश्मीर रियासत की बागडागेर हिन्दू महाराजा हरी सिंह के हाथ में थी। यदि वह चाहते तो अन्य रियासतों की तरह अपनी रियासत का भी भारत में विलय कर देते और ढेर सारी समस्याएं हल हो जाती, लेकिन उन्हें अपनी स्वतंत्रता पसंद थी। इसलिए वह जम्मू कश्मीर को एक स्वतंत्र राष्ट्र राज्य के बतौर रखने के अपने विचार पर अड़े रहे। विलय की बात उन्हें तब समझ में आयी जब कश्मीर की घाटी हाथ से निकलकर पाकिस्तान के कब्जे में पहुँचने की आशंका से घिर गयी।

दिलचस्प तथ्य यह है कि जिस शेख अब्दुल्ला को ढेर सारे लोग भारत विरोधी राष्ट्रद्रोही और पाकपरस्त मानते रहे, वही शेख अब्दुल्ला उस वक्त इस विलय के पक्षधर थे। शेख ने जिन्ना की नहीं सुनी और उन्होंने जिन्ना के मुस्लिमलीग का समर्थन करने वाली कश्मीर में सक्रिय "मुस्लिम कांफ्रेंस" के समानान्तर "नेशनल कांफ्रेंस" का झंडा बुलन्द रखा।

अंतत: कश्मीर का भारत में विलय हो गया। महाराजा हरी सिंह ने 4 मार्च 1948 को शेख अब्दुल्ला को जम्मू कश्मीर का प्रधानमंत्री बनाया। महाराजा और शेख के बीच अधिकार क्षेत्र को लेकर विवाद खड़ा हो गया। यह विवाद तकरीबन एक वर्ष चला। अंतत: जीत शेख अब्दुल्ला की हुई। महाराजा को रियासत की बागडोर छोड़नी पड़ी। 9 जून 1949 को महाराजा ने अपने पुत्र कर्ण सिंह को सारे अधिकार दे दिये। कुल मिलाकर यह कि कश्मीर एक सामान्य राज्य नहीं रह गया था। इस बात से भारत सरकार भी वाकिफ थी। लिहाजा उसने इस राज्य को भारतीय संविधान की धारा 370 के द्वारा विशेष दर्जा दिया।

इस राज्य का अपना संविधान भी बनाना था लिहाजा युवराज कर्ण सिंह ने मई 1951 को एक उद्घोषणा जारी कर संविधान निर्मात्री सभा की स्थापना की। इस उद्घोषणा के तहत चालीस हजार की जनसंख्या का एक चुनावी जिला बना। हर जिले की संविधान सभा के लिए प्रतिनिधि चुने गये। अक्टूबर 1951 के मध्य में चुनाव हुए। सभी 75 सीटें शेख अब्दुल्ला की नेशनल कांफ्रेंस ने जीत ली। 73 पर वह निर्विरोध पहुँची तबकि दो पर चुनाव जीतकर। हिन्दूवादी संगठन जम्मू प्रजा परिषद ने इन चुनावों का बहिष्कार किया। उसका नारा था – "एक देश में दो विधान, एक देश में दो निशान, एक देश में दो प्रधान–नहीं चलेंगे, नहीं चलेंगे।" बहरहाल दिखाने के लिए ही सही कश्मीर का यह पहला चुनाव था। जिसमें चुने गये प्रतिनिधियों का काम शासन करना नहीं बल्कि राज्य का संविधान निर्मित करना था। इस संविधान निर्मात्री सभा के अध्यक्ष मौलना मसूदी बने।

जम्मू-कश्मीर विधानसभा चुनावों का लेखा-जोखा (1962-87)

वर्ष	कुल सीट	मत-दान लाख में	मत-दान प्रति-शत में	कांग्रेस		जनसंघ/ भाजपा		जम्मू-कश्मीर नेशनल कांफ्रेंस		जनता पार्टी		जमात-ए-इस्लामी		अन्य एवं निर्दलीय	
				प्राप्त मत प्रतिशत	सीटें जीतीं	प्राप्त मत प्रतिशत	सीटें जीतीं	प्राप्त मत प्रतिशत	सीटें जीतीं	प्राप्त मत प्रतिशत	सीटें जीतीं	प्राप्त मत प्रतिशत	सीटें जीतीं	प्राप्त मत प्रतिशत	सीटें जीतीं
1962	75	38.4	72.4	–	–	–	–	67.0	70	–	–	17.5	03	15.5	02
1967	75	20.1	58.8	53.0	61	16.5	03	17.1	08	–	–	–	–	13.4	03
1972	75	23.0	66.3	55.4	58	9.8	03	–	–	–	–	7.2	05	27.6	09
1977	76	26.6	26.7	16.9	11	–	–	46.2	47	23.7	13	3.6	01	9.6	04
1983	75	33.0	73.2	30.3	26	3.2	00	47.3	46	0.3	00	3.9	00	15.0	03
1987	76	35.6	74.9	20.2	26	5.1	02	33.0	40	0.5	00	–	–	41.2	08

इस चुनाव ने साबित कर दिया था कि कश्मीर की बहुसंख्यक जनता शेख अब्दुल्ला के साथ है। शेख का दबदबा बढ़ा। दिल्ली समझौते में इसे स्पष्टत: देखा जा सकता है। इस समझौते के बाद कश्मीर में पैतृक राजतन्त्र की समाप्ति हो गयी। 21 अगस्त 1952 को एक औपचारिक प्रस्ताव के जरिये राज्याध्यक्ष को "सदरे रियासत" की पदवी दी गयी। कर्ण सिंह पहले "सदरे रियासत" बने।

कश्मीर के लिए विशेष राज्य का दर्जा हासिल कर लेने के बाद शेख ने उस पर अमल करना भी प्रारम्भ कर दिया। यह बात न कर्ण सिंह की अच्छी लगी और न ही पं० जवाहर लाल नेहरू को। हिन्दूवादी संगठनों ने शेख के खिलाफ जम्मू प्रजा परिषद के नेतृत्व में आन्दोलन भी प्रारम्भ किया। जनसंघ के अध्यक्ष श्यामा प्रसाद मुखर्जी आन्दोलन में शरीक होने के लिए जम्मू गये, लेकिन शेख ने 11 मई 1953 को उन्हें गिरफ्तार करा लिया। दुर्भाग्य से 23 जून 1953 को पुलिस हिरासत में ही श्याम प्रसाद की मृत्यु हो गयी। यानी भूत सिर के ऊपर चढ़ गया और अंतत: 9 अगस्त 1953 को कर्ण सिंह ने शेख अब्दुल्ला को प्रधानमंत्री पद से बर्खास्त कर गिरफ्तार करा लिया। शेख अब्दुल्ला के विरोधी और उन्हीं के मंत्रिमंडलीय सहयोगी बख्शी गुलाम मोहम्मद को प्रधानमंत्री नियुक्त किया गया।

1953 से 1968 के बीच शेख अब्दुल्ला अधिकांश समय जेल में ही रहे। उन्हें गिरफ्तार और रिहा करने का सिलसिला 15 वर्षो तक जारी रहा। 1953 की गिरफ्तारी के बाद वह 8 जनवरी 1958 को रिहा हुए और फिर 30 अप्रैल 1958 को गिरफ्तार कर लिया गया और 2 जनवरी 1968 को रिहा किया गया। 1971 में तो उन्हें जम्मू कश्मीर से निष्कासित ही कर दिया गया। शेख की अनुपस्थिति के चलते जम्मू-कश्मीर नेशनल कांफ्रेंस की बागडोर बख्शी गुलाम मोहम्मद के पास रही। शेख अब्दुल्ला के एक करीबी सहयोगी मिर्जा अफजल बेग ने बख्शी गुलाम की नेशनल कांफ्रेंस को भारत सरकार की पिट्ठू बताते हुए उसके समानांतर 9 अगस्त 1955 को जनमत संग्रह मोर्चा की स्थापना की शेख की तरह मिर्जा भी अधिकांश समय जेल में ही रहे।

17 नवम्बर 1956 को जम्मू-कश्मीर का संविधान स्वीकार कर लिया गया। इस संविधान में जम्मू-कश्मीर को भारत का अभिन्न अंग माना गया, जिसका शेख अब्दुल्ला ने जेल से ही विरोध किया। इस नये संविधान के तहत 1957 में जम्मू कश्मीर विधान सभा का पहला चुनाव हुआ। इस चुनाव में बख्शी गुलाम मोहम्मद की नेशनल कांफ्रेंस की जीत हुई, लेकिन कश्मीर की कुल 75 सीटों में से मात्र 32 पर ही चुनाव हुए थे। बाकी 43 सीटों पर चुनाव नहीं हुए। ये सीटें ज्यादातर कश्मीर घाटी की थी। इन सीटों के सभी प्रतिनिधि निर्विरोध जीते थे। 1962 के विधान सभा चुनावों में भी 1957 को ही दोहराया गया। इस चुनाव में जीत बख्शी गुलाम के "नेशनल

कांफ्रेंस" की ही हुई। उन्हें 75 में से 70 सीटों पर विजय मिली लेकिन इस बार भी चुनाव मात्र 41 सीटों पर ही हुए। बाकी की 34 सीटों के सभी प्रतिनिधि निर्विरोध जीते।

1957 से 1962 के बीच बख्शी गुलाम की छवि काफी गिरी। उन पर भ्रष्टाचार और भाई-भतीजाबाद के कई आरोप भी लगे। उनके ही एक सहयोगी गुलाम मोहम्मद सादिक ने तो विद्रोह कर 1957 में ही "डेमोक्रेटिक नेशनल कांफ्रेंस" नाम की एक नयी पार्टी भी बना ली थी। इन्हीं सारी चीजों के चलते बख्शी गुलाम को इस्तीफा देना पड़ा, लेकिन वह अपने कट्टर समर्थक ख्वाजा शमशुद्दीन को प्रधानमंत्री बनवाने में सफल रहे। 14 अक्टूबर 1963 को शमशुद्दीन जम्मू-कश्मीर के प्रधानमंत्री बने। कुछ ही दिनों बाद 27 दिसम्बर 1963 को एक घटना घटी, जिसने शमशुद्दीन की कुर्सी हिला दी। हजरत मकबरे से पैगम्बर मोहम्मद के "मोये-ये-मुकद्दस" (पवित्र बाल) के गायब हो जाने की घटना ने समूचे कश्मीर को उद्वेलित कर दिया। 4 जनवरी 1964 को यह पवित्र बाल मकबरे में वापस रख दिया गया था, लेकिन शमशुद्दीन को जाना पड़ा। 29 फरवरी 1964 को गुलाम मोहम्मद सादिक जम्मू-कश्मीर के प्रधानमंत्री बने।

30 मई 1965 से जम्मू-कश्मीर के संविधान में एक संशोधन के जरिये "प्रधानमंत्री" और "सदरे-रियासत" की पदवी बदलकर क्रमश: "मुख्यमंत्री" और "राज्यपाल" कर दी गई। 1967 में जम्मू-कश्मीर विधानसभा के चुनाव हुए। 1957 और 1962 की तरह इन चुनावों ने भी कश्मीरियों के जेहन में कई तरह की आशंकाएँ पैदा की। इस चुनाव में 118 प्रत्याशियों का नामांकन रद्द कर दिया गया, जिसके चलते कई जगह मात्र एक ही प्रत्याशी चुनाव मैदान में रह गया। इस चुनाव में भी 75 में से 39 विधायक निर्विरोध निर्वाचित हुए थे। जीत कांग्रेस की ही हुई और सादिक मुख्यमंत्री बने। जी०एम० सादिक 1971 तक जम्मू-कश्मीर के मुख्यमंत्री रहे। 12 दिसम्बर 1971 को उनकी मृत्यु हो गयी और कांग्रेस ने मीर कासिम को मुख्यमंत्री बनाया।

1971 में लोक सभा और 1972 में जम्मू-कश्मीर विधानसभा के लिए फिर चुनाव होने थे। भारत सरकार चाहती तो इन चुनावों को निष्पक्ष कराकर वास्तविक प्रतिनिधियों के जरिये कश्मीर में लोकतंत्र की मजबूत नींव डाल सकती थी, लेकिन ऐसा नहीं हुआ। शेख अब्दुल्ला और अफजल बेग का "जनमत संग्रह मोर्चा" इन चुनावों में हिस्सेदारी करने का फैसला कर चुका था। लोकसभा चुनावों की तैयारी के ही सिलसिले में 8 जनवरी 1971 को शेख अब्दुल्ला श्रीनगर पहुँचने वाले थे। दिल्ली के जिस विमान से उन्हें श्रीनगर जाना था, उस विमान को रद्द कर दिया गया और अगले ही दिन शेख और बेग के लिए एक आदेश जारी कर दिया गया कि वे दोनों लोग जम्मू-कश्मीर की सीमा में प्रवेश नहीं कर सकते। उनके संगठन जनमत संग्रह

मोर्चा को भी प्रतिबंधित कर दिया गया। भारत सरकार का तर्क था कि यदि शेख अब्दुल्ला की पार्टी इन चुनावों में जीत गयी, तो कश्मीर को भारत से अलग करने की मांग उठ सकती है। बहरहाल 1972 में विधान सभा चुनाव हुए और 75 में से 57 सीटें जीतकर कांग्रेस की सरकार बन गयी। मीर कासिम मुख्यमंत्री हुए। इन चुनावों में "जमाते-इस्लामी" की भी पांच सीटों पर जीत हुई थी। शेख अब्दुल्ला को अलग-अलग करने के लिए कांग्रेस ने इस कट्टर मुस्लिम संगठन को बढ़ावा दिया था।

1971 के भारत पाक युद्ध में भारत की विजय और एक अलग राष्ट्र के तौर पर बाँगलादेश के निर्माण का कश्मीर पर भी असर पड़ा। शेख अब्दुल्ला थोड़ा नरम हुए। श्रीमती इंदिरा गांधी को भी कश्मीर में शेख अब्दुल्ला जैसे प्रभावी नेता की जरूरत हुई। 24 फरवरी 1974 को श्रीमती गांधी और शेख ने "कश्मीर सहमति" नाम के समझौते पर दस्तखत किये। समझौते की कद्र करते हुए मीर कासिम ने मुख्यमंत्री पद से इस्तीफा दिया और 25 फरवरी 1974 को शेख अब्दुल्ला कांग्रेस के समर्थन से जम्मू-कश्मीर के मुख्यमंत्री बने। यह कम आश्चर्यजनक तथ्य नहीं है कि शेख सरीखा घाटी का सर्वाधिक लोकप्रिय व्यक्ति 1948 में पहली बार महाराजा हरी सिंह की कृपा से जम्मू-कश्मीर का प्रधानमंत्री बना था और 25 वर्ष बाद जब उसके हाथ में दुबारा जम्मू-कश्मीर की बागडोर पहुँची तब वह कांग्रेस का कृपा पात्र था। श्रीमती गांधी और शेख की दोस्ती ज्यादा दिन नहीं चली। श्रीमती गांधी उन्हें कांग्रेस में शामिल करना चाहती थीं। जिसे शेख ने अस्वीकार कर दिया और 13 अप्रैल 1975 को नेशनल कांफ्रेंस को पुनर्जीवित करके शेख उसके अध्यक्ष बन गये 15 जुलाई 1975 को शेख अब्दुल्ला ने अपने पुराने संगठन "जनमत संग्रह मोर्चा" को भी भंग कर उसका नेशनल कांफ्रेंस में विलय कर लिया। शेख की कांग्रेस से दूरी बढ़ती गयी।

आपातकाल के चलते लम्बे समय बाद 1977 में लोकसभा के चुनाव होने वाले थे। पूरे देश में जनता पार्टी और जय प्रकाश नारायण की लहर थी कांग्रेस को लगा कि शेख अब्दुल्ला जनता पार्टी में जा सकते हैं इसलिए श्रीमती गांधी ने 25 मार्च 1977 को शेख को दिया अपना समर्थन वापस लेने की घोषणा करते हुए अपना मंत्रिमंडल बनाने की पेशकश कर दी। लेकिन शेख उनकी इस कोशिश को नाकाम करने में सफल हो गये। गवर्नर एल०के०झा० ने शेख की बात मानते हुए विधानसभा भंग कर नये चुनाव कराने की घोषणा कर दी। 30 जून 1977 को हुए जम्मू-कश्मीर के विधान सभा चुनावों का कई लिहाज से विशेष महत्व है। तकरीबन सभी राजनीतिक विश्लेषक इसे एक निष्पक्ष चुनाव मानते हैं। जम्मू-कश्मीर की 75 में से 48 सीटों पर जीत हासिल कर इस चुनाव में शेख अब्दुल्ला की नेशनल कांफ्रेंस ने पूर्ण बहुमत प्राप्त कर लिया। कश्मीर घाटी की 42 सीटों में से 39 सीटें शेख के खाते में गयी। जम्मू क्षेत्र की 32 सीटों में से 7 तथा लद्दाख की दोनों सीटें भी नेशनल

कांफ्रेंस को मिली। जनता पार्टी को घाटी में केवल दो और जम्मू में 11 सीटें मिली। कांग्रेस का घाटी में पूरी तरह सफाया हो गया, लेकिन जनता पार्टी की अन्दरूनी फूट के कारण उसे जम्मू क्षेत्र की दस सीटों पर जीत हासिल करने में सफलता मिली। बहरहाल 9 जुलाई 1977 को शेख अब्दुल्ला जम्मू-कश्मीर के मुख्यमंत्री बन गये।

शेख राजनीति के माहिर खिलाड़ी थे। उन्हें अपने उत्तराधिकारी की भी तलाश थी। मिर्जा अफजल बेग उनके स्वाभाविक उत्तराधिकारी थे। यह बात शेख को पसंद नहीं आयी। वह अपने बेटे फारूक अब्दुल्ला को ही अपना असली वारिस बनाना चाहते थे। शेख ने उन सभी व्यक्तियों को नेशनल कांफ्रेंस से निकाल बाहर किया, जो फारूक के संभावित प्रतिद्वंद्वी हो सकते थे। यहाँ तक कि अफजल बेग को भी शेख ने 25 सितम्बर 1978 को कांफ्रेंस से निष्कासित कर दिया। लम्बे चक्रवाती तूफानों को झेलते हुए अंततः 8 सितम्बर 1982 को शेख अब्दुल्ला ने अपने जीवन की अंतिम सांस ली। आशा के मुताबिक ही उनके बाद डॉ० फारूक अब्दुल्ला मुख्यमंत्री बने। 1983 में जम्मू-कश्मीर विधान सभा के चुनाव हुए। इस चुनाव पर पंजाब में जारी आतंकवादी गतिविधियों का जर्बस्त असर था। फारूक ने मुस्लिम भावना को भुनाकर घाटी की 42 में से 39 सीटों पर जीत दर्ज की जबकि श्रीमती गांधी ने हिन्दू भावना को उभारने के मामले में भाजपा जैसी हिन्दूवादी पार्टियों को भी पीछे छोड़ दिया। जम्मू क्षेत्र की 32 में से 25 सीटें कांग्रेस के खाते में गयी। मुख्यमंत्री डॉ० फारूक बने और कांग्रेस से उनकी दूरी इस हद तक बढ़ गयी कि उन्होंने कांग्रेस विरोधी भारतीय विपक्ष के एक साझेदार के बतौर आगे बढ़ना उचित समझा।

श्रीमती गांधी को फारूक का यह नया तेवर पसंद नहीं आया। उन्होंने नेशनल कांफ्रेंस के 13 विधायकों को तोड़कर गुलाम मुहम्मद शाह (जो गुल शाह के नाम से चर्चित थे) को मुख्यमंत्री बनाने की सिफारिश की। राज्यपाल बी०के० नेहरू ने श्रीमती गांधी की इस सिफारिश को नामंजूर करते हुए फारूक को बर्खास्त करने से इंकार कर दिया। परिणाम यह हुआ कि बी०के० नेहरू वापस बुला लिये गये और उनकी जगह 26 अप्रैल 1984 को जगमोहन ने वही किया जो श्रीमती गांधी ने कहा। फारूक बर्खास्त कर दिये गये। गुल शाह मुख्यमंत्री बने। श्रीमती गांधी की हत्या हो चुकी थी। राजीव गांधी प्रधानमंत्री थे। गुलशाह भी कम दिन के मेहमान रहे। राजीव गांधी के कहने पर जगमोहन एक बार फिर एक मुख्यमंत्री को बर्खास्त किया। 17 मार्च 1986 को गुलशाह पदच्युत कर दिये गये और राज्य में राज्यपाल शासन लागू कर दिया गया। राज्यपाल शासन तब खत्म हुआ जब नवम्बर 1986 को राजीव फारूक के बीच समझौता हुआ और फारूक अब्दुल्ला के मुख्य मंत्रित्व में नेशनल कांफ्रेंस तथा कांग्रेस का संयुक्त मंत्रिमण्डल बना।

23 मार्च 1987 को जम्मू-कश्मीर विधान सभा का चुनाव हुआ। यह चुनाव जनतंत्र के चेहरे पर काला धब्बा साबित हुआ। धोखाधड़ी, फर्जी मतदान, बूथकब्जा,

सुरक्षा कर्मियों तथा पुलिस की जबर्दस्ती और यहाँ तक कि मतों की गिनती में एकतरफा हो गयी धाँधलियों के कई मामले अखबारों में छपे। इन चुनावों में मुख्य मुकाबला कांग्रेस-नेशनल कांफ्रेंस गठबन्धन और जमाते इस्लामी समेत 13 पार्टियों को मिलाकर बने मुस्लिम यूनाइटेड फ्रंट (एम०यू०एफ०) के बीच था। इस फ्रंट का निर्माण इस्लाम और कांग्रेस विरोध के आधार पर हुआ था। एम०यू०एफ० को 30 प्रतिशत मत मिले लेकिन सीटें सिर्फ चार। उसके अधिकांश प्रत्याशी मामूली मतों के अंतर से हारे थे। कुछ तो जीत भी गये थे लेकिन निर्वाचन अधिकारी ने उन्हें पराजित घोषित कर दिया। श्रीनगर सिटी के अमीराक दल विधान सभा क्षेत्र से चुनाव लड़े शेख सलामुद्दीन के साथ ऐसा ही हुआ। ध्यान रहे कि यही सलामुद्दीन आगे चलकर खूंख्वार आतंकवादी बन गया और हिजबुल मुजाहिद्दीन का प्रमुख है। बहरहाल इन चुनावों के बाद डॉ० फारूक मुख्यमंत्री बने और दूसरी ओर घाटी में आतंकवाद पनपना शुरू हुआ।

1987 के बाद के कश्मीर का इतिहास बेहद दर्दनाक है। हत्या, लूट, बलात्कार से पटे इस रक्तरंजित इतिहास के जिक्र का अब कोई अर्थ नहीं रह गया है। बस इतना ही कि इन दिनों कश्मीर घाटी ने बम, बारूद, पिस्तौल और रक्त के अलावा कुछ नहीं देखा। अब स्थिति अपेक्षाकृत शांत है। 9 वर्ष बाद विधानसभा का चुनाव पुनः हुआ है। क्या यह चुनाव वास्तव में जम्मू-कश्मीर के भीतर राजनीतिक प्रक्रिया की वास्तविकता सिद्ध कर सकेगा। या एक बार फिर इतिहास को दुहराते हुए कश्मीर को अतीत की विकृत्यों के हवाले कर देगा। नौ साल बाद होने वाले इन चुनावों से यह अपेक्षा करना कि इनसे कश्मीर की मौजूदा स्थिति में गुणात्मक परिवर्तन आयेगा, गलत नहीं है। लेकिन अगर कोई यह कल्पना करता है कि इससे कश्मीर समस्या हल हो जायेगी या भारत के हाथों कश्मीर समस्या के समाधान का कोई सुनहरा सूत्र लग जायेगा, तो इससे निरर्थक सोच दूसरा नहीं हो सकता। चुनाव के दरम्यान जनता ने उन नेताओं के भाषणों पर अधिक ध्यान दिया था, जो चुनावों की बहिष्कार की अपील कर रहे थे। वृहत्तर भारतीय चुनाव से बहुसंख्यक कश्मीरियों का सांस्कृतिक अलगाव बहुत गहरा है।

वस्तुतः मोटे तौर पर देखे तो कश्मीरी जनता राजनीतिक तौर पर तीन हिस्सों में विभाजित दिखाई देती है। एक हिस्सा उन तथा कथित राष्ट्रवादियों का है, जो ऊपर से भारत के पक्षधर दिखांई देते हैं, लेकिन वस्तुतः वह सत्ताधारी हैं, जो मौजूदा सत्ता में घुसपैठ बनाये रखकर अपने तत्कालीन स्वार्थ पूरा करने में अधिक रूचि लेते हैं। कश्मीर में अलगाव को इस हद तक परवान चढ़ाने और कश्मीर समस्या को इस हद तक जटिल बनाने में इन तथाकथित राष्ट्रवादियों का बहुत बड़ा हाथ है। कश्मीरियों की दूसरी बड़ी जमात उन लोगों की है, जो कश्मीर का भविष्य पाकिस्तान के साथ जुड़ने में देखते हैं। इन लोगों का नेतृत्व सीधे-सीधे पाकिस्तानी निर्देश पर काम करता

है और पाकिस्तान के साथ अपने जुड़ाव को छिपाता भी नहीं है। वह वर्ग पूरी कोशिश में है कि भारत चुनावों का काई वास्तविक लाभ न ले सके, इसीलिए पिछले चुनावों में बहिष्कार से लेकर बाधा डालने तक का कार्य इनके द्वारा किया गया। तीसरा वर्ग जिसका नेतृत्व कश्मीर में सबसे अधिक लोकप्रियता अर्जित कर रहा है, उन लोगों का है, जो कश्मीर को स्वतन्त्र और स्वायत्त राज्य के रूप में चाहते हैं। वे अपनी लड़ाई में पाकिस्तान से मदद तो लेना चाहते हैं, लेकिन पाकिस्तान की कठपुतली बनने को तैयार नहीं है। वे पाकिस्तान और पाक समर्थित उग्रवादियों के इरादों से परिचित हैं। कश्मीर में जब दहशतगर्दी शुरू हुई, तो माहौल कुछ और था। लोगों को लगता था कि उनको आजादी दिलाने वाले परवाने आ गये हैं। बस कुछ दिनों की बात है, फिर तो एक आजाद मुल्क होगा, जिसको पाकिस्तान सहित तमाम इस्लामिक देशों का समर्थन हासिल रहेगा। मगर आजादी दिलाने आये विदेशी भाड़े के मुज़ाहिद्दीनों ने जो सलूक किया उससे लोगों का विश्वास टूट गया है। बेकसूर लोगों को मारा गया। चरार-ए-शरीफ जैसी दरगाहें जलाई गयी। सात साल की तबाही से सब कुछ समझ में आ गया कि पाकिस्तान और इस्लामी देश कैसी आजादी देना चाहते हैं।

समय उपयुक्त है। इस परिप्रेक्ष्य में भारत सरकार को राष्ट्रीय एकता, अखंडता तथा क्षेत्रीय स्वायत्ता के मसलों पर गम्भीर हो जाना चाहिए और उनकी स्पष्ट तथा ग्राह्य सैद्धान्तिक व्याख्या करनी चाहिये, जो कश्मीर में भी समझी जा सके, देश के अन्य हिस्सों में भी समझी जा सके और अन्तर्राष्ट्रीय जगत में भी। अगर उसके पास कोई सैद्धान्तिक व्याख्या है और ऐसी व्याख्या जिसे कश्मीर समझ सके, तभी वह कश्मीर को अपना अभिन्न अंग बनाये रख सकती है। मात्र सेना के सहारे या परिस्थितिजन्य चुनावों के सहारे अधिक दूर तक नहीं चला जा सकता। अगर सैद्धान्तिक व्याख्या का जोखिम उठाना है, तो उसे पाकिस्तान के साथ सम्बन्धों की भी पुर्नव्याख्या करनी पड़ेगी। उसके आगे इससे नये खतरे खड़े हो सकते हैं। लेकिन अब उसे इस खतरों का सामना करना ही चाहिये। समस्या को टालते रहने के परिणाम न अच्छे रहे हैं और न रहेंगे।

भारत सरकार की आज सबसे बड़ी समस्या यही है कि वह भारत की राष्ट्रीय एकता अखण्डता और कश्मीरी स्वायत्ता के माँग के बीच तालमेल कैसे बिठाये। कश्मीर की जो जनता आत्मनिर्णय का अधिकार माँग रही है और जनमत संग्रह की माँग कर रही है, भारत उसे कैसे गलत ठहराये। कश्मीरी लोग विधान सभा चुनावों का कूटनीतिक इस्तेमाल तो कर सकते हैं, जैसा कि अब तक हुआ है। अगर ये लोग भारत के पक्ष में नहीं हो सकते, तो विधानसभा चुनावों के परिणाम ऊपर से चाहे जो भी दिखे कश्मीर में कोई गुणात्मक परिवर्तन नहीं ला सकते। अब समय है कि कश्मीर को अपना अभिन्न अंग बताने वाला भारत कश्मीरियों की स्वायत्ता की माँग से सीधी मुठभेड़ करे। भारतीय राष्ट्र राज्य और भारतीय लोकतंत्र के आगे सवाल है

कि अगर लोकतंत्र में जनता की राय सर्वोच्च है, तो वह कश्मीरी जनता की राय की अवहेलना कैसे करें और कब तक? अगर कश्मीरी जनता मानती है कि भारत उसके आत्मनिर्णय के अधिकार को क्रियान्वित होने से रोक रहा है, तो भारत सरकार इस मानसिकता को कैसे बदलेगी और किन औजारों से अगर भारत सरकार की ओर से अल्प अर्थ स्वायत्ता की माँग रखी जाती है और कश्मीरी मानसिकता का ही प्रतिनिधित्व करती है, तो उसके केन्द्र के साथ जो टकराव होंगे हल वह किस तरह निकालेगी? बर्खास्तगी, बहाली या राष्ट्रपति शासन का सिलसिला फिर चलायेगी या कोई अन्य विकल्प तलाशेगी? और क्या सेना के दबाव से इस मानसिकता में कोई वास्तविक बदलाव लाया जा सकता है? और क्या इससे कश्मीर समस्या और अधिक जटिल नहीं होगी?

कश्मीर में यद्यपि चुनाव सम्पन्न हो गया और फारूक अब्दुल्ला के नेतृत्व में नेशनल कान्फ्रेंस ने पूर्ण बहुमत हासिल कर सरकार भी बना ली है। इस चुनाव को रोकने, रूकवाने और अंड़गेंवाजी में बहुतों ने अपनी हिकमत लगाई, लेकिन आखिरकार चुनाव सम्पन्न हो ही गया। इस समय कश्मीर में सेना के तकरीबन छः लाख जवान तैनात हैं, जिसमें सीमा सुरक्षा बल, राष्ट्रीय राइफल्स, केन्द्रीय सुरक्षाबल एवं इंडो-तिब्बत सीमा पुलिस आदि शामिल हैं। इस प्रकार देखा जाय, तो हर सात कश्मीरी जनता पर एक सेना के सिपाही का औसत आता है। सेना व सुरक्षा बलों ने इस चुनाव को सम्पन्न कराने हेतु कमर कस ली थी। यहाँ तक कि वर्ष 1996 में हुए लोकसभा के चुनाव में यह रिपोर्ट सामने आई कि फौज ने एलान कर दिया था कि जिस व्यक्ति के उँगली में वोट देते समय लगायी जाने वाली स्याही नहीं लगी होगी वह भारत का दुश्मन समझा जायेगा। अतः ऐसी स्थितियों में निष्पक्ष चुनाव की बात करना बेकार है। यह चुनाव राजनयिक स्तर पर दुनिया को दिखाने का प्रयास मात्र है कि हम जनतांत्रिक रास्ते पर चल रहे हैं। बहरहाल कुछ भी हो हिंसा की आशंकाओं और कड़ी सुरक्षा के बीच कश्मीर में एक और चुनाव सम्पन्न हो गया। देखा जाये तो पूर्व की चुनावों की अपेक्षा काफी निष्पक्ष भी रहा है। कोई बड़ी घटना नहीं हो पायी। जहाँ तक चुनाव में रूकावटें पैदा करने वालों का सवाल था, उनकी योजनायें असफल रही। फिर भी एक रूकावट आज भी विद्यमान है, जिसे हम वैधानिक रूकावट के नाम से उद्धृत करना चाहेंगे, क्योंकि भविष्य के दहलीज पर होने वाले सम्भावित परिणामों को नजरन्दाज नहीं किया जा सकता। चुनाव हो जाने के बाद भी यह वैधानिक प्रक्रिया रास्ते का काँटा बन सकती है। जो इस प्रकार है :- जम्मू फेडरेशन ऑफ इंडस्ट्रीज एंड कामर्स के सचिव विनोद अवस्थी ने राज्यपाल के फैसले के खिलाफ सन् 1990 में उच्च न्यायालय में अपील की थी, जो उच्च न्यायालय के पूर्ण पीठ के समक्ष विचाराधीन है। इसमें तत्कालीन राज्यपाल जगमोहन के जम्मू कश्मीर विधानसभा भंग करने के फैसले को चुनौती दी गयी है। ऐसा इसलिए हुआ था, क्योंकि फारूख मंत्रिमण्डल के इस्तीफा देने के बाद 19 जनवरी 1990 को इस प्रान्त

में गवर्नर शासन लागू हुआ और राज्यपाल जगमोहन ने विधान सभा निलम्बित कर दी। इसके ठीक एक महीने के बाद यानी 19 फरवरी को उन्होंने विधान सभा भंग करने का आदेश जारी कर दिया और यह तर्क दिया कि सदन के सदस्य ईमानदारी से चुनाव जीतकर नहीं आये हैं। अवस्थी का यह आरोप है कि राज्यपाल का यह कदम किसी भी तरह संविधान के अनुकूल नहीं है, क्योंकि जगमोहन ने जिस विधान सभा को भंग किया, उसका चुनाव मार्च 1987 में उन्हीं के शासनकाल में हुआ था और उन्होंने खुद कहा था कि इतनी ईमानदारी से इससे पहले यहाँ कोई चुनाव सम्पन्न नहीं हुआ। अतः जगमोहन के ये दोनों कथन परस्पर विरोधी हैं, इसलिए जगमोहन का यह कथन न्याय संगत नहीं है इसे रद्द किया जाना चाहिये। फिरहाल यह याचिका अदालत में विचाराधीन है। इसके साथ ही अवस्थी ने एस०आर० बोम्मई बनाम केन्द्र सरकार के मुकदमें में सर्वोच्च न्यायालय द्वारा दिये गये फैसले के आधार पर जम्मू कश्मीर की विधान सभा को भी बहाल करने का अनुरोध किया और मतदाता सूचियों के पुनरीक्षण, विधानसभा क्षेत्र का परिसीमन कर रहे परिसीमन आयोग पर यह आपत्ति की है कि उसकी रिपोर्ट के आधार पर राज्य सरकार 1992 में ही अधिसूचना जारी कर चुकी है, इसलिए अब नये परिसीमन का अब कोई औचित्य नहीं है और 1992 में परिसीमन आयोग द्वारा दी गयी रिपोर्ट को अन्तिम माना जाय। उच्चन्यायालय ने इस याचिका पर जम्मू कश्मीर सरकार तथा परिसीमन आयोग सहित सभी प्रतिवादियों को नोटिस जारी कर उच्च न्यायालय ने इसका स्पष्टीकरण माँगा। बहरहाल परिणाम कुछ भी हो चाहे याचिकायें खारिज हो या फिर पुनर्बहाली का आदेश हो, इस चुनाव के सम्पन्न हो जाने के कारण बहुत असर इसलिए नहीं पड़ेगा, क्योंकि आज उसी की सरकार जीतकर आयी है जो उस समय थी और वही फारूख अब्दुल्ला ही पुनः मुख्यमंत्री की कुर्सी पर। हाँ एक बात जरूर है कि पुनः किसी राज्य में राज्यपाल की मनमानी पर बहुत कुछ अंकुश अवश्य लगेगा और यह जरूरी भी है।

सबसे महत्वपूर्ण सवाल यह है कि चुनाव तो हो गये और सरकार भी बन गयी, लेकिन वह आर्थिक संसाधन कहाँ से जुटायेगी। कोई भी लोकप्रिय सरकार आवाम से राजस्व की वसूली कैसे करेगी, जिसमें पिछले चार साल से राष्ट्रपति शासन के चलते यह काम संभव न हुआ हो और केन्द्र सरकार की विशेष सहायता से ही सरकारी कामकाज चल रहा हो? जम्मू कश्मीर के चुनाव की सार्थकता पर इस सवाल से ही प्रश्न चिन्ह लग जाता है कि ऐसे चुनाव के बाद बनने वाली तथाकथित लोकप्रिय सरकार यदि आगे केन्द्र से कोई विशेष सहायता लेती है, तो उसे केन्द्र की कठपुतली के रूप में ही काम करना पड़ेगा और यदि सहायता नहीं लेती है, तो वह अपने खर्चे कहाँ से चलायेगी तथा कश्मीर की आर्थिक विपन्नता की पुनर्बहाली कैसे करेगी, जिसके लिए कश्मीरियों ने अपनी जान जोखिम में डालकर सरकार के निर्माण हेतु मताधिकार किया है।

सच तो यह है कि कश्मीरी जनता का बहुत कुछ हिन्दुस्तान पर से विश्वास उठ गया है, क्योंकि 40 वर्ष तक केन्द्र ने वहाँ अपनी मनमानी की। सर्दियों में 20-20 घंटे बिजली नहीं रहती, जबकि वहाँ हाइड्रो इलेक्ट्रिकल क्षमता सबसे ज्यादा है। वहाँ से पूरे हिन्दुस्तान को बिजली आपूर्ति होती है। कोई कश्मीरी परिवार ऐसा नहीं है, जो समस्याओं से अछूता हो। कश्मीर का कारपोरेट उद्योग तथा सेब और चेरी का व्यवसाय और पर्यटन सब चौपट है। बेरोजगारी तथा अशिक्षा भयंकर रूप से बढ़ गयी है। इन हालातों में फारूख अब्दुल्ला पुनः एकबार सत्तासीन हुए। उनके लिए तथा हिन्दुस्तान के लिए एक कड़ी और शायद अन्तिम परीक्षा है। उन्हें स्वतन्त्रता का ख्वाब छोड़कर हिन्दुस्तान के ताज को बेहतरीन ढंग से संभालना चाहिये, क्योंकि कश्मीर भारत की अखण्डता और अस्मिता से जुड़ चुका है।

इन सारे प्रश्नों व दास्तानों को उधेड़बुन में फँसा अपने अतीत के झरोखे से निकलकर कश्मीर शासन का सूर्य पुनः अपनी प्रशासनिक किरणें घाटी सहित सम्पूर्ण जम्मू कश्मीर क्षेत्र में फैलाने के लिए तथा आतंक और शक्ति भरे महौल में भाईचारे की धूप छिटकाने के लिए आगे बढ़ने की एक और पारंपरिक चेष्टा की है। बशर्ते डर इस बात का है कि आतंक और अलगाववाद के बादल कहीं अपने दामन में छिपाकर वहाँ के लोगों को आतंक के अंधेरे में जीने को पुनः मजबूर न कर दें। ऐसी स्थिति में आतंक और फौजी शासन के अलावा वहाँ और कुछ न बचेगा।

वैसे माहौल फिलहाल काफी अनुकूल है। आज हम इस स्थिति में पहुँचे हैं कि कश्मीर के विषय में हम बहुत कुछ सही निर्णय ले सकते हैं। क्योंकि घाटी के लोग उग्रवाद, खूनखराबे और लगातार अशान्त रहने से आजिज आ चुके हैं। चुनाव के मतों का प्रतिशत इसके उदाहरण है। उग्रवादी भी कुछ हतोत्साहित हुए है, क्योंकि घाटी में हजरतबल और चरारेशरीफ की घटना छोड़ दें, तो बहुत हद तक आतंकवादी गतिविधियों में कमी आयी है। चुनाव की सम्पन्नता ने हमारे सुरक्षा बलों के हौसले बुलन्द किये हैं। घाटी के लोग अब काफी हद तक खुलकर आतंकवाद और आतंकवादियों का विरोध करने लगे हैं और सुरक्षा बलों की मदद कर रहे हैं। उग्रवादियों द्वारा अमरनाथ दर्शन यात्रा में बाधा डालने के ऐलान के बावजूद लोग वहाँ लाखों की संख्या में दर्शन करने पहुँचे। मुसलमानों में शिया, गूजर व अन्य पिछड़े वर्ग तथा डोगरा व कश्मीरी पंडित तथा लद्दाखी लोग उग्रवादियों के आदेश नहीं मानते। कुछ प्रमुख उग्रवादियों की रिहाई से घाटी में सरकार की स्थिति सुधरी है। अतः सरकार को इस ओर तेजी से कदम बढ़ाने चाहिये। पूर्व के सत्ताधारी शासकों की समझदारी और बेवकूफी की पहचान हमें 1987 के पहले के आँकड़ों से पूर्णतः हो जाती है। अतः इस लकीर पर चलने का वही हश्र होगा, जो पहले होता आया है। अतः आज की आवश्यकता हमें लकीर से हटकर अलग चलने की है। इतिहास से सबक लेकर हमें जम्मू कश्मीर में स्थिर और सुयोग्य प्रशासन के लिए हर सम्भव प्रयास करना चाहिये।

समस्या सुधारने के उपाय पर समीक्षा

पाकिस्तान कश्मीर को भारत से अलग करने की अपनी कोशिशों के अन्तिम चरण में है। यह टिप्पणी जम्मू के शरणार्थियों के बीच कार्यकर रहे एक व्यक्ति की है। उसके अनुसार पाकिस्तान के इस अन्तिम चरण के 6 प्रारम्भिक लक्ष्य हैं :-

(1) घाटी के मुसलमानों को उग्रवादियों के समर्थन के लिए तैयार करना।

(2) हिन्दुओं को घाटी से बाहर निकालना।

(3) गुप्तचरी के सारे स्रोतों को बन्दकर सरकार को पंगु बना देना।

(4) प्रशासन को सचिवालय तक सीमित रखना।

(5) सुरक्षा बलों को यह अहसास कराना कि जब घाटी के लोग उनके खिलाफ हैं, तो उनकी तैनाती का कोई तुक नहीं।

(6) मध्यमार्गी राजनीतिक नेतृत्व को अप्रासंगिक कर देना, जिससे केन्द्र कोई राजनैतिक पहल न शुरू कर सके।

वास्तव में देखा जाय तो पाकिस्तान ने अपने उपरोक्त उद्देश्यों में काफी हद तक सफलता पा ली है। हिन्दू घाटी छोड़कर भाग आये हैं। हमारे सुरक्षा बलों को बराबर कलंकित किया गया। हमारे सुरक्षाबलों को किसने निरूत्साहित किया पाकिस्तान या मीडिया ने या नागरिक स्वतन्त्रता संगठनों ने, जिन्होंने हमारे सुरक्षा बलों के खिलाफ उनके कृत्यों सम्बन्धी खौफनाक रिपोर्ट बिना जाँच पड़ताल के प्रकाशित की? या दिल्ली की सरकारों ने जिन्होंने चलो, रूको और चलो की नीति अपनाई। किसने उन मध्यमार्गी राजनीतिज्ञों, जिन्होंने राज्य में अपना असर पूरी तरह नहीं खोया था, को घाटी में अप्रभावी व अप्रासंगिक किया-पाकिस्तान ने या दिल्ली के नेताओं ने?

शरणार्थियों के बीच कार्य करने वाले एक व्यक्ति के अनुसार पाकिस्तान अपने अन्तिम चरणों में तीन कार्य कर रहा है-पहला, प्रथम चरण में की गयी कारगुजारियों को और प्रभावी कर देना। दूसरा, पाकिस्तान कश्मीर को इतना अस्थिर कर देना चाहता है कि सुरक्षाबल घाटी में अपना ध्यान केन्द्रित न कर सके और घाटी के शरणार्थी घाटी लौटने की उम्मीदें छोड़कर अन्यत्र कहीं बस जायें। तीसरे वह कश्मीर मसले का अन्तर्राष्ट्रीय करण करना चाहता है ताकि कश्मीर भारत से अलग हो जाय और उसके मित्र तथा अन्य तटस्थ राष्ट्र उसको मान्यता प्रदान कर दें।

अपनी अदूरदर्शी तथा ठहराव वाली नीति के कारण सत्तारूढ़ नेतृत्व ने न केवल कश्मीर की आन्तरिक वेदना को लम्बा किया है, बल्कि अन्तर्राष्ट्रीय स्तर पर भी अपने लिए अनेक समस्यायें निर्मित की हैं। प्रधानमंत्री स्वयं भ्रमित हैं। 15 अगस्त को स्वतन्त्रता दिवस के अवसर पर दिल्ली में वह लाल किले की प्राचीर से घोषणा करते हैं कि कश्मीर भारत का अविभाज्य अंग है और उस पर कोई चर्चा ही नहीं हो सकती। दो माह बाद वह पाकिस्तान की नवनिर्वाचित प्रधानमंत्री बेनजीर भुट्टो को

संदेश भेजते हैं कि भारत पाकिस्तान सरकार के साथ जम्मू कश्मीर समेत सभी विषयों पर वार्ता को तैयार है। कश्मीर के प्रति सरकार की कोई स्पष्ट नीति नहीं है। यही दोरंगी नीति ही समस्या को और उलझाने में सहायक है। आखिर कब तक कश्मीर में लगातार हो रहे खून खराबे के परिणामस्वरूप वहाँ की स्थिति को पहुँच रही क्षति के प्रति उपेक्षापूर्ण रवैया केन्द्र अपनाये रहेगा।

घाटी में इस परिप्रेक्ष्य में अध्ययन के तहत आतंकवाद के जो विभिन्न आयाम सामने आये हैं। वे इस प्रकार हैं-

(1) बन्दूक की धाक और आतंकवाद का भय।

(2) राज्य शासन विफल।

(3) राजनीतिक गतिविधियाँ में कमी।

(4) अर्धसैनिक बलों पर सीधे हमले तथा सेना के बीच सीधी गोला बारी।

(5) आतंकवादियों के आदेशों का पालन।

(6) आतंकवादियों के आह्वाहन पर सम्पूर्ण बन्द।

(7) निर्दोष भारतीयों का अपहरण व हत्यायें।

(8) लगभग सम्पूर्ण हिन्दू अल्पसंख्यकों और मुस्लिम राष्ट्रवादियों का घाटी छोड़ना।

इसके अतिरिक्त कुछ और महत्वपूर्ण नतीजे सामने आयें हैं–

- औसतन कश्मीरी आतंकवादी स्वयं को मुजाहिद नहीं मानता–मजहब कोई महत्वपूर्ण प्रेरक तत्व नहीं है।
- बन्दूक को मुख्यत: वर्तमान भ्रष्ट व्यवस्था के खिलाफ लड़ने का हथियार माना जाता है।
- पाकिस्तान से आर्थिक मदद, चंदा और जबरन वसूली के कारण आतंकवाद इतना मुनाफे वाला धंधा बन गया है कि बरबस वह नवयुवकों की अपनी ओर आकर्षित कर रहा है।
- सुरक्षाबलों की आक्रामकता, बेरोजगारी, भ्रष्ट–प्रशासन आर्थिक बदहाली और सैनिकों द्वारा की गयी ज्यादतियाँ आतंकवाद को बढ़ावा दे रही हैं।
- पाकिस्तान प्रशिक्षित आतंकवादी स्थानीय आतंकवादियों से अधिक कट्टर हैं।
- आतंकवादी संगठनों से अधिक लगाव होने की वजह से पारिवारिक बन्धन बेमतलब हो गये हैं, क्योंकि विवाहित आतंकवादियों को मालूम है कि उनकी गिरफ्तारी या मृत्यु होने पर संगठन उनके घर की जिम्मेदारियों को ख्याल रखेंगे। इससे उनका मनोबल बढ़ता है।

अत: स्पष्ट तौर पर यह कहा जा सकता है कि कश्मीर में आतंकवाद को मात्र सैनिक अभियान या फिर राजनैतिक प्रक्रिया शुरू करके अथवा अन्य किसी एक

आयोजन पर चल कर समाप्त कर पायेंगे, यह नामुमकिन है। इसके लिए हमें बहु-आयामी दृष्टिकोण अपनाना होगा, तभी हम आतंकवाद की मजबूत जड़ को उखाड़ने में सक्षम हो पायेंगे। यह बहुआयामी कारक निम्नवत् होने चाहिए-

(1) आर्थिक व्यवस्था को मजबूत किया जाय -

पाकिस्तान से प्राप्त आर्थिक मदद तथा जेहाद के नाम पर जुटाये गये चंदे व जबरन कब्जे और वसूली के कारण आतंकवाद आज आतंकवादियों के लिए मुनाफे का धंधा बन गया है। सुरक्षाबलों की आक्रामकता, बेरोजगारी, अशिक्षा व आर्थिक बदहाली के चलते ज्यादातर नवयुवक आतंकवादियों की शरण में भाग जाते हैं, ताकि नारकीय जिन्दगी से हटकर राइफलों की दम पर अपनी शेष जिन्दगी ऐशो आराम में बिता सके और अपने घर के हालत भी सुधार सके। इस ओर हमारे केन्द्रीय व राज्य शासन को विशेष ध्यान देना होगा, उन्हें नवयुवकों के रोजगार, शिक्षा, सुरक्षा, आवास व अन्य सुविधाओं तथा शांति बहाली की ओर सुनियोजित बजट इस मद में खर्च करना होगा।

कश्मीर के लोगों को अक्सर यह सोचकर अचम्भा होता है कि जब नई दिल्ली अड़तालिस वर्षो के दौरान उसे शेष देश से जोड़े रखने वाला मार्ग तक नहीं बनवा सकी, तो भारत के अविभाज्य अंग के तौर पर उसका यह कैसा स्तर है। वर्षों से लोग प्राकृतिक आपदायें झेलते आ रहे हैं। भारत सरकार इस ओर कोई गम्भीरता नहीं दिखाती है। हर सत्र के बजट में 10 से लेकर 15 अरब रूपये का जम्मू कश्मीर के ऊपर खर्च की घोषणा कश्मीरियों की समझ में नहीं आती, क्योंकि उन्हें अपने हक का हिस्सा भी मुनासिब नहीं है। इस धन का अधिकांश भाग जम्मू-कश्मीर से लेकर दिल्ली तक फैले नौकरशाहों के पास चला जाता है और एक हिस्सा छोटे-बड़े नेताओं तथा ऊपर तक पहुँच बनाये रखने वालों के पास जाता है। शेष विस्थापितों के नाम पर खर्च कर दिया जाता है। अतः इस स्थिति में परिस्थितियों में परिवर्तन लाना एक असंभव कार्य है। अतः सरकार को चाहिये कि इस सम्पूर्ण धन का उपयोग उचित मद में एक विशेष दल की देखरेख में खर्च करे, तभी कश्मीरियों का हित और आर्थिक उत्थान सम्भव है।

(2) सामाजिक व क्षेत्रीय संगठन बनाये जायें -

सम्पूर्ण आतंकवादी क्षेत्रों में आतंकवादियों के विरूद्ध एक जबरदस्त सामाजिक संगठन तैयार करके खड़े किये जाने चाहिये। ठीक उसी प्रकार से जैसे पंजाब में आतंकवादियों के खिलाफ के०पी०एस० गिल ने खड़ा किया था। संगठन में नवजवानों

की भर्ती लड़ाकू ट्रूप्स के रूप में और बुजुर्गों को उनकी मदद के लिए होना चाहिए। उन्हें सरकार द्वारा जरूरी साज-सामान, असलहे व पैसों की मदद मिलनी चाहिये। इस संगठन के सदस्यों को उनके अच्छे कार्यों के लिए पुरस्कृत करना चाहिये। इनका मुख्य कार्य क्षेत्र पर कड़ी नजर रखना, किसी भी गतिविधियों से प्रशासन को अवगत कराना, आतंकवादियों का समाज में देशद्रोही के रूप में प्रचारित करने व उन्हें समाज से बिल्कुल अलग-थलग कर देना तथा छुट-पुट मुठभेड़ का तब तक सामना करना जब तक कि सेना व स्थानीय सैन्य बल वहाँ न पहुँच जाये। इस प्रकार के कड़े प्रतिबन्ध से निश्चय ही आतंकवादियों की कमर टूट जायेगी और उनका मनोबल टूट जायेगा तब हमें उनसे निपटने में आसानी रहेगी।

इसके साथ ही कश्मीर से प्रकाशित होने वाले ऐसे समाचार पत्रों का बन्द करवा देना चाहिए, जो पाकिस्तान व आतंकवादी संगठनों के मुख-पत्र बने हुए हैं। ऐसे समाचार पत्र अलगाववादी और कट्टरपंथियों को भारत विरोधी विचारधारा का प्रचार वर्षों से करते चले आ रहे हैं, जिससे स्थानीय लोगों के दिमाग में मजहबी कट्टरवाद और अलगाववाद का जहर घोला जा रहा है।

(3) राजनैतिक प्रक्रिया की शुरूआत स्थानीय नेतृत्व के द्वारा-

प्रधानमंत्री के रेसकोर्स रोड स्थित आवास और नार्थ ब्लाक स्थित गृहमंत्रालय के कश्मीर प्रकोष्ठ की दो किमी की परिधि के वी०वी०आई०पी० इलाके में एक मिनी कश्मीर दिल्ली में बसा हुआ है। सरकारी सुख सुविधाओं और ऐशो आराम के सारे साधनों से लैस दिल्ली के इस मिनी कश्मीर के राजनेता भारत सरकार के दामाद बने हुये हैं। दो किमी का यह इलाका सुरक्षा की (ब्लेककैट्स) इस कदर चौकसी में रहता है कि पाकिस्तान की आई०एस०आई०, जम्मू का लिबरेशन फ्रंट व हिजबुलमुजाहिद्दीन सरीखा कोई भी आतंकवादी गुट का परिन्दा पर भी नहीं मार सकता। इस मिनी कश्मीर में स्थाई रूप से रहते हैं-सैफुद्दीन सोज (सी० 1/7 हुमायूँ रोड), डा० कर्ण सिंह (3, न्याय मार्ग), मोहम्मद सफी भट्ट (1, ताल कटीरा गार्डन), गुलाम रसूलकार (23/145, लोदी कालोनी), सैयद मर कासिम (6, लोदी ए स्टेट) और डॉ० फारूख अब्दुल्ला (9, सफदर जंग लेन)।

ये उपरोक्त कश्मीरी नेता जो कि प्रत्यक्ष व अप्रत्यक्ष रूप से कश्मीर की मिट्टी से जुड़े होने के बावजूद कश्मीर से इतनी दूरी क्यों बनाये हुए हैं। इनके दिल्ली में रहते कश्मीर में चुनाव की बात करना क्या उचित है। वास्तव में इनके परिवारों ने कश्मीर की बदहाली का पूरा फायदा उठाया है। गरीब, गरीब होते जा रहे हैं, समस्यायें बढ़ती जा रही हैं। कश्मीर का स्वर्ग नरक में तब्दील होता जा रहा है, लेकिन इनके कानों में जूँ भी नहीं रेंगती है। सच तो यह है कि ये सब मिलकर दृढ़ संकल्प के

साथ सामाजिक-उत्थान व राष्ट्रीयता के समर्थ में आवाज उठायें, तो निःसंकोच इनकी आवाज इतनी अधिक बुलन्द हो जायेगी कि दुश्मन हतोत्साहित हो जायेगा और कश्मीर का भाग्य बदल सकता है, इसमें अतिश्योक्ति नहीं। अतः अब समय आ गया है कि भारत सरकार राष्ट्रीयता के नाम पर इन सबको इकट्ठा कर इस ओर अग्रसर करे, क्योंकि बिना इनकी सकारात्मक पहल के कश्मीर का राजनीतिक हल करना कठित ही नहीं शायद असम्भव भी है।

(4) फौजी कार्यवाहियाँ सुनियोजित ढंग से तेज की जायें-

आज कश्मीर में पाक समर्थित आतंकवादियों की घुसपैठ जारी है, इससे साफ जाहिर होता है कि हमारे सीमा सुरक्षा बलों ने अपनी सीमा को सही ढंग से सील नहीं किया है। कश्मीर की मुख्य समस्या अघोषित युद्ध है, इसी को सर्वोच्च प्राथमिकता देनी चाहिये। अतः घाटी में पहले इस अघोषित युद्ध से लड़ा जाये और जीता जाये और कश्मीर में बगावत को खूँखार बनाये हुए आतंकवादियों को सख्ती से कुचल दिया जाये। इसके लिए हमारी केन्द्रीय सरकार को फौजों के लिए एक सीमा तक उनके मनमुताबिक कार्यवाहियों पर छूट देना होगा। क्योंकि बहुत से सैनिक व सैन्य अधिकारी इस बात की दुहाई देते आये हैं कि कश्मीर में हमारे हाथ बँधे हुए हैं और हम मजबूर हैं। हम उन पर तब तक गोलियाँ नहीं चला सकते जब तक कि वे मुझ पर आक्रमण नहीं करते। यदि ऐसा है तो वास्तव में एक सोचनीय बात है, क्योंकि कोई भी आतंकवादी लक्ष्य साधेगा ऐसे में हमारे सिपाहियों की कुर्बानी हमें बहुत मँहगी पड़ेगी। उनके मनोबल को ठेस पहुँचेगा। अतएव उन्हें इन समस्याओं से निपटने के लिए शारीरिक और मानसिक रूप से आजाद करना होगा, क्योंकि यदि वह अपनी सुरक्षा में चिन्तित रहेंगे, तो देश की सुरक्षा क्या करेंगे।

इसके साथ ही हमें फौजी कार्यवाहियों को एक सुनियोजित ढंग से आगे बढ़ाना होगा, ताकि इसमें निर्दोष व्यक्ति परेशान न होने पाये अन्यथा अलगाववाद को बढ़ावा मिलेगा, फौज की जरा भी लापरवाही या क्रूरता जनसमर्थन से उन्हें वंचित कर देगा। उग्रवादियों को हमें कड़ाई से कुचलना होगा। संसद में प्रश्नोत्तर काल के दौरान अटल बिहारी बाजपेयी ने अब्दुल गनी लोन के 'फौज और पुलिस से राज्य नहीं चलेगा' के जवाब में कहा था "कोई फौज और पुलिस से राज्य करना नहीं चाहता, लेकिन भारत में रहकर जो पाकिस्तान का गुणगान करते हैं और जो भारत के किसी भाग को पाकिस्तान में ले जाना चाहते हैं, उनको बर्दास्त नहीं किया जा सकेगा और जरूरत महसूस हुई फौज और पुलिस के जरिये भी निपटना पड़ेगा। आखिर हम फौज और पुलिस रखते किस लिए हैं।"

(5) कूटनीतिक प्रयास तेज किये जायें -

राष्ट्रीय और अन्तर्राष्ट्रीय स्तर पर अपने पक्ष में हवा बनाने व समर्थन लाने के लिए कूटनीतिक प्रयास और तेज किये जाने जरूरी है। वैसे मार्च, 94 में हुये मानवाधिकार सम्मेलन में पाक को अमेरिका, यूरोप, अफ्रीका, दक्षिण एशिया व मध्यपूर्व के सभी खेमे के संयुक्त समर्थन की उम्मीद थी, लेकिन उसको तब करारा झटका लगा जबकि इन उपरोक्त देशों के साथ ही चीन व तेहरान ने भी उसका साथ नहीं दिया, उल्टा उस पर प्रस्ताव वापस लेने के लिए ईरान आदि देशों ने दबाव डाला। साथ ही यूरोपीय राजदूतों के कश्मीर के दौरे से भारत की स्थिति मजबूत हुई और हजरतबल संकट के शान्तिमय समझौते से भी हमें काफी सफलता मिली है और अब जेनेवा की सफलता भी मील का पत्थर साबित हो सकती है। इस बढ़त को बनाये रखने के लिए प्रयत्नों की निरन्तरता सूझ-बूझ और धैर्य की जरूरत है और साथ ही सदा आगे बढ़ते रहने की।

(6) प्रशासनिक व वैधानिक प्रयास -

जम्मू-कश्मीर प्रशासन को ईमानदार चुस्त दुरूस्त व बेदाग बनाना सरकार की प्रथम प्राथमिकता होनी चाहिये। किस्तवाड़, सियासी और साम्बा तथा घाटी में नया जिला बनाकर विकास कार्य तीव्रगति से बढ़ाया जाना चाहिए। 'राज्य की सेवाओं में विशेष रूप से जम्मू कश्मीर सशस्त्र बल पुलिस की छानबीन की जाय तथा इनमें से राष्ट्र विरोधी तत्वों को निकाल दिया जाय। भ्रष्ट अधिकारियों व कर्मचारियों को तत्काल दण्डित किया जाय। साथ ही वैधानिक तौर पर लागू की गयी धारा 370 को तत्काल समाप्त कर दी जाय क्योंकि अब इसका कोई औपचत्य नहीं है', (पांचजन्य, 10 अप्रैल 1994, पृष्ठ-59) तथा जम्मू लद्दाख और कश्मीर में वैधानिक क्षेत्रीय-परिषदें बनाई जानी चाहिये, ताकि क्षेत्रीय भेदभाव की समाप्ति की जा सके। राज्य में पुनर्जनगणना कराई जाय और उसके आधार पर विधान सभा के निर्वाचन क्षेत्रों की सीमा निर्धारण का कार्य पूर्ण किया जाय तथा विधान सभा की बढ़ाई गयी 87 सीटों में से कम से कम 41 सीटें जम्मू के लिए रखी जाये।

(7) अन्य उपाय -

जनता के मनोबल को उठाया जाना चाहिये। राष्ट्र भक्तों को आगे आकर ऐसा माहौल बनाना चाहिये, ताकि दोस्तों के रास्ते से भटके हुए दुश्मन भी जो पहले एक सामान्य नागरिक थे, टकराव का रास्ता छोड़कर राष्ट्र की मुख्य धारा में मिल जाये।

हमें प्रशासनिक स्तर पर भी ऐसे प्रयास तेज करने चाहिये। जेलों में बन्द उग्रवादियों को जो कि राष्ट्र की मुख्यधारा में जुड़ना चाहते हैं, उन्हें छोड़कर उनके आवास व रोजगार की व्यवस्था करना चाहिये। हजारों भटके हुए नौजवानों को शिक्षा व रोजगार मुहैया कराकर हम कश्मीरियों का दिल जीत सकते हैं और हम पाकिस्तान के इरादों का मुँहतोड़ जवाब दे सकते हैं, क्योंकि पाक ने हमारी इन्हीं कमजोरियों का फायदा उठाकर धन-दौलत, ऐशोआराम तथा धर्म के नाम पर हमारे युवाओं को भटकाना चाहता है। शायर बशीर ने ठीक ही कहा है "कुछ तो मजबूरियाँ रही होंगी, यूँ कोई बेवफा नहीं होता।"

4. कश्मीर समस्या और मुशर्रफ की कूटयोजना

डॉ० सुरेन्द्र कुमार मिश्र*

भारत-पाक सम्बन्ध प्रगाढ़ बनाने की प्रक्रिया भारतीय उपमहाद्वीप में सदैव से ही सामयिक, संवेदनशील एवं सतर्कता का विषय रही है, क्योंकि जब से भारत-पाक विभाजन हुआ, तब से अब तक दोनों के मध्य कटुता, वैमनस्य एवं तनाव का सिलसिला जारी है। दोनों देशों के बीच सम्बन्ध सदैव सन्देहात्मक रहे हैं। जब भी दोस्ती की दस्तक दी गई, उसे एक-दूसरे ने आशंका की दृष्टि से देखा है। इस बात से कदापि नकारा नहीं जा सकता है कि भारत एवं पाकिस्तान के सम्बन्ध सुधारने में जितनी समस्याएँ हैं, उससे भी कहीं अधिक सुविधा, सहयोग शान्ति, सुरक्षा एवं विकास आदि आपसी सम्बन्ध सुधरने से दोनों देशों को मिल सकते हैं। यह आज की सामयिक आवश्यकता ही नहीं, बल्कि एक कटु सच्चाई भी है। पाकिस्तानी शासक भारतीय उपमहाद्वीप में अमेरिका एवं चीन की बढ़ती सामरिक रूचि एवं रणनीति को समझें और अपने क्षणिक राजनीतिक स्वार्थों का परित्याग करें, अन्यथा पाक शासक अपने निजी स्वार्थों के कारण बड़ी शक्तियों का संरक्षण व सहयोग लेने की आड़ में स्वयं राष्ट्र के लिए संकट नहीं उत्पन्न कर रहे हैं, बल्कि इस उपमहाद्वीप का भविष्य भी दाँव में लगा रहे हैं।

भारत-पाक सम्बन्ध सुधारने के लिए पाकिस्तान के सैनिक शासक जनरल परवेज मुशर्रफ की कश्मीर समस्या के समाधान का नया फार्मूला (Food for thought) मकसद को समझना मुश्किल नहीं है। उन्होंने कुछ समय पूर्व संवेदनशील सामरिक क्षेत्र सियाचिन से सेनाएँ हटाने का सुझाव भारत को दिया और उससे एक

---

*वरिष्ठ प्रवक्ता व अध्यक्ष, रक्षा अध्ययन विभाग, राजकीय स्नातकोत्तर महाविद्यालय, हिसार (हरियाणा)

कदम आगे कश्मीर का एक परवेज फार्मूला प्रस्तावित करके अपनी शतरंजी चाल से शह देने की चाल चली है। इस पाक कूटनीतिक सुझाव के पीछे वास्तव में जनरल परवेज मुशर्रफ के जेहन में अपनी राष्ट्रीय आंतरिक राजनैतिक स्थिति एवं अन्तर्राष्ट्रीय दबाव काम कर रहे हैं। यह अचानक हृदय परिवर्तन या कश्मीर नीति का बदलाव नहीं है। आन्तरिक स्तर पर परवेज मुशर्रफ को जहाँ यह लग रहा है कि कुछ अन्तराल के बाद शायद उनके सेना प्रमुख रहने के इरादों को आपेक्षित समर्थन न मिल पाए। दूसरा कारण पाकिस्तान के चार प्रमुख जनरल सेवानिवृत हो गए और वे नए और अपने से सात साल जूनियर सेना प्रमुख की वफादारी के प्रति आश्वस्त नहीं हैं। अन्तर्राष्ट्रीय समुदाय से अलग-थलग पड़ जाते हैं तो उन्हें अमेरिका के सरेआम सामरिक व आर्थिक सहयोग से वंचित होना पड़ सकता है, जिससे उनका राजनीतिक भविष्य दाँव में लग सकता है। अमेरिका भी सीधे तौर पर भारत-पाकिस्तान तनाव में नहीं उलझना चाहता, इसी कारण पाकिस्तान के माध्यम से कश्मीर की कूटनीतिक पहल करवा रहा है।

वस्तुस्थिति यह है कि पाकिस्तान की राजनैतिक प्रणाली पर राजनीतिज्ञों में असहमति के चलते वहाँ लोकतांत्रिक संस्थाओं का विकास नहीं हो सका है। इससे सैन्य बल को वहाँ की राजनीति में हस्तक्षेप करने का प्रोत्साहन मिला। सेना ने अपने आपको राष्ट्र की अखंडता एवं विचारधारा का इकलौता रक्षक घोषित कर दिया है। वास्तव में पाकिस्तान की राजनीति में सेना को वीटो (VETO) जैसा अधिकार प्राप्त है। यही कारण है कि मुशर्रफ को मालूम है कि पाकिस्तान में बन्दूक की नोक पर ही हुकूमत मिलती है और चलती भी है। जब भी पाकिस्तानी राष्ट्रपति परवेज मुशर्रफ को अपनी अवाम का खतरा दबाव दिखाई दिया अथवा अमेरिकी दबाव की आहट हुई तभी उन्होंने कोई नया पुलाव पेश कर ध्यान बटाने के लिए मास्टर प्लान प्रस्तुत करने का प्रस्ताव दिया है। परवेज मुशर्रफ जिस तरह बार-बार यह कहते हैं कि यह सब्र का इम्तिहान लिया जा रहा है और भारत असली मुद्दे को पीछे कर रहा है, इससे उनके नापाक इरादे झलक जाते हैं। पाकिस्तान के विपक्षी दलों ने अपना दबाव मुर्शरफ पर बढ़ाना शुरू कर दिया है और अमेरिकी विदेश मंत्री पावेल की जगह कोंडालिसा राइस पाक के परमाणु अप्रसार मुद्दे पर खुश नहीं हैं।

आखिर कश्मीर के संदर्भ में जनरल के फार्मूला की शतरंजी चाल क्या है? पाक राष्ट्रपति जनरल मुशर्रफ ने जो तीन सूत्रीय फार्मूला का सुझाव दिया -

(1) कश्मीर का दर्जा बदलने पर विचार किया जाए।

(2) जम्मू-कश्मीर को मैदानी इलाके सहित कुल सात क्षेत्रों में बाँटकर उनकी पहचान की जाए, जिसमें दो क्षेत्र आजाद कश्मीर (पाक अधिकृत) में है, जबकि पाँच क्षेत्र भारत में हैं।

(3) इन सातों क्षेत्रों का दर्जा बदल दिया जाए।

उनके इस फार्मूला के अनुसार क्षेत्र पर भारत व पाकिस्तान का संयुक्त नियंत्रण भी हो सकता है और संयुक्त राष्ट्र की देखरेख में विकल्प पर भी विचार किया जा सकता है। मुशर्रफ की अंकगणित का यह फार्मूला 9 व 11 की अमेरिका घटना का दबाव का नया सूत्र है, इससे किसी परिणाम के प्राप्त करने की उम्मीद कम उलझने की अधिक दिखाई देती है! यह स्पष्ट है कि दोस्ती का सीधा संबंध दिल से होता है, दबाव, दगा, द्वेष, दुविधा, दुश्चक्र, दूभर, दिलचस्पी के दुमुंहे राग से सम्बन्धों में सुधार नहीं हुआ करता। पाकिस्तान शासक का इरादा एक तीर दो निशाने हैं-एक शान्ति के पहल का घोषित प्रस्ताव की पहल तथा भारत को उलझाकर कश्मीर को अन्तर्राष्ट्रीय विवाद घोषित करना है तथा दूसरा अपने अन्तर्राष्ट्रीय दबाव को कम करने का एक नाटकीय रूप में प्रस्तुत कर अमेरिका को संतुष्ट करना भी है।

विशेष रूप से ध्यान देने की बात यह है कि कश्मीर समस्या भारत और पाकिस्तान में तनाव का कारण नहीं, बल्कि उसका परिणाम है। पाकिस्तान का भारत के प्रति शत्रुभाव का मूल कारण वह इस्लामी सिद्धान्त और विचारधारा है, जिसके आधार पर मुस्लिम लीग ने भारत का विभाजन करने और इसकी प्राकृतिक सीमाओं के अन्तर्गत एक अलग इस्लामी राज्य बनाने की माँग उठाई थी। मिल्लत और कुफर, दार-उल-इस्लाम और दार-उल-हरब के इन सिद्धान्तों के अनुसार पाकिस्तान दार-उल-इस्लाम है, उसका यह मजहबी कर्तव्य है कि वह खण्डित भारत, जो इन सिद्धान्तों के अनुसार दाल-उल-हरब है को दार-उल-इस्लाम बनाने के लिए इसके विरूद्ध सतत प्रयास करे। पाकिस्तान ने यह जेहाद कश्मीर से शुरू किया, क्योंकि उसे यहाँ से सस्ती और जल्दी से कामयाबी मिलने की उम्मीद थी और उसकी यह उम्मीद शुरू में कुछ हद तक पूरी भी हुई। भारत शक्तिशाली होने के बावजूद एक बटा तीन भाग पाक के पास अधिकृत हो जाने के बाद भी आखिर विराम कर बैठा, जिससे उसके हौंसले बुलंद हो गए। इसका परिणाम यह हुआ कि पाकिस्तानी गिद्ध निगाहें अब केवल कश्मीर घाटी पर ही नहीं बल्कि जम्मू एवं लद्दाख पर भी लगी हुई है। हय भूलना नहीं चाहिए कि उसे यदि कश्मीर का इलाका दे भी दिया जाए तो भी उसका भारत के विरूद्ध जारी जेहाद बंद नहीं होगा।

आखिर पाकिस्तान के राष्ट्रपति जनरल परवेज मुशरफ ने कश्मीर समस्या के समाधान का जो तीन सूत्रीय कार्यक्रम रखा, उसका विश्लेषण किया जाना भी जरूरी है, ताकि उनकी दूरगामी रणनीति को भारतीय परिप्रेक्ष्य में समझा जा सके। उनका यह कहना कि कश्मीर मसले का हल सीमा के दोनों ओर के क्षेत्रों की पहचान, उनके विसैन्यीकरण और उन्हें एकरूपता प्रदान करने में निहित है। मुशर्रफ ने जम्मू-कश्मीर

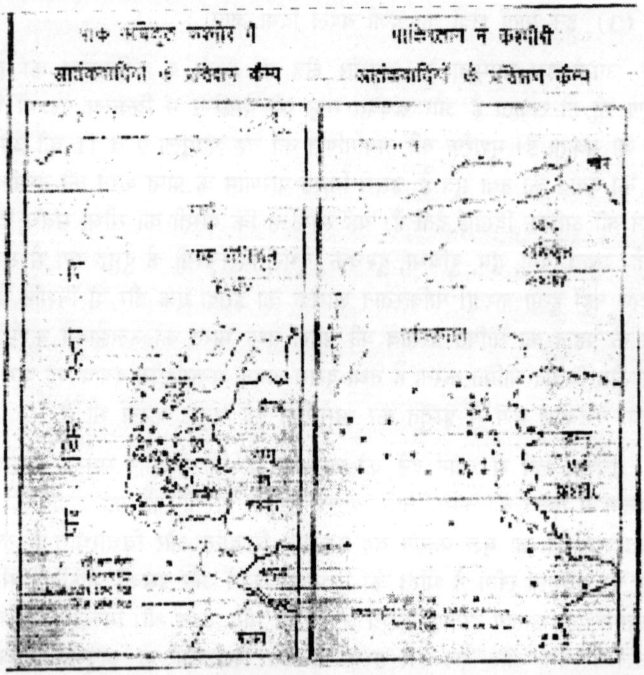

को मैदानी इलाके समेत कुछ सात क्षेत्रों में बांटने की बात कही, जिसमें सात हजार फुट ऊँचा पहाड़ी क्षेत्र, पीर पंजाल, कश्मीर घाटी, वृहद हिमालयी क्षेत्र, ऊपरी सिन्धु घाटी और उत्तरी क्षेत्र कराकोरम जिसके कुछ हिस्से चीन के पास हैं, भी शामिल हैं। इसमें दो क्षेत्र पाक अधिकृत (आजाद कश्मीर) तथा पाँच क्षेत्र भारत में हैं। मुशर्रफ के मुताबिक भारतीय नियंत्रण वाले इन पाँच क्षेत्रों **पहला क्षेत्र**–जम्मू, सांभा और कठुआ का है, जिसमें हिन्दू बाहुल्य आबादी है। **दूसरा क्षेत्र**–जम्मू का है जिसमें डोडा, पुंछ और राजौरी का इलाका आता है, जिसमें मुस्लिम आबादी अधिक है, जिनमें गुज्जर सिक्ख तथा राजा शामिल हैं, जो पाक अधिकृत कश्मीर से जुड़े हैं। **तीसरा क्षेत्र**–कश्मीर घाटी का है जिसमें श्रीनगर सहित मुस्लिम बाहुल्य इलाका आता है। **चौथा क्षेत्र**–जिसमें कारिगल का इलाका आता है और शिया व बाल्ती आबादी का बहुमत है। **पाँचवां क्षेत्र**–बौद्ध बाहुल्य वाला लद्दाख का इलाका आता है।

कश्मीर के तीनों इलाके – क्षेत्रफल, भाषा और धर्म

क्र. सं.	क्षेत्र	क्षेत्रफल (वर्ग कि.मी.)	मुख्य भाषा	भाषा भाषियों का प्रतिशत	मुस्लिमों का प्रतिशत	हिंदुओं का प्रतिशत	बौद्धों का प्रतिशत
1.	**भारतीय कश्मीर**						
	कश्मीर	15,668	कश्मीरी	89.5	95	4	न के बराबर
	जम्मू	25,891	डोगरी	53.3	29.6	66.3	न के बराबर
	लद्दाख	40,395	तिब्बती	90.2	46.1	2.6	50.9
	कुल	**81,954**	**कश्मीरी**	**52.3**	**64.2**	**32.2**	**1.2**
2.	**पाक अधिकृत कश्मीर**						
	आजाद कश्मीर	12,616	पंजाबी	85.4	99.8	न के बराबर	न के बराबर
	उत्तरी क्षेत्र	84,931	शिना	अनुपलब्ध	99.8	न के बराबर	न के बराबर
	कुल	**97,347**	**पंजाबी**	**66.5**	**99.8**	**न के बराबर**	**न के बराबर**
3.	**चीन**						
	अक्साई चिन	37,555	–	–	–	–	–
	सिक्यांग	5,180	–	–	–	5	–
	कुल	**42,735**	–	–	–	–	–
	कुल योग	**222,236**	**कश्मीरी**	**37.1**	**74.9**	**22.6**	**8.00**

नोट : ये आंकड़ें फारूक कटवारी की रिपोर्ट 'कश्मीर : ए वे फारवर्ड' में दिए गए हैं।

ऐतिहासिक अवलोकन करे तो अविभाजित कश्मीर में पाँच क्षेत्र आते हैं–पंजाबी भाषी पाक अधिकृत कश्मीर, उत्तरी क्षेत्र, लद्दाख, कश्मीर घाटी तथा जम्मू। पहले दो क्षेत्र पाक के अधीन तथा बाद के तीन क्षेत्र भारत के साथ हैं। पाक शासक परवेज मुशर्रफ का इरादा मुस्लिम बाहुल्य दो अलग क्षेत्र बनाएं जायें–पहला हिन्दू बाहुल्य जम्मू से अलग कर तथा दूसरा बौद्ध बाहुल्य लद्दाख से अलग करके। मुशर्रफ की सोच है कि मजहब का नाम भले न दे पर मजहब के आधार पर इसका विभाजन किए जाने की जरूरत है। यह एक घातक सुझाव है। भारत के लिए यह संभव नहीं कि इस पर गंभीरता से सोचे। पाकिस्तान को यह बात ध्यान में रखनी होगी कि आज भारत में उसके यहाँ से भी अधिक मुस्लिम आबादी है। आज न तो मजहब के आधार पर किसी क्षेत्र के विभाजन को अमली जामा पहनाया जा सकता है और न ही भाषा के आधार पर बँटवारा किया जाना सरल है। ये सब वे आधार हैं, जो सामाजिक सद्भाव, सहयोग एवं सम्मान को सीधा आघात पहुँचाते हैं और टकराव को आमंत्रण देते हैं।

कश्मीर में सैनिकों की संख्या में कटौती करने की घोषणा के साथ यह भी स्पष्ट कर दिया कि पाकिस्तान को इसका यह मतलब कतई नहीं लेना चाहिए कि उसको अब छद्म युद्ध को बढ़ावा देने की राह आसान हो गई है। चूँकि अभी भी कश्मीर समस्या की एक जड़ पाकिस्तान संरक्षित हुरिर्यत कान्फ्रेंस सरीखे संगठनों का कश्मीर की जनता को बरगलाने और आतंकवाद का खेल जारी रखने का सिलसिला बनाए हुए हैं। पाकिस्तान कश्मीर के एक बड़े भू-भाग में पहले से ही कब्जा किए हुए है। अब उसकी निगाह कश्मीर घाटी पर टिकी हुई है। भारत के लिहाज से इस प्रस्ताव का कोई अर्थ नहीं है। पाकिस्तान कश्मीर के कुछ हिस्सों में सही परन्तु तीसरे पक्ष की मौजूदगी सुनिश्चित करने में कामयाब हो सकता हैं और भारत की टेक को तोड़ पाने में सक्षम हो जाएगा कि कश्मीर उसका अविभाज्य अंग है। भारत कश्मीर की एक इंच जमीन नहीं छोड़ सकता है। जनरल का यह फार्मूला यदि लागू किया जाए तो कश्मीर के कुछ हिस्से को स्वायत्तता नहीं, बल्कि उससे आगे बढ़कर स्वशासन का अधिकार देना होगा। यदि संयुक्त राष्ट्र संघ की निगरानी में या उसके प्रस्ताव के अधीन सांझा सरकार बनती है, तो इसका सीधा अर्थ यह है कि भारत संयुक्त राष्ट्र के पुराने प्रस्ताव को एक हद तक स्वीकार कर रहा है। ऐसा होते ही कश्मीर में पाकिस्तान आत्मनिर्णय के अधिकार की माँग पुनः उठाने का प्रयास कर

सकता है। कश्मीर की वस्तुस्थिति को दोनों देशों की दृष्टि से समझना एक सामयिक आवश्यकता बन चुकी है, ताकि विवाद का विश्लेषण कर विराम दिया जा सके।

कश्मीर मुद्दा व द्विपक्षीय वक्तव्य

पाकिस्तान :-

- भारत-पाक के बीच बातचीत का मुख्य मुद्दा कश्मीर है।
- आतंकवाद एक मुद्दा है और तब तक रहेगा तब तक कश्मीर का विवाद हल नहीं होता।
- कश्मीर को महज एक समस्या मानने के बजाय 'विवाद' मानना होगा।
- अगर यह विवाद नहीं है, तो फिर भारत को अब इस मुद्दे को हल कर लेना। चाहिए।
- बिना त्रिपक्षीय बातचीत के यह मुद्दा हल नहीं हो सकता।
- भारत-पाक के रिश्ते तब तक बेहतर नहीं होंगे, जब तक कश्मीर समस्या हल नहीं हो जाती।
- जिसे भारत आतंकवाद कहता है, उसे हम कश्मीरी आवाम की मुक्ति का आंदोलन मानते हैं।
- 'मुक्ति आन्दोलनों' में हमेशा निर्दोष ही मारे जाते हैं। फिलिस्तीन का उदाहरण सामने है।
- भारत को यह नहीं भूलना चाहिए कि 1971 में उसने बाँगलादेश की मुक्ति का आंदोलन चलाया था और 'मुक्ति वाहिनी' बनाकर वहाँ अपने फौजी भेजकर पाक-बाँगलादेश विभाजन कराया।

भारत :-

- कश्मीर एक मुद्दा है, लेकिन उससे बड़ा मुद्दा पाकिस्तान की शह पर वहाँ चलाया जा रहा आतंकवाद है।
- कश्मीर एक समस्या है, जिसे हल करने में भारत सक्षम है, बशर्ते पाकिस्तान सीमा पार से आतंकवाद बढ़ाना बंद कर दे।

- भारत इसे विवादित क्षेत्र नहीं मानता। जम्मू और कश्मीर भारत का अभिन्न अंग है।
- यदि पाकिस्तान के इरादे नेक होते, तो यह समस्या हल हो गई होती।
- त्रिपक्षीय बातचीत की कोई जरूरत नहीं, दो पक्ष पर्याप्त हैं। तीसरे को शामिल करना भीड़ बढ़ाने जैसा है।
- ऐसे 'मुक्ति आंदोलन' से क्या फायदा, जिसमें हजारों निर्दोष मारे जाएँ और कुछ हासिल न हो।
- पाक कश्मीर की तुलना फिलिस्तीन से करना बंद करे और आतंकवाद पर रोक लगाए।
- पाक-बाँगलादेश विभाजन को भारत ने इसलिए सही माना था, क्योंकि पाकिस्तान ने खुद ही उस विभाजन का रास्ता तैयार किया। 1971 का युद्ध भी इसलिए हुआ। सच तो यह है कि भारत ने 1947 के विभाजन को भी स्वीकार नहीं किया था।

कश्मीर की भौगोलिक स्थिति

वर्ष 1947 में जम्मू व कश्मीर का क्षेत्रफल	**2,22,236 वर्ग किमी.**
पाकिस्तान ने बलात कब्जा जमाया	78,114 वर्ग किमी.
चीन ने बलात कब्जा जमाया	5,180 वर्ग किमी.
	37,555 वर्ग किमी.
चीन द्वारा कुल कब्जा	**42,735 वर्ग किमी.**
चीन व पाक द्वारा बलात कब्जा	1,20,849 वर्ग किमी.
वर्तमान में भारत के पास शेष	1,01,387 वर्ग किमी.
जम्मू व कश्मीर का क्षेत्रफल	**2,22,236 वर्ग किमी.**

जम्मू व कश्मीर का वर्तमान क्षेत्रफल जो भारत के पास शेष बचा है

जम्मू (राजौरी, पुंछ, डोडा आदि)	0,26,293 वर्ग किमी.
कश्मीर घाटी (अनन्तनाग, श्रीनगर, बारामुला आदि)	0,15,853 वर्ग किमी.
लद्दाख (लेह, कारगिल)	0,59,241 वर्ग किमी.
योग	**1,01,387 वर्ग किमी.**

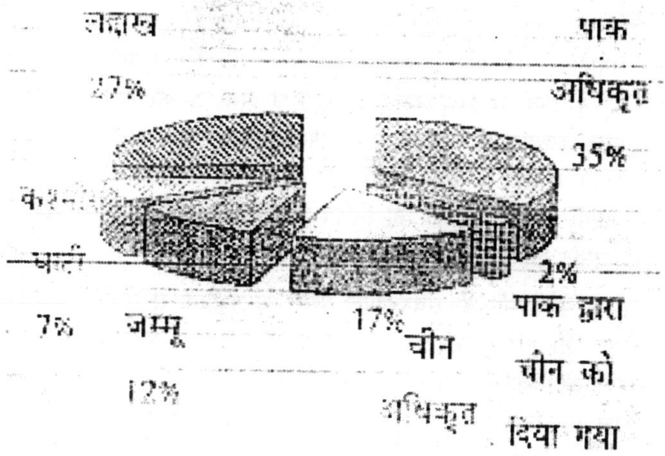

शान्ति प्रस्ताव, वार्ता एवं मित्रता का सिलसिला जहाँ एक ओर जारी है, वहाँ सीमा पार से आतंकवादी गतिविधियों में अभी तक पूरी तरह अंकुश नहीं लगाया जा सका है और न ही विश्व बिरादरी को आश्वासन के 'बावजूद राष्ट्रपति जनरल परवेज मुशर्रफ अपनी जमीन से आतंकवादी गतिविधियों के पनपने को रोक पाए हैं। पाकिस्तान से सटी 814 किमी. लम्बी नियंत्रण रेखा और 124 किमी. लम्बी सियाचिन ग्लेशियर की सीमा पर पिछले 57 वर्षों से मिनी युद्ध जारी है। इस पर करोड़ों रूपये प्रतिवर्ष व्यय करना पड़ रहा है। यथार्थ यह है कि देश के साथ सटी पड़ोसी देशों की सीमाओं में से सिर्फ पाकिस्तान से सटी सीमा ही विस्फोटक है। इस कारण वास्तविक नियंत्रण रेखा या उसके आस-पास आई सेना या चौकसी में मामूली कमी भी आतंकवादियों का हौसला बढ़ा सकती है और यह सिर्फ कश्मीर के लिए ही नहीं, बल्कि राष्ट्रीय सुरक्षा के लिए एक घातक चुनौती बन जाएगी। जहाँ कश्मीर में निरंतर आतंकवादी घुसपैठ एवं उग्रवादी गतिविधियाँ जारी हैं, वहाँ अभी भी पाकिस्तान से प्रशिक्षित बनाकर आतंकवादी भेजने का सिलसिला थमा नहीं है। आज भी बिना पुख्ता सुरक्षा इंतजाम के कश्मीर में सफर करना सरल एवं संभव नहीं है। कश्मीर के ग्रामीण क्षेत्रों में आतंकवादियों का अतिक्रमण पूरी तरह मौजूद है – जेहाद के नाम पर जबरन टैक्स वसूली, निहत्थे लोगों पर दमन की नीति, बमों की बौछार से आतंक, दहशत एवं बर्बादी का बोलबाला, महिलाओं के साथ बालात्कार, राजनीतिक बदले से हत्याएँ, जबरन नवयुवकों को जेहाद के नाम पर आतंकवादी संगठनों में भर्ती, हथियारों, विस्फोटकों एवं मादक पदार्थों की तस्करी, जाली नोटों का जाल बिछाना तथा सुरक्षा बलों के कैम्पों पर हमलों की घातक गतिविधियाँ थमी नहीं हैं। अभी भी सुरक्षा बलों

के गश्तीदलों पर अचानक फायरिंग द्वारा पाँच सैनिक प्रतिदिन मर रहे हैं। भारत के प्रधानमंत्री मनमोहन सिंह श्रीनगर की जनसभा में दो घंटे देरी से पहुँच पाए, क्योंकि आतंकवादियों ने उनके रास्ते जबर्दस्त गोलाबारी से अवरूद्ध कर दिये थे। यह दृश्य सुरक्षा के पुख्ता इंतजाम के बावजूद था। आपको आश्चर्य नहीं होगा कि प्रधानमंत्री हजरतबल सड़क से नहीं जा सके. हेलीकॉप्टर का ही आखिर सहारा लेना पड़ा। ऐसी स्थिति में कश्मीर से सेना हटाने का निर्णय कितना तर्कसंगत सिद्ध हो सकता है, स्वतः ही अनुमान लगाया जा सकता है।

वास्तव में कश्मीर के संवेदनशील मसले के गंभीरता से समझने की जरूरत है। पाकिस्तान और हुर्रियत कट्टरपंथी व नरमपंथी नेता फिर से नियंत्रण रेखा और समूचे कश्मीर के विवादित मसला होने का राग अलाप रहे हैं। हुर्रियत की खुलेतौर पर पाकिस्तान से सांठगाँठ जगहाहिर है। यह सही है कि घाटी में हुर्रियत का दबदबा घटता जा रहा है और उसके उग्रवादी संगठन भी अलग-थलग पड़ रहे हैं, किन्तु सेना की वापसी और पाकिस्तान के नए प्रस्ताव की पहल से उनके हौंसले बढ़ सकते हैं। यह मामला जटिल है, इसमें जल्दबाजी घातक सिद्ध हो सकती है। मजहब के आधार पर कश्मीर की नई सीमाएं निर्धारित करने की अवधारणा व्यवहारिकता से बहुत दूर है। आर्थिक पैकेज की घोषणा का फायदा तभी है, जब इसका सामाजिक विकास एवं प्रगति के लिए सही उपयोग हो। आर्थिक-सामाजिक विकास के नाम पर आवंटित धनराशि का एक बड़ा हिस्सा भ्रष्ट राजनीतिज्ञों और नौकरशाहों की जेबों में चला जाता है और जो कुछ खर्च होता है, उसका हिसाब-किताब पाकिस्तान समर्थित व प्रेरित आतंकवाद पूरा कर देता है। यही कारण है कि कश्मीर का पिछड़ापन, अभाव एवं बेरोजगारी साथ नहीं छोड़ पा रही है और स्थिति निरन्तर विस्फोट के कगार पर पहुँचती जा रही है। इसका एक प्रमुख कारण वहाँ व्याप्त भ्रष्टाचार है। यही कारण है कि लाखों कश्मीर पण्डित व सैकड़ों मुस्लिम उजड़कर तथा कश्मीर घाटी से निकलकर बहुत ही दर्दनाक जिन्दगी जीने को मजबूर हैं। कश्मीर मसले पर बातचीत के पहले जरूरी है कि वहाँ कि विषम भौगोलिक, राजनीतिक, सामाजिक एवं सामरिक परिस्थितियों की गहनता से मीमान्सा की जावे। इसके साथ वहाँ की स्थानीय जातियों, जनजातियों और धार्मिक सम्प्रदायों की मानसिकता का सूक्ष्म तरीके से अध्ययन एवं विश्लेषण किए जाने की गहन जरूरत है।

भारत-पाक सम्बन्धों की कूटनीति कश्मीर मसले को लेकर जो चली जा रही है, उसमें अमेरिकी दबाव के तहत पाक सैनिक शासक परवेज मुशर्रफ की चाल का नया जाल फँसाने के लिए फेंका गया। यह सभी जानते हैं कि वर्तमान में विश्व शान्ति के समक्ष यदि कोई सबसे बड़ा खतरा है तो वह आतंकवाद ही है। हमारे पड़ोसी पाकिस्तान का रवैया शुरू से ही ऐसा रहा है कि जल्दी उसका विश्वास नहीं किया

जा सकता है, क्योंकि आतंकवाद, अलगाववाद, उग्रवाद, जेहाद के कट्टरपंथी गतिविधियों एवं संगठित अपराधी गिरोहों के विरूद्ध अन्य राष्ट्रों के साथ सहयोग एवं सद्‌भाव में सक्रियता नहीं निभा सकता है। भारत के पूर्वोत्तर राज्यों में पाक खुफिया तन्त्र आई०एस०आई० द्वारा जारी विस्फोटक गतिविधियों से सभी भली-भाँति परिचित हैं। आशंका, सन्देह, ईर्ष्या, धोखा, कूटनीति, भय, संघात, संघर्ष, संकट, संकोच, दबाव एवं दमन के दौरान दोस्ती की दुहाई देकर पाकिस्तान के सैनिक शासक जनरल परवेज मुशर्रफ शान्ति संवाहक बनकर आए हैं, कैसा विरोधाभास है ? ऐसे परिवेश में पाक की समझौता, शान्ति, सद्‌भाव, सहयोग, समर्थन, संगठन, संयत, सदाचार एवं सुरक्षा की संस्तुति भले ही सुनने के लिए ठीक है, किंतु व्यवहारिकता से कोसों दूर दिखाई देती है। सहयोग एवं मित्रता का ढिंढोरा पीटने के बजाय स्वयं पहल कर सद्‌भाव से सोपान स्वतः तैयार किए जाने की जरूरत है। पाकिस्तान जब तक कश्मीर में आतंकवादियों को प्रोत्साहन, प्रशिक्षण, समर्थन, सहयोग, आर्थिक मदद एवं घुसपैठ पर रोक नहीं लगाता जब तक उसे कश्मीर के संदर्भ में बात करना, सोचना या शान्ति की पहल करना सरासर बेईमानी है।

अभी तक इस बात का कोई ठोस प्रमाण नहीं मिला है कि कश्मीर के बगैर शान्ति या समझौते का पक्षधर पाकिस्तान है। सीमा पर सीज फायर और इस्लामाबाद घोषणा के बाद यदि हम विलेषण करतें तो पाते हैं कि वर्ष 2003 में सीमापार से हुई कुल 163 सामुहिक घुसपैठ की तुलना में इस वर्ष मई से अगस्त के दौरान 174 आतंकवादी समूह सीमापार कर कश्मीर में प्रवेश कर चुके हैं। घाटी में घरों की दीवारें एक बार फिर भारत-विरोधी पोस्टरों से पटती जा रही हैं। कुछ पोस्टरों में लिखा है-मुजफ्फराबाद 100 किमी., नई दिल्ली 1000 किमी., कौन नज़दीक है ? "यति क्या बनि ? पाकिस्तान" (यहाँ क्या बनेगा ? पाकिस्तान)। सीज फायर का लाभ उठाकर कश्मीर में घुसपैठ के 17 नए रास्ते आतंकवादियों ने खोज निकाले हैं। पाक अधिकृत कश्मीर और पाकिस्तान में पहले से चल रहे 123 और 72 आतंकवादी प्रशिक्षण शिविरों में क्रमशः 5 और 8 नए प्रशिक्षण शिविर और जुड़ गए हैं। पाकिस्तान 'कश्मीर बनेगा अपना' का सपना पूरा करने के लिए आतंकवादी संगठनों को नए सिरे से सक्रिय कर रहा है। सामाजिक एवं राजनीतिक मोर्चे में शह देने के लिए 'तहरीफ-ए-हुर्रियत' पार्टी को आर्थिक सहयोग पाक द्वारा दिया जा रहा है। पाक प्रधानमंत्री शौकत अजीज ने भारत आते ही कश्मीर के अलगाववादी नेताओं के विशेष रूप से बात की जिसमें हुर्रियत के अध्यक्ष मीर उमर फारूख, मौलाना अब्बास अंसारी, अब्दुल गनी बट्ट, बिलाल लोन, यासिन मलिक, शब्बीर शाह और सैयद अली शाह जिल्लानी से मुलाकात की और एकता के साथ बेहतर सौदेबाजी की नसीहत दी। कश्मीर में आतंकवादियों को एक संरक्षण का बड़ा मंच और आतंकवाद

का संचालन का सबसे बड़ा गढ़ हुर्रियत पार्टी को माना जाता है। ऐसे में पाकिस्तान से आखिर किस शान्ति समझौते या सहयोग की अपेक्षा की जा सकती है ? भविष्य में कुछ सार्थक पहल के आसार नजर नहीं आ रहे हैं। हमें यह सबक मिल चुका है कि शान्ति के लिए जब सेना की वापसी का कदम उठाया है, उसका सीधा लाभ आतंकवादियों को मिला है। करोड़ों रूपये की राशि व्यय करने के बाद कश्मीर की सुरक्षा व्यवस्था का सुदृढ़ चक्र स्थापित हो जाता है, जिसके तहत यदि एक आतंकवादी पाकिस्तान से प्रशिक्षण लेकर प्रवेश कर रहा है तो सेना प्रतिदिन 1.8 आतंकवादियों को अपना निशाना बना रही है। कश्मीर से सेना से कटौती राष्ट्रीय सुरक्षा की दृष्टि से देशहित में नहीं है।

इस प्रकार कश्मीर मसले को लेकर पाकिस्तान के राष्ट्रपति जनरल मुशर्रफ परवेज ने जो अपना चक्रव्यूह तैयार किया है, उसके भीतर प्रवेश करने के पूर्व उसकी सामाजिक संरचना को समझना जरूरी है। भावुकता, जोश एवं उदारता का कूटनीति में कोई स्थान नहीं होता। पाकिस्तान की यह पहल तहे दिल से है तो पहले अपने आतंकवादी शिविर, संगठन एवं प्रशिक्षण केन्द्रों पर अंकुश लगाकर कश्मीर की घुसपैठ को रोके। कश्मीर की घाटी में निरन्तर बज रही खतरे की घंटी इस संदर्भ में हर कदम सतर्कता से रखने का संकेत दे रही है। सेना की वापसी में जल्दबाजी की कोई जरूरत नहीं, नहीं तो देश की सुरक्षा के समक्ष एक नया संकट खड़ा हो सकता है। विकास एवं प्रगति के लिए सुरक्षित वातावरण बनाने की पहली जरूरत है।

यह सत्य है कि भारत-पाक विभाजन की ऐतिहासिक भूल ने सिर्फ भूगोल ही नहीं बदला, बल्कि देश के विभाजन से मन में भी दरारें दिखाई देने लगीं हैं। दोनों देशों के लोगों के विचार और मानस पटल पर भी दुर्भाग्य से एक बड़ा बंटवारा अंकित हो गया। इतिहास-भूगोल का यह सत्य दुर्भाग्यवश अब भी हमारी मानसिकता को जब तब बीमार कर देता है। भारतीय उपमहाद्वीप का विभाजन एक बात थी, किन्तु उस विभाजन को अपना अहम आधार बनाकर धर्म, वर्ग एवं सम्प्रदाय के नाम पर अलग करने की कूटनीतिक शतरंजी चाल आज भी हमारी सामाजिक व्यवस्था की जड़ों को कुरेदती रहती है। यही कारण है, जब भी शांति प्रक्रिया की पहल होती है, तो एक पक्ष दूसरे पक्ष की कूटनीतिक चाल समझकर उसे उपेक्षित करने के लिए नई राजनयिक पहल करने का प्रयास करता है। विभाजन का दर्द तो समय के साथ सहन हो गया, किन्तु दिलों की दरारों ने दोनों देशों के बीच की दूरियां बहुत बढ़ा दी हैं। अतः वक्त का तकाजा समझते हुए दोनों देश तहे दिल से एक-दूसरे को दुश्मन साबित करने वाली प्रवृत्तियों को जड़ से उखाड़ फेंकने और क्षणिक राजनीतिक स्वार्थों एवं व्यक्तिगत सत्ता लोलुपता को तिलांजलि देकर विकास एवं प्रगति से इस उपमहाद्वीप में शांति, सद्भाव व सहयोग का नया चिराग जलायेंगे, ऐसा दृढ़-विश्वास

है, जिसके प्रकाश से इस उपमहाद्वीप में विकास, प्रगति, सद्भाव एवं सम्बन्धों की डगर स्पष्ट नजर आएगी। निःसंदेह तहे दिल से दी गई दोस्ती की दस्तक दोनों के रिश्तों को एक नया पैगाम दे सकेगी।

सन्दर्भ सूची

1. Pakistan Observer, October 27, 2004.
2. Frontline, November 19, 2004.
3. India Today, November 29, 2004.
4. Indian Response, John Cherian.
5. Times of India, October, 2004.
6. Sahara Times, November 2004.
7. The Friday Times, October 28, 2004.
8. Out Look, November, 2004.
9. दैनिक भास्कर, अक्तूबर, 2004
10. भारत-पाक सम्बन्ध, जे.एन. दीक्षित, नई दिल्ली।
11. भारत-पाक सम्बन्ध, सुरेन्द्र एवं आकाश मिश्र, बरेली।
12. पाकिस्तान-जिन्ना से जेहाद तक, दत्ता व शर्मा, नई दिल्ली।
13. कश्मीर-ले०क०के०के० नन्दा, नई दिल्ली।
14. दैनिक जागरण, नवम्बर, 2004
15. कश्मीर, जगमोहन, नई दिल्ली।

5. कश्मीर : समस्या और समाधान

डॉ० अवतार सिंह*

डॉ० सावित्री नेगी**

डॉ० गोपाल कृष्णा***

आजादी और देश के बँटवारे के साथ ही भारत और पाकिस्तान के बीच एक गंभीर मसला बना हुआ है। पाकिस्तान कश्मीर को एक विवादास्पद मुद्दा मानता है, जबकि भारत इसे एक आंतरिक मसले के रूप में देखता है। विभाजन के बाद से आज तक कश्मीर दोनों देशों के स्वाभिमान व राष्ट्र गौरव का विषय बना हुआ है।

1947 से पहले जिस जम्मू और कश्मीर रियासत का जिक्र आता है, वह भारतीय उपमहाद्वीप का एक वृहद क्षेत्र था। आज वह दो हिस्सों में विभाजित है। जिसे हम जम्मू और कश्मीर कहते हैं – उसे पाकिस्तान गुलाम कश्मीर कहता है और जिसे हम पाकिस्तान अधिकृत कश्मीर कहते हैं – उसे पाकिस्तान आजाद कश्मीर कहता है। भारतीय जम्मू के तीन डिवीजन हैं। छह जिलों को मिलाकर कश्मीर डिवीजन बना, जबकि लद्दाख डिवीजन में कुल दो जिले हैं। ठीक उसी तरह पाकिस्तान अधिकृत कश्मीर के भी तीन डिवीजन हैं। मीरपुर डिवीजन में तीन और मुजफ्फराबाद डिवीजन में दो जिले हैं। बिल्कुल उत्तर में स्थित गिलगिट भी पाक अधिकृत कश्मीर का ही एक हिस्सा है, लेकिन उसे पाकिस्तान ने अपनी केन्द्र सरकार के दायरे में रखा है।

जब हमें आजादी मिली, तब जम्मू-कश्मीर रियासत की बागडोर हिन्दू महाराजा हरी सिंह के हाथ में थी, यदि वह चाहते तो अन्य रियासतों की तरह अपनी रियासत का भी भारत में विलय कर देते और ढेर सारी समस्याएँ हल हो जाती,

---

*रा०स्ना०महा० नई टिहरी, उत्तराखण्ड

**रा०बा०इ०का० पौड़ी गढ़वाल, उत्तराखण्ड

***रक्षा अध्ययन विभाग, राजकीय महाविद्यालय, गोपेश्वर, चमोली (उत्तराखण्ड)

लेकिन उन्हें अपनी स्वतंत्रता पसन्द थी। इसीलिए वह जम्मू-कश्मीर को एक स्वतंत्र राज्य के बतौर रखने के अपने विचार पर अड़े रहे। विलय की बात उन्हें तब समझ में आई जब कश्मीर की घाटी उनके हाथ से निकलकर पाकिस्तान के कब्जे में पहुँचने की आशंकाओं से घिर गयी।

दिलचस्प बात यह है कि जिस शेख अब्दुला को अधिकांश लोग भारत विरोधी राष्ट्रविरोधी मानते रहे, वही शेख अब्दुला उस वक्त विलय के पक्षधर थे, शेख ने जिन्ना की नहीं सुनी और उन्होंने जिन्ना की मुस्लिम लीग का समर्थन करने वाले कश्मीर में ही 'मुस्लिम कॉफ्रेंस' के समानान्तर नेशनल कॉफ्रेंस का झण्डा बुलन्द रखा। अंततः कश्मीर का भारत विलय हो गया। महाराजा हरिसिंह ने 4 मार्च, 1948 को शेख अब्दुला को जम्मू-कश्मीर का प्रधानमंत्री बनाया। महाराजा और शेख के बीच अधिकार क्षेत्र को लेकर विवाद खड़ा हो गया। यह विवाद लगभग एक वर्ष तक चला और जीत शेख अब्दुला की हुई। महाराजा को रियासत की बागडोर छोड़नी पड़ी। 9 जून, 1949 को महाराजा ने अपने पुत्र कर्णसिंह को अपने सारे अधिकार दे दिये। कुल मिलाकर कश्मीर एक सामान्य राज्य नहीं रह गया था। इस बात से भारत सरकार भी वाकिफ थी, लिहाजा उसने इस राज्य को भारतीय संविधान की धारा 370 के द्वारा विशेष दर्जा दिया।

इस राज्य का अपना संविधान भी बनना था, लिहाजा युवराज कर्णसिंह ने 1 मई, 1951 को एक उद्घोषणा जारी कर संविधान निर्माण सभा की स्थापना की। इस उद्घोषणा के तहत् चालीस हजार की जनसंख्या का एक चुनावी जिला बना, हर जिले से संविधान सभा के लिए प्रतिनिधि चुने गये। अक्टूबर, 1951 के मध्य में चुनाव हुए। सभी 75 सीटें शेख अब्दुला की नेशनल कॉफ्रेंस ने जीत ली, 73 सीटों पर वह निर्विरोध पहुँची, जबकि दो पर चुनाव जीतकर। हिन्दूवादी संगठन, जम्मू प्रजा परिषद ने इन चुनावों का बहिष्कार किया। उसका नारा था - 'एक देश में दो विधान, एक देश में दो निशान, एक देश मे दो प्रधान-नहीं चलेंगे। इस चुनाव ने साबित कर दिया था कि कश्मीर की बहुसंख्यक जनता शेख अब्दुला के साथ है। शेख का दबदबा बढ़ा। इस समझौते के बाद कश्मीर में पैतृक राजतंत्र की समाप्ति हो गई। 21 अगस्त, 1952 को एक औपचारिक प्रस्ताव के जरिये राज्याध्यक्ष को 'सदरे रियासत' की पदवी दी गई। कर्ण सिंह पहले 'सदरे रियासत' बने।

क्यों हुई कश्मीर समस्या?

पृथ्वी का स्वर्ग कहे जाने वाले 'कश्मीर' की अधिकांश मुस्लिम जनसंख्या के हिन्दू शासक हरी सिंह थे। महाराज हरी सिंह ने न तो 15 अगस्त, 1947 से पूर्व और न ही तुरन्त बाद राज्य के विलय के बारे में कोई फैसला किया। अन्तिम निर्णय

होने तक[1] हरी सिंह पाकिस्तान के साथ एक यथास्थिति समझौते (Standstill Agreement) पर हस्ताक्षर किये। भारत ने इस प्रकार की किसी अस्थायी व्यवस्था को स्वीकार नहीं किया। महाराजा कश्मीर को एक स्वतंत्र देश घोषित करने की योजना बना रहे थे। इसी बीच पाकिस्तान ने कश्मीर के विलय के लिए उस पर दबाव डालना शुरू किया और आवश्यकता की अनेक वस्तुओं के कश्मीर पहुँचने पर बाधाएँ उत्पन्न की गई।

इससे पूर्व जुलाई 1947 में वायसराय लार्ड माउन्टबेटेन चार दिन की कश्मीर यात्रा पर गये थे। अपने चारों दिनों के प्रवास में उन्होंने महाराजा को चार बार शीघ्र निर्णय लेने के लिए कहा ताकि कश्मीर का विलय या तो भारत या पाकिस्तान में समय रहते हो जाय। महाराजा ने परिस्थिति की गम्भीरता का अनुमान नहीं लगाया। वह विलय के प्रश्न को टालते रहे। माउन्टबेटेन ने तो यह भी कहा कि यदि 14 अगस्त, 1947 से पूर्व कश्मीर का विलय चाहे पाकिस्तान में ही हो जाता, तो भी भारत को कोई आपत्ति न होती। सरदार पटेल का भी ऐसा ही विचार था, परन्तु हरी सिंह के निर्णय न लेने के कारण भारत और पाकिस्तान के बीच एक गम्भीर अन्तर्राष्ट्रीय विवाद का जन्म हुआ।

कश्मीर पर पाकिस्तान के समर्थन से कबाइलियों के आक्रमण से कुछ ही समय पूर्व पाकिस्तान ने महाराजा से रियासत के, पाकिस्तान में विलय के लिए एक अन्तिम प्रयास किया था, परन्तु महाराजा ने जल्दबाजी में कोई निर्णय लेने से इन्कार कर दिया। इसके तुरन्त बाद 22 अक्टूबर, 1947 को कश्मीर पर कई ओर से आक्रमण शुरू हुआ। पाकिस्तान के सीमान्त प्रान्त के ये कबायली अच्छी तरह से प्रशिक्षित थे और पाँच ही दिनों में आक्रमणकारी श्रीनगर से केवल चालीस मील दूर बारामूला तक पहुँच गए। आक्रमण शुरू होने के बाद ही घबराए हुए महाराजा हरी सिंह ने भारत में तुरन्त विलय की प्रार्थना की। महाराजा ने केन्द्र को विलय स्वीकार करके तुरन्त सेनाएँ भेजने के लिए कहा, ताकि आक्रमण करने वालों को भगाया जा सके। हरी सिंह ने माना कि उनके सामने केवल दो विकल्प थे या तो आक्रमणकारियों को ये छूट दी जाए कि वे कश्मीर की जनता की लूटमार करें या फिर कश्मीर का भारत में विलय किया जाए। महाराजा की प्रार्थना को भारत ने 27 अक्टूबर को स्वीकार करके आक्रमण का सामना करने के लिए सेना को हवाई जहाजों के द्वारा कश्मीर भेज दिया। राज्य की विलय की प्रार्थना स्वीकार करते हुए भारत ने यह कहा कि आक्रमणकारियों को खदेड़ देने के बाद विलय के प्रश्न पर राज्य की जनता की इच्छा पूछी जाएगी। शायद यही नेहरू जी सबसे बड़ी गलती रही। पाकिस्तान ने भारत में कश्मीर के विलय को कभी स्वीकार नहीं किया। पाकिस्तान के प्रधानमंत्री लियाकत अली खान ने तो कहा कि कश्मीर का भारत में विलय राज्य की जनता पर एक धोखा

था जो कि एक बुजदिल महाराजा ने भारत सरकार की आक्रामक सहायता से किया था। यह विचित्र बात है कि पाकिस्तान ने आक्रमण किया और उसने भारत को आक्रामक कहना शुरू कर दिया।[2]

भारत पाकिस्तान के साथ सीधा युद्ध नहीं चाहता था, इसलिए नेहरू जी ने 1 जनवरी, 1948 को यह मामला संयुक्त राष्ट्र संघ की सुरक्षा परिषद में ले गये। नेहरू जी की शायद यह दूसरी सबसे बड़ी गलती रही। भारत ने पाकिस्तान पर आरोप लगाया कि पाकिस्तान ने उसके विरूद्ध आक्रमण किया था। पाकिस्तान ने भारत के आरोप को गलत बताते हुए इस बात पर जोर दिया कि कश्मीर का भारत में विलय अवैध था। इस बीच भारत ने अपनी सेना की सहायता से आक्रमणकारियों के कब्जे से लगभग आधा क्षेत्र खाली करा लिया। पाक आक्रमणकारियों ने जो क्षेत्र अपने अधिकार में ले लिया था, पाकिस्तान ने वहाँ पर आजाद कश्मीर की स्थापना कर दी। तब से आज तक पाकिस्तान यही कहता आया है कि उसके कब्जे वाला प्रदेश आजाद है, जबकि राज्य का वह भाग जो भारत का प्रदेश है उसको पाकिस्तान भारत का वैध हिस्सा नहीं स्वीकार करता। जब मामला सुरक्षा परिषद के विचाराधीन था, तब पाकिस्तान के प्रधानमंत्री ने कहा कि उनकी सरकार कश्मीर में कुछ शर्तों पर लड़ाई बन्द करने का प्रयास कर सकती है। उन्होंने यह माँग रखी कि भारत अपनी सेनाएँ कश्मीर से वापस बुला ले। राज्य के सुरक्षा बलों को शक्तिहीन कर दिया जाये। शेख अब्दुला को हटाकर एक मिलीजुली सरकार बनायी जाये, जिसमें आजाद कश्मीर के प्रतिनिधि भी शामिल हों। इसके पश्चात अन्तर्राष्ट्रीय देखरेख में जनमत संग्रह करवाया जाये। ये शर्ते भारत को बिल्कुल ही स्वीकार्य नहीं थी। इस प्रकार भारत और पाकिस्तान के बीच कभी समाप्त न होने वाला संघर्ष आरम्भ हो गया।

सुरक्षा-परिषद द्वारा विवाद को निपटाने का प्रयास :

सुरक्षा परिषद ने काफी विचार विमर्श के बाद 20 जनवरी, 1948 को तीन सदस्यों का एक आयोग गठित किया। इसमें भारत और पाकिस्तान का एक-एक प्रतिनिधि था और तीसरा सदस्य इन दोनों के द्वारा चुना जाना था। भारत ने चेकोस्लोवाकिया को और पाकिस्तान ने अर्जेंटीना को अपना प्रतिनिधि नियुक्त किया। ये दोनों तीसरे नाम पर सहमत नहीं हुए। अतः सुरक्षा परिषद ने अमेरिका को तीसरा सदस्य मनोनीत किया। इस आयोग को कश्मीर विवाद को निपटान का कार्य सौंपा गया। बाद में सुरक्षा परिषद ने बेल्जियम और कोलंबिया को भी इसका सदस्य बना दिया। यही आयोग भारत और पाकिस्तान के लिए संयुक्त राष्ट्र आयोग (United Nation Commission for India & Pakistan) UNCIP कहलाया।[3] इस आयोग ने मौके पर जाकर स्थिति का अध्ययन किया और 13 अगस्त, 1948 को दोनों पक्षों में

युद्ध बन्द करने तथा समझौता करने के लिए निम्नलिखित आधार प्रस्तुत किये –

(1) पाकिस्तान सेनाओं तथा कबायलियों को कश्मीर से हटा ले।

(2) सेनाओं से खाली किये गये प्रदेश का शासन प्रबन्ध आयोग के निरीक्षण में स्थानीय अधिकारियों द्वारा किया जायेगा।

(3) आयोग द्वारा भारत को जब पाकिस्तान द्वारा शर्तों को पूरा करने की सूचना मिल जाये तब वह अपनी सेनाओं को वहाँ से हटा लें।

(4) अन्तिम समझौता होने तक भारत वहाँ उतनी ही सेना रखे जो शान्ति व्यवस्था बनाये रखने तथा स्थानीय अधिकारियों को सहायता देने के लिए वांछनीय हो।

इस सिद्धान्त के आधार पर दोनों पक्ष एक लम्बी वार्ता के बाद 1 जनवरी, 1949 को युद्ध–विराम के लिए सहमत हो गये। कश्मीर के विलय का अन्तिम फैसला जनमत संग्रह के माध्यम से किया जाना था। जनमत संग्रह की शर्तों को पूरा करने के लिए एक अमेरिकी नागरिक एडमिरल चेस्टर निमिल्ज को प्रशासक नियुक्त किया गया। उन्होंने जनमत संग्रह के संबंध में दोनों पक्षों से बातचीत की, किन्तु उसका कोई परीणाम नहीं निकला। अन्त में उन्होंने अपने पद से त्यागपत्र दे दिया।

युद्ध–विराम रेखा निर्धारित हो जाने पर पाकिस्तान के हाथ में कश्मीर का 32,000 वर्गमील क्षेत्रफल रह गया। इसकी जनसंख्या 7 लाख थी।[4] युद्ध विराम रेखा के इस पार भारत के अधिकार में 53,000 वर्गमील क्षेत्रफल था, जिसकी जनसंख्या 33 लाख थी।

संयुक्त राष्ट्र संघ की शर्त के मुताबिक जनमत संग्रह के लिए पाकिस्तान द्वारा अपनी सेनाओं को वहाँ से हटाया जाना आवश्यक था। पाकिस्तान अपने कब्जे वाले कश्मीर से अपनी सेनाएँ हटाने के लिये तैयार नहीं था और बिना सेना हटाये जनमत संग्रह हो ही नहीं सकता था। नेहरू जी ने इसी आधार पर अपनी कश्मीर नीति में परिवर्तन किया। उन्होंने निश्चय कर लिया कि अब कश्मीर में जनमत संग्रह कराना सम्भव नहीं है। सुरक्षा परिषद में सोवियत संघ ने कश्मीर के प्रश्न भारत का समर्थन किया। इससे भारत की स्थिति और सुदृढ़ हो गयी।[5]

पंडित नेहरू जी द्वारा 1950 में पाकिस्तान से युद्ध वर्जन सन्धि (No War Pact) प्रस्ताव रखा था। जिसे पाकिस्तान ने ठुकरा दिया। 6 फरवरी, 1954 को कश्मीर की संविधान सभा ने एक प्रस्ताव पास कर जम्मू–कश्मीर राज्य के भारत में विलय होने की पुष्टि कर दी। भारत सरकार ने भारतीय संविधान में संशोधन कर 14 मई 1954 को अनुच्छेद 370 के अन्तर्गत कश्मीर को विशेष राज्य का दर्जा दे दिया। 26 जनवरी, 1957 को जम्मू–कश्मीर का संविधान लागू हो गया। इसके साथ ही जम्मू–कश्मीर भारतीय संघ का एक अभिन्न अंग बन गया।

2 जनवरी, 1957 को पाकिस्तान ने फिर कश्मीर के प्रश्न को सुरक्षा परिषद में उठाया। ब्रिटेन, फ्रांस और अमेरीका ने सुरक्षा परिषद में पाकिस्तान का समर्थन करते हुए कहा कि कश्मीर में संयुक्त राष्ट्र संघ के तत्वाधान में जनमत-संग्रह कराया जाये और संयुक्त राष्ट्र संघ की आपात सेना वहाँ भेजी जाये। भारत ने इस प्रस्ताव का घोर विरोध किया। भारत के समर्थन में सोवियत रूस ने इस प्रस्ताव पर अपने निषेधाधिकार का प्रयोग किया। फिर एक बार 1962 में पाकिस्तान ने सुरक्षा परिषद में कश्मीर में आत्म-निर्णय की माँग को फिर दोहराया। इस प्रस्ताव को रूस ने फिर वीटो पावर द्वारा समाप्त किया। पाकिस्तान की सरकार आज तक इस प्रश्न को सुरक्षा परिषद में उठता रहता है। लेकिन अभी तक इसका कोई हल नहीं निकल पाया है।[6]

नियंत्रण रेखा (Line of Control) :

युद्ध-विराम रेखा, अब नियंत्रण रेखा कहलाती है। संयुक्त राष्ट्र सुरक्षा परिषद के प्रयास से 1 जनवरी, 1949 को अर्धरात्रि को युद्ध-विराम लागू हुआ था। 5 जनवरी 1949 को दोनों देशों ने इसे औपचारिक रूप से नियंत्रण रेखा स्वीकार कर लिया। इस रेखा के तहत पाकिस्तान कश्मीर के 78114 वर्ग किमी० क्षेत्र पर काबिज हो चुका था। कारगिल जो द्रास और सुरू नदियों के मध्य चारों तरफ पहाड़ियों से घिरी 7000 फुट की ऊँचाई की एक घाटी में बसा है, सामरिक दृष्टि से भारत और पाकिस्तान के लिए समान रूप से महत्वपूर्ण है, ट्रास नदी के दूसरी ओर पहाड़ों पर पाकिस्तानी फौजों की मौजूदगी भारतीय सेना के लिए शुरू से दिक्कतें खड़ी करती रही है। सामरिक भाषा में इस पहाड़ी को प्वाइंट 13620 कहा जाता है। इस तरह 1 जनवरी, 1949 को दोनों देशों के मध्य लगभग 1050 किमी० लम्बी युद्ध विराम रेखा ही अंततः वास्तविक नियंत्रण रेखा कहलायी। राज्य की कुल 80 लाख जनसंख्या में से 7 लाख पाकिस्तानी (कब्जे में रह गये, संयुक्त राष्ट्र आयोग ने यह सिफारिश की थी कि युद्ध विराम लागू करने में यदि भारत और पाकिस्तान) के बीच कोई विवाद होगा तो उसका निर्णय चेस्टर निमिट्ज करेंगे। उन्हें जनमत संग्रह अधिकारी नियुक्त किया गया था। भारत ने इस पूरे प्रश्न को सुरक्षा परिषद के सम्मुख फिर से पेश किया। चेस्टर निमिट्रज पाकिस्तान को कश्मीर से अपनी सेनाएँ वापस बुलाने के लिए सहमत नहीं करा सके, इसलिए उन्होंने त्यागपत्र दे दिया।[7]

पाकिस्तानी राष्ट्रपति का नया फार्मूला :

पाक राष्ट्रपति जनरल मुशर्रफ ने कश्मीर के मसले पर तीन सूत्रीय फार्मूला का सुझाव दिया -

(1) कश्मीर का दर्जा बदलने पर विचार किया जाए।

(2) जम्मू-कश्मीर को मैदानी इलाके सहित कुल सात क्षेत्रों में बाँटकर उनकी पहचान की जाए, जिसमें दो क्षेत्र आजाद कश्मीर (पाक अधिकृत) में है, जबकि पाँच क्षेत्र भारत में है।

(3) इन सातों क्षेत्रों का दर्जा बदल दिया जाए।

उनके इस फार्मूले के अनुसार जम्मू एवं कश्मीर पर भारत व पाकिस्तान का संयुक्त नियंत्रण भी हो सकता है और संयुक्त राष्ट्र की देखरेख में विकल्प पर भी विचार किया जा सकता है, मुशर्रफ द्वारा प्रस्तुत यह फार्मूला वास्तव में 9/11 की अमेरिकी घटना व दबाव का एक नया प्रयोग है, इससे किसी परिणाम के प्राप्त करने की उम्मीद नहीं है, इसके विपरीत इस प्रस्ताव के उलझने की सम्भावना ही अधिक दिखाई देती है। पाकिस्तानी शासक का इरादा एक तीर से दो निशाने साधने का है, - एक शान्ति की पहल करना तथा द्वितीय भारत को उलझाकर कश्मीर समस्या को अन्तर्राष्ट्रीय विवाद घोषित करना है। इतना ही नहीं इसके माध्यम से पाकिस्तान अन्तर्राष्ट्रीय दबाव को कम करके नाटकीय रूप से अमेरिका को संतुष्ट करना चाहता है।

ध्यान देने की बात यह है कि कश्मीर समस्या भारत और पाकिस्तान में तनाव का कारण नहीं, बल्कि उसका परिणाम है। पाकिस्तान का भारत के प्रति शत्रुभाव का मूल कारण वह इस्लामी सिद्धान्त और विचारधारा है, जिसके आधार पर मुस्लिम लीग ने भारत का विभाजन करके और इसकी प्राकृतिक सीमाओं के अन्तर्गत एक अलग इस्लामी राज्य बनाने की माँग उठाई।[8] पाकिस्तान ने यह जेहाद कश्मीर से शुरू किया, क्योंकि उसे यहाँ से सस्ती और शीघ्र सफलता मिलने की आशा थी और उसकी यह आशा प्रारम्भ में एक सीमा तक पूरी भी हुई। शक्तिशाली होने के बावजूद भारत का एक तिहाई-भाग पाक के पास अधिकृत हो जाने के बावजूद आखिर युद्ध-विराम कर बैठा, जिससे पाकिस्तान के हौंसले बुलन्द हो गये। इसका परिणाम यह हुआ कि पाकिस्तान की गिद्ध निगाहें अब केवल कश्मीर घाटी पर ही नहीं, बल्कि जम्मू एवं लद्दाख पर भी लगी हुई हैं। यह भूलना नहीं चाहिए कि पाकिस्तान को यदि कश्मीर का इलाका दे दिया जाए, तो भी उसका भारत के विरूद्ध जारी जेहाद बन्द नहीं होगा।

पाकिस्तान के राष्ट्रपति परवेज मुशर्रफ का यह कहना कि कश्मीर मसले का हल सीमा के दोनों ओर के क्षेत्रों की पहचान, उनके विसैन्यीकरण और उन्हें एक-रूपता प्रदान करने में निहित है। जो समस्या को और अधिक उलझा देता है, स्वतन्त्रता के समय तत्कालीन शासक महाराजा हरी सिंह द्वारा जम्मू-कश्मीर को भारत में विलय करने सम्बन्धी विलय पत्र पर हस्ताक्षर किये जाने के साथ ही जम्मू-कश्मीर का एक अभिन्न अंग है और किसी भी स्तर पर विवादित अंग की परिभाषा के

अन्तर्गत नहीं आता है। मुशर्रफ ने जम्मू-कश्मीर को मैदानी क्षेत्र समेत कुल सात क्षेत्रों में बाँटने का प्रस्ताव किया है, जिसमें 7000 फुट ऊँचा पहाड़ी क्षेत्र, पीर पंजाल, कश्मीर घाटी, वृहद हिमालयी क्षेत्र, ऊपरी सिन्धु घाटी और उत्तरी क्षेत्र कराकोरम जिसके कुछ हिस्से चीन के पास हैं, भी शामिल है इसमें दो क्षेत्र पाक अधिकृत (आजाद कश्मीर) तथा पाँच क्षेत्र भारत में है, मुशर्रफ के मुताबिक भारतीय नियंत्रण वाले इन पाँच क्षेत्रों में **पहला क्षेत्र** :- जम्मू, साँभा और कठुआ का है जिसमें हिन्दू बाहुल्य आबादी है। **दूसरा क्षेत्र** :- जम्मू का है, जिसमें डोडा, पुंछ और राजौरी का इलाका आता है जिसमें मुस्लिम आबादी अधिक है। जिनमें गुज्जर सिख तथा राजा शामिल हैं, जो पाक अधिकृत कश्मीर से जुड़े हैं। **तीसरा क्षेत्र** :- कश्मीर घाटी का है जसमें श्रीनगर सहित मुस्लिम बाहुल्य इलाका आता है। **चौथा क्षेत्र** :- जिसमें कारगिल का इलाका आता है और शिया व बाल्ती आबादी का बहुमत है। **पाँचवा क्षेत्र** :- बौद्ध बाहुल्य वाला लद्दाख का इलाका आता है।[9]

ऐतिहासिक अवलोकन के आधार पर अविभाजित जम्मू एवं कश्मीर में पाँच क्षेत्र आते हैं - पंजाबी भाषी पाक अधिकृत कश्मीर, उत्तरी क्षेत्र, लद्दाख, कश्मीर घाटी तथा जम्मू, वर्तमान में पहले दो क्षेत्र पाक के अधीन तथा बाद में तीन क्षेत्र भारत के साथ है, पाकिस्तानी राष्ट्रपति मुशर्रफ का इरादा मुस्लिम बाहुल्य दो अलग क्षेत्र बनाये जाने का है।

(1) हिन्दू बाहुल्य जम्मू से मुस्लिम बाहुल्य क्षेत्र को अलग करना।

(2) बौद्ध बाहुल्य लद्दाख को अलग-थलग करके परोक्ष रूप से चीन की कृपा पर छोड़ देना। मुशर्रफ की सोच है कि धर्म के आधार पर इस क्षेत्र का विभाजन कर दिया जाए, भले ही वे ऊपरी तौर पर ऐसा न कहते हों।

भारत के लिए यह सम्भव नहीं कि इस प्रस्ताव पर गम्भीरता से सोचे, पाकिस्तान को यह बात ध्यान में रखनी होगी कि आज भारत में उसके यहाँ से अधिक मुस्लिम आबादी है। आज न तो महजब के आधार पर किसी क्षेत्र के विभाजन को अमली जामा पहनाया जा सकता है और न ही भाषा के आधार पर बँटवारा किया जाना सरल है। ये सब वे आधार हैं, जो सामाजिक सद्भाव, सहयोग एवं सम्मान को सीधा आघात पहुँचाते हैं और टकराव और आमंत्रण देते हैं। जम्मू-कश्मीर में सैनिकों की संख्या में कटौती करने की घोषणा के साथ यह भी स्पष्ट कर दिया कि पाकिस्तान को इसका यह अर्थ कदापि नहीं लगाना चाहिए कि उसकी अब छद्म युद्ध को बढ़ावा देने की राह आसान हो गई है। चूँकि अभी भी कश्मीर समस्या की एक जड़ पाकिस्तान संरक्षित हुर्रियत कॉन्फ्रेंस सरीखे संगठन हैं, जो कश्मीर की जनता को बरगलाने और आतंकवाद का खेल जारी रखने का सिलसिला बनाए हुए हैं। पाकिस्तान जम्मू-कश्मीर के एक बड़े भू-भाग में पहले से ही कब्जा किए हुए है।

अब उसकी निगाहें कश्मीर घाटी पर टिकी हैं। भारत के दृष्टिकोण से इस प्रस्ताव का कोई अर्थ नहीं है। पाकिस्तान को अभी तक जम्मू कश्मीर में तीसरे पक्ष की मौजूदगी सुनिश्चित करने में सफलता प्राप्त नहीं हो सकी है। दूसरी तरफ भारत विश्व समुदाय को यह एहसास कराने में सफल हो गया है कि जम्मू-कश्मीर भारत का अभिन्न अंग है।[10]

आज कश्मीर समस्या के सन्दर्भ में भारत व पाकिस्तान का दृष्टिकोण या नजरिया अलग-अलग है जो इस प्रकार से है :-

पाकिस्तानी दृष्टिकोण :

(1) भारत-पाक के बीच बातचीत का मुख्य मुद्दा जम्मू-कश्मीर है।

(2) आतंकवाद एक मुद्दा है और तब तक रहेगा जब तक कश्मीर का विवाद हल नहीं होता।

(3) जम्मू-कश्मीर को महज एक समस्या मानने के बजाय 'विवाद' मानना होगा।

(4) बिना त्रिपक्षीय बातचीत के यह मुद्दा हल नहीं हो सकता।

(5) भारत-पाक के रिश्ते तब तक बेहतर नहीं होंगे, जब तक की जम्मू-कश्मीर समस्या हल नहीं हो जाती।

(6) जिसे भारत आतंकवाद कहता है, उसे हम कश्मीरी आवाम की मुक्ति का आंदोलन मानते हैं।

(7) 'मुक्ति आंदोलनों' में हमेशा निर्दोष ही मारे जाते हैं, फिलिस्तीन का उदाहरण सामने है।

(8) भारत को यह नहीं भूलना चाहिए कि 1971 में उसने बाँगलादेश की मुक्ति का आंदोलन चलाया था और 'मुक्तिवाहिनी' बनाकर वहाँ अपने फौजी भेजकर पाक-बाँगलादेश विभाजन कराया।

भारतीय दृष्टिकोण :

(1) जम्मू-कश्मीर एक मुद्दा है, लेकिन उससे भी बड़ा मुद्दा पाकिस्तान की शह पर वहाँ चलाया जा रहा आतंकवाद है।

(2) जम्मू-कश्मीर एक समस्या है, जिसे हल करने में भारत सक्षम है, बशर्ते पाकिस्तान सीमा पार से आतंकवाद बढ़ाना बन्द कर दे।[11]

(3) भारत इसे विवादित क्षेत्र नहीं मानता, जम्मू कश्मीर भारत का अभिन्न अंग है।

(4) यदि पाकिस्तान के इरादे नेक होते तो यह समस्या हल हो गयी होती।
(5) शिमला समझौते के तहत भारत तथा पाकिस्तान जम्मू-कश्मीर सहित सभी विवादों को द्विपक्षीय वार्ता द्वारा हल करने के लिए वचनबद्ध है।
(6) त्रिपक्षीय बातचीत की कोई जरूरत नहीं, दो पक्ष पर्याप्त है, तीसरे को शामिल करना भीड़ बढ़ाने जैसा है।
(7) ऐसे मुक्ति आंदोलन से क्या फायदा, जिसमें हजारों निर्दोष मारे जाएं और कुछ हासिल न हो।
(8) पाक कश्मीर की तुलना फिलिस्तीन से करना बंद करे और आतंकवाद पर रोक लगाये।
(9) पाक-बाँगलादेश विभाजन को भारत ने इसलिए सही माना था, क्योंकि पाकिस्तान ने खुद ही उस पर विभाजन का रास्ता तैयार किया। 1971 का युद्ध भी इसलिए हुआ सच तो यह है कि भारत ने 1947 के विभाजन को भी स्वीकार नहीं किया था।

कश्मीर की भौगोलिक स्थिति :

वर्ष 1947 में जम्मू व कश्मीर का क्षेत्रफल	- 2,22,236 वर्ग किमी०
पाकिस्तान ने बलात कब्जा जमाया	- 0,78,114 वर्ग किमी०
चीन ने बलात कब्जा जमाया (सिक्यांग)	- 5,180 वर्ग किमी०
अक्साई चीन	- 37,555 वर्ग किमी०
चीन द्वारा कुल कब्जा	- 42,735 वर्ग किमी०
चीन व पाक द्वारा बलात कब्जा	- 1,20,849 वर्ग किमी०
वर्तमान में भारत के पास शेष	- 1,01,387 वर्ग किमी०

जम्मू व कश्मीर का वर्तमान क्षेत्रफल जो भारत के पास शेष बचा है -

जम्मू (राजौरी, पूंछ, डोडा आदि)	- 0,26,293 वर्ग किमी०
कश्मीर घाटी (अन्नतनांग, श्रीनगर, बारामूला आदि)	- 0,15,853 वर्ग किमी०
लद्दाख (लेह, कारगिल)	- 0,59,241 वर्ग किमी०
योग	- 1,01,387 वर्ग किमी०

कश्मीर समस्या के समाधान का सिलसिला 1948 से शुरू हो गया था - 1949 के संयुक्त राष्ट्र संघ के घोषणा पत्र के साथ। उसके बाद पाकिस्तान के साथ भारत के समय-समय पर आधिकारिक तौर पर भी समझौते तथा सम्मेलन भी हुए, जिनमें से प्रमुख हैं - 1952 का दिल्ली समझौता, 1966 का ताशकन्द समझौता,

1972 का शिमला समझौता, 1999 का लाहौर घोषणा पत्र, जुलाई 2001 का आगरा शिखर सम्मेलन एकतरफा युद्धविराम, जुलाई 2004 में जम्मू-कश्मीर और आपसी विश्वास बहाल करने के उपायों सहित शान्ति व सुरक्षा पर सचिव स्तरीय चर्चा तथा अप्रैल 2005 में श्रीनगर-मुजफ्फराबाद बस सेवा की शुरूआत। इन सभी समझौतों और सम्मेलनों के कारण भी समस्या वहीं की वहीं है।

अगर तथ्यों को पलट कर देखें तो पाते हैं कि दोनों देशों की राजनीतिक पार्टियाँ तो केवल अपनी रोटियाँ ही सेंक रही है। पाकिस्तान को भारत के साथ सामान्य सम्बन्ध स्थापित कर 'जेहाद' को लगाम लगानी होगी। मई 1998 के पोखरन और चगाई परमाणु परीक्षणों के बाद से दोनों देशों पर अन्तर्राष्ट्रीय दबाव रहा है। परमाणु परीक्षणों और कारगिल युद्ध ने सिद्ध कर दिया कि युद्ध द्वारा सीमाएँ नहीं बदली जा सकती। आज दोनों देश परमाणु शक्तियाँ हैं। आज की परिस्थितियाँ भिन्न है। पाकिस्तान को यह बात स्वीकार करनी चाहिए कि वह किस प्रकार सीमा पार से आतंकवाद को बढ़ावा दे रहा है और घुसपैठियों को भेजकर कश्मीर में अशान्ति का माहौल पैदा कर रहा है।

पाकिस्तान कश्मीर को 'विवादित क्षेत्र' घोषित करवाने के पक्ष में है, वहीं भारत उसे हमेशा से अपना अभिन्न मानता रहा है। पाकिस्तान ने हमेशा ही कश्मीर मसले को अन्तर्राष्ट्रीय मंच पर उठाना चाहा, लेकिन उसे हमेशा मुँह की खानी पड़ी। पाकिस्तान यदि कश्मीर मसले के अलावा और दूसरे मसलों पर भी वार्तालाप करें, तो दोनों देशों के कई छोटे-छोटे मसले अपने आप ही सुलझ सकते हैं, जोकि दोनों देशों के विकास में एक मील का पत्थर साबित हो सकते हैं।[13]

समाधान के नुस्खे : कश्मीर समस्या 60 वर्ष पुरानी समस्या है, कश्मीर समस्या के समाधान के लिए समय-समय पर कई फार्मूले दिये गये हैं। उन फार्मूलों के मुख्य बिन्दु निम्न हैं :-

डिक्सन फार्मूला : कश्मीर समस्या के हल का सबसे पुराना फार्मूला यही माना जाता है। 14 मार्च 1950 को संयुक्त राष्ट्र सुरक्षा परिषद ने कश्मीर समस्या के हल के लिए सर ओवेन डिक्सन को भारत-पाक में अपना प्रतिनिधि नियुक्त किया था। डिक्सन फार्मूले के तहत समूचे जम्मू-कश्मीर को तीन क्षेत्रों में विभाजित करने का सुझाव था। एक-वह क्षेत्र जो निःसन्देह भारत में विलय चाहता हो। दो-वह क्षेत्र जहाँ के लोग निर्विवादित रूप से पाकिस्तान में शामिल होना चाहते हो और तीन-वह क्षेत्र जहाँ लोगों की इच्छा के बारे संदेह हो। डिक्सन ने इसी क्षेत्र में जनमत संग्रह कराने की सिफारिश की थी। डिक्सन के इस फार्मूले को भारत-पाक दोनों ने ही दृढ़ता से ठुकरा दिया था।

अमेरिकी प्लान : अमेरिका चाहता है कि जम्मू-कश्मीर के एक इलाके

(कश्मीर घाटी और गिलगिट आदि नार्दर्न एरिया के क्षेत्रों को मिलाकर) को स्वतंत्र करा दिया जाय–जहाँ वह अपना मजबूत केन्द्र बना सके। बाकी क्षेत्र को भारत–पाक में विभाजित कर दोनों के हवाले कर दिया जाये। अमेरिका इस में अपना आधार बनाकर तिब्बत, झिनजियांग, मध्य एशिया, अफगानिस्तान और भारत–पाकिस्तान पर अपना प्रभाव रखना चाहता है।

अमेरिका में रह रहे अनिवासी पाकिस्तानी पूंजीपति फारूक कटवारी के "कश्मीर स्टडी ग्रुप" का भी कुछ इसी से मिलता–जुलता फार्मूला है। जम्मू और लद्दाख भारत में रहे और कश्मीर घाटी एवं पाक अधिकृत को मिलाकर एक एकीकृत कश्मीर बना दिया जाय। इस एकीकृत कश्मीर को संप्रभु राष्ट्र का दर्जा, तो मिले पर उसकी अन्तर्राष्ट्रीय पहचान 'वफर स्टेट' की तरह रहे।

नियंत्रण रेखा को अन्तर्राष्ट्रीय सीमा रेखा बनाने का फार्मूला : भारतीय रक्षा अध्ययन एवं विश्लेषण संस्थान से जुड़े ज्यादातर रक्षा विशेषज्ञों का मानना है कि चूँकि सन् 1948, 1965 और 1971 की खुली लड़ाइयों और 1999 के कारगिल संघर्ष के बावजूद कश्मीर समस्या का हल नहीं हो सका है और दोनों परमाणु सम्पन्न देश एक इंच जमीन भी छोड़ने को राजी नहीं होंगे। इसलिए वर्तमान स्थिति में नियंत्रण रेखा को अन्तर्राष्ट्रीय सीमा में बदलकर ही इसका हल निकाला जा सकता है। समस्या यह है कि इस फार्मूले के अमल की पहल कौन करे भारत या पाकिस्तान।

जे०के०एल०एफ० फार्मूला : जम्मू–कश्मीर लिबरेशन फ्रंट के नेता अमानुल्ला खान ने भारत–पाक के परमाणु परीक्षणों के बाद जून 1998 में प्रकाशित एक पुस्तिका 'कश्मीर–हू, एंड हाऊ टू बेल द कैट' में कश्मीर समस्या के हल के लिए विस्तृत प्रस्ताव प्रस्तुत किया है, इसके मुताबिक विभाजित जम्मू–कश्मीर के सभी इलाकों–कश्मीर घाटी, जम्मू, लद्दाख, पाक अधिकृत कश्मीर और गिलगिट–बाल्टिस्तान को मिलाकर एक पूरी तरह संघीय, लोकतांत्रिक, गैर–साम्प्रदायिक स्वतंत्र देश बनाया जाये, जिसके मैत्री और व्यापार संबंध भारत–पाक से हों। इनकी अपनी सरकार बने और इसके 15 साल बाद संयुक्त राष्ट्र की निगरानी में जनमत–संग्रह कराके यह तय किया जाय कि इसे स्वतंत्र रहना है या भारत–पाक में विलय करना है।

अमानुल्लाह खान ने कश्मीर समस्या के हल के लिए एक ग्यारह सदस्यीय अन्तर्राष्ट्रीय कश्मीर समिति (आई०के०सी०) बनाने का भी सुझाव दिया था। इसमें संयुक्त राष्ट्र सुरक्षा परिषद के पांचो सदस्य देशों के एक–एक प्रतिनिधि, एक सदस्य संयुक्त राष्ट्र महासचिव द्वारा मनोनीत, दो प्रतिनिधि गुटनिरपेक्ष देशों के संगठन द्वारा मनोनीत, एक प्रतिनिधि इस्लामी देशों के संगठन (ओ०आई०सी०) द्वारा मनोनीत और एक–एक प्रतिनिधि जर्मनी, जापान के हों, इस समिति को कश्मीर समस्या के हल का पूरा अधिकार हो और भारत–पाक इसकी सिफारिशें मानने को बाध्य हो, लेकिन,

भारत–पाक में किसी ने भी अमानुल्लाह खान के प्रस्तावों का कभी खास तवज्जों नहीं दिया।[14]

गौरतलब है कि कश्मीर का प्रश्न भारत व पाकिस्तान दोनों के लिए राष्ट्रवाद का प्रश्न बन गया है भले ही उनकी परिभाषाएँ भिन्न हैं। यद्यपि पाकिस्तानी दृष्टि से कश्मीर के अतिरिक्त अन्य प्रश्न गौण हैं तथापि जनवरी 2004 से भारत व पाकिस्तान के मध्य प्रारम्भ समग्र वार्ताओं के कोई सार्थक परिणाम नहीं निकल पा रहे हैं। मुनाबाओ–खोखरापार रेल सम्पर्क, श्रीनगर–मुजफ्फराबाद बस सेवा, सियाचिन, सरक्रीक व तुलबुल नौवहन परियोजना के परिप्रेक्ष्य में व्याप्त गतिरोध इसके उदाहरण है। उधर कश्मीर–समस्या के समाधान हेतु पाकिस्तान द्वारा अपनाई जा रही आक्रामक–कूटनीति के प्रत्युत्तर में प्रदर्शित भारत के रक्षात्मक–राजन्य से यह पुष्ट होता जा रहा है कि अभी तक हम स्पष्ट कश्मीर–नीति का निर्धारण नहीं कर सकते हैं। अब समय आ गया है जब भारत को कश्मीर वार्ता की पहल करने से पहले पाकिस्तान को मनोवैज्ञानिक रूप से यह आभास कराना होगा कि कश्मीर भारत का अभिन्न अंग है। यह न तो 'कोसोवा' है और नहीं 'फिलिस्तीन'। किसी भी दृष्टि से कश्मीर में चल रही सीमापार आतंकवादी गतिविधियाँ स्वाधीनतासंग्राम नहीं है और न ही आतंकवादी 'स्वाधीनता संग्राम सेनानी' है, इतना ही नहीं, पाकिस्तान को यह स्पष्ट बता देने का समय है कि जब तक सीमा पार आतंकवाद पर विराम लगाने के सकारात्मक प्रमाण वह प्रस्तुत नहीं करता तब तक वार्ताओं का कोई औचित्य नहीं है। भारत को अब कश्मीर मुद्दे पर केन्द्रित होकर निम्नांकित बिन्दुओं पर ध्यान केन्द्रित करना चाहिए।

(1) कश्मीर पर पाकिस्तान के साथ भावी वार्ताओं के दौरान भारत को समग्र जम्मू–कश्मीर क्षेत्र के परिप्रेक्ष्य में चर्चा करते हुए 13 अगस्त सन् 1948 से संयुक्त राष्ट्र सुरक्षा परिषद के प्रस्ताव पर केन्द्रित होना चाहिए, जिसमें सर्वप्रथम पाकिस्तानी सेनाओं एवं कबाइलियों को पाक अधिकृत क्षेत्र खाली करने का निर्देश था। इस प्रक्रिया के पूरे होने के उपरान्त ही शेष अन्य दो बिन्दुओं पर चर्चा सम्भव है। स्पष्ट है कि वर्तमान सामरिक व भू–राजनैतिक परिस्थितियों में पाकिस्तान इसके लिए तैयार नहीं होगा, किन्तु भारत के आक्रामक कश्मीर–राजनय के कारण उसे रक्षात्मक कदम उठाने हेतु विवश तो होना पड़ ही सकता है।

(2) पाकिस्तान से यह स्पष्ट करने का समय है कि उसकी दृष्टि में कश्मीर मसले पर 'प्रगति' के शब्दार्थ व निहितार्थ क्या है? हमें पाकिस्तान से इस तर्क को पूरी तरह से नकारते हुए वार्ता करनी चाहिए कि जम्मू–कश्मीर की समस्या विभाजन भी अपूर्ण समस्या है।

(3) 1972 के शिमला समझौते को आधार बनाते हुए दोनों राष्ट्र नियंत्रण रेखा

को कुछ आवश्यक परिवर्तन के साथ अन्तर्राष्ट्रीय सीमा में परिवर्तित करने पर सहमत हो जाएँ। इस विकल्प पर विश्व समुदाय का समर्थन भी मिल सकता है तथा जम्मू-कश्मीर के लोग भी इसे स्वीकार कर सकते हैं। बशर्ते इसमें अधिक स्वायत्तता, पारस्परिक मेल-मिलाप तथा पाकिस्तान के साथ सम्बन्ध सामान्य होने की व्यवस्था की भी गारण्टी हो।

(4) भारत-पाक वार्ताओं में हुर्रियत कॉन्फ्रेंस को शामिल करने का कोई औचित्य नहीं है क्योंकि यह संगठन कश्मीरियों का प्रतिनिधित्व किसी भी दृष्टि से नहीं करता। हाँ उनसे अलग से वार्ता सम्भव है।

(5) कश्मीर में चीन की भौतिक उपस्थिति के परिप्रेक्ष्य में पृथक रूप से भारत व पाकिस्तान को चीन के साथ द्विपक्षीय वार्ताओं द्वारा पारस्परिक सहमति विकसित करने का प्रयास करना चाहिए। भारत एवं चीन अपने सीमा-विवाद के समाधान हेतु गम्भीर कदम उठा रहे हैं।

(6) वार्ताओं के दौरान यह स्पष्ट संदेश दिया जाना चाहिए कि भारत जम्मू-कश्मीर में किसी भी तरह हिंसा अथवा आतंकवाद से निपटने की पूर्ण सामर्थ्य रखता है।[15]

समस्या के समाधान में रूकावटें : जहाँ एक ओर शान्ति प्रस्ताव, वार्ता एवं मित्रता का सिलसिला जारी है, वहीं दूसरी ओर सीमा पार से आतंकवादी गतिविधियों पर अभी तक पूरी तरह अंकुश नहीं लगाया जा सका है, और न ही विश्व बिरादरी को आश्वासन दिये जाने के बावजूद राष्ट्रपति जनरल परवेज मुर्शरफ पाकिस्तानी भूमि से आतंकवादी गतिविधियों के पनपने से रोक पाये हैं। पाकिस्तान से सटी 814 किमी. लम्बी नियन्त्रण रेखा और 124 किमी लम्बी सियाचीन ग्लेशियर की सीमा पर पिछले 60 वर्षों से लघु एवं छद्म युद्ध जारी है। इस पर करोड़ों रूपये प्रतिवर्ष व्यय करना पड़ रहा है। यथार्थ यह है कि देश के साथ सटी पड़ोसी देशों की सीमाओं में से सिर्फ पाकिस्तान से सटी सीमा ही सबसे अधिक विस्फोटक है। इस कारण वास्तविक नियंत्रण रेखा या उसके आसपास आई सेना चौकसी में आयी मामूली सी कमी भी आतंकवादियों का हौसला बढ़ा सकती है और यह सिर्फ जम्मू-कश्मीर के लिए ही नहीं, बल्कि राष्ट्रीय सुरक्षा के लिए भी एक घातक चुनौती बन जाएगी। जहाँ कश्मीर में निरन्तर आतंकवादी घुसपैठ एवं उग्रवादी गतिविधियाँ जारी है, वहीं अभी भी पाकिस्तान से प्रशिक्षित आतंकवादी भेजने का सिलसिला थमा नहीं है। आज भी पुख्ता सुरक्षा इंतजाम के जम्मू-कश्मीर में सफर करना सरल एवं सम्भव नहीं है। जम्मू-कश्मीर के ग्रामीण क्षेत्रों में आतंकवादियों का अतिक्रमण पूरी तरह मौजूद है – जेहाद के नाम पर जबरन टैक्स वसूली, निहत्थे लोगों पर दमन की नीति, बमों की बौछार से आतंक,

दहशत एवं बर्बादी का बोलबाला, महिलाओं के साथ बलात्कार, राजनीतिक बदले से हत्याएँ, जबरन नवयुवकों की जेहाद के नाम पर आतंकवादी संगठनों में भर्ती, हथियारों, विस्फोटकों एवं मादक पदार्थों की तस्करी, जाली नोटों का जाल बिछाना तथा सुरक्षा बलों के कैम्पों पर हमलों की घातक गतिविधियाँ थमी नहीं है। अभी भी सुरक्षा बलों के गश्तीदलों पर अचानक फायरिंग द्वारा औसतन पाँच सैनिक प्रतिदिन मर रहे हैं।[16] पाकिस्तान जब तक जम्मू कश्मीर में आतंकवादियों को प्रोत्साहन, प्रशिक्षण, समर्थन, सहयोग, आर्थिक मदद एवं घुसपैठ पर रोक नहीं लगाता, तब तक उसे जम्मू-कश्मीर के सन्दर्भ में बात करना, सोचना या शान्ति की पहल करना सरासर बेमानी है।

कश्मीर समस्या के समाधान के लिए दोनों देशों को निम्नलिखित उपायों पर जोर देना चाहिए–

(1) सीमापार से पाकिस्तान को भाड़े के आतंकवादियों को बढ़ावा देना और घुसपैठ बन्द करवाना चाहिए पाकिस्तान विभिन्न आतंकवादी संगठनों तथा विदेशी भाड़े के उग्रवादियों के प्रशिक्षण कैम्पों के आयोजनों, उन्हें संरक्षण, आर्थिक, सैनिक तथा नैतिक सहायता देना बन्द करें।

(2) नियंत्रण रेखा को अन्तर्राष्ट्रीय सीमा में बदलना चाहिए।

(3) सियाचिन से दोनों देशों को सेना कम करनी चाहिए, क्योंकि एक अनुमान के अनुसार दोनों देशों का हर दिन का औसतन खर्चा 5 करोड़ रूपये है।

(4) कश्मीर के अलावा मानवता से जुड़े मसले को भी प्राथमिकता देनी चाहिए।

(5) आर्थिक व व्यापारिक मसलों पर अधिक से अधिक ध्यान देना चाहिए।

(6) आपसी झगड़ों को द्विपक्षीय आधार पर सुलझाना चाहिए।

कश्मीर समस्या को लेकर समय-समय पर अनेक तरह के समझौतों तथा सम्मेलनों द्वारा समाधान सुझाये गये हैं। इस विवाद का हल निकालना भले ही कठिन हो, लेकिन असम्भव तो बिल्कुल नहीं है, बशर्ते कि दोनों पक्ष इसके लिए पर्याप्त राजनैतिक इच्छाशक्ति का परिचय दें, क्योंकि कश्मीर समस्या अब मात्र दो राष्ट्राध्यक्षों की नहीं, अपितु समग्र राष्ट्र की भावनाओं से जुड़ी हुई है। फिर भी भारत-पाक के मध्य सम्पन्न होने वाली भावी वार्ताओं में इन बिन्दुओं पर चर्चा से पूर्व प्रभावी पृष्ठभूमि तैयार करते समय दोनों राष्ट्रों के प्रतिनिधियों को समस्त पूर्वाग्रहों से मुक्त होकर संयम, सन्तुलन व दूरदृष्टि का परिचय देना होगा तथा पाकिस्तान को 'मुँह में राम, बगल में छुरी' की नीति त्यागकर ईमानदारी व निरछलता के साथ वार्ता की मेज पर आना होगा। इतना ही नहीं, दोनों देशों को क्षेत्रीय व वैश्विक, सामरिक

परिस्थितियों की वास्तविकताओं एवं सम्भावित-संघर्ष के भावी परिणामों की संस्मृति अपने मानस पटल पर रखकर की जाने वाली वार्ताओं में दोनों राष्ट्रों को यह निरन्तर ध्यान रखना चाहिए कि "मित्र तो बदले जा सकते हैं किन्तु पड़ोसी नहीं।"

सन्दर्भ सूची

1. क्रानिकल, जून 2005, पृ०सं० 14
2. भारत की विदेश नीति, बी.एन. खन्ना, लिपाक्षी अरोड़ा, संस्करण-2001, पृ०सं० 89.90
3. क्रानिकल, जून 2005, पृ०सं० 16
4. अन्तर्राष्ट्रीय राजनीति, डॉ०एस०सी० सिंघल, संस्करण 2005, पृ०सं० 177, 178
5. अन्तर्राष्ट्रीय संबंध, डॉ०एस०सी० सिंघल, संस्करण 2005, पृ०सं० 368
6. अन्तर्राष्ट्रीय संबंध, डॉ०एस०सी० सिंघल, संस्करण 2005, पृ०सं० 369
7. राष्ट्रीय सुरक्षा, डॉ० ओम प्रकाश तिवाड़ी, संस्करण 2003, पृ०सं० 154, 155
8. प्रतियोगिता दर्पण, अप्रैल 2005, पृ०सं० 1649, 1650
9. प्रतियोगिता दर्पण, अप्रैल 2005, पृ०सं० 1650
10. प्रतियोगिता दर्पण, अप्रैल 2005, पृ०सं० 1650, 1651
11. चाणक्य, मई 2004, पृ०सं० 27
12. प्रतियोगिता दर्पण, अप्रैल 2005, पृ०सं० 1652
13. प्रतियोगिता दर्पण, अक्टुबर 2001, पृ०सं० 581
14. क्रानिकल, जून 2005, पृ०सं० 18
15. राष्ट्रीय सुरक्षा की समसामयिक समस्याएँ, डॉ०ए०पी० शुक्ल संस्करण 2006, पृ०सं० 105, 106
16. प्रतियोगिता दर्पण, अप्रैल 2005, पृ०सं० 1652

6. कश्मीर विवाद : प्रारम्भ और विकास क्रम

डॉ० दीर्घपाल सिंह भण्डारी*

डॉ० दीपेन्द्र सिंह तोपवाल**

भारत की स्वतन्त्रता के समय जम्मू-कश्मीर राज्य का जो क्षेत्र था उसका अस्तित्व पहली बार ईस्ट इण्डिया कम्पनी और राज्य के महाराजा गुलाब सिंह के बीच हुए अमृतसर समझौते अन्तर्गत निश्चित हुआ था। इस सन्धि के अनुसार महाराजा गुलाब सिंह को इस क्षेत्र का शासक माना गया था, जबकि स्वतन्त्रता के समय इस राज्य के शासक महाराजा हरि सिंह थे। याद रहे कि जब 1947 ई० में ब्रिटेन ने विभाजन के साथ भारत को स्वतन्त्रता देने का निर्णय लिया उस समय भारत में 562 देशी रियासतें थी, किन्तु भारत के स्वतन्त्रता कानून 1935 और 1947 के स्वतन्त्रता कानून में व्यवस्था की गयी थी कि किसी भी रियासत का राजा अपनी इच्छानुसार विलय पत्र पर हस्ताक्षर करके भारत अथवा पाकिस्तान में सम्मिलित हो सकता है। इसमें भी अंग्रेजों का षड़यन्त्र था, क्योंकि उनका विचार था कि कई राजा स्वतन्त्र रहना पसन्द करेंगे और इस तरह भारत कई खण्डों में विभक्त हो जायेगा।[1]

स्मरणीय है कि ब्रिटिश सरकार द्वारा रियासतों के राजाओं को यह भी भली-भाँति हृदयंगभ करा दिया था कि उन्हें 15 अगस्त 1947 ई० तक दोनों राज्यों में से किसी एक में मिलने का निर्णय कर लेना चाहिए फलतः तत्कालीन भारतीय उप प्रधानमंत्री एवं गृहमंत्री सरदार बल्लभ भाई पटेल और भारत के अन्तिम वायसरॉय लार्ड माउन्टवेटन के प्रयत्नों के फलस्वरूप हैदराबाद, जूनागढ़ तथा जम्मू कश्मीर को छोड़कर 559 रियासतों ने अपनी भौगोलिक एवं धार्मिक सुविधानुसार भारत तथा पाकिस्तान में अपने को मिला लिया, परन्तु तीन रियासतों को लेकर दंगे एवं विवाद

***प्रवक्ता सैन्य विज्ञान, रा०स्नात० महाविद्यालय, नई टिहरी, टिहरी गढ़वाल**

****प्रवक्ता राजकीय स्नातकोत्तर महाविद्यालय, नई टिहरी**

खड़े हो गये। याद रहे कि शेख अब्दुल्ला और पंडित नेहरू की मित्रता के कारण सरदार पटेल कश्मीर रियासत के साथ कुछ न कर सके और हरि सिंह ने स्वतन्त्र जम्मू कश्मीर का स्वप्न देखते हुए भारत और पाकिस्तान के साथ अस्थायी समझौता करने का प्रयास किया तथा भारत में विलय के प्रश्न को आगे टाल गये इस इसी से शुरू हुई है, कश्मीर समस्या।[2]

आखिर क्या है कश्मीर समस्या :

सरदार बल्लभ भाई पटेल ने सैनिक शक्ति और दूरदर्शिता से विजय प्राप्त करके हैदराबाद तथा जूनागढ़ को भारत में मिला दिया, किन्तु कश्मीर का मामला पंडित जवाहर लाल नेहरू ने अपने हाथ में रखा, क्योंकि नेशनल कान्फ्रेंस के नेता शेख अब्दुल्ला से उनकी पुरानी मित्रता थी। परिणामस्वरूप शेख अब्दुला न कश्मीर में अपना राजनीतिक आधार बनाने हेतु मुस्लिम युवकों को हिन्दू महाराजा हरि सिंह के विरूद्ध भड़काने तथा संगठित करने का निश्चय किया और अध्यापन कार्य छोड़कर "कश्मीर नेशनल कान्फ्रेंस" का गठन किया और उसमें एक प्रस्ताव पारित करवाया कि महाराजा को पदच्युत करके पुनः मुस्लिम सत्ता स्थापित की जाये। फलतः सारे राज्य में साम्प्रदायिक वातावरण उत्पन्न हो गया और दंगे भड़क उठे। यही नहीं अंग्रेजों के इशारे पर कश्मीर में हिंसात्मक उपद्रव आरम्भ कर दिये गये और महाराजा को प्रशासनिक सुधार के नाम पर ग्लैंसी आयोग नियुक्त करने पर विवश कर दिया। याद रहे कि ग्लैसी अंग्रेज थे और भारत सरकार की गुप्तचर सेना के प्रमुख रह चुके थे। उन्होंने गिलगित को 60 वर्षों के लिए अंग्रेजों को पट्टे पर देने के लिए महाराजा को विवश कर दिया और शेख एक राजनीतिक हस्ती के रूप में ब्रिटिश दलाल के रूप में उभरे।

उल्लेखनीय है कि लाल माउन्टबेटन की शह पाकर 10 मई 1946 ई० को पूरे मजहबी उन्माद के साथ महाराजा के विरूद्ध आन्दोलन करा दिये। यह आन्दोलन हिन्दू राजा और जम्मू के डोगरों के विरूद्ध थे फलस्वरूप 20 मई को महाराजा ने शेख को गिरफ्तार कर लिया इस घटना से पंडित नेहरू दुखित हुए। महाराजा को पत्र लिखकर तुरन्त रिहा करने को कहा, जबकि महाराजा ने पंडित नेहरू से निवेदन किया कि शेख का आचरण भारतीय हितों के विरूद्ध है। फलतः पंडित नेहरू सारे प्रतिबन्धों को तोड़कर शेख को छुड़ाने कश्मीर पहुँचे, तो उन्हें भी गिरफ्तार कर लिया गया। इस घटना से पंडित नेहरू के मन में महाराजा के प्रति शत्रुता के बीज ने जन्म ले लिया। अतः भविष्य की कोख में जन्म लेने वाली कश्मीर समस्या के लिए शेख की गद्दारी महाराजा की जिद्द और पंडित नेहरू की अदूरदर्शिता ने भूमिका बना दी। पंडित नेहरू का शेख से व्यक्तिगत मोह, कश्मीरीपन व उनकी निर्णय क्षमता ने उनके राष्ट्रीय

दृष्टिकोण को ग्रस लिया। फलतः उनके इस व्यक्तिगत अहम ने कश्मीर को भारत की शेष रियासतों की पंक्ति से बाहर कर दिया।

कश्मीर समस्या बनाम भारत-पाक :

ज्ञात हो कि जम्मू और कश्मीर प्रदेश एक ऐसे क्षेत्र में स्थित है, जहाँ पर चीन, रूस तथा अफगानिस्तान की सीमायें आकर मिलती हैं। वैसे भी सामरिक दृष्टि से कश्मीर भारत वर्ष के लिए अत्यधिक महत्वपूर्ण है। यह हिमालय के उत्तरी एवं पश्चिमी क्षेत्र में लगभग दो लाख बाईस हजार वर्ग किलोमीटर में फैला हुआ है।

भारत की स्वतन्त्रता के समय जम्मू-कश्मीर का जो क्षेत्र था, उसके अस्तित्व के लिए पहली बार ईस्ट इण्डिया कम्पनी और कश्मीर के महाराजा गुलाब सिंह के बीच अमृतसर में एक समझौता हुआ। इसी समझौते के अनुसार महाराजा गुलाब सिंह को इस क्षेत्र का शासक माना गया था, जबकि भारत विभाजन के समय कश्मीर में महाराजा हरि सिंह का शासन था, जो महाराजा गुलाब सिंह के वंशज थे। स्मरणीय है कि कश्मीर एक ऐसी देशी रियासत थी जिसका शासक तो हिन्दू था, लेकिन उसकी बहुसंख्यक जनता मुस्लिम थी। इसलिए कश्मीर के शासक ने किसी के साथ मिलने के स्थान पर स्वतन्त्र रहने का निर्णय लिया था। परन्तु पाकिस्तान को यह निर्णय अच्छा नहीं लगा, क्योंकि कश्मीर मुस्लिम बहुसंख्यक प्रदेश था इसलिए पाकिस्तान कश्मीर को अपने साथ मिलाना चाहता था। फलतः पाकिस्तान ने कश्मीर के महाराजा पर पाकिस्तान में सम्मिलित होने के लिए आर्थिक दबाव डाला। यही नहीं 26 अक्टूबर 1947 ई० तक पाकिस्तान ने जम्मू और कश्मीर राज्य के अधिकांश भू-भागों पर अधिकार स्थापित कर लिया। फलस्वरूप 27 अक्टूबर 1947 ई० को भारतीय सेना ने भी कश्मीर में हस्तक्षेप किया और आक्रमणकारियों को झेलम घाटी से खदेड़ दिया। तथा 30 अक्टूबर 1947 ई० को भारत ने सुरक्षा परिषद के समक्ष पाकिस्तान के खिलाफ शिकायत की, लेकिन पाकिस्तान ने तर्क दिया कि कश्मीर का भारत में मिलाया जाना जबरदस्ती था, किन्तु पाकिस्तान का यह तर्क गलत था। क्योंकि भारत ने तभी हस्तक्षेप किया जबकि कश्मीर स्वेच्छा से भारत में सम्मिलित हुआ।

उल्लेखनीय है कि कश्मीर समस्या को लेकर भारत और पाकिस्तान के मध्य चार बार युद्ध हो चुका है तथा भविष्य में भी युद्ध की सम्भावना को अस्वीकारा नहीं जा सकता है। यह भी कहा जाता है कि पाकिस्तान भारत से अच्छे सम्बन्ध बनाना चाहता है, लेकिन कश्मीर के मामले में अपने अधिकारों को छोड़ नहीं सकता और न ही अपनी नीतियों को किसी भी कीमत पर बदल सकता है।

ज्ञात हो कि 1951 ई० में कश्मीर निवासियों ने एक संविधान निर्मात्री का गठन किया। फलस्वरूप कश्मीर की संविधान निर्मात्री सभा द्वारा यह निर्णय लिया गया कि कश्मीर वैध रूप से भारत का अंग है तथा भारत को इसकी सुरक्षा का पूर्ण अधिकार है और किसी अन्य राज्य द्वारा इस क्षेत्र में हस्तक्षेप को आन्तरिक मामलों में हस्तक्षेप माना जायेगा। दूसरी ओर भारतीयों ने संविधान में संशोधन कर 14 मई 1954 ई० को अनुच्छेद 370 के अन्तर्गत कश्मीर को विशेष दर्जा दे दिया गया और 26 जनवरी 1957 ई० को जम्मू कश्मीर का संविधान लागू हो गया। इसी के साथ जम्मू कश्मीर भारतीय संघ का एक अभिन्न अंग बन गया।

अनुच्छेद 370 का औचित्य :

इस विशेष अनुच्छेद में जम्मू-कश्मीर राज्य के सम्बन्ध में अस्थाई उपबन्ध वर्णित हैं। यह धारा जम्मू कश्मीर को भारत से जोड़े भी रहती है और बहुत हद तक अलग भी रखती है। इतना ही नहीं इससे भारतीय संसद के अधिकार सीमित हो जाते हैं।

इस धारा के तहत कश्मीर राज्य के पृथक झण्डा (ध्वज) और उसका संविधान है। कुछ वर्ष पहले तक तो कश्मीर में सदर-स-रियासत तथा प्रधानमंत्री भी हुआ करता था किन्तु धीरे-धीरे इन पदों को समाप्त कर दिया गया। इतना ही नहीं कश्मीर में यदि कोई भारतीय जमीन खरीदकर वहाँ रहना चाहे, तो कानूनन नहीं रह सकता है। साथ ही अनुच्छेद 370 के कारण कश्मीर को स्वायन्तशासी भी कहा जा सकता है, क्योंकि भारतीय संसद के सभी कानून या सभी आदेश वहाँ लागू नहीं हो सकते हैं। धारा 370 की अन्तिम भाग में यह उल्लेख है कि जब भी कश्मीर की विधानसभा चाहे, तो भारत के राष्ट्रपति इस व्यवस्था को अपने अनुदेश से तुरन्त समाप्त कर सकते हैं।[3]

अगर कश्मीर की समस्या का हल वास्तव में करना है और वहाँ की जनता में भारत विरोध की भावना समाप्त करनी है, तो उस राज्य के लिए ऐसे कुछ ठोस प्रभावी कदम उठाने होंगे, जिससे वहाँ की बेकारी और गरीबी दूर हो सके। तभी हम धारा 370 को समाप्त करके कश्मीर को अन्य राज्यों की भाँति भारतीय संघ में स्थान देने में सफल हो सकेंगे।

धारा 370 के खात्मे में ही कश्मीर का हल :

भारत की दोस्ती और पाकिस्तान की दुश्मनी के बीच एक गहरी दरार है, जिसमें सैलाब भी है और खून भी, क्योंकि पिछले 55--56 वर्षों से जम्मू कश्मीर के

अलगाववादी तत्वों के सामने भारत शान्ति, सद्भाव, वार्ता, मोहब्बत, प्यार और भाई चारे की चिरौरी कर रहा है, मगर हर बार रक्तपात ही उसका जवाब होता है। क्योंकि पाकिस्तान प्रचार तन्त्र और खुफिया संगठनों ने कश्मीरी आवाम में इतना गहरा भ्रम पैदा कर दिया है कि कश्मीरी आज यह नहीं जानते कि आखिरकार उन्हें किस देश में रहना है। भले ही जम्मू कश्मीर शेष भारत की निगाह में भारत का अभिन्न अंग है। लेकिन कश्मीरी आवाम की निगाह में वे एक विवादित क्षेत्र के निवासी हैं। भारतीय गणराज्य का संविधान भी उन्हें बाकी राज्यों की तरह एकात्म नहीं मानता। दरअसल सारी गलती पं० नेहरू की थी, जिन्होंने इस विवाद को संयुक्त राष्ट्र संघ तक पहुँचाया और संयुक्त राष्ट्र संघ के प्रतिनिधि सर ओवन डिक्सन ने जनमत संग्रह की योजना बनाई।

कश्मीर में पाकिस्तान द्वारा आतंकवाद का प्रत्यक्ष समर्थन :

वैसे तो शुरू से ही पाकिस्तान का रवैया आतंकवादी समर्थक रहा है, किन्तु 1989 ई० में जनता दल के सत्तारूढ़ होते ही कश्मीर में आतंकवाद का जो स्वरूप उभरकर सामने आया, वह भारत की एकता के लिए काफी खतरनाक साबित हुआ, क्योंकि 1989 ई० में तत्कालीन भारतीय गृहमंत्री मुफ्ती मुहम्मद सईद की पुत्री डॉ० रूबिया सईद का अपहरण आतंकवादियों द्वारा किया गया, जिसके बदले में उन्होंने पांच कट्टर आतंकवादियों को भारतीय जेलों से छुड़ाने में सफलता हासिल की। यही नहीं 15 अगस्त 1989 ई० को श्रीनगर में राष्ट्रय ध्वज जलाया गया तथा पाकिस्तानी झण्डे लहराये गये। इस घटना के बाद तो कश्मीर में एक तरह से आतंकवादियों और अलगाववादियों का प्रभुत्व स्थापित हो गया। फलतः उन्होंने आये दिन हड़तालें कराई, जनता कर्फ्यू लगाया तथा प्रशासन में अपनी घुसपैठ मजबूत की।

स्मरणीय है कि मई 1990 ई० तक पाकिस्तान ने कश्मीर के अलावा पंजाब में भी आतंकवादी हरकते तेज करवाई तथा सेना को भारतीय सीमा के करीब लगा दिया। फौजियों की छुट्टियाँ रद्द कर दी गयी और पाकिस्तानी नेता युद्धोन्माद भड़काने वाले बयान देने लगे। 1991 ई० में कश्मीरी आतंकवादियों ने इजरायली पर्यटकों का अपहरण करने का भी प्रयास किया था। यही नहीं उनके द्वारा एच०एम०टी० के मैनेजर मिस्टर रवेड़ा की हत्या, आई०ओ०सी० (इण्डियन ऑयल कारपोरेशन) के अध्यक्ष दोकाई स्वामी का अपहरण तथा अन्य कई महत्वपूर्ण लोगों का भी अपहरण किया गया।

अक्टूबर-नवम्बर 1993 ई० के दौरान कश्मीर के हजरत बल दरगाह में घुसे आतंकवादियों द्वारा जो ताण्डव नृत्य किया गया, उसके पीछे भी पाकिस्तानी अन्तर

सेना गुप्तचर विभाग का हाथ ही रहा है। अतः स्पष्ट है कि कश्मीर में जो कुछ हो रहा है, उसमें पाकिस्तान का पूर्ण रूपेण हाथ है। इसके लिए सबूत की भी आवश्यकता नहीं है।

संयुक्त राष्ट्र संघ और कश्मीर समस्या :

भारत प्रारम्भ से ही संयुक्त राष्ट्र संघ की सम्भावनाओं के प्रति बहुत आशावादी रहा है। पं० नेहरू अन्तर्राष्ट्रीय विवादों के निपटारे के लिए "शान्तिपूर्ण परामर्श" को ही महत्वपूर्ण समझते थे। पाकिस्तान द्वारा समय-समय पर इस क्षेत्र पर किए जाने वाले आक्रमणों की सूचनाएँ भी भारत ने संयुक्त राष्ट्र के समक्ष प्रस्तुत की है। यद्यपि सुरक्षा परिषद के अन्तर्गत सोवियत रूस को छोड़कर अन्य सभी महाशक्तियों की सहानुभूतियाँ पाकिस्तान समर्थक रही हैं। इन्होंने सदैव पाकिस्तान के कलुषित कार्यों के ढकने का प्रयत्न किया। फिर भी शान्ति बनाये रखने के लिए भारतवर्ष ने सदैव सुरक्षा परिषद व संयुक्त राष्ट्र संघ के आदेशों का पालन किया है।

22 अक्टूबर 1947 ई० को पाकिस्तान ने कबालियों को उकसाकर एवं उन्हें हथियार देकर जब कश्मीर पर आक्रमण किया, जिसकी शिकायत भारत ने संयुक्त राष्ट्र संघ के चार्डर की धारा (34 व 35) के अन्तर्गत सुरक्षा परिषद को भेजी। यह शिकायत एक ओर भारत के पवित्र उद्देश्यों और आदर्शों का स्पष्टीकरण करती है तथा दूसरी ओर सुरक्षा परिषद द्वारा कोई भी निर्णय न लेना पश्चिमी राज्यों की कलुषित एवं गन्दी भावनाओं को प्रदर्शित करती है।[4] वस्तुतः कश्मीर समस्या दोनों राष्ट्रों के बीच एक ऐसे ज्वालामुखी की तरह है जो समय-समय पर लावा उगलती रहती है।

अलाप माईकल के शब्दों में "कश्मीर समस्या अनिवार्यतः भूमि या पानी की समस्या नहीं, बल्कि यह प्रतिष्ठा की समस्या है।" भारत ने सर्वदा अपने उच्च आदर्शों को समक्ष रखकर ही अपनी विदेश नीति का सृजन किया। कश्मीर के सम्बन्ध में भी भारत ने पाकिस्तान के साथ उदारता एवं धैर्य प्रस्तुत किया।

कश्मीर समस्या को सुलझाने के लिए 20 जनवरी 1948 को संयुक्त राष्ट्र संघ ने एक पांच संसदीय आयोग का गठन किया इस आयोग का नाम "भारत-पाक हेतु संयुक्त राष्ट्र आयोग" रखा गया।

कश्मीर समस्या के सन्दर्भ में संयुक्त राष्ट्र संघ की गतिविधियाँ नेहरू जी एवं भारत की आशा के प्रतिकूल अमरीकी-विदेश नीति के षड़यन्त्रकारी गठजोड़ वाली रही है। उदाहरणार्थ-जब पहली बार कश्मीरी प्रधानमंत्री शेख अब्दुला को अपदस्थ

किया गया, तो इसकी पूर्व भूमिका अमरीकी राजदूत चेस्टर बोल्स की कश्मीर यात्रा ने तैयार की थी। 20 अप्रैल 1957 ई० को कश्मीर समस्या के समाधान हेतु एक अमरीकी नागरिक "ग्राहम मिशन" को सुरक्षा परिषद द्वारा नियुक्त किया गया। ग्राहम मिशन ने दोनों राष्ट्रों के मध्य प्रत्यक्ष वार्ता की सिफारिश की तथा समस्या के समाधान में अपनी असफलता व्यक्त की, लेकिन फिर भी ग्राहम मिशन को पुनः 2 दिसम्बर 1957 ई० में सुरक्षा परिषद के प्रस्ताव के परिणामस्वरूप इस समस्या के सम्बन्ध में जानकारी व उपाय के लिए नियुक्त किया गया। इन्होंने सुरक्षा परिषद के समक्ष पाँच प्रस्ताव रखे, लेकिन इसमें कोई नया प्रस्ताव नहीं रखा गया था। इसलिए भारत ने इन्हें पुनः अस्वीकार कर दिया। अतः स्पष्ट है कि भारत और पाकिस्तान के बीच कश्मीर तनाव का मुख्य कारण है। एक पाकिस्तान पत्रकार के अनुसार "हमारी भावनाएँ अब भी कश्मीर के बारे में वैसी हैं जैसी कि पहले थी।" लेकिन एक बात याद रखनी चाहिए कि हमने 1972 ई० में शिमला सम्मेलन के दौरान भी कश्मीर देना स्वीकार नहीं किया था।[5] भारत का मत है कि पाकिस्तान कश्मीर तथा अन्य कोई द्विपक्षीय मुद्दा संयुक्त राष्ट्र संघ के मंच से नहीं उठा सकता, लेकिन पाकिस्तान इस दृष्टिकोण को स्वीकार नहीं करता है।

सन् 1965 ई० में पाकिस्तान ने पुनः कश्मीर पर आक्रमण किया, लेकिन संयुक्त राष्ट्र संघ के पर्यवेक्षक हाथ पर हाथ धरे देखते रहे, क्योंकि सभी सबूतों के बावजूद भी सुरक्षा परिषद ने पाकिस्तान को आक्रमणकारी देश घोषित नहीं किया। पाकिस्तान को अमेरिका हथियार और संयुक्त राष्ट्र संघ में उसकी पूर्ण सहायता की वजह से भारतवर्ष पाकिस्तान को दोषी नहीं ठहरा सका।

कश्मीर के प्रश्न पर पाकिस्तान द्वारा दिये गये तर्क –

(1) भारत ने कश्मीर को बलपूर्वक एवं डरा-धमकाकर अपने में मिलाया है, इसलिए इसे स्वीकार नहीं किया जाना चाहिए।

(2) कश्मीर को इस शर्त पर मिलाया गया था कि "जनमत संग्रह" होगा, जिसका निर्णय अन्तिम निर्णय माना जायेगा। बिना "जनमत संग्रह" के कश्मीर को भारत का वैध अंग नहीं माना जा सकता है।

(3) कश्मीर में मुस्लिम निवासी बहुमत में हैं, इसलिए कश्मीर को पाकिस्तान में मिलाया जाना चाहिए।

(4) भारत विभाजन के समय भूमि और क्षेत्रों के सम्बन्ध में जो भी निर्णय लिए गये थे, वे मुस्लिम लीग और कांग्रेस द्वारा मिलकर लिए गये थे। इसलिए कश्मीर के सम्बन्ध में पाकिस्तान की सहमति भी ली जानी चाहिए।

कश्मीर के महाराजा ने जनता की इच्छा के विरूद्ध भारत में सम्मिलित होने का निर्णय लिया था, इसलिए यह अवैधानिक है। पाकिस्तान द्वारा दिये गये उपर्युक्त तर्कों को अगर यथार्थ की कसौटी पर कसा जाय तो वे हास्यप्रद लगते हैं। यह बात तो साफ झलकती है कि पश्चिमी विचारों का दृष्टिकोण पाकिस्तान समर्थक होने के कारण पाकिस्तान इस तर्कों का समर्थन करता है। यदि गौर से देखें तो पाकिस्तान के तर्कों के खोखलेपन को निम्न प्रकार से प्रदर्शित किया जा सकता है–

(1) कश्मीर पर भय और शान्ति का प्रदर्शन करने का दायित्व पाकिस्तान पर है। जिसके परिणामस्वरूप ही कश्मीर के महाराजा एवं शेख अब्दुला को कश्मीर के भारत में विलय करने का अवसर मिला। कश्मीर की जनता व उसके प्रतिनिधि पाकिस्तान के रहते अपने स्वतन्त्र अस्तित्व को नहीं बनाये रख सकते थे।

(2) पाकिस्तान का यह तर्क मूर्खतापूर्ण था कि कश्मीर मुस्लिम बहुसंख्यक प्रदेश है, क्योंकि भारत के अन्य प्रदेशों में भी मुस्लिम बड़ी संख्या में निवास करते हैं।

(3) पाकिस्तान का यह भी तर्क न्यायसंगत नहीं है कि कश्मीर के लिए जनमत संग्रह ही अन्तिम निर्णय माना जायेगा। क्योंकि भारत में विलय होने वाली रियासतों की संख्या लगभग 600 थी, जिनके विलय के लिए कोई भी जनमत संग्रह नहीं किया गया था। इसलिए कश्मीर के सम्बन्ध में इसे लागू करना अपेक्षित नहीं था।

(4) पाकिस्तान की यह मांग आन्तरिक मामलों में हस्तक्षेप करने के अधिकार के समान है।

(5) कश्मीर की संविधान सभा जिसे जनता द्वारा निर्वाचित किया गंया था, ने सन् 1951 ई० में भारत विलय को स्वीकार किया था।

उपर्युक्त विवेचन से स्पष्ट होता है कि कश्मीर के सम्बन्ध में पाकिस्तानी तर्क न्याय संगत नहीं है। इन तर्कों से दोनों राष्ट्रों के बीच मन-मुटाव एवं द्वेष की भावना झलकती है।

कश्मीर समस्या से जुड़े समझौते : कश्मीर समस्या को लेकर भारत व पाकिस्तान के मध्य जो समझौते हुए, उनका विस्तार से वर्णन अधोलिखित है–

(अ) दिल्ली समझौता :

14 जुलाई 1952 ई० को तत्कालीन भारतीय प्रधानमंत्री पं० जवाहर लाल नेहरू व शेख अब्दुल्ला के बीच एक विस्तृत समझौता हुआ। इस समझौते के

प्रावधानों की घोषणा पं० जवाहर लाल नेहरू ने 24 जुलाई 1952 ई० को केन्द्रीय संसद में की, जिसे 19 अगस्त 1952 ई० को जम्मू एवं कश्मीर राज्य की संविधान सभा में स्वीकृति प्रदान की। इसे दिल्ली समझौते का नाम से जाना जाता है। इस समझौते के प्रमुख बिन्दु निम्नलिखित हैं–

(1) कश्मीर सहित सम्पूर्ण भारत का प्रधान भारत का राष्ट्रपति होगा।

(2) यद्यपि सदर-ए-रियासत केन्द्र द्वारा मनोनीत किये जाने के बजाय राज्य विधायिका द्वारा निर्वाचन किये जायेंगे, लेकिन भारत के राष्ट्रपति की सहमति के बिना वह पदभार ग्रहण नहीं कर सकेगा।

(3) फौरी तौर पर सर्वोच्च न्यायालय के क्षेत्र से सम्बन्धित प्रावधान जम्मू और कश्मीर पर लागू होंगे।

(4) धारा 370 के प्रति प्रतिबद्धता।

(5) कश्मीर का अपना अलग राजकीय ध्वज होगा, परन्तु राष्ट्रीय ध्वज तिरंगा को अलग और विशिष्ट स्थान देते हुए ही राजकीय ध्वज फहराया जा सकेगा।

(6) आन्तरिक आपातकाल के उपबन्ध को केवल राज्य विधायिका की सहमति से ही लागू किये जा सकेंगे।

(7) सभी कश्मीरी भारत के नागरिक होंगे, लेकिन राज्य विधायिका में यहाँ शक्ति निहित होगी कि वह उन विशेष अधिकारों को राज्य के निवासियों को प्रदान करे जो 1927 और 1932 के आन्दोलन के फलस्वरूप उन्हें प्राप्त हुए थे।

वी०जे० ग्लैसी कमीशन 1932 की सिफारिश के आधार पर जो विशेष अधिकार प्रदान किये गये थे, वे इस प्रकार थे– "किसी भी धर्म का अपमान करने पर कठोर सजा, मुसलमानों की शिक्षा और नौकरियों में सकारात्मक भेद और राज्य नौकरियों, खतवा और उपजान की पुर्नस्थापना राज्य निवासियों के सिद्धान्त के लिए कठोरता से पालन।"

दिल्ली समझौते की घोषणा के बाद पैतृक राजतन्त्र को समाप्त कर राज्याध्यक्ष को सदरे रियासत की पदवी दे दी गयी। दिल्ली समझौते के खिलाफ जम्मू में प्रजा परिषद के नेतृत्व में जबरदस्त आन्दोलन हुआ, जिसका नारा था– 'एक देश में दो विधान', एक देश में दो निशान, तथा एक देश में दो प्रधान नहीं चलेंगे।' भारतीय जनसंघ इस आन्दोलन को पूरी तौर पर समर्थन दे रहा था। जनसंघ के अध्यक्ष श्यामा प्रसाद मुखर्जी को इसी आन्दोलन के दौरान 11 मई 1953 ई० को जम्मू में गिरफ्तार कर लिया गया था तथा 23 जून को पुलिस हिरासत में इनकी मृत्यु हो गयी थी। इतना

ही नहीं शेख अब्दुल्ला के विरूद्ध पूरे देश में क्रोध की लहर उठ खड़ी हुई और नेहरू की प्रतिष्ठा को भी धक्का पहुँचा। इस घटना के बाद से कश्मीर की पूरे राष्ट्र से दूरी बढ़ती ही गयी।

(ब) ताशकन्द समझौता :

11 जनवरी 1966 ई० को तत्कालीन सोवियत संघ की मध्यस्थता (रूस के प्रधानमंत्री श्री कोसिगन के प्रयत्नों से) में भारत और पाकिस्तान के मध्य (भारत के तत्कालीन भारतीय प्रधानमंत्री लाल बहादुर शास्त्री तथा पाकिस्तानी राष्ट्रपति फील्ड मार्शल अयूब खां के बीच) ताशकन्द में जनवरी 1966 ई० को ताशकन्द समझौता हुआ, जिसमें दोनों देशों को 5 अगस्त 1965 ई० की स्थिति में पहुँचना था। इस समझौते में यह निश्चित किया गया था कि समझौते में जो भी शर्तें रखी जाय, उन्हें मानना भारत एवं पाकिस्तान दोनों के लिए आवश्यक है। ताशकन्द समझौते में जो मुख्य शर्तें रखी गयीं, वे निम्नलिखित थीं :-

(1) दोनों पक्ष एक दूसरे के आन्तरिक मामलों में हस्तक्षेप नहीं करेंगे।
(2) दोनों पक्ष अपने किसी भी तरह के विवादों को शान्तिपूर्ण ढंग से सुलझायेंगे।
(3) दोनों देश आपस में मित्रता पूर्वक सम्बन्ध स्थापित करेंगे।
(4) दोनों पक्षों को एक दूसरे के युद्धबन्दियों को तत्काल वापस करना होगा।
(5) दोनों पक्षों की सेनाओं को 1965 की स्थिति तक वापस लौटना था।
(6) जो शरणार्थी अवैध रूप से निवास कर रहे हैं, उनको भी वापस लिया जायेगा।

भारत में ताशकन्द समझौते की कड़ी आलोचना की गई तथा इसे भारत की कूटनीतिक पराजय माना गया। यही नहीं इस समझौते के उपरान्त तत्कालीन भारतीय प्रधानमंत्री श्री लाल बहादुर शास्त्री की ताशकन्द में ही अकाल मृत्यु हो गयी। ताशकन्द समझौते के कारण ही भारत को पूरी विजित भूमि पाकिस्तान को वापस लौटानी पड़ी। फिर भी दोनों राष्ट्रों के बीच शान्ति कायम न हो सकी।

(स) शिमला समझौता :

भारत और पाकिस्तान के मध्य द्विपक्षीय सम्बन्धों में तत्कालीन भारतीय प्रधानमंत्री श्रीमती इन्दिरा गांधी एवं तत्कालीन पाकिस्तानी राष्ट्रपति श्री जुल्फीकार अली भुट्टो ने शिमला में 3 जुलाई 1972 ई० को एक समझौते पर हस्ताक्षर किए, जो शिमला समझौते के नाम से जाना जाता है।

समझौते के अनुसार भारत सरकार और पाकिस्तान सरकार दोनों देशों के सम्बन्धों में टकराव और संघर्षों को खत्म करने एवं मैत्रीपूर्ण तथा सदभावनापूर्ण सम्बन्ध बनाने व उपमहाद्वीप में स्थायी शान्ति कायम करने का संकल्प लेती है, ताकि भविष्य में दोनों देश अपने संसाधनों तथा शक्ति का उपयोग अपनी जनता के कल्याण कार्यों को तेज करने के लिए कर सके। दोनों देशों के बीच स्थायी शान्ति कायम करने की प्रक्रिया शुरू करने के लिए मुख्यत: तीन बातों पर सहमति हुई–

(1) जम्मू कश्मीर में 17 दिसम्बर 1971 की युद्धबन्दी के बाद की नियन्त्रण रेखा का दोनों पक्ष बिना किसी पूर्वाग्रह के सम्मान करेंगे तथा दोनों में से कोई भी पक्ष इस स्थिति को नहीं बदलेगा। भले ही दोनों पक्षों के बीच आपसी मतभेद और दोनों की कानूनी व्याख्याओं में अन्तर बरकरार रहे। दोनों देश इस नियन्त्रण रेखा का उल्लंघन करने के लिए ताकत का इस्तेमाल नहीं करेंगे और न ही इसकी धमकी देंगे।

(2) भारतीय और पाकिस्तानी सेनाएँ अन्तर्राष्ट्रीय सीमा पर वापस बुला ली जायेंगी।

(3) सेनाओं की वापसी तथा युद्धबन्दियों की अदला-बदली की प्रक्रिया समझौते के अमल में आते ही शुरू हो जायेगी तथा 30 दिन के अन्दर पूरी हो जायेगी।

(द) कश्मीर समझौता :

तत्कालीन भारतीय प्रधानमंत्री श्रीमती इन्दिरा गाँधी के साथ शेख मोहम्मद अब्दुल्ला के मध्य निम्नांकित बिन्दुओं पर सहमति के बाद एक समझौता हुआ जिसके परिणामस्वरूप फरवरी 1975 ई० में उन्होंने राज्य के मुख्यमंत्री का पद संभाला। समझौते में सहमति के प्रमुख बिन्दु अधोलिखित हैं–

(1) जम्मू और कश्मीर भारतीय संघ का अविभाज्य अंग है तथा संघ के साथ उनके सम्बन्धों का निर्धारण, भविष्य में भारतीय संविधान की धारा 370 के अन्तर्गत ही होगा।

(2) यद्यपि कानून बनाने की अवशिष्ट शक्तियाँ राज्य के पास रहेंगी, किन्तु संघीय संसद का ऐसे तमाम विषयों पर कानून बनाने का अधिकार बरकरार रहेगा, जिनका सम्बन्ध भारत की क्षेत्रीय अखण्डता और प्रभुसत्ता को भंग करने, चुनौती देने या नकारने, किसी प्रत्यक्ष अथवा अप्रत्यक्ष प्रभाव और भारतीय क्षेत्र के किसी भाग को उससे अलग करने या भारत के किसी क्षेत्र को संघ से अलग करने या भारतीय राष्ट्रीय

ध्वज, भारतीय राष्ट्रीय गान व भारतीय संविधान का अपमान करने व किसी गतिविधि को रोकने से है।

(3) यदि जम्मू कश्मीर राज्य में भारतीय संविधान के किसी प्रावधान को अनुकूलित और संशोधित अवस्था में लागू किया गया हो, तो ऐसे अनुकूलों और संशोधनों का धारा 370 के अंतर्गत राष्ट्रपति के आदेश के जरिये बदला या निरस्त किया जा सकता है, लेकिन जम्मू कश्मीर राज्य में पहले से ही लागू संविधान के उन प्रावधानों को, जो संविधान या अनुकूलित अवस्था में लागू किये गये थे, बदला नहीं जायेगा।

(4) कल्याण कार्यों, सांस्कृतिक मामलों, सामाजिक सुरक्षा, वैयक्तिक कानून तथा व्यावहारिक कानून आदि के मामलों में अपने खुद के कानून बनाने की जम्मू कश्मीर की स्वतंत्रता को राज्य की विशेष परिस्थितियों के अनुरूप, सुनिश्चित करने की गरज से इस बात पर सहमति की जाती है कि राज्य सरकार 1953 ई० के बाद संसद द्वारा राज्य के लिए बनाये गये या राज्य में लागू किये गये समवर्ती सूची के विषयों से जुड़े किसी भी कानून की समीक्षा कर सकती है तथा वह चाहे तो उसे रद्द भी कर सकती है।

(5) जैसा कि संविधान की धारा 368 के अन्तर्गत पारस्परिक प्रावधान है– राज्य में लागू इस धारा को राष्ट्रपति के आदेश के जरिये संशोधित करके ऐसी व्यवस्था की जाय कि निम्नलिखित विषयों को प्रत्यक्ष या अप्रत्यक्ष प्रभावित करने की मंशा से जम्मू कश्मीर के संविधान में संशोधन हेतु राज्य विधायिका द्वारा बनाये जाने वाला कोई भी कानून तब तक लागू न हो जब तक कि इस कानून के विधेयक पर राष्ट्रपति की स्वीकृति नहीं ले ली जाती, ये विषय हैं–

(अ) राज्य की नियुक्ति, इसकी शक्तियां, उसके कार्य, कर्तव्य, विशेषाधिकार एवं उन्मुक्तियां तथा

(ब) चुनाव से जुड़े मामलों पर भारत के चुनाव आयोग का पर्यवेक्षक दिशा निर्देशन, नियंत्रण व बिना किसी भेदभाव के मतदाता सूचियों में प्रविष्ठियों, बालिग मताधिकार का सुनिश्चितीकरण तथा विधान परिषद का गठन, जिसका जम्मू कश्मीर के संविधान की धाराओं–138, 139, 140 व 150 में प्रावधान हैं।

काश्मीर के सम्बन्ध में भारत द्वारा दिये गये तर्क :

भारत का कहना है कि इसमें कोई सन्देह नहीं है, कि कश्मीर भारत का अभिन्न अंग है, इस सन्दर्भ में भारत द्वारा जो तर्क प्रस्तुत किये गये हैं, वे अधोलिखित हैं–

(1) सन् 1947 ई० के भारत स्वतन्त्रता अधिनियम में यह व्यवस्था की गयी थी कि विभिन्न राज्यों के शासक भारत और पाकिस्तान में हो किसी भी राज्य में सम्मिलित होने के लिए स्वतन्त्र है। कश्मीर के शासक ने भी भारत में विलय होने का निर्णय उसी प्रकार लिया था जिस प्रकार जोधपुर और जयपुर के महाराजाओं ने लिया था।

(2) भारत का तर्क है कि कश्मीर की जनता ने संविधान निर्मात्री सभा 1951 व समय-समय पर होने वाले आम चुनाओं के माध्यम से भारत वर्ष के साथ अपने भविष्य का सम्बन्ध किया है तथा वह भारत में विलय को पूर्णरूपेण स्वीकार कर चुकी है।

(3) पाकिस्तान एक धर्मतन्त्रीय राज्य है जिसके 49 वर्षों के इतिहास में प्रजातान्त्रिक शासन पद्धति को गठित नहीं किया जा सका है। यह पूर्णतया सैनिक तानाशाही के अधीन था। ऐसे राज्य द्वारा आत्म-निर्णय के विचार को प्रस्तुत करना केवल हास्यास्पद ही माना जा सकता है।

(4) भारत का यह भी कहना है कि पाकिस्तानी नीति आतंकवादी है। उसने कश्मीर के बड़े भाग को बलपूर्वक अपने अधीन रखा है तथा इसका कुछ भाग चीन को प्रदान किया है। इसलिए पाकिस्तान किसी भी स्तर से कश्मीर पर अपना अधिकार प्रदर्शित करने योग्य नहीं है।

(5) भारत का यह भी मानना है कि भारत द्वारा जनमत संग्रह की बात भारतीय नेताओं ने किसी न किसी स्तर पर अवश्य की थी, लेकिन पिछले 38 वर्षों में परिस्थितियाँ पूर्णतया बदल चुकी है, जिससे जनमत संग्रह के विचार को उचित नहीं माना जा सकता है।

(6) जनमत संग्रह की एक मांग यह भी थी कि पाकिस्तान अधिकृत कश्मीर से अपनी सेना को हटा लेगा, लेकिन पाकिस्तान ऐसा करने में असफल रहा है।

(7) भारत का यह भी कहना है कि हमने जनमत संग्रह का विचार कश्मीर के महाराजा के समक्ष प्रस्तुत किया था, न कि पाकिस्तान के समक्ष। पाकिस्तान इसमें तृतीय पक्ष है, इसलिए उसका यह कथन आन्तरिक मामलों में हस्तक्षेप है।

(8) भारतवर्ष का तर्क है कि आत्मनिर्णय का अधिकार प्रजातन्त्र के साथ संबद्ध है, लेकिन इसका प्रयोग राज्य का विभाजन करना नहीं होता है। उदाहरणार्थ ब्रिटेन में निवास करने वाले भारतीयों या वैल्श निवासियों को आत्मनिर्णय का अधिकार ब्रिटेन प्रदान कर सकता है।

(9) भारतवर्ष एक धर्मनिरपेक्ष राष्ट्र है तथा पाकिस्तान की कुल जनसंख्या से अधिक मुस्लमान भारतवर्ष में निवास करते हैं, इसलिए भारतवर्ष मुहम्मद अली जिन्ना के द्विराष्ट्र सिद्धान्त को नहीं मानता है।

(10) भारतवर्ष का यह भी मानना है कि कश्मीर भारत का अभिन्न अंग बन चुका है, इसलिए कश्मीर में जनमत संग्रह कश्मीरी जनता का अपमान है तथा इसे सम्पन्न करने के लिए भारतीय संविधान में संशोधन करना होगा।

उपरोक्त विवेचन से स्पष्ट होता है कि कश्मीर में आतंकवाद का जो स्वरूप देखने को मिल रहा है, उसमें पाकिस्तान का पूर्ण हाथ है। इसके लिए किसी सबूत की भी आवश्यकता नहीं है, क्योंकि पाकिस्तानी शह पर ही कश्मीर में आये दिनों आतंकी गतिविधियाँ होती रहती है। कश्मीर में हो रही इन आतंकी गतिविधियों को देखकर एवं भय से लगभग 3 लाख हिन्दू परिवार कश्मीर छोड़कर पलायन कर चुके हैं, ऐसी स्थिति को देखकर भारत सरकार को पाकिस्तानी सरकार से स्पष्ट कहना होगा कि कश्मीर में उसके द्वारा जो भी हस्तक्षेप किया जा रहा है, वह उसे बन्द कर दे, ताकि कश्मीर समस्या का कोई स्थाई समाधान निकल सके।

भारत और पाकिस्तान के मध्य जो कश्मीर विवाद हैं उसमें रोड़े अटकाने का काम प्रत्यक्ष या अप्रत्यक्ष रूप से विश्व की महाशक्ति अमेरिका भी करता है, क्योंकि अमेरिकी प्रशासन भारत को अपने दबाव में रखना चाहता है, इसीलिए वह कश्मीर के सम्बन्ध में तरह-तरह की बयानबाजी करता रहता है, जो कि भारत को मंजूर नहीं है।

वैसे भी अमेरीकी प्रशासन कश्मीर के सम्बन्ध में जो बयानबाजी समय-समय पर करता रहता है, उससे न केवल भारत-पाक सम्बन्धों में कटुता झलकती है, अपितु भारत में आतंकवादियों के हौसले भी बुलन्द होते रहते हैं और दूसरी तरफ पाकिस्तानी सरकार को ताकत जैसा इन्जेक्शन भी मिलता रहता है। अमेरिका की इस ढुलमुल नीति को देखते हुए प्रो० एल०जे० सिंह का ठीक ही कहना है कि "अमेरिका भारत और पाकिस्तान को ऐसे शीत युद्ध में घसीटना चाहता है, जिससे वह इन दोनों देशों के आर्थिक, भौतिक, प्राकृतिक तथा वैज्ञानिक संसाधनों का मनचाहा दोहन कर सकें।"

लेकिन स्थिति जो भी हो दोनों राष्ट्रों के मध्य कश्मीर समस्या जो कि एक नासूर बना हुआ है, उसका स्थाई समाधान दूर-दूर तक दिखायी नहीं देता है, चाहे पाकिस्तान भारत को कश्मीर समाधान के सम्बन्ध में कितना भी स्पष्ट सबूत पेश न कर दे, क्योंकि पाकिस्तानी कथनी और करनी में जमीन-आसमान का फर्क है इसलिए कश्मीर को लेकर जहाँ दोनों राष्ट्रों के मध्य चार युद्ध हो चुके हैं वही भविष्य में युद्ध की स्थिति को नकारा नही जा सकता है।

सन्दर्भ सूची

1. भारतीय युद्ध कला, डॉ० लल्लन जी सिंह, संस्करण 2004, पृष्ठ-7
2. भारतीय युद्ध कला, डॉ० लल्लन जी सिंह, संस्करण 2004, पृष्ठ-7
3. राष्ट्रीय रक्षा और सुरक्षा, डॉ० लल्लन जी सिंह, संस्करण 2006, पृष्ठ-504
4. अन्तर्राष्ट्रीय सम्बन्ध, डॉ० एल०एस० श्रीवास्तव व वी०पी० जोशी, पृष्ठ-272
5. अन्तर्राष्ट्रीय सम्बन्ध, डॉ० वी०एल० फाड़िया, पृष्ठ-370

7. जम्मू-कश्मीर : स्वायत्तता और स्वशासन

डॉ० सावित्री नेगी*

15 अगस्त, 1947 को ब्रिटिश सत्ता के अन्त हो जाने पर भारतीय रियासतों के लिए भौगोलिक सामीप्य के आधार पर भारत या पाकिस्तान में से किसी भी राष्ट्र के साथ विलय करने का कार्य सरल हो गया था, लेकिन जम्मू एवं कश्मीर रियासत ने अपने आप को कठिन परिस्थितियों में पाया। भारत सरकार ने कश्मीर के राजा हरि सिंह पर अपने राज्य को भारत में विलय करने के लिए किसी भी प्रकार का दबाव नहीं डाला, बल्कि लार्ड माउन्टबेटन द्वारा यह कहला दिया गया कि यदि वे अपने राज्य का विलय पाकिस्तान में करना चाहते हों, तो ऐसा करने के लिए वे स्वतंत्र हैं। जून, 1947 में माउन्टबेटन ने सजा हरि सिंह को यह राय दी कि वे अपने राज्य को भारत या पाकिस्तान किसी में मिला दें तथा ऐसा करने के लिए वे जनमत संग्रह करा सकते हैं, परन्तु राजा हरि सिंह ने अपने राज्य की जनता के हितों को ध्यान में रखते हुए यह निर्णय लिया कि वे अपने राज्य का विलय दोनों राष्ट्रों में से किसी के साथ भी नहीं करेंगे। उन्होंने कश्मीर को स्वतंत्र रखने हेतु अपनी इच्छा व्यक्त की। 14 अगस्त, 1947 को महाराजा और पाकिस्तान ने "यथा स्थिति" बनाए रखने के लिए समझौते पर हस्ताक्षर किये। जब महाराजा भारत के साथ भी "यथास्थिति समझौता" करने के लिए विचार-विमर्श कर ही रहे थे, तो पाकिस्तान के तत्कालीन गवर्नर जनरल मोहम्मद अली जिन्ना जम्मू-कश्मीर को पाकिस्तान में मिलाने के लिए साजिश रचने लगे। कश्मीर में पाकिस्तानी झण्डे लहराये गये, पुंछ और कई क्षेत्रों में महाराजा के खिलाफ बगावत करायी गयी। पाकिस्तान ने यथास्थिति समझौते का उल्लंघन करके कश्मीर राज्य पर आर्थिक दबाव डालना प्रारम्भ किया। उपयोगी वस्तुओं की

---

*प्रवक्ता-सैन्य विज्ञान, राजकीय कन्या इण्टर कालेज, पौड़ी, पौड़ी गढ़वाल (उत्तराखण्ड)

आपूर्ति पर रोक लगा दी गयी। पाकिस्तान ने सशस्त्र कबायलियों के द्वारा अक्टूबर, 1947 को जम्मू-कश्मीर पर धावा बोल दिया। स्थिति की गम्भीरता को देखते हुए महाराजा हरि सिंह ने 24 अक्टूबर 1947 को भारत से तुरन्त सैनिक सहायता भेजने की अपील की, परन्तु कश्मीर के भारत में विलय न होने के कारण, भारत द्वारा उसे सहायता देने में असमर्थता व्यक्त की गई।

महाराजा ने श्रीनगर की ओर बढ़ते हुए कबायलियों से चिंतित होकर पुनः सहायता की प्रार्थना की। महाराजा के लिखित अनुरोध तथा विलय पत्र पर हस्ताक्षर किये जाने और भारत द्वारा कश्मीर के विलय को स्वीकार किये जाने के साथ ही कश्मीर भारत का अंग बन गया।[1] विलय पत्र के साथ ही महाराजा ने भारत के तत्कालीन गर्वनर माउन्टबेटन के नाम एक शर्तनामा भी प्रस्तुत किया था, जिससे उन्होंने रक्षा, विदेश, संचार और मुद्रा सम्बन्धित नियमों को भारत सरकार को सौंपते हुए शेष सभी विषयों पर कानून बनाने का अधिकार अपने पास रखा था। विलय पत्र के अनुसार कश्मीर राज्य का भारतीय डोमिनियन में विलय कुछ शर्तों के अधीन था। विलय पत्र में प्रावधान डोमिनियन विधायिनी को कश्मीर राज्य में किसी प्रभाव के लिए अनिवार्य रूप से भूमि अर्जन करने का अधिकार नहीं देता, यदि कश्मीर के लिए भूमि अर्जन जरूरी हुआ, तो उनकी प्रार्थना पर राजा उस भूमि को डोमिनियन के खर्चे पर डोमिनियन के लिए अर्जित करेंगे। इसके अलावा विलय पत्र में यह प्रावधान भी था कि विलय पत्र से राजा भविष्य के भारतीय संविधान को मानने के लिए बाध्य नहीं होंगे और न ही भविष्य में बने ऐसे संविधान से भारत के साथ करार करने का उनका विशेषाधिकार प्रभावित होगा।

उपरोक्त स्थितियों को ध्यान में रखते हुए कश्मीर को भारतीय संविधान के अनुच्छेद 370 के अन्तर्गत रखा गया, जिससे विलय पत्र की भावना के अनुरूप ही कश्मीर की भारतीय संघ में विशेष स्थिति बनी हुई है। धारा 370 में प्रावधान है कि संविधान के अन्य प्रावधानों के बावजूद कश्मीर राज्य के सन्दर्भ में संसद की कानून बनाने की शक्ति संघीय सूची तथा समवर्ती सूची के केवल उन विषयों तक ही सीमित है, जो कश्मीर राज्य के साथ सलाह-मशविरा करके राष्ट्रपति यह घोषित करे कि वह मामले, विलय पत्र में उल्लेखित के मामलों के अनुरूप है। धारा 370 के भाग (3) में यह प्रावधान भी है कि राष्ट्रपति चाहे तो वह घोषणा कर सकते हैं कि धारा 370 अब लागू नहीं होगा, लेकिन इसके लिए कश्मीर राज्य की संवैधानिक सभा की संस्तुति पर ही किया जायेगा। राज्य पर संसद का विधायी अधिकार भी संघ और समवर्ती सूची की उन्हीं मदों तक सीमित रहेगा, जो अंगीकारा पत्र में विनिर्दिष्ट विषय में तत्स्थानी है। यह अंतरिम व्यवस्था तब तक चलेगी जब तक संवैधानिक सरकार अपना निश्चय न कर दे।

राष्ट्रपति ने जम्मू-कश्मीर के सन्दर्भ में संविधान के उपरोक्त उपबंधो के अनुसरण में आदेश 1950 को निकाला,[2] जो कश्मीर राज्य के परामर्श से निकाला गया था और इसमें वे मामले निहित थे, जिसके लिए संघ की संसद कश्मीर राज्य के लिए कानून बनाने के लिए सक्षम होगी। यह मामले उन तीन विषयों से सम्बन्धित थे, जिनमें रक्षा, विदेश और संचार व्यवस्थायें थीं, जिनके बदौलत कश्मीर का भारत में विलय किया गया था। 1949 के भारत-पाक युद्ध विराम के साथ ही भारत की कश्मीर समस्या की लड़ाई विधायी मैदान में आ गयी। तब तक कश्मीर रियासत का एक तिहाई भू-भाग पाकिस्तान के कब्जे में आ चुकी थी। शेष भू-भाग में 1951 में अंशकालिक और संक्रमणकालीन प्रावधानों समेत धारा 370 के अन्तर्गत विशेष राज्य का दर्जा दिया गया था। इस विशेष दर्जे का प्रावधान यह था कि बाहरी लोगों को वहाँ जमीन खरीदने पर रोक लगा दी गयी और राज्य के प्रमुख 'सदर-ए-रियासत' को केन्द्र तभी नियुक्त कर सकता था, जब राज्य विधान सभा के उसके चयन को मंजूरी दे दी हो।

इसी के उपरान्त कश्मीर की संविधान सभा द्वारा अनेक निर्णय लिये गये थे, इन निर्णयों तथा इनके प्रभावों पर सम्यक विचार-विमर्श आवश्यक हो गया था। अतः विचार-विमर्श के दौरान भारत सरकार और कश्मीर राज्य के मध्य एक समझौता जुलाई 1952 में दिल्ली में हुआ,[3] जिसके मुख्य बिन्दु इस प्रकार से थे:-

1952 का दिल्ली समझौता, मुख्य बिन्दुः-

(1) जम्मू कश्मीर संविधान सभा के इस पक्ष के सन्दर्भ में कि उन मामलों को छोड़कर जिनका उल्लेख विलय पत्र में किया गया था, शेष सभी मामलों में राज्य की सम्प्रभुत्ता बरकरार रहेगी। भारत सरकार इस पर सहमत हुई कि शेष वैधानिक अधिकार जो जम्मू व कश्मीर के अतिरिक्त सभी राज्यों के सम्बन्ध में केन्द्र सरकार के पास है, जम्मू व कश्मीर के मामले में वे सब संवैधानिक अधिकार स्वयं राज्य में ही निहित है।

(2) दोनों सरकारों के मध्य इस बात पर भी सहमति हुई कि भारतीय संविधान के अनुच्छेद 5 के अनुसार वे व्यक्ति जो जम्मू व कश्मीर में अपना निवास स्थान रखते हैं, भारत के नागरिक माने जायेंगे, परन्तु राज्य की विधायिका को यह अधिकार दिया गया कि वह स्टेट सबजैक्ट नोटिफिकेशन 1927 एवं 1932 के सन्दर्भ में राज्य की जनता से सम्बन्धित विशेष अधिकारों और उन्मुक्तियों के सिलसिले में कानून बना सकती है। राज्य की विधायिका को यह अधिकार भी दिया गया कि वह

राज्य की उस प्रजा के लिए भी कानून बना सकती है, जो 1947 में साम्प्रदायिक झगड़ों के कारण पाकिस्तान चली गयी थी और फिर कश्मीर लौट आई।

(3) भारत के राष्ट्रपति को राज्य में वह सब सम्मान प्राप्त रहेंगे, जो उसे भारत के अन्य राज्यों में प्राप्त है और उससे सम्बन्धित भारतीय संविधान में 52 से 82 तक जो अनुच्छेद है वे भी राज्य में लागू रहेंगे। साथ ही इस पर भी सहमति हुई कि क्षमादान और सजाओं में रियासत आदि के सम्बन्धित जो भी शक्तियाँ भारत के राष्ट्रपति को प्राप्त है, वे सभी शक्तियाँ उसमें यथावत निहित रहेंगी।

(4) भारत गणराज्य की सरकार इस बात पर भी सहमत हुई कि गणराज्य के झंडे के साथ-साथ अपना झंडा भी रख सकता है, लेकिन राज्य सरकार ने इस पर अपनी सहमति जतायी कि राज्य का झंडा कभी भी गणराज्य के झंडे का प्रतिद्वंदी बनकर नहीं रहेगा। यह भी मान लिया गया कि गणराज्य के झंडे की वही हैसियत और स्थिति जम्मू व कश्मीर राज्य में भी रहेंगी, जैसी भारत के अन्य राज्यों में है, लेकिन कुछ ऐतिहासिक कारणों से जिनका सम्बन्ध राज्य के स्वतन्त्रता संघर्ष से है, राज्य की इस जरूरत को मान लिया गया कि वह चाहे तो अपने झंडे को बरकरार रख सकता है।

(5) सदर-ए-रियासत की स्थिति के सन्दर्भ में भी पूर्णतया सहमति हो गयी, यद्यपि चुनाव राज्य की विधायिका द्वारा पारित किया जाएगा तथापि अपने पद पर आसीन होने से पूर्व वह भारत के राष्ट्रपति की मान्यता भी प्राप्त करेगा। यह उसी प्रकार से होगा, जैसे भारत के अन्य राज्यों में है, जहाँ राज्य के प्रमुख की नियुक्ति भारत के राष्ट्रपति द्वारा की जाती है और वह उसी के द्वारा नामांकित किया जाता है, परन्तु वह व्यक्ति, जिसे राज्य के प्रमुख के पद पर नियुक्त किया जाना है, राज्य सरकार को भी स्वीकार होना चाहिए। यदि कोई व्यक्ति राज्य सरकार को स्वीकार नहीं है तो ऐसे व्यक्ति को राज्य का प्रमुख नहीं बनाया जाएगा। इस मामले में कश्मीर की स्थिति अन्य राज्यों से अलग इस सन्दर्भ में होगी कि सदर-ए-रियासत को सबसे पहले राज्य की विधायिका द्वारा चुना जाएगा, न कि वह राज्य सरकार और भारत के राष्ट्रपति द्वारा नामांकित होगा।[4]

(6) दोनों पक्षों के बीच मौलिक सिद्धान्तों पर भी सहमति हुई, जिसमें यह स्वीकार किया गया कि राज्य की जनता को मौलिक अधिकार प्राप्त होंगे, परन्तु राज्य की विशेष स्थिति के सम्बन्ध में भारतीय संविधान में

"मौलिक अधिकारों" से सम्बन्धित पूरे अध्याय को राज्य में लागू नहीं किया जा सकता। जो बात अभी तय की जानी बाकी है, वह यह कि क्या मौलिक अधिकारों से सम्बन्धित अध्याय राज्य के संविधान का भाग हो।

(7) भारत के उच्चतम न्यायालय के क्षेत्राधिकार के सम्बन्ध में यह स्वीकार किया गया कि जब तक राज्य में न्यायिक परामर्शदाताओं के बोर्ड का अस्तित्व है, जो कि राज्य का सर्वोच्च न्यायिक प्राधिकरण है, सर्वोच्च न्यायालय के पास केवल अपील सम्बन्धी क्षेत्राधिकार ही रहेगा।

(8) आपातकालीन शक्तियों के सन्दर्भ में भारत सरकार कश्मीर में अनुच्छेद 352 को लागू करने का आग्रह करती रही है, जो कि राष्ट्रपति को यह अधिकार प्रदान करता है कि वह राज्य में एक सामान्य आपात की घोषणा कर सकता है, जबकि राज्य सरकार का तर्क रहा है कि युद्ध अथवा आन्तरिक गड़बड़ी के समय भारत सरकार की सुरक्षा सम्बन्धी शक्तियों के प्रयोग के सन्दर्भ में भारत सरकार के पास उचित कदम उठाने की पूरी शक्ति रहेगी कि वह आपात की घोषणा कर सके।

परन्तु राज्य का शिष्टमण्डल इस बात के विरूद्ध रहा है कि आन्तरिक गड़बड़ी के समय राष्ट्रपति ही सामान्य आपात की घोषणा करने की शक्ति का भी प्रयोग करे, लेकिन राज्य के शिष्टमण्डल का लिहाज करते हुए भारत सरकार ने अनुच्छेद 352 में उपधारा (1) के अन्त में कुछ परिवर्तन किये गये– परन्तु आन्तरिक गड़बड़ी के समय राज्य सरकार की प्रार्थना पर अथवा उसके साथ सहमति होने पर, दोनों पक्ष इस पर सहमत हुए कि अनुच्छेद 356 जो राज्य के संविधान के स्थगित होने के सन्दर्भ में है तथा अनुच्छेद 360 जो आर्थिक आपात से सम्बन्धित है की आवश्यकता नहीं है।

उपरोक्त तथ्यों से स्पष्ट है कि जम्मू व कश्मीर राज्य भारतीय गणराज्य में एक विशेष स्थान रखता है और राज्य के उस विशेष स्थान की इजाजत स्वयं संविधान का अनुच्छेद 2 उसे प्रदान करता है।[5] भारत सरकार ने यह घोषणा की थी कि कश्मीर के शासक द्वारा राज्य के भारत से सम्बन्ध उस राज्य की संविधान सभा द्वारा अन्तिम रूप से अवतरित किये जायेंगे। राज्य के लोगों ने प्रभुत्व सम्पन्न संविधान सभा का निर्वाचन किया, जिसका पहला अधिवेशन 31 अक्टूबर 1951 को हुआ। राज्य की संविधान सभा ने पहला कार्य यह किया कि राजा के वंशागत शासन को समाप्त कर दिया। इस प्रकार से कश्मीर राज्य में राजाओं का शासन समाप्त हुआ और राज्य का मुखिया निर्वाचित व्यक्ति होने लगा।[6] फरवरी 1954 को कश्मीर की संविधान सभा ने भारत में इस राज्य के विलय का अनुमोदन किया और मई 1954 को भारत के

राष्ट्रपति ने अनुच्छेद 370 की कानूनी व्यवस्थाओं को ध्यान में रखते हुए एक राजाज्ञा प्रसारित करके कश्मीर को भारतीय संघ का एक अभिन्न अंग बना दिया। नवम्बर 1956 को राज्य के संविधान का प्रारूप तैयार किया गया तथा इसे स्वीकार भी किया गया। इस प्रकार कश्मीर को भारत का अविछिन्न भाग बना दिया गया। साथ ही जनवरी 1957 को भारत ने इस राज्य के विलय को कानूनी रूप दे दिया और 'एक्ट' को अटल बना दिया गया। इसके तीन वर्ष पश्चात् जनवरी 1960 को यह राज्य भारत के सर्वोच्च न्यायालय के अधिकार क्षेत्र में भी आ गया।

पृथक राज्य संविधान को अंगीकार करके राज्य में जो उदार अध्युपाय किये गये, उनके होते हुए भी कश्मीर के पाक समर्थक तत्व इस बात के लिए लगातार आंदोलन करते रहे कि राज्य पाक में मिले या भारत में इसके लिए अंतिम रूप से फैसला करने के लिए जनमत संग्रह होना चाहिए। अतः इस मांग को लेकर पाक समर्थक "प्लैबिसिट फ्रंट" द्वारा हिंसात्मक कार्य भी किये गये, किन्तु फरवरी 1975 को भारत सरकार और प्लैबिसिट फ्रंट के प्रतिनिधियों के बीच समझौता हो गया।[7] इसके पश्चात् भारतीय संसद ने जम्मू-कश्मीर को राष्ट्र का "अभिन्न अंग" मानने वाला सर्वसम्मत प्रस्ताव 22 फरवरी 1994 को पारित किया गया था। इसके बाद धीरे-धीरे देश में अनुच्छेद 370 विरोधी माहौल भी बन रहा था, लेकिन ऐसे में अचानक मार्च 2006 में भारतीय प्रधानमंत्री डॉ० मनमोहन सिंह द्वारा यह सवाल उठाया गया कि जम्मू-कश्मीर को और अधिक स्वायत्तता की जरूरत है। जम्मू-कश्मीर समस्या के सन्दर्भ में सभी पक्षों की राय जानने के लिए बुलाये गये गोलमेज सम्मेलन में प्रधानमंत्री मनमोहन सिंह द्वारा स्पष्ट किया गया कि संविधान के तहत इस मुद्दे पर स्वायत्तता और स्वशासन की दिशा में आगे बढ़ा जा सकता है। ज्ञातव्य है कि पाकिस्तानी राष्ट्रपति परवेज मुशर्रफ भी कश्मीर पर स्वशासन का फार्मूला सुझा चुके हैं। राज्य में माहौल अच्छा बन सके साथ ही ज्यादा से ज्यादा लोगों को मुख्य धारा से जोड़ा जा सके, इसके लिए एक बड़ा कदम उठाते हुए भारतीय प्रधानमंत्री ने गृहमंत्री शिवराज पाटिल से एक उच्चस्तरीय पैनल बनाने को भी कहा है, जो कि राज्य में सभी बंदियों के मामलों की समीक्षा करेगा।

प्रधानमंत्री ने साथ ही कहा कि जिन बंदियों पर गम्भीर मामले नहीं है, उन सभी को छोड़ दिया जाये। माना जा रहा है कि ऐसे बंदियों की संख्या हजार से भी अधिक है। हालांकि हुर्रियत कान्फ्रेंस सहित अलगाववादी गुटों ने इस सम्मेलन का विरोध किया। स्वायत्तता और स्वशासन को लेकर नेशनल कांफ्रेंस और पी.डी.पी. में भी मतभेद दिखा। प्रधानमंत्री ने अपने भाषण में एक नया कश्मीर बनाने की भी बात कही जिसमें सबका विकास हो, सबकी सुरक्षा हो और सबकी पहचान महफूज रहें। अलगाववादियों को छोड़कर इस सम्मेलन में जम्मू-कश्मीर के लगभग सभी पक्षों का

प्रतिनिधित्व मौजूद था।[8] पहली बार किसी भारतीय प्रधानमंत्री ने कश्मीर के सन्दर्भ में "स्वायत्तता और स्वशासन" जैसी धारणा पर व्यापक चर्चा पर सहमति जतायी है। साथ ही कहा कि स्वायत्तता और स्वशासन के मुद्दे पर लोगों के बीच साझा राय बनानी होगी। परस्पर विचार-विमर्श से हम भारतीय संविधान के व्यापक दायरे में जम्मू-कश्मीर के लोगों को उनके वास्तविक सशक्तीकरण और व्यापक सुरक्षा प्रबन्धों से लैस कर सकते हैं। अनुच्छेद 370 के सन्दर्भ में राज्य को व्यापक स्वायत्तता के अलावा कई इलाकों के लिए क्षेत्रीय स्वायत्तता की भी मांग होती रही है।

उल्लेखनीय है कि 26 जून, 2000 को जम्मू-कश्मीर विधान सभा ने भी स्वायत्ता प्रस्ताव पारित किया था। प्रधानमंत्री डॉ० मनमोहन सिंह ने इस प्रक्रिया को 'नया कश्मीर' बनाने के अभियान से जोड़ते हुए दूसरा गोलमेज सम्मेलन श्रीनगर में आयोजित करने की घोषणा भी की। केन्द्र और राज्य सरकार की तरफ से गोलमेज सम्मेलन के माध्यम से अब यह जताने की कोशिश की जा रही है कि कश्मीर की अवाम की नुमांयदगी सिर्फ अलगाववादी ही नहीं करते, सूबे के प्रमुख राजनीतिक दलों, सामाजिक संगठनों और अन्य संस्थाओं को भी आवाम के एक बड़े हिस्से का समर्थन और प्रतिनिधित्व भी प्राप्त है।[9] जबकि भारत के दूसरे राज्यों की तरह जम्मू-कश्मीर के लोग राज्य की विधान सभा के लिए अपने प्रतिनिधि चुनते हैं, जिसे अपने न्यायाधिकरण क्षेत्र के अन्तर्गत स्वतंत्र शासन के व्यापक अधिकार हासिल हैं। इतना ही नहीं, जम्मू-कश्मीर राज्य को भारतीय संविधान के अनुच्छेद 370 के तहत विशेष दर्जा भी प्राप्त है। इस व्यवस्था के तहत जम्मू-कश्मीर राज्य को रक्षा, विदेशी मामलों और संचार के विषयों को छोड़कर सभी मामलों में स्वायत्ता हासिल है और भारतीय संसद द्वारा बनाया गया कोई भी कानून तब तक जम्मू-कश्मीर पर लागू नहीं होता, जब तक कि राज्य की विधान सभा स्वयं ऐसा न चाहे। इसके अतिरिक्त जम्मू-कश्मीर भारतीय संघ का एकमात्र ऐसा राज्य है जिसका अपना संविधान है। यहाँ तक कि राज्य के राज्यपाल की नियुक्ति तक इस संविधान के तहत की जाती है। जम्मू-कश्मीर के नागरिक तो भारत के नागरिक हैं और देश की संसद के लिए अपने प्रतिनिधि भी निर्वाचित करते हैं, लेकिन इसी आधार पर भारत के नागरिक जम्मू-कश्मीर के नागरिक नहीं हैं।

देश के दूसरे राज्यों के लोग जम्मू-कश्मीर में सम्पत्ति नहीं खरीद सकते। जम्मू-कश्मीर में रह रहे दूसरे राज्यों के लोग। वहाँ विधानसभा या स्थानीय निकाय के चुनावों में मतदान भी नही कर सकते। इसके अतिरिक्त भारतीय संघ जम्मू-कश्मीर के सन्दर्भ में वित्तीय आपातकाल की घोषणा नहीं कर सकता और न ही देश का राष्ट्रपति संघ की कार्यकारी शक्ति का इस्तेमाल करते हुए जम्मू-कश्मीर राज्य सरकार की कोई निर्देश जारी कर सकता है। दुर्भाग्यवश संकीर्ण राजनीतिक सोच के चलते

समय-समय पर निहित स्वार्थवश ऐसा दुष्प्रचार किया जाता रहा है कि जिस स्वायत्ता का प्रारम्भ में वायदा किया गया था, उससे राज्य को वंचित कर दिया गया।[10] जम्मू-कश्मीर में 1952-53 से पहले की स्थिति या अधिकतम स्वायत्तता की वकालत जो लोग कर रहे हैं, उन्हें वास्तव में इस राज्य के हितों की परवाह नहीं है। वे इस तथ्य को दबाते हैं कि भारतीय संघ के साथ पूर्ण वित्तीय एकरूपता के अभाव में जम्मू-कश्मीर को अपने विकास के लिए कोई वित्तीय संसाधन नसीब न होते। यह केन्द्र के वित्तीय प्रबन्ध है, जो इस राज्य को अपनी पंचवर्षीय योजनाओं और गैर-योजनागत व्यय के अधिकांश भाग के लिए समस्त धन उपलब्ध कराते हैं। यदि यह वित्तीय मदद बन्द हो जाय तो क्या होगा? रक्षा, विदेश मामलों और संचार के अलावा जम्मू-कश्मीर को सभी मामलों में अधिकतम स्वायत्तता की जो मांग की जा रही है, उसके संदर्भ में क्या यह आशंका आधारहीन है कि केन्द्र के धन का इस्तेमाल इस्लामिक कायदे-कानून कायम करने में किया जा सकता है? क्या यह भारतीय संविधान के मूल उद्देश्यों को नष्ट करने वाला साबित नहीं होगा?

वास्तव में जम्मू-कश्मीर की समस्या यह नहीं है कि उसके पास अधिकारों की कमी है, बल्कि यह है कि वहाँ अधिकारों का सही तरीके से इस्तेमाल नहीं हो रहा है। इस राज्य को विभिन्न योजनाओं के तहत केन्द्र से सबसे अधिक धन मिलता है, लेकिन इस धन का बड़े पैमाने पर दुरूपयोग होता है। अनुच्छेद 370 के तहत जम्मू-कश्मीर को पहले ही आवश्यकता से अधिक अधिकार प्राप्त हैं, ऐसे में स्वायत्तता की बात राज्य में और कई समस्याएँ खड़ी होने की संभावना से इन्कार नहीं किया जा सकता। इस राज्य की समस्या को कश्मीर समस्या के रूप में परिभाषित और प्रचारित करने का एक दुष्परिणाम यह हुआ है कि अनेक देश यह जानते-समझते ही नहीं कि जम्मू, लेह, लद्दाख की समस्याएँ क्या हैं? जम्मू-कश्मीर समस्या का समाधान स्वायत्तता और स्वशासन में ढूँढना एक तरह से अलगाववादियों के एजेंडे को प्रोत्साहन देना है। अब सवाल यह उठता है कि स्वायत्तता और स्वशासन की जरूरत उग्रपंथियों के समर्थक राजनेताओं को है या कश्मीरी आवाम को? आवाम वहाँ सुशासन और शान्ति चाहता है न कि स्वायत्तता और स्वशासन। स्वायत्तता पाकिस्तान चाहता है। इसके जरिए वह बाँगलादेश निर्माण का बदला लेना चाहता है। सबसे बड़ी बात यह है कि स्वायत्तता अमेरिका भी चाहता है।

सन्दर्भ सूची

1. राष्ट्रीय सुरक्षा, जे०एम० श्रीवास्तव, संस्करण 2007-08, पृ०सं०-9
2. अन्तर्राष्ट्रीय विधि, डॉ० एस०के० कपूर, संस्करण 2000, पृ०सं०-813
3. तूणीर, 15 अगस्त 2005, पृ०सं०-125-126
4. ए स्टडी इन इण्डिया-पाकिस्तान रिलेशन्स, शिशिर गुप्ता, पृ०सं०-49
5. टेरिरिज्म आर फ्रीडम स्ट्रगल इन कश्मीर, कलीम बहादुर, वर्ल्ड फोक्स वाल्यूम 23 पृ०सं०-4
6. कश्मीर थ्रू द एजेज, सुरेश कुमार शर्मा, पृ०सं०-306
7. राष्ट्रीय सुरक्षा, जे०एम० श्रीवास्तव, संस्करण 2007-08, पृ०सं०-13
8. चाणक्य टुडे, मई 2006, पृ०सं०-37
9. चाणक्य टुडे, मई 2006, पृ०सं०-37
10. दैनिक जागरण, 4 जनवरी 2007

8. कश्मीर समस्या और भारत-पाक सम्बन्ध

प्रो० अवधेश प्रताप शुक्ल*
प्रो० राहुल मिश्र*

भारत में एक पृथक स्वतन्त्र मुस्लिम राष्ट्र की अवधारणा के प्रणेता मु०इकबाल को माना जा सकता है। सन् 1930 में इलाहाबाद में हुए मुस्लिम लीग के वार्षिक सत्र में उन्होंने कहा "..........मुस्लिम भारत के निर्माण की.........माँग बिल्कुल तर्क संगत है.........।" पंजाब, उत्तर प्रदेश, पश्चिमी सीमा प्रान्त, सिंघ और ब्लूचिस्तान को एक अलग राष्ट्र में एकीकृत होते देखना चाहता हूँ। यद्यपि उनके विचारों को तात्कालिक समर्थन नहीं मिला तथापि विधान सभाओं में मुस्लिम सीटों के अनुपात और नये मुस्लिम बहुल प्रान्त जैसे सिंध के निर्माण की बातें उठने लगीं। डॉ० इकबाल की ही सोच से सहमत चौधरी रहमत अली भी थे जिन्होंने भारत के उत्तर पश्चिमी क्षेत्रों के मुसलमानों के पूर्ण अलगाव की वकालत की। इन लोगों का यह मत था कि भारत कोई एक राष्ट्र नहीं है बल्कि इसे ब्रिटिश सरकार ने एक राष्ट्र की उपाधि दे दी है। चूँकि मुस्लिम जीवन शैली, रीति रिवाज, कैलेण्डर और खान-पान तथा परिधान भी भिन्न है इसलिए मुस्लिमों को एक अलग राष्ट्रीय दर्जा प्राप्त होना चाहिए।[1]

अंग्रेजों ने बहुत हद तक राजनीतिक शक्ति देश के विभिन्न भागों में मुस्लिम शासकों से छीनी थी, अतः आरम्भिक काल में मुसलमानों से उपेक्षित और भेदभाव भरा व्यवहार किया गया जब कि हिन्दुओं को प्रशासन में निचले स्तर तक भाग लेने और फिर आर्थिक तथा व्यवसायिक गतिविधियों में शामिल होने के अवसर मिले। परिणामस्वरूप हिन्दू ब्रिटिश शासन के सम्पन्न और प्रगतिशील भागीदार एवं मुसलमान अपेक्षाकृत एक पिछड़े और राजनीतिक रूप से शक्तिहीन समुदाय बन गये।[2]

---

*आचार्य, रक्षा अध्ययन विभाग, दी०द०उ० विश्वविद्यालय, गोरखपुर

"पाकिस्तान" शब्द कहा जाता है कि उन प्रान्तों के शुरूआती अक्षरों से बनाया गया था, जिन्हें मूल पाकिस्तान में एकीकृत करने की योजना थी। ये प्रान्त थे पंजाब, अफगानिया (उत्तर पश्चिमी सीमा प्रान्त), कश्मीर और ब्लूचिस्तान (जिनके आखिरी तीन अक्षर लिए जाने थे)। यह नाम पार्सियन मिश्रणों से बनाया गया था और गैर मुसलमानों के लिए एक आक्रामक चुनौती थी। पाकिस्तान को मूल रूप से सिर्फ पंजाब के उत्तर पश्चिमी क्षेत्रों, सिंध, कश्मीर, उत्तर पश्चिमी सीमा प्रान्त और ब्लूचिस्तान को बनाने की कल्पना की गयी थी, लेकिन बाद में मूल योजना के संशोधित रूप में से इसके लिए निर्धारित क्षेत्रों के अलावा पूर्व में असम और बंगाल तथा दक्षिण में हैदराबाद और मालावार को भी इसमें शामिल करने की योजना बनायी गयी। गैर मुस्लिम भारत को सभी राजनीतिक बिन्दुओं से घेरने वाले, उत्तर पश्चिम, पूर्व और दक्षिण में मुस्लिम शक्ति के इन विस्तृत गढ़ों के अलावा पूरे देश में कई अपेक्षाकृत छोटे मुस्लिम पाकेट होने थे।[3]

1947 में भारत तथा पाकिस्तान दो स्वतन्त्र एवं प्रभुसत्ता सम्पन्न राष्ट्रों का जन्म हुआ। भारत का विभाजन प्राकृतिक नहीं था और इसीलिए जनसंख्या, सम्पत्ति तथा क्षेत्रों के बँटवारे में अनेक कठिनाइयाँ उत्पन्न हुईं। माउन्टबेटेन ने यह भविष्यवाणी की थी कि पाकिस्तान 25 वर्षों से ज्यादा अवधि तक कायम नहीं रह सकेगा जो बाँगलादेश में गठन के रूप में अक्षरशः सत्य साबित हुई।[4]

भारत-पाक के मध्य अधिकांश विवाद ग्रस्त विषय दोनों देशों की सरकारों ने शान्ति पूर्ण तरीके से हल कर लिया। केवल कश्मीर का प्रश्न हल नहीं हो सका जिसके कारण दोनों देशों के बीच तनाव बना रहा तथा मैत्री पूर्ण सम्बन्ध स्थापित न हो सके।

समस्या का स्वरूप शेख अब्दुल्ला ने पंडित नेहरू के सौजन्य से कश्मीर में सत्ता मिलने के बाद 27 अक्टूबर, 1947 को ही निर्धारित कर दिया था। जम्मू-कश्मीर के 26 अक्टूबर, 1947 को भारत में विलय और 27 अक्टूबर, 1947 को प्रातः ही हिन्दुस्तान की सशस्त्र सेनाओं के श्रीनगर पहुंचने तथा उसे पाकिस्तानी आक्रान्ताओं के हाथ में पड़ने से बचा लेने के बाद सायंकाल शेख अब्दुल्ला दिल्ली से श्रीनगर पहुँचे। वहाँ पहुँचने के तुरन्त बाद उन्होंने लाल चौक में एक जनसभा को सम्बोधित किया। उस समय श्रीनगर के डी.ए.वी. कालेज के उप प्रधानाचार्य और इतिहास विभाग के प्रमुख श्री बलराज मधोक के अनुसार, "इस भाषण में उन्होंने लगभग दो बार अपने श्रोताओं से जो अधिकांश कश्मीरी मुसलमान थे, कलमा पढ़वाया और जोर देकर कहा कश्मीर का ताज हमने खाक में से उठाया है। हम हिन्दुस्तान में शामिल हैं या पाकिस्तान में यह बाद का सवाल है। पहले हमें अपनी आजादी मुकम्मल करनी है।"[5]

विभाजन के पश्चात् दोनों देशों के मध्य जनसंख्या के आदान-प्रदान की समस्या उठ खड़ी हुई। इन धार्मिक अल्पसंख्यकों की समस्या दोनों ही देशों द्वारा नहीं सुलझायी गयी। विभाजन के पश्चात् लगभग चार करोड़ मुसलमान भारत में रह गये थे और लगभग एक करोड़ हिन्दू पूर्वी पाकिस्तान में 1 अगस्त 1947 में भारत तथा पाकिस्तान में व्यापक साम्प्रदायिक दंगे हुए। इन दंगों के फैलने से पाकिस्तान से भारी संख्या में हिन्दू शरणार्थी प्रतिवर्ष भारत आते रहे। दोनों देशों की सरकारों ने एक दूसरे पर धार्मिक अल्पसंख्यकों की सुरक्षा के लिए दबाव डाला। अप्रैल 1950 में नेहरू-लियाकत समझौते के अन्तर्गत अल्पसंख्यकों के जीवन की सुरक्षा, सम्पत्ति का हस्तान्तरण, खोई हुई स्त्रियों को वापस दिलाने तथा शरणार्थियों के आवागमन की स्वतन्त्रता की गारन्टी दी गयी। "एक अनुमान के अनुसार पाकिस्तान में भारतीयों ने तीन हजार करोड़ रूपये की तथा मुसलमानों ने भारत में तीन सौ करोड़ रूपये की सम्पत्ति छोड़ी थी।"[6]

दोनों देशों के मध्य ब्रिटिश भारत की सम्पत्ति के बँटवारे की भी समस्या थी। विभाजन से पूर्व जो कर्ज था उसकी अदायगी की जिम्मेदारी भारत को करनी थी, जबकि पाकिस्तान को अपने हिस्से की तीन सौ करोड़ की देनदारी भारत को 5 वर्षों में किश्तों के रूप में देना था। जिसे उसने नहीं दिया।

सिंचाई की नहरों में पंजाब में स्थित 25 में से 20 नहरें भारत के हिस्से में आयीं और एक नहर दोनों देशों में पड़ी। इस सन्दर्भ में दोनों देशों के बीच दिसम्बर 1947 में एक समझौते पर हस्ताक्षर किए गये। यद्यपि पाकिस्तान भारत में स्थित नदियों तथा नहरों से अनिर्धारित पानी की आपूर्ति का दावा करता था किन्तु भारत राजस्थान के इलाकों को पानी देना चाहता था। पाकिस्तान ने इस बात को अन्तर्राष्ट्रीय न्यायालय में ले जाने की बात की जिसे भारत ने ठुकरा दिया। दिसम्बर 1960 में कराची में सिंधु जल समझौता हुआ, जिसके अन्तर्गत भारत और पाकिस्तान के मध्य पूर्वी एवं पश्चिमी नदियों का विभाजन हुआ और एक द्विसदस्यीय सिंधु आयोग का गठन हुआ, जिससे नहरी सीमा विवाद करीब-करीब हल हो गया।

1950 से 1960 के बीच में कश्मीर विवाद को छोड़कर समस्त छोटे-मोटे विवाद हल कर लिए गए। कच्छ के रण को लेकर 1965 में भारत-पाक युद्ध हुआ, किन्तु अन्तर्राष्ट्रीय न्यायालय ने इस विवाद को भी निपटा दिया। वर्तमान स्थिति यह है कि लगभग सभी छोटे-मोटे भारत-पाक के विवाद सुलझ चुके हैं केवल कश्मीर का विवाद बना हुआ है जो इन दोनों राष्ट्रों के मध्य वैमनस्यता का प्रमुख कारण है। भारत-पाक सम्बन्धों के लिए कश्मीर समस्या की ऐतिहासिक पृष्ठ भूमि को समझना आवश्यक है।

अंग्रेजों ने भारत तथा पाकिस्तान के विभाजन के साथ ऐसी विरासत छोड़ी, जिसके कारण भारत को बहुत समय तक परेशानी और समस्याओं में उलझे रहना पड़े। देश के दो टुकड़े कर देने के बाद भी उनका प्रयास था कि भारत को 600 टुकड़ों में बाँटना चाहिए। जाते समय उन्होंने उन सारी देशी रियासतों को स्वतन्त्र कर दिया, जिनके बल पर ब्रिटिश साम्राज्य का सिंहासन इस देश में 150 वर्षों से भी अधिक काल तक स्थापित रहा। सन् 1947 के भारतीय अधिनियम में कहा गया है "आज से भारत में हिजमैजिस्टी की सम्प्रभुता भारतीय राज्यों में समाप्त होती है और इसके साथ वे सारी संधि, शर्तें और समझौते भी जो इस तिथि के पूर्व शहंशाह और देशी राजाओं के बीच कभी हुए थे.....। कश्मीर की समस्या इसी का परिणाम है। कश्मीर के तत्कालीन नरेश श्री हरी सिंह ने पाकिस्तान और भारत के साथ सरकार को निम्न पत्र लिखा" जम्मू-कश्मीर सरकार आप की सरकार के यथा-स्थिति समझौते का स्वागत करेगी। इस सरकार का प्रस्ताव है कि जब तक नया समझौता वस्तु स्थिति के अधिक विस्तार से निश्चिय न हो जाये तब तक मौजूदा सम्बन्धों को रखा जाये।

"The Government of Jammu-Kashmir will welcome stand still agreement with your Government. This Government proposes that until a new agreement comes into being in accordance with the reality of cirmcumstances, the present agreement should be continued". From the later of Maharaja of Kashmir to the Government of India and Pakistan.

31 अगस्त, 1947 को पाकिस्तान के लगभग 400 सशस्त्र सैनिक तथा 10 अक्टूबर को लगभग 20,000 अर्द्ध सैनिक कबायली कश्मीर में घुस गये तथा मार-काट एवं लूट मचा दिया। 26 अक्टूबर, 1947 तक पाकिस्तान ने जम्मू-कश्मीर के अधिकांश भाग पर कब्जा कर लिया तथा पाकिस्तान की सेनाएँ श्रीनगर से केवल 4 मील दूर रह गयी। संकटमय परिस्थिति को देखते हुए अंततः राजा हरि सिंह ने 26 अक्टूबर, 1947 को विलय पत्र (Instrument of Accession) पर अपने हस्ताक्षर कर जम्मू और कश्मीर राज्य को भारत में सम्मिलित कर लिया। उन्होंने विलय पत्र में लिखा "मैं भारत सरकार की सहायता चाहते हुए विलय पत्र पर हस्ताक्षर कर स्वीकृति के लिए भेज रहा हूँ। इसके अतिरिक्त मेरे पास दूसरा विकल्प नहीं हो सकता है कि राज्य और प्रजा को आततायी लुटेरों के हाथों में सौंप दूँ।"[8] "I am sending the instrument of accession for the approval of Government of India for help. The other alternative except this is that I should surrender my state and people to the plunderers" Raja Hari Singh. 1 जनवरी 1948 को भारत के प्रतिनिधि श्री पी०वी० पिल्लई ने सुरक्षा परिषद में एक प्रार्थना पत्र दिया जिसमें निम्नलिखित बातें थीं–

- ❖ सुरक्षा परिषद में हमलावरों को सभी सूत्रों से दी जाने वाली सहायता को रोके।
- ❖ सुरक्षा परिषद कश्मीर में कबाइलियों को दी जा रही सैनिक सहायता तथा अन्य प्रकार की युद्ध सामग्री को देने से रोके।
- ❖ जम्मू कश्मीर में हो रहे युद्ध में पाकिस्तान के लोगों को युद्ध में भाग लेने से रोके।

कश्मीर की जनता की स्मृति में पाकिस्तानी सेनाओं तथा कबाइलियों द्वारा की गयी लूटपाट की घटनाएँ ताजा थीं। अत: तत्कालीन परिस्थिति में लोक निर्णय (Plebiscite) से भारत को लाभ होने की सम्भावना थी। बाद में पंडित नेहरू तथा पाक प्रधानमंत्री भी लियाकत अली खां संयुक्त राष्ट्र की देख रेख में जनमत संग्रह कराने पर सहमत हो गये।[9]

21 अप्रैल, 1948 को सुरक्षा परिषद ने 5 सदस्यीय, भारत और पाकिस्तान के लिए संयुक्त राष्ट्र आयोग (U.N.C.I.P.) की नियुक्ति की जिसके प्रयत्नों से 1 जनवरी, 1949 को कश्मीर में युद्ध विराम हो गया। आयोग ने 13 अगस्त, 1948 तथा 5 जनवरी, 1949 को प्रस्तुत रिपोर्टों में कश्मीर समस्या के समाधान के लिए अपनी निम्न संस्तुति दी–

- ❖ पाकिस्तान कश्मीर से अपनी सेनाएँ हटा लें।
- ❖ इस प्रकार सेनाओं द्वारा खाली किए गए क्षेत्र का शासन प्रबन्ध आयोग के निरीक्षण में स्थानीय अधिकारी करेंगे।
- ❖ पाकिस्तानी सेनाओं के हट जाने के पश्चात् भारत भी अपनी सेना का अधिकांश भाग वापस कर लेगा।
- ❖ अंत में एक स्वतन्त्र और निष्पक्ष जनमत संग्रह द्वारा यह निर्णय किया जायेगा कि कश्मीर भारत में शामिल होगा या पाकिस्तान में।

सुरक्षा परिषद ने श्री चेस्टर निमिट्ज को जनमत संग्रह का प्रशासक नियुक्त किया परन्तु भारत और पाकिस्तान में जनमत संग्रह की शर्तों के सम्बन्ध में कोई समझौता न हो सकने के कारण निमिट्ज ने त्याग पत्र दे दिया।[10]

फरवरी 1950 में सुरक्षा परिषद ने सर ओवन डिक्सन (Sir Owen Dixon) को तथा उनके प्रयत्नों के विफल हो जाने के कारण अप्रैल, 1951 में डॉ० फ्रैंक ग्राहम (Dr. Frank Graham) को दोनों पक्षों में समझौता कराने हेतु नियुक्त किया। दो वर्षों के असफल प्रयत्नों के पश्चात् डॉ० ग्राहम ने 27 मार्च, 1953 को अपनी अंतिम रिपोर्ट में समस्या को भारत और पाकिस्तान के मध्य सीधी वार्ता द्वारा सुलझाने का सुझाव दिया। इसके अनुसार दोनों देशों के प्रधानमंत्रियों के मध्यम जून–जुलाई

1953 और 1954 में सीधे पत्र व्यवहार भी हुआ परन्तु उसका कोई हल नहीं निकला।[11] 1954 में ही अमेरिका द्वारा पाकिस्तान को सैनिक सहायता दिये जाने के कारण भारत को बाध्य होकर अपनी नीति बदलनी पड़ी और 13 अप्रैल, 1956 को श्री नेहरू ने यह घोषणा कर दी कि भारत बदली हुई परिस्थितियों में अब कश्मीर में जनमत संग्रह को अनावश्यक और अवांछनीय समझता है। उन्होंने कहा-"जनमत संग्रह कराने का प्रश्न स्पष्ट रूप से इस शर्त के साथ सम्बद्ध था कि पाकिस्तान कश्मीर से अपनी सेनाएँ हटा लेगा। पिछले 9 वर्षों में पाकिस्तान यह शर्त पूर करने में असमर्थ रहा है। पाकिस्तान को मिलने वाली सैनिक सहायता और उसकी सैनिक समझौतों की सदस्यता ने कश्मीर में जनमत संग्रह करने के प्रस्ताव को मूल आधार को ही नष्ट कर दिया है।"[12]

संयुक्त राष्ट्र ने एक बार पुनः कश्मीर समस्या के समाधान हेतु 21 फरवरी, 1957 को स्वीडन के प्रतिनिधि गुन्नार जारिंग (Gunnar Jarring) को नियुक्त किया। जारिंग 14 मार्च को कराची आये तथा पाकिस्तान तथा भारत सरकार के साथ बातचीत की, परन्तु भारत ने जारिंग के इस प्रस्ताव कि "वह इस बात पर निर्णय देने के लिए उन्हें पंच चुन ले कि पाकिस्तान ने अपने हिस्से के 13 अगस्त, 1948 वाले प्रस्ताव के भाग एक तथा दो को पूरा किया है कि नहीं" को स्वीकार नहीं किया। जनवरी 1962 में पाकिस्तान के आग्रह पर सुरक्षा परिषद की बैठक बुलाई गयी। जिसमें, भारत की आपत्ति के बावजूद यह प्रस्ताव आया कि "कश्मीर में सुरक्षा परिषद की सेनाएँ भेजी जाएँ तथा भारत एवं पाकिस्तान की सेनाएँ वापस बुलाई जाए। संयुक्त राष्ट्र की सेनाओं की देख-रेख में जम्मू-कश्मीर राज्य में आत्म निर्णय कराया जाए।" सुरक्षा परिषद के इस प्रस्ताव पर सोवियत संघ ने (Veto) निषेधाधिकार का प्रयोग करके भारत की कठिन परिस्थितियों में सहायता की।[13]

अक्टूबर 1962 में "भारत पर चीनी आक्रमण से भारतीय सुरक्षा को खतरा पैदा हो गया कुछ पश्चिमी देशों ने भारत को सहायता देना प्रारम्भ किया जिसका पाकिस्तान ने घोर विरोध किया, परन्तु पश्चिमी देश इस महाद्वीप में शांति स्थापित करने का तथा कथित प्रयास करते रहे। अमेरिका ने ऐवरेल हैनिमन (Everell Hanniman) तथा ब्रिटेन के डंकन सैन्डीज (Duncan Sandys) ने भारत तथा पाक को शीघ्र वार्ता के लिए तैयार किया और 28 नवम्बर, 1962 को संयुक्त विज्ञप्ति में कहा गया कि" भारत के प्रधानमंत्री तथा पाकिस्तान के राष्ट्रपति इस बात को तैयार हैं कि दोनों देशों के बीच गम्भीर व दूसरे झगड़ों को निपटाने के लिए पुनः नये सिरे से प्रयत्न किये जायें, जिससे दोनों देश आपस में शांति एवं मित्रता से रह सकें। इसके परिणामस्वरूप दोनों देशों ने यह निर्णय किया कि शीघ्रातिशीघ्र एक सम्मानित हल निकालने के लिए एक वार्ता आरम्भ की जा सके। यह वार्ता पहले मंत्रियों के स्तर

पर आरम्भ होगी और यथोचित समय पर नेहरू और अयूब के बीच सीधी बातचीत होगी।"[14] कुल मिलाकर दोनों देशों के बीच वार्ता के छः दौर हुए। परन्तु दोनों पक्ष किसी निष्कर्ष पर नहीं पहुँच सके। वार्ताओं पर प्रकाश डालते हुए नेहरू ने लोकसभा में 13 अगस्त, 1963 को कहा, "Thus Pakistan achived what is had aimed at from the very begining, that is non-settlement and a dead lock on every thing that should have been covered by the pharase Kashmir and other related matters."

14 अगस्त 1965 को पाकिस्तान की सेनाओं ने भारत पर हमला करके छम्ब क्षेत्र की कई चौकियों पर कब्जा कर लिया। भारत के संयुक्त राष्ट्र में स्थायी प्रतिनिधि श्री पार्थसारथी ने महासचिव यू-थान्ट का ध्यान इस समस्या की ओर आकर्षित किया परन्तु संयुक्त राष्ट्र ने कोई सकारात्मक पहल नहीं की। 15 अगस्त को भारत ने कश्मीर में यह युद्ध विराम रेखा को पार करके कारगिल, टिथवाल, हाजीरपीर तथा उरी पुंछ की उन समस्त चौकियों पर कब्जा कर लिया जिनसे कश्मीर में घुसपैठिए भेजे जाते थे। भारत पाक के बीच इस युद्ध में भारतीय सैनिकों ने पाकिस्तान के छक्के छुड़ा दिये तथा पाकिस्तान के पैटन टैंकों तथा सैवर जेट विमानों का इस युद्ध में भारतीय सेनाओं ने बुरी तरह संहार किया। इस युद्ध के उपरान्त सोवियत संघ के प्रधानमंत्री कोसिगिन की मध्यस्थता में भारत के प्रधानमंत्री लालबहादुर शास्त्री और पाक राष्ट्रपति अयूब खाँ के बीच 10 जनवरी 1966 को ताशकन्द में समझौता हुआ। जिसमें प्रमुख बात निम्न थी, "भारत और पाकिस्तान ताशकंद में मिलने तथा भारत और पाकिस्तान के सम्बन्धों पर विचार करने के पश्चात् घोषित करते हैं कि दोनों देशों के मध्य पुनः शान्ति सम्बन्ध स्थापित किये जायेंगे।........... ऐसा करना वे भारत और पाकिस्तान की करोड़ों जनता हित में समझते हैं।" इस घोषणा पर लाल बहादुर शास्त्री तथा अयूब खां ने हस्ताक्षर करते हुए कहा था "इस घोषणा के द्वारा भारत एवं पाकिस्तान के सम्बन्धों में एक नये युग का सूत्रपात हुआ है। इससे इन देशों में सैनिक संघर्षों की समाप्ति होती है और यह घोषणा उन कठिनाइयों पर विजय पाने के मार्ग को निर्देशित करती है जो एशिया की इन दो बड़ी शक्तियों में सामाय सम्बन्ध स्थापित करने में बाधाएँ उपस्थित करती रही है। हमारे विचार से इस घोषणा द्वारा एक ऐसी ठोस आधारशिला रखी जा रही है जो एशिया के इस महत्वपूर्ण क्षेत्र में शांतिपूर्ण परिस्थितियाँ बनाए रखने में समर्थ होगी।"[15]

"This declaration has ushered in a new era of Indo-Pak. relations. It has brought to an end the hostilities between the two countries and those difficulties which have been impending in the way of the normal relations of two great countries of Asia have been overcome. In our opinions, this declaration had laid the firm foundation which help strength the peaceful conditions in this important area of Asia."

– From Shastri-Ayub Joint Communique

1971 के भारत-पाक युद्ध में भारत की विजय और एक अलग राष्ट्र के रूप में बाँगलादेश के निर्माण का कश्मीर पर भी असर पड़ा। इस घटना से पाकिस्तान असुरक्षा की भावना से ग्रसित रहने लगा। इस भावना ने पाकिस्तान के भीतर ऐसे सत्ता समीकरण पैदा कर दिए कि कोई भी सत्ताधारी इनसे बाहर निकलने की जुर्रत अपने अस्तित्व को दाँव पर लगाकर ही कर सकता है। यही कारण है कि पाकिस्तानी सत्ता पर जब भी संकट के बादल मंडराते हैं, वह भारत विरोध का हौवा खड़ाकर राष्ट्र से अधिक इस्लामी कट्टरवाद को भड़काया जाता है। ऐसा नहीं माना जा सकता कि पाकिस्तान का शासक कश्मीर को भारत से झटक लेने की अपनी अक्षमता से वाकिफ नहीं है। लेकिन कश्मीर में संकट की स्थिति बनाए रखकर और इसका ढोल पीटने के पीछे पाकिस्तानी जनमत को ऐसे सपने दिखाता है जिसे वह कभी पूरा नहीं कर सकता। 1972 के शिमला समझौते के बाद भी दोनों देशों के बीच कश्मीर समस्या का समाधान नहीं निकाला जा सकता है।[16]

1987 के बाद के कश्मीर का इतिहास बेहद दर्दनाक है। हत्या, लूट, बलात्कार से पटे इस रक्त रंजित इतिहास के जिक्र का अब कोई अर्थ नहीं रह गया है। भारत और पाकिस्तान के मध्य कश्मीर को लेकर पिछले लगभग 6 दशकों से निरन्तर वार्ता हो रही है। भारत के पूर्व प्रधानमंत्री अटल बिहारी वाजपेयी और पाकिस्तान के राष्ट्रपति परवेज मुशर्रफ के मध्य आगरा में शिखर वार्ता कश्मीर की चट्टान से टकरा कर टूट गयी। सितम्बर 2004 में न्यूयार्क में संयुक्त राष्ट्र के अधिवेशन के दौरान प्रधानमंत्री मनमोहन सिंह और पाकिस्तान के राष्ट्रपति परवेज मुशर्रफ के सार्थक बातचीत से भारत और पाकिस्तान के तनावपूर्ण सम्बन्धों में कुछ नरमी आयी है। खुद जनरल मुशर्रफ ने बैठक के बाद दावा किया कि जहाँ तक जम्मू-कश्मीर के जटिल मुद्दे का सवाल है, उन्हें इस दिशा में उम्मीद की किरण नजर आयी है। 12 अक्टूबर 2004 को कुछ भारतीय मेहमानों के साथ बैठक में जनरल परवेज मुर्शरफ ने कहा कि कश्मीर का मुद्दा पूरे एक दिन की बातचीत से सुलझाया जा सकता है। उन्होंने कहा "कब तक हम विकल्पों पर चर्चा करते रहेंगे। एक बार, दो बार, तीन बार, चार बार। कोई भी कितनी बार एक विषय पर चर्चा कर सकता है?"[17]

निष्कर्ष-उल्लेखनीय है कि कश्मीर समस्या को लेकर अब तक जितने भी समाधान सुझाए गये हैं, उनमें भारतीय नियंत्रण वाले क्षेत्रों को लेकर रियासतों की बात शामिल हैं। पाकिस्तान का कुछ भी दाँव पर नहीं हैं। उसे तो जम्मू क्षेत्र का कुछ

हिस्सा और घाटी के मामलों में निर्णायक भूमिका मिलेगी। लेफ्टीनेंट जनरल विनय शंकर का कहना है कि "भारतीय वार्ताकारों के लिए बातचीत में किसी समझौता पर पहुँचना मामले का समाधान ढूँढ़ने से ज्यादा अहम हो गया है। अमेरिकी स्वीकृति के लिए राष्ट्रीय हितों को नजरअन्दाज किया जा रहा है। ये दोनों ही सम्भावनाएँ सचमुच चिन्ताजनक है। हैरत की बात है कि भारत ने कश्मीर समस्या के समाधान के लिए पिछले 57 वर्षों में से एक भी योजना पेश नहीं की। पाकिस्तान के कब्जे वाले कश्मीर को वापस लेने के वर्षों पुराने संसदीय प्रस्तावों को छोड़कर भारत ने अभी तक कश्मीर पर पाकिस्तानी प्रस्तावों की कई जवाबी योजना नहीं बनायी। कहा जाता है कि 1972 में शिमला में इन्दिरा गाँधी और भुट्टो के बीच इस बात पर सहमति हुई थी कि मौजूदा नियंत्रण रेखा को अन्तर्राष्ट्रीय सीमा में बदल दिया जाए। दूसरी ओर पाक ने हमेशा कश्मीर समस्या को अपनी तरह परिभाषित किया, उसी ने समस्या की व्याख्या की, उसी ने मुद्दे तय किये, उसी ने बात चीत की पहल की और अब वही समाधान की परिभाषा गढ़ रहा है।

अगर सुझायी गयी योजनाओं जैसे चिनाब योजना, के०ए०जी० फार्मूला, मुशर्रफ के चार सूत्रीय कार्यक्रम और अंडोरा माडल इत्यादि लागू होती है, तो इसके परिणाम भारत के लिए घातक हो सकते हैं। लेफ्टीनेंट जनरल शंकर का कहना है कि अपने इलाके पाकिस्तान को तोहफे में दे देना और वह भी इस आधार पर कि वे मुस्लिम बहुल इलाके हैं।" अगर इस तर्ज पर चला जाये तो कल बाँगलादेश भी भारतीय सीमा के मुस्लिम बहुल इलाकों की माँग करेगा और वह भी जायज ठहरायी जायेगी। 'इण्डियन डिफेन्स रिव्यू' के सम्पादक भारत वर्मा का कहना है कि कश्मीर समस्या का स्थायी समाधान सम्भव नहीं है क्योंकि पाके के इरादे और गतिविधियाँ हमेशा ही भारत विरोधी रही हैं। कश्मीर में शांति स्थापित करने के लिए भारत को अंततः प्रत्यक्ष या अप्रत्यक्ष तरीके से निकट भविष्य में युद्ध ही करना पड़ेगा। भारत के पास अर्थव्यवस्था का सामरिक हथियार भी है। वह विश्व की देश की दसवीं सबसे बड़ी अर्थव्यवस्था है और विश्व व्यापार प्रतियोगिता में होड़ करने और उसे जीतने में सक्षम है, मगर पाकिस्तान ऐसा नहीं कर सकता है।

अनेक वार्ताओं और समस्या के समाधान हेतु प्रस्तुत सुझावों के अध्ययन से हम इस निष्कर्ष पर पहुँचते हैं कि भारतीय उप महाद्वीप की दोनों ही प्रमुख कौमें अपने उस इतिहास के विरूद्ध खड़ी हों, जो उनके बीच शत्रुता की एक स्थायी परम्परा कायम किये हुए हैं। दोनों ही कौमें अपनी-अपनी इन सांस्कृतिक जड़ताओं से बाहर आयें, जो उन्हें अपनी-अपनी नजरों में तो महान बनाती है, लेकिन एक-दूसरे की नजरों में संदेहास्पद और शत्रुवत। दोनों ही कौमें अपने-अपने अप्रासंगिक हुए

कवचों को उतार कर फेंके और एक ऐसे नये इन्सान की संरचना करें जो न इस्लाम से बाधित होता हो न हिन्दुत्व से, न भारत-पाकिस्तान की भौगोलिक विभाजक रेखा से बाधित होता हो और न इतिहास की लम्बी टकराव भरी परम्परा से। तभी आगे की दिशा खुल सकती है। एक मात्र यही रास्ता है, जो आसान नहीं है। इस रास्ते को क्रियान्वित करने का अर्थ है हिन्दुस्तान और पाकिस्तान के मुस्लमानों द्वारा उस इस्लाम के विरूद्ध जेहाद जो उन्हें दूसरी कौमों के साथ एकाकार होने से रोकता है। इस रास्ते को क्रियान्वित करने का अर्थ है भारतीय उपमहाद्वीप के हिन्दुओं द्वारा हिन्दुत्व के विरूद्ध विद्रोह, जो उन्हें आदमी और आदमी के बीच भेद करने में गर्व और श्रेष्ठता की अनुभूति करता है। उस राष्ट्रीयता के विरूद्ध विद्रोह जो अपने सड़े गले को भी भव्य धवल बताने में संकोच नहीं करती और दूसरे की भव्य धवल मेघा को तिरस्कृत करने में गर्व का अनुभव करती है। भारत और पाकिस्तान के बीच मैत्री और सम्भावनाओं को खोजने का अर्थ उस विराट विद्रोह की सम्भावनाओं को खोजना है, जो भारतीय उपमहाद्वीप में स्थापित सभी राजनीतिक, सामाजिक, धार्मिक, सांस्कृतिक ढाँचों को ढहा कर किसी नये व्यवहार, विचार और जीवन पद्धति की ओर ले जाता है। फिलहाल ऐसी सम्भावना कहीं से भी उदित होती नहीं दिखायी देती और इसीलिए भारत और पाकिस्तान के बीच सहज मित्रतापूर्ण सम्बन्ध की सम्भावनाएँ भी नहीं दिखायी देती।

हमें आशावादी दृष्टिकोण अपनाना चाहिए। यदि पूर्वी जर्मनी और पश्चिमी जर्मनी एक हो सकते हैं, तो भारत पाकिस्तान के बीच की कश्मीर समस्या का समाधान भी असम्भव नहीं है। आवश्यकता है दोनों देशों के राष्ट्रनायक अपने आन्तरिक दबावों और सत्ताशीर्ष पर बने रहने एवं लोकप्रियता प्राप्त करने के लिए एक दूसरे पर आरोप प्रत्यारोप न लगाते हुए खुले मन से दोनों देशों के लिए नासूर बन चुकी इस समस्या के समाधान हेतु प्रयास करें तभी दोनों देशों का भविष्य सुखद होगा।

सन्दर्भ सूची

1. भारत-पाक सम्बन्ध - जे०एन० दीक्षित, प्रभात प्रकाशन, नई दिल्ली।
2. भारत-पाक सम्बन्ध - जे०एन० दीक्षित, प्रभात प्रकाशन, नई दिल्ली।
3. भारत-पाक सम्बन्ध - जे०एन० दीक्षित, प्रभात प्रकाशन, नई दिल्ली।
4. विभाजन नहीं चाहते थे माउंट बेटेन, कुलदीप नैयर, दैनिक जागरण 2004
5. युद्ध और शान्ति साथ-साथ नहीं चल सकते, बलराज मधोक, राष्ट्रीय सहारा, 7 नवम्बर 1931

6. भारत की विदेशनीति – प्रवीण कुमार दास, टैगोर पब्लिकेशन, कलकत्ता।
7. विलियम जे० बार्डस : इण्डिया, पाकिस्तान एण्ड ग्रेट पावर्स, प्रेजर, न्यूयार्क 1972
8. वाइटल स्पीचेज आन कश्मीर, स्पेशल इश्यू
9. द ओरिजिन्स आफ वार इन साउथ एशिया, इण्डिया पाकिस्तान कानफ्लिक्ट सिन्स 1947 वेस्ट व्यू वोउल्डर कोलो 1986
10. द ओरिजिन्स आफ वार इन साउथ एशिया, इण्डिया पाकिस्तान कानफ्लिक्ट सिन्स 1947 वेस्ट व्यू वोउल्डर कोलो 1986
11. द ओरिजिन्स आफ वार इन साउथ एशिया, इण्डिया पाकिस्तान कानफ्लिक्ट सिन्स 1947 वेस्ट व्यू वोउल्डर कोलो 1986
12. लोक सभा डिबेटस वाल्यूम 4 नं० 26 जून–28, 1957 का 130
13. डब्लू नारमैन ब्राउन : दी यूनाइटेड स्टेट्स एण्ड इण्डिया, पाकिस्तान, बांगलादेश, लंदन, 1972 पृ०–225
14. डब्लू नारमैन ब्राउन : दी यूनाइटेड स्टेट्स एण्ड इण्डिया, पाकिस्तान, बांगलादेश, लंदन, 1972 पृ०–225
15. डब्लू नारमैन ब्राउन : दी यूनाइटेड स्टेट्स एण्ड इण्डिया, पाकिस्तान, बांगलादेश, लंदन, 1972 पृ०–225
16. क्लोरे एण्ड कार्ल व्लूह : लो इन्टेंसिटी वार फेयर न्यूयार्क, पैन्थीयान बुक्स 1988
17. कश्मीर का बेसुरा राग, डा० महीप सिंह, दैनिक जागरण, 14 अक्टूबर, 2004
18. सहारा समय 23 अक्टूबर, 2004

9. दक्षिण एशिया में हथियार तकनीकी के संदर्भ में भारत-पाक परमाणु विस्फोट एवं कश्मीर

डॉ० अरुण पटवारी*

दक्षिण एशिया में हथियार तकनीकी में परिवर्तन होने से भारत के परमाणु विस्फोट के पश्चात् सम्पूर्ण विश्व जानता था कि पाकिस्तान परमाणु परीक्षण करेगा। लेकिन 28 मई 1998 को परीक्षण किये जाने का फैसला तत्कालिक प्रधानमंत्री नवाज शरीफ ने 27 मई को अर्द्धरात्रि में लिया। पाकिस्तान को यह सूचना थी कि भारत की वायुसेना के विमान पाकिस्तान के यूरेनियम संयत्र 'कहूटा' को निशाना बना सकते हैं। पाकिस्तानी विदेश विभाग ने भारतीय उच्चायुक्त को बुलाकर कहा कि "परमाणु परीक्षणों के बाद भारत यदि यह सोचता है कि उसे पाक-अधिकृत कश्मीर में हस्तक्षेप का अवसर मिल जायेगा, तो यह सम्भव नहीं है।"

पाकिस्तान द्वारा तुरन्त परीक्षण करने के संदर्भ में प्रेरक तथ्य तत्कालीन गृहमंत्री लालकृष्ण आडवाणी की पाकिस्तान को दी गयी चेतावनी भी बतायी जाती है, जिसमें उन्होंने कहा था कि "पाकिस्तान क्षेत्र की बदली हुई परिस्थितियों में अपनी भारत विरोधी नीतियाँ बन्द कर दे, खासकर जम्मू-कश्मीर के संदर्भ में। भारत परमाणु हथियार तैनात कर रणनीति-संतुलन में कश्मीर में सक्रिय नीति अपनायेगा। यहाँ तक कि पाक अधिकृत कश्मीर में चल रहे आतंकवादी प्रशिक्षण शिविर भी नष्ट करने का प्रयास कर सकता है।"

---

*उपाचार्य-सैन्य अध्ययन विभाग, हिन्दू कालेज, मुरादाबाद (उ०प्र०)

भारत और पाकिस्तान ने परमाणु विस्फोट करके विश्व के सभी देशों का ध्यान कश्मीर विवाद पर केन्द्रित कर दिया। परमाणु परीक्षणों के बाद पाकिस्तान कश्मीर विवाद का अन्तर्राष्ट्रीयकरण करने के अपने प्रयास में सफल रहा। आल पार्टी हुर्रियत कांफ्रेंस के अध्यक्ष सैयद अली शाह गिलानी ने भी पुष्टि करते हुए कहा कि "दोनों देशों के परमाणु परीक्षण के पीछे मुख्य कारण कश्मीर है। कश्मीर विषय का अधूरा रहना ही इन विस्फोटों का मुख्य कारण है।"

भारत और पाकिस्तान के बीच दो लड़ाईयाँ लड़ी जा चुकी हैं। दोनों युद्धों के पीछे कश्मीर विवाद ही था। तीसरा युद्ध 1971 में लड़ा गया, जिसमें बाँगलादेश पाकिस्तान से अलग हो गया। इसका कारण भी कश्मीर ही था।

जम्मू-कश्मीर का कुल 85,700 वर्गमील क्षेत्रफल है। इसमें 51 प्रतिशत क्षेत्र भारतीय प्रशासन नियंत्रित करता है, 33 प्रतिशत पाकिस्तान के अधिकार में है, 11 प्रतिशत चीन के नियंत्रण में है और 5 प्रतिशत पाक अधिकृत कश्मीर के अन्तर्गत आता है। इस सम्पूर्ण क्षेत्रफल की कुल जनसंख्या 1 करोड़ 30 लाख है। इस सम्पूर्ण जनसंख्या का 22 लाख पाक-अधिकृत कश्मीर में, 10 लाख पाकिस्तानी प्रशासन वाले कश्मीर में निवास करते हैं, जबकि 15 लाख लोग पाकिस्तान में शरणार्थी के रूप में रह रहे हैं। भारत और पाकिस्तान परमाणु परीक्षणों के बाद द्विपक्षीय वार्ता की अच्छी स्थिति में आ गये हैं। यानी परमाणु आतंक का संतुलन स्थापित हो गया है। पाकिस्तान ने भी चगाई में किये गये परीक्षणों में बाद कश्मीर को लेकर 'युद्ध नकार संधि' का प्रस्ताव किया है। पाकिस्तान ने यह प्रस्ताव भी रखा है कि कश्मीर की जटिल समस्या के साथ-साथ लम्बित सभी विषयों पर भी बातचीत की जाए, लेकिन भारत 'युद्ध नकार संधि' के पक्ष में नहीं है। उसका मानना है कि इस संधि के पीछे पाकिस्तान का हमेशा एक उद्देश्य रहा है कि कश्मीर विषय पर चर्चा हो, जो वह अपनी इच्छा के अनुसार पहले सुलझाना चाहता है। भारत ने पाकिस्तान को कश्मीर पर किसी प्रकार का हमला न करने की चेतावनी दी है। राज्य सभा में 21 मई 1998 को तत्कालीन भारतीय प्रधानमंत्री अटल बिहारी बाजपेयी ने कहा था-इस्लामाबाद से किसी भी लम्बित विषय पर बातचीत के लिए भारत तैयार है, सिवाय कश्मीर विषय के।"

पाकिस्तान आखिर कश्मीर को लेकर इतना परेशान क्यों है? उसने इस विषय को अन्तर्राष्ट्रीय मुद्दा बनाने का कोई अवसर क्यों नहीं छोड़ा? गलती वास्तव में जवाहर लाल नेहरू ने की थी। ज्ञातव्य हो कि कश्मीर के महाराजा हरी सिंह आर्य 600 शाही राज्यों की तरह ही भारत के साथ विलय संधि पर हस्ताक्षर कर चुके थे, पर नेहरू जी ने ही जनमत संग्रह की धारा उस संधि में जोड़ दी थी और पं० नेहरू

को संयुक्त राष्ट्र संघ में अटूट विश्वास था। पाकिस्तान ने 1947 में संघ की सभा में कश्मीर का विषय उठा दिया और कहा कि 'जनमत-संग्रह कश्मीर में नहीं किया गया।' इसके बाद संयुक्त राष्ट्र संघ ने प्रस्ताव 47 एस/726 दिनांक 21 अप्रैल 1948 द्वारा पाकिस्तान को यह अवसर प्रदान कर दिया कि वह प्रत्येक अन्तर्राष्ट्रीय मंच पर कश्मीर विषय को उठाता रहे। इसके बावजूद पं० नेहरू ने 26 जनवरी 1952 और 7 अगस्त 1952 को भारतीय संसद में यह कहा 'केवल कश्मीर के लोग ही कश्मीर के भविष्य का फैसला कर सकते हैं। यही नहीं कि यह बात हमने संयुक्त राष्ट्र संघ या कश्मीर के लोगों से कही है, बल्कि यह हमारा दृढ़ संकल्प है। अगर उचित जनमत-संग्रह के बाद कश्मीर के लोग यह कहें कि वे भारत के साथ नहीं रहना चाहते, तो हम उसके लिए प्रतिबद्ध होंगे।'

1971 के भारत-पाक युद्ध के बाद भुट्टो और इंदिरा गांधी के बीच सम्पन्न शिमला समझौते में भारत ने एक बार फिर शानदार मौका गँवा दिया। हालाँकि भारत विजेता राष्ट्र के रूप में समझौता कर रहा था, पर भारत ने शिमला समझौते में ऐसा कोई प्रयास नहीं किया कि पाक-अधिकृत कश्मीर को सीमा विवाद का हल निकल सके। यह समझौता करने के बाद लौटे भुट्टो ने इस्लामाबाद हवाई-अड्डे पर बड़े व्यंग्यात्मक प्रतिक्रिया में कहा 'कश्मीर का कार्ड और पाक-अधिकृत कश्मीर का क्षेत्र पाकिस्तान के पास ही रहेगा और भले ही पाकिस्तान की जनता को घास खानी पड़े, लेकिन हम परमाणु बम बनायेंगे।'

जनरल जिया के मार्शल ला शासन में जब पाकिस्तान का इस्लामीकरण हो रहा था, कश्मीर का विषय एक बार फिर ताजा हुआ। जिया के शासन के दौरान ही 31 जुलाई 1988 से कश्मीर में एक हिंसात्मक दौर की शुरूआत हुई, जिसने बाद में दिसम्बर 1989 में एक पूर्ण छाया युद्ध की शक्ल तैयार कर ली, जो अभी भी जारी है। इस छाया युद्ध को परमाणु विस्फोटों के बाद और बढ़ावा मिलेगा।

फिर भी यह कहना गलत नहीं कि पाकिस्तान अपने प्रयास में सफल नहीं हो सका। पाकिस्तान की रणनीतिक दृष्टि में बुनियादी गलती थी। वह सोच रहा था कि छाया युद्ध के जरिये ही वह कश्मीर हथियाने में कामयाब हो जायेगा, लेकिन उसने यह बहुत कम कीमती विकल्प चुना था। गौरतलब है कि 1994 के आरम्भिक दिनों तक पाक अधिकृत कश्मीर में 80 प्रतिशत शिविर चल रहे थे। इसके अलावा पाकिस्तान में संचालित शिविर अलग थे। तत्कालिक पाक-सेना अध्यक्ष बेग ने 1989 में कहा था कि कश्मीर पर कब्जा करने के शुरूआती प्रयास असफल रहे, क्योंकि पाकिस्तान के पास कोई स्पष्ट रणनीति नहीं थी।

दूसरी ओर भारत के तात्कालिक गृहमंत्री एवं कश्मीर मामलों के प्रभारी लालकृष्ण आडवाणी घाटी में आतंकवाद से निबटने में काफी मुखर हैं। आतंकवाद के विरूद्ध सक्रिय कदम का उनका आगम शायद योजनाबद्ध तरीके से किया गया, इसकी तुलना में बाजपेयी की सोच काफी उदारवादी लगती थी, लेकिन कूटनीति बदलती परिस्थिति के अनुसार चलती है। अब वक्त की यह मांग है कि भारत और पाकिस्तान की संजीदगी से सुलझाये, लेकिन विशेषज्ञों का यह मानना है कि भारत-पाक के बीच बातचीत यों ही वर्षों चलती रहेगी, लेकिन इसका कोई परिणाम नहीं निकलेगा। यही नहीं विदेश मंत्रालय के आकलन का कहना है बीते वर्षों में इस बात के कोई सबूत नहीं मिलते कि भारत सरकार ने कश्मीर नीति पर कोई कार्ययोजना तैयार या घोषित की हो न तो इस दौरान प्रधानमंत्री कार्यालय ने और न ही गृह मंत्रालय ने कश्मीर संकट को हल करने के लिए कोई नीति या लक्ष्य तय किये। परिणामस्वरूप कश्मीर समस्या लगातार बदतर होती गई। यहाँ तक कि यह वर्तमान आयामों तक पहुँच गयी।

अपनी कश्मीर नीति के तहत पाकिस्तान ने बाल्टिस्तान के जरिये कश्मीर के उत्तरी क्षेत्रों तक आक्रामक रूख की शुरूआत की थी। इसका लक्ष्य सियाचिन ग्लेशियर पर कब्जा करना था। दिल्ली स्थित रक्षा मंत्रालय के सूत्र बताते हैं कि कश्मीर में घुसपैठियों को भौतिक, राजनीतिक और सैन्य सहायता के सबूत मिले हैं। इसके अलावा पुंछ से सियाचिन ग्लेशियर तक 1100 किमी० लम्बी नियंत्रण रेखा की स्थिति बिगाड़ने के लिए भी उसने कई बार बड़े पैमाने पर आक्रमण किये।

बहरहाल पाकिस्तान भारत सरकार और कश्मीरी मुसलमानों के बीच खाई खोदने में सफल रहा। इसके लिए जम्मू-कश्मीर में उसने इस्लामी पहलू का पूरा फायदा उठाया। विदेश मंत्रालय के एक वरिष्ठ अधिकारी के अनुसार घुसपैठ की इस्लामी रणनीति ने केन्द्र सरकार को हानि की स्थिति में ला खड़ा किया। इसके अलावा भारत के नरम रूख ने पाकिस्तान और घाटी में भारत विरोधी तत्वों को गलत संकेत दिये।

स्थिति यह है कि एक तरफ जहाँ भारत कश्मीर में अकेले युद्ध लड़ रहा है, वहीं पाकिस्तान विभिन्न देशों से विभिन्न समय पर लुक-छिप और कभी खुलेआम दोनों ही प्रकार की सहायता प्राप्त करता रहा है। चीन उसका मुख्य स्रोत है। आल पार्टी हुर्रियत कांफ्रेंस के प्रवक्ता अब्दुल गनी कहते हैं– "भारत-चीन युद्ध केवल एक बार हुआ है, लिहाजा चीन का विषय इतना महत्वपूर्ण नहीं है। भारत और पाकिस्तान कश्मीर के विवाद पर दो बार युद्ध लड़ चुके हैं। भीतर ही भीतर चलने वाले कहर और परमाणु विस्फोट सीधे-सीधे कश्मीर विवाद से जुड़े हुए हैं।" लेकिन यह सच

है कि भारत सरकार पाकिस्तान के इस कुकृत्य के लिए चीन को ही जिम्मेदार मानती है। जार्ज फर्नाडिज ने बार-बार कहा है कि "चीन सरकार लगातार भारत-पाक टकराव को कश्मीर-विवाद के आधार पर बढ़ावा दे रही है। भारत-पाक के मतभेदों का लाभ चीन उठा रहा है।" भारत इस बात के लिए पाकिस्तान को दोषी ठहराता है कि उसने जम्मू कश्मीर की शकसगान और सुजताप घाटी की 2700 वर्गमील भूमि चीन को दे दी।

1948 में गिलगिट और उससे सटे हुए कश्मीर राज्य के इलाके पर कब्जा करने के बाद 1961 में पाकिस्तान ने चीन से अपनी सीमाएँ तय कर ली। हालांकि तत्कालीन रक्षामंत्री कृष्णमेनन ने दोनों देशों से 10 मई 1962 को इसका विरोध किया था। लेकिन 2 मार्च 1963 को चीन-पाक सीमान्त समझौते पर तत्कालीन पाक विदेशमंत्री जुल्फिकार अली भुट्टो और चीनी विदेशमंत्री चेनयी ने हस्ताक्षर कर दिये। आज भारत मिसाइलों से घिरा हुआ है। इससे से भी बढ़कर चीन-पाक तत्व निकट भविष्य में भारत के लिए गम्भीर खतरा है। जहाँ तक कश्मीर का प्रश्न है पाकिस्तान वहाँ अपना छाया युद्ध समाप्त नहीं करेगा, क्योंकि इसकी क़ोई बड़ी कीमत उसे चुकानी नहीं पड़ती। निःसंदेह पाकिस्तान के लिए कश्मीर विषय को ज्वलंत बनाये रखने के लिए छाया युद्ध जरूरी है।

लेकिन पूर्व भारतीय प्रधानमंत्री अटल बिहारी वाजपेयी न स्पष्ट रूप से कहा था कि भारत ने पाकिस्तान को किसी प्रकार की धमकी नहीं दी है। वे इस प्रस्ताव को दोहराते हैं कि 'पहला प्रयोग नहीं' समझौते पर इस्लामाबाद बाचतीच कर सकता है। कश्मीर भारत का अखण्ड भाग है और इसका हिस्सा पाकिस्तान ने बलपूर्वक और अवैध ढंग से कब्जा कर रखा है। उन्होंने विश्व समुदाय से आग्रह किया है कि वह इस समस्या का हल करवाने में मदद करें। भारत ने किसी भी प्रकार के तीसरे पक्ष की मध्यस्थता को पहले ही अस्वीकार कर दिया है।

जहाँ तक कश्मीर में आतंकवादी कारवाइयों का प्रश्न है भाड़े के विदेशियों का तो वे समर्थन प्राप्त करते रहेंगे। कोई भी विदेशी आतंकवादी बिना स्थानीय समर्थन के विदेशी धरती पर अपनी कार्यवाही नहीं कर सकता। पश्चिमी रक्षा विशेषज्ञों ने आशंका व्यक्ति की है कि पाकिस्तान की परमाणु तकनीकी कुछ धूर्त राष्ट्रों या आतंकवादी समूहों तक पहुँच सकती है। अमेरिका ने दोहराया है कि कश्मीर के मामले में वह मध्यस्थता करने को तैयार है, बशर्ते दोनों ही पक्ष इसके लिए राजी हों। यह प्रयास करने होंगे कि हम किस प्रकार इन पक्षों को तनाव कम करने के लिए उत्साहित करें। कश्मीर पर टकराव कम करने की सम्भावनाएँ तलाशे और लम्बित पड़े कश्मीर-विवाद को तय करने का रास्ता निकाले और दोनों के बीच द्विपक्षीय बातचीत को बढ़ावा दें। किसी तीसरे की मध्यस्थता का सवाल ही नहीं उठता।

कश्मीर मामलों के विशेषज्ञों का मानना है कि अभी कश्मीर की स्थिति पर चर्चा करनी है, तो भारत और पाकिस्तान को पहले अपने बुनियादी मतभेद दूर करने होंगे। पहले कदम के रूप में पाकिस्तान को जम्मू-कश्मीर में आतंकवादियों को भेजना रोकना होगा। दूसरी ओर विश्व में एक ग्रुप का सुझाव है कि नियंत्रण रेखा को अन्तर्राष्ट्रीय सीमा के रूप में परिवर्तित कर देना चाहिए। बहरहाल कश्मीर समस्या का समाधान निकल सकता है। जरूरत इस बात की है कि भारत और पाकिस्तान आपसी टकराव का रास्ता छोड़ दें।

10. भारतीय उपमहाद्वीप की शांति एवं सुरक्षा में कश्मीर का महत्त्व

डॉ० ओम प्रकाश शुक्ल*

प्रफुल्ल कुमार शुक्ल**

एशिया महाद्वीप में ब्रिटिश उपनिवेशवाद की समाप्ति के साथ एक नये संघर्ष की शुरूआत हुई जिसके परिणामस्वरूप इस क्षेत्र से 'शान्ति' शब्द का लोप हो गया। यह संघर्ष है दो पड़ोसी देशों का संघर्ष, जिसे भारत पाक संघर्ष के नाम से जाना जाता है। भारत विभाजन के समय की घृणा और अविश्वास ने दोनों देशों को आज तक युद्ध की तैयारी में लगाये रखा। प्रारम्भ से ही दोनों देशों की सेनायें एक दूसरे के आमने सामने न केवल तैनाम रही अपितु तीन बड़े युद्ध हुए और कारगिल में घुसपैठ जैसी एक छोटी सी चिनगारी से किसी भी दिन चौथा युद्ध शुरू हो जाये तो आश्चर्य नहीं। पाकिस्तान की विदेश नीति का आधार भारत विरोध रहा है। इसलिये पाकिस्तान के शासकों के लिये यह आवश्यक हो गया कि वे भारत विरोध की नीति अपनायें क्योंकि यदि वे ऐसा नहीं करते हैं तो उसके जन्म का आधार ही नष्ट हो जाता है। कश्मीर का प्रश्न इस नीति की प्रमुख अभिव्यक्ति है। कश्मीर को प्राप्त करने के लिये कभी अमेरिका और ब्रिटेन का पिछलग्गू बने रहने की नीति तो कभी चीन की चापलूसी यही संकेत देती है कि उसका भारत विरोध हमेशा बना रहेगा। कश्मीर की समस्या दोनों देशों के बीच एक ऐसे ज्वालामुखी की तरह हैं जो समय-समय पर लावा उगलती रहती है। वर्तमान समय में यह समस्या भूमि की समस्या नहीं बल्कि प्रतिष्ठा की समस्या है।

*प्रवक्ता - रक्षा अध्ययन विभाग, लखनऊ विश्वविद्यालय, लखनऊ

**शोधछात्र - रक्षा अध्ययन विभाग, लखनऊ विश्वविद्यालय, लखनऊ

कश्मीर की समस्या भारत और पाकिस्तान के बीच सबसे उलझी समस्या है। स्वतंत्रता के बाद जहाँ भारत और पाकिस्तान दो नये राज्य बने वहीं देशी रियासतें एक प्रकार से स्वतंत्र हो गयीं। कश्मीर की स्थिति कुछ विशेष प्रकार की थी। भारत की उत्तर-पश्चिम सीमा पर स्थित यह राज्य भारत अथवा पाकिस्तान दोनों को जोड़ता है।

भारत द्वारा कश्मीर की सुरक्षा के निर्णय के कारण और उधर पाकिस्तान द्वारा आक्रमणकारियों को सहायता देने की नीति के कारण कश्मीर दोनों राज्यों के बीच युद्ध का क्षेत्र बन गया। प्रारम्भ में भारत सरकार ने पाकिस्तान सरकार से प्रार्थना की कि कबायलियों का मार्ग बन्द कर दे, परन्तु जब इस बात के प्रमाण मिलने लगे कि पाकिस्तान सरकार स्वयं इनकी सहायता कर रही है तो 1 जनवरी, 1948 को भारत सरकार ने सुरक्षा परिषद में यह शिकायत की कि पाकिस्तान से सहायता प्राप्त करके कबायलियों ने भारत के एक अंग कश्मीर पर आक्रमण कर दिया है, जिससे अन्तर्राष्ट्रीय शान्ति और सुरक्षा का खतरा है। दूसरी तरफ पाकिस्तान ने भारत पर आरोप लगाया कि कश्मीर का भारत में विलय अवैधानिक है। सुरक्षा परिषद ने इस समस्या का समाधान करने के लिये 5 राष्ट्रों-चेकोस्लोवाकियाए, अर्जेण्टाइना, अमेरिका, कोलम्बिया और बेलिजयम को सदस्य नियुक्त कर मौके पर स्थिति का अवलोकन करके समझौता कराने के उद्देश्य से संयुक्त राष्ट्र आयोग की नियुक्ति की।

संयुक्त राष्ट्र आयोग ने तुरन्त अपना कार्य प्रारम्भ कर दिया और मौके पर स्थिति का अध्ययन कर 13 अगस्त, 1948 को दोनों पक्षों से युद्ध बन्द करने और समझौता करने हेतु निम्नांकित आधार प्रस्तुत किये–

- पाकिस्तान अपनी सेनायें कश्मीर से हटाने तथा कबायलियों और सामान्य रूप से कश्मीर में न रहने वाले विदेशियों को भी वहाँ से हटाने का प्रयत्न करे।
- सेनाओं द्वारा खाली किये गये प्रदेश का शासन प्रबन्ध स्थानीय अधिकारी आयोग के निरीक्षण में करे।
- जब आयोग भारत को पाकिस्तान द्वारा उपर्युक्त वर्णित शर्तों को पूरा करने की सूचना दे तो भारत भी समझौते के अनुसार अपनी सेनाओं का अधिकांश भाग वहाँ से हटा ले।
- अन्तिम समझौता होने तक भारत सरकार युद्ध विराम के अन्दर उतनी ही सेनायें रखे जितनी कि इस प्रदेश में कानून और व्यवस्था बनाये रखने के कार्य में स्थानीय अधिकारियों को सहायता देने के लिये वांछनीय हो।

इस सिद्धान्त के आधार पर दोनों पक्ष एक लम्बी वार्ता के बाद 1 जनवरी, 1949 को युद्ध विराम के लिये सहमत हो गये। कश्मीर के विलय का अन्तिम फैसला

जनमत संग्रह के आधार पर होना था। जनमत संग्रह की शर्तों को पूरा करने के लिये एक अमेरिकी नागरिक एडमिरल चेस्टर निमित्ज को प्रशासक नियुक्त किया गया। उन्होंने जनमत संग्रह के सम्बन्ध में दोनों पक्षों से बात-चीत की, किन्तु उसका कोई परिणाम नहीं निकला। अंत में उन्होंने अपने पद से त्यागपत्र दे दिया। युद्ध-विराम रेखा निर्धारित हो जाने पर पाकिस्तान के हाथ में कश्मीर का 32,000 वर्गमील क्षेत्रफल रह गया। इसकी जनसंख्या 7 लाख थी। पाकिस्तान ने इस क्षेत्र को 'आजाद कश्मीर' कहा। युद्ध विराम रेखा के इस पार भारत के अधिकार में 53,000 वर्गमील क्षेत्रफल था, जिसकी जनसंख्या 33 लाख थी।

नेहरू जनमत संग्रह के लिये तैयार थे। संयुक्त राष्ट्र संघ ने यह शर्त लगा दी कि पाकिस्तान द्वारा हस्तगत क्षेत्र से जब पाकिस्तानी सेना एवं कबायली पूर्णतया हट जायेंगे, तभी जनमत संग्रह होगा। पाकिस्तान 'आजाद कश्मीर' से अपने सेनाये हटाने के लिये तैयार न था और बिना सेनायें हटाये जनमत संग्रह हो ही नहीं सकता था। पाकिस्तान ने अमेरिका से 1954 में सैनिक संधि कर ली। व 1955 में बगदाद पैक्ट (सेण्टो) का भी सदस्य हो गया। उसने अपने कुछ अड्डे अमेरिका को दे दिये। इससे भारत ने खतरा अनुभव किया। भारत का मत था कि पाकिस्तान कश्मीर लेने के लये अपनी सैन्य शक्ति बढ़ा रहा है। अतः परिवर्तित अन्तर्राष्ट्रीय परिस्थितियों में जवाहरलाल नेहरू ने अपनी कश्मीर नीति में परिवर्तन कर लिया। उन्होंने निश्चय कर लिया कि अब कश्मीर में जनमत संग्रह कराना सम्भव नहीं है। इसी समय सोवियत संघ का कश्मीर के प्रश्न पर भारत को समर्थन मिल गया जिससे भारत की स्थिति मजबूत हो गयी। उसका भी अन्तर्राष्ट्रीय जगत तथा सुरक्षा परिषद में एक शक्तिशाली मित्र हो गया। 1950 में नेहरू ने पाकिस्तान से युद्ध-वर्जन संधि करने का प्रस्ताव रखा परन्तु पाकिस्तान ने उसे ठुकरा दिया। 6 फरवरी, 1954 को कश्मीर की संविधान सभा ने एक प्रस्ताव पास कर जम्मू कश्मीर राज्य का विलय भारत में होने की पुष्टि कर दी। भारत सरकार ने भारतीय संविधान में संशोधन कर 14 मई, 1954 को अनुच्छेद 370 के अन्तर्गत कश्मीर को विशेष दर्जा दे दिया। 26 जनवरी, 1957 को जम्मू कश्मीर का संविधान लागू हो गया। उसके साथ ही जम्मू कश्मीर भारतीय संघ का एक अभिन्न अंग बन गया।

इसके बाद भी पाकिस्तान बार-बार कश्मीर का प्रश्न उठाता रहा। ब्रिटेन, फ्रांस और अमेरिका ने सुरक्षा परिषद में पाकिस्तान का समर्थन करते हुए कहा कि कश्मीर में संयुक्त राष्ट्र के तत्वावधान में जनमत संग्रह कराया जाये और संयुक्त राष्ट्र संघ की आपात सेना वहाँ भेजी जाये। भारत ने इस प्रस्ताव का घोर विरोध किया। भारत के समर्थन में सोवियत संघ ने इस प्रस्ताव पर अपने निषेधाधिकार का प्रयोग किया। भारतीय प्रतिनिधि कृष्णा मेनन ने अपने 7 घंटे 48 मिनट तक के लम्बे ऐतिहासिक

भाषण में कहा कि "मूल प्रश्न यह नहीं कि जम्मू कश्मीर में संविधान लागू हो या न हो। मूल समस्या यह है कि जम्मू कश्मीर से पाकिस्तानी सेनायें अभी तक क्यों नहीं निकली।" 1962 में सुरक्षा परिषद में पाकिस्तान ने कश्मीर में आत्मनिर्णन की मांग दोहरायी, इस प्रस्ताव को सोवियत संघ ने वीटो द्वारा समाप्त कर दिया। जब-जब मौका मिलता है पाकिस्तान कश्मीर के प्रश्न को उठाता रहता है। मार्च 1983 में नई दिल्ली में आयोजित सातवें गुट निरपेक्ष सम्मेलन में जनरल जिया ने कश्मीर को एक विवादास्पद मुद्दा बताया। सितम्बर 1992 में गुट निरपेक्ष शिखर सम्मेलन के पूर्ण अधिवेशन में पाकिस्तानी प्रधानमंत्री नवाज शरीफ ने कश्मीर का मुद्दा फिर से उठाया। पाकिस्तान ने कश्मीर मुद्दे का अन्तर्राष्ट्रीयकरण करने तथा उसे साम्प्रदायिक रंग देने का अपना अभियान जारी रखा है। संयुक्त राष्ट्र मानवाधिकार आयोग के पचासवें अधिवेशन में पाकिस्तान ने जम्मू कश्मीर में मानवाधिकारों की स्थिति पर एक प्रस्ताव लाने का निर्णय किया था और उस पर समर्थन जुटाने के लिये एक सक्रिय अभियान छेड़ा, लेकिन बाद में कई मित्र देशों के कहने पर उसने अपना यह प्रस्ताव वापस ले लिया। संयुक्त राष्ट्र महासभा के 49वें अधिवेशन में भी पाकिस्तान ने प्रस्ताव रखने का एक और प्रयास किया, लेकिन उसका यह प्रयास भी असफल रहा।

मई 1999 में जम्मू कश्मीर के कारगिल क्षेत्र में घुसपैठिये भेज कर पाकिस्तान ने नियंत्रण रेखा का उल्लंघन किया। इन घुसपैठियों ने पूर्व निर्धारित योजना के तहत 9 मई को हमला करते हुए भारतीय सेना के आयुध भण्डार को क्षतिग्रस्त कर दिया तथा क्षेत्र के विभिन्न स्थानों पर अपना अधिकार जमा लिया। भारतीय सेना ने 434 किमी लम्बे श्रीनगर लेह राष्ट्रीय राजमार्ग का सम्पर्क तोड़ने के इन घुसपैठियों के प्रयास को विफल कर दिया। भारतीय क्षेत्र से सेना समर्थित घुसपैठिये हटाने एवं नियंत्रण रेखा का सम्मान करने के लिये पाकिस्तान पर जबरदस्त अन्तर्राष्ट्रीय दबाव पड़ने लगे।

भारतीय सेना के साथ-साथ भारती अन्तर्राष्ट्रीय दबाव के आगे पाकिस्तानी घुसपैठियों को अन्ततः घुटने टेकने को मजबूर होना पड़ा। घुसपैठियों के विरूद्ध 8 मई, 1999 से प्रारम्भ हुई भारतीय सेना की आक्रामक कार्यवाही को 11 जुलाई, 1999 को उस समय रोक दिया गया जब भारत व पाकिस्तान के सैन्य संचालन निदेशकों ने अटारी में बातचीत करके घुसपैठियों एवं पाकिस्तानी सेना की वापसी की समय सीमा निर्धारित कर दी थी। एक नाटकीय घटनाक्रम के तहत 12 अक्टूबर, 1999 को पाकिस्तान के थल सेनाध्यक्ष जनरल परवेज मुशरर्फ ने नवाज शरीफ सरकार का तख्ता पलट कर स्वयं को देश का मुख्य अधिशासी घोषित कर दिया। मुशरर्फ का यह

वक्तव्य गौर करने लायक है कि "दक्षिण एशिया में कश्मीर मसले पर परमाणु हथियारों का इस्तेमाल सम्भव है।"

भारतीय उपमहाद्वीप के ये दो सशक्त राष्ट्र जब तक एक दूसरे से शत्रुता भुलाकर एकजुट नहीं होते तब तक इस क्षेत्र में शान्ति की कोई सम्भावना दिखायी नहीं देती। एशिया महाद्वीप में महाशक्तियों का बढ़ता हस्तक्षेप इस क्षेत्र के लिये खतरनाक सिद्ध हो सकता है। आज वह समय आ गया है जब भारत और पाकिस्तान को आत्मसहमति के आधार पर एक दूसरे के साथ हो जाना चाहिये अन्यथा भावी दुष्परिणाम न तो भारत के लिये और न ही पाकिस्तान के लिये हितकारी सिद्ध होंगे।

सन्दर्भ सूची

(1) अन्तर्राष्ट्रीय राजनीति - डॉ० बी०एल० फड़िया

(2) अन्तर्राष्ट्रीय विधि - डॉ० एस०एस० कपूर

11. कश्मीर में पाकिस्तान का खूनी खेल : आतंकवाद

डॉ० के०एस० राठौर*

1947 में भारत के दो हिस्से होने के बाद से ही राष्ट्र का सिरमौर माना जाने वाला कश्मीर, पाकिस्तान के द्वारा भारत से अलग कर दिये जाने के खूनी प्रयासों से आहत होता आ रहा है। सन् 1989 से पाकिस्तान द्वारा अघोषित युद्ध एवं आतंकवाद के द्वारा कश्मीर के अंदर षड्यंत्र होते आ रहे हैं। पाकिस्तानी इस्लामिक कट्टर पंथियों ने कश्मीर घाटी के मुट्ठी भर मुसलमानों को धर्म के नाम पर सब्जबाग दिखाकर उनके हाथों में अस्त्र-शस्त्र थमा दिये हैं। इनके अत्याचारों से कश्मीर घाटी की सफेद बर्फ की चादर, यहाँ के मासूमों के लिए कफन बनकर रह गई है। इन आतंकवादी गतिविधियों से श्रीनगर की समृद्धि एवं विकास खत्म हो गया। यह नगर अब केवल हिंसा की वारदातों का केन्द्र बन गया है।

भारत-पाक युद्धों में भारत से पराजित होने के बाद पाकिस्तान ने प्रत्यक्ष युद्ध के स्थान पर अप्रत्यक्ष युद्ध की रणनीति अपनाई और यह कार्य अपनी खुफिया एजेन्सी के सुपुर्द कर दिया। पाकिस्तान की खुफिया एजेन्सी इन्टर सर्विस इंटेलिजेंस (आई०एस०आई०) विश्व में आतंकी कार्यवाहियों के लिए कुख्यात है। इस कुख्यात एजेन्सी ने पिछले पन्द्रह बीस वर्षों में भारतीय उपमहाद्वीप में आतंकवाद, बम विस्फोट, साम्प्रदायिक दंगे, तोड़-फोड़, नागरिकों व राजनेताओं की हत्याओं, हथियारों की तस्करी जैसे हजारों अपराध किये हैं। भारत में तो इस खुफिया एजेन्सी (आई०एस०आई०) ने अपना नेटवर्क विकसित कर रखा है। इस एजेन्सी का मुख्य निशाना भारत ही है। भारत के गृह मंत्रालय की एक रिपोर्ट के अनुसार आई०एस०आई० ने भारत में किराये के आतंकवादियों द्वारा तीस हजार से अधिक हत्यायें कराई हैं।

---

*प्रवक्ता, सैन्य विज्ञान, एम०एल०बी० शासकीय उत्कृष्ट महाविद्यालय, ग्वालियर (म०प्र०)

पाकिस्तान ने अपने जन्म से ही कश्मीर क्षेत्र में उपद्रव व आतंकवादी गतिविधियों को प्रारम्भ कर दिया था। पाकिस्तान के खुफिया एजेन्ट कश्मीर के मुस्लिम समाज को मजहब के नाम पर भड़काने एवं उन्हें अपना हथियार बनाने में सफल रहे उन्होंने उनके दिमाग में स्वतंत्र कश्मीर की भावना उत्पन्न करके भारत विरोधी भावना को जन्म दिया। मुसलमानों को आजादी के लिए उकसाने, उनके विचारों में भारत विरोधी भावना भरने और अलगाववाद की भावना को जन्म देने के लिए योजना तैयार की जाने लगी। इसके लिए मजहबी शिक्षा देने की आड़ में 'अल्ला बाले' नाम से उत्तर-प्रदेश, बिहार एवं सबसे बड़े इस्लाम केन्द्र देवबंध से बड़ी संख्या में मुल्ला मौलवी जम्मू-कश्मीर और डोडा जिले में आने लगे। ये मौलवी धार्मिक शिक्षा देने के नाम पर प्रत्येक गाँव में प्रवास करने लगे। मुसलमानों के पवित्र स्थल जैसे मस्जिद, इजारत, पीर बाबा का स्थान, मदरसे आदि अलगाववादी विचारों के प्रचार केन्द्र बनते गये। इनके द्वारा मुसलमानों को भारत विरोधी पाठ बढ़ाया जाने लगा। जैसे यहाँ हम इन काफिरों (हिन्दुओं) के साथ नहीं रहेंगे। जहाँ केवल अल्ला की आवाज गूँजे, हमें ऐसा एक स्वतंत्र देश चाहिये। कश्मीर में हम बहुसंख्यक हैं, इसलिए हमें इस्लामिक राज्य चाहिये। हमें सम्पूर्ण पृथ्वी पर इस्लाम का झण्डा फहराना है। इस तरह के विचारों का प्रचार करके इन अल्लावालों ने कश्मीर में आतंकवाद की जड़ें फैलाना शुरू कर दिया।

कश्मीर में हिंसात्मक गतिविधियों के लिए पाकिस्तान ने कई आतंकवादी प्रशिक्षण केन्द्र खोल रखे हैं। इन केन्द्रों पर लूटपाट, आगजनी, हत्या, हथियारों को चलाने आदि का प्रशिक्षण दिया जाता है। इस कार्य में पाकिस्तानी सेना के बड़े-बड़े अधिकारी सहयोग प्रदान करते हैं। दुर्भाग्य है कि भारत की केन्द्र सरकार सब कुछ जानते हुये भी चुप रहती है, क्योंकि तुष्टीकरण के कारण मुस्लिम वोटों का उसे ध्यान रहता है। आज कश्मीर में पचास से अधिक आतंकवादी प्रशिक्षण केन्द्र स्थापित हैं। पाकिस्तान में आतंकवादी विचारधारा की एक पूरी फौज अचानक उत्पन्न नहीं हो गई है। एक पूरी सोची समझी साजिश के तहत् इसकी व्यवस्था हुयी है जैसे कि इस्लामाबाद बनाने के लिए सऊदी अरब ने पाकिस्तान को अपार धनराशि इस शर्त पर दी थी कि एक तो वह यहाँ दुनिया की सबसे बड़ी और भव्य मस्जिद बनाये और एक इस्लामिक विश्वविद्यालय की स्थापना करे, जहाँ पूरे संसार के मुसलमान विद्यार्थी इस्लाम की शिक्षा ग्रहण कर सकें। आज ये दोनों ही चीजें इस्लामाबाद में मौजूद हैं। इस्लाम की शिक्षा के नाम पर इस्लामिक विश्वविद्यालय में आतंकवाद का एक विशाल भण्डार मौजूद है। दुनिया का कोई भी मुसलमान विद्यार्थी यहाँ से पढ़ाई पूरी करने के बाद बाकायदा एक प्रशिक्षणशुदा आतंकवादी बनकर निकलता है। यह विश्वविद्यालय आतंकवादियों की फौज तैयार करता है। आज सम्पूर्ण विश्व में 80 से भी ज्यादा इस्लामिक आतंकवादी संगठन मौजूद हैं, जोकि किसी न किसी रूप में

इस्लामाबाद (पाकिस्तान) से जुड़े हुये हैं।

आतंकवादियों को हथियारों का प्रशिक्षण देने के लिए पाकिस्तान की खुफिया एजेन्सी ने कई आतंकवादी संगठनों का गठन किया है। पाकिस्तान के जिन आतंकवादी संगठनों ने कश्मीर को भारत से अलग कराने की ठानी है। उनमें प्रमुख हैं–

(1) जमात-ए-इस्लामी : यह काजी अहमद हुसैन के नेतृत्व वाली धार्मिक पार्टी है।

(2) इस्लामी जमात-ए-तुल्बा : इसके अन्दर पाकिस्तान के कॉलेजों के विद्यार्थी होते हैं।

(3) मरकज-उद-दावा-बाल-इरशाद : इसका मुख्यालय लाहौर में है। यह विश्व भर में जिहाद के लिए मुजाहिदों को तैयार करता है। ओसमा-बिन-लादेन तथा लाहौर विश्वविद्यालय के एक प्रोफेसर द्वारा यह स्थापित किया गया है।

(4) हरकत-उल-अन्सार : इसकी स्थापना 1980 में हुई। इसके मुखिया ले० जनरल जावेद जासिर हैं, जोकि पहले पाकिस्तानी खुफिया एजेन्सी के महानिदेशक थे। इस संगठन को 1997 में संयुक्त राष्ट्र द्वारा आतंकवादी संगठन घोषित कर दिया गया था। अतः इसने हरकत-उल-मुजाहिदीन के नाम से अपनी आतंकी गतिविधियों का संचालन शुरू कर दिया। इस संगठन का उद्देश्य कश्मीर का पाकिस्तान में विलय तथा इस्लाम विरोधी ताकतों के साथ सशस्त्र संघर्ष करना है। इस संगठन को आर्थिक सहायता सऊदी अरब से एवं दूसरे अन्य खाड़ी देशों से तथा धनी कश्मीरियों एवं पाकिस्तानियों से प्राप्त होती है। इस संगठन के पास हल्की और भारी मशीनगनें, असाल्ट राइफलें, मोर्टार, रॉकेटों का भारी जखीरा तथा तीन सौ हथियारबन्द सदस्यों वाला खतरनाक 'कोर मिलिटेन्ट ग्रुप' है।

(5) लश्कर-ए-तोएबा : यह आई०एस०आई० द्वारा निष्काषित मरकज के आतंकवादी हैं। ये पाकिस्तान व कश्मीर से अपनी आतंकवादी गतिविधियों का संचालन करते हैं। कश्मीर में अब्दुल रहमान उल दाखिल इसका प्रमुख है। यह संगठन हर तरह की आतंकवादी गतिविधियाँ अपनाता है, ताकि दहशत बनाई जा सके। पहले इसकी गतिविधि का केन्द्र अफगानिस्तान था, किन्तु अब यह कश्मीर में सक्रिय है।

(6) नेशनल इस्लामिक फ्रंट : वर्तमान के कारगिल संघर्ष में एन०एल०एफ० के सदस्य पाकिस्तानी फौजों के साथ लड़ाई में शामिल रहे। कश्मीर के

मुद्दे को लेकर यह इस्लामिक संगठनों के साथ है। कश्मीर के अन्दर इसके लगभग 300 सदस्य हैं, जो कि दंगे भड़काने में अपनी भूमिका निभाते हैं। इन्हें आर्थिक सहायता सूडान की सरकार और ओसामा बिन लादेन की कम्पनियों से एक मोटी रकम के रूप में प्राप्त होती है।

(7) **जम्मू कश्मीर लिब्रेशन फ्रंट** : कश्मीर में सबसे ज्यादा आतंकवादी गतिविधियाँ इसी संगठन की हैं। इसके पास अत्यधिक मात्रा में सशस्त्र आतंकवादी हैं। इसकी फौजी ताकत लगभग 5000 आतंकवादी सैनिकों की है। भारतीय सेनाओं को सबसे ज्यादा प्रत्यक्ष रूप से इन्हीं से संघर्ष करना पड़ता है। कारगिल संघर्ष में इसकी मुख्य भूमिका रही है। इसे जम्मू कश्मीर के धनी मुसलमान, पाकिस्तान के व्यापारी तथा यूरोप में बसे मुसलमानों से बेशुमार मात्रा में धन प्राप्त होता है।

इन आतंकवादी संगठनों के अलावा अल जेहाद, हिजबुल मुजाहिदीन, इस्लामी इन्कलाबी महाज, बैत-उल-इस्लाम, अलवर्क, जाबांज फोर्स, अल्लाह टाइगर्स, तहरीक-उल-मुजाहिदीन आदि आतंकवादी संगठन हैं जिनके पास भारी मशीनगनें, असाल्ट रायफल, मोटार्र, राकेट तथा अन्य अत्याधुनिक विस्फोटक सामग्री मौजूद हैं। इन संगठनों के द्वार हमेशा उन लोगों के लिए खुले हैं, जो भारत में आतंकवादी गतिविधियों को अंजाम देना चाहते हैं।

इन आतंकवादी संगठनों के सदस्य श्रीनगर, बारामूला, अनंतनाग, कुपबाड़ा, ऊधमपुर, राजौरी, जम्मू, पुँछ आदि क्षेत्रों में अपनी कार्यवाही करते हैं। इन सभी आतंकवादी संगठनों से पाकिस्तानी खुफिया एजेन्सी के किसी न किसी रूप में सम्बन्ध हैं। इन आतंकवादी संगठनों ने जिला, तहसील व खण्ड के अनुसार अपने एरिया कमाण्डर बनाये हैं, जिनके अपने-अपने ग्रुप हैं। इन संगठनो में से कुछ का उद्देश्य कश्मीर को पाकिस्तान से मिलाना है, तो कुछ का उददेश्य कश्मीर को स्वतंत्र राष्ट्र बनाना है मूल रूप से सभी का उद्देश्य कश्मीर को भारत से अलग करना है।

आतंकवादियों द्वारा जम्मू कश्मीर क्षेत्र की मस्जिदों को आतंकवाद को संचालित करने के केन्द्र बनाये गये। मस्जिदें हथियारों के भण्डार बन गई। इन मस्जिदों में पाकिस्तानी, अफगानी, सूडानी, कश्मीरी तथा स्थानीय आतंकवादी आकर रहने लगे और अपनी आतंकवादी हिंसात्मक घटनाओं के द्वारा अपनी शक्ति का प्रदर्शन करने लगे। सन् 1989 के बाद से इन आतंकवादी घटनाओं ने अपना विकराल रूप लेना शुरू कर दिया। इन आतंकवादियों ने किसी न किसी रूप में हिन्दुओं को भयभीत करना प्रारम्भ कर दिया, ताकि वे कश्मीर छोड़कर चले जाये। हिन्दुओ को भयभीत करने के लिए शाम होते ही बम विस्फोट शुरू हो जाते हैं। कभी-कभी तो सैकड़ों

बम विस्फोट एक ही रात में हो जाते थे। ये सभी वारदाते मंदिरों, हिन्दू नेताओं के घरों और सार्वजनिक स्थानों पर होती थीं। जम्मू-कश्मीर क्षेत्र में सन् 1989 के उपरान्त होने वाली कुछ मुख्य आतंकवादी घटनाओं का संक्षिप्त वर्णन हम निम्नानुसार कर सकते हैं–

11 अगस्त 1993 को आतंकवादियों ने किश्तबाड़ से जम्मू जा रही एक बस को रोककर उसमें यात्रा कर रहे 16 हिन्दू यात्रियों को उतार कर गोली मार दी। ठाठरी तहसील का बरशाला गाँव जो कि हिन्दू बाहुल्य है, में 5 जनवरी 1996 को सेना की वर्दी में आये आतंकवादियों ने हिन्दुओं को निकालकर गोली मार दी तथा यहाँ के प्राचीन शिव मंदिर को जला दिया और गाँव में लूटपाट की। 8 जून 1996 को ही आतंकवादियों ने ठाठरी तहसील के कलमाड़ी गाँव में जंगल अधिकारी जगन्नाथ के घर में घुस कर उसको, उसके वृद्ध माँ-बाप, पुत्र-पुत्रियों एवं पत्नी को हलाल कर दिया।

आतंकवादियों ने 24 जुलाई 1996 को रामबन क्षेत्र में गाँव के हिन्दुओं को एकत्रित किया। उनसे पाकिस्तान जिन्दाबाद के नारे लगवाये तथा भारत विरोधी नारे लगवाकर गोली मार दी। 18 जून 1998 को प्रेम नगर क्षेत्र में दो हिन्दु दूल्हे सहित 25 हिन्दू बारातियों को गोली मार दी गई। 15 जुलाई 1998 को ही ठाठरी में रात के समय आतंकवादियों ने दुष्कर्म के उद्देश्य से एक मुस्लिम परिवार में प्रवेश किया और मुस्लिम परिवार के विरोध करने पर परिवार के सभी लोगों को मौत के घाट उतार दिया गया।

आतंकवादियों ने हिन्दू समाज को भयभीत करने के लिए उनकी नृशंस हत्यायें करना शुरू कर दिया। हिन्दू समाज की हत्यायें इतने वीभत्स ढंग से होने लगी, जिसे देखकर हिन्दू समाज भयभीत हो उठा। समाज का नेतृत्व करने वाले हिन्दू नेताओं की हत्या की जाने लगी। हिन्दू रक्षा समिति के प्रदेश मंत्री सतीश भण्डारी, डोडा नगर के भाजपा जिला महामंत्री संतोष ठाकुर, भद्रवाह के भाजपा जिला उपाध्यक्ष स्वामीराज काटल, राष्ट्रीय स्वयं सेवक संघ के पूर्व जिला प्रधान रूचिर कुमार की निर्मम हत्या कर दी गई। 20 अगस्त 1992 को किश्तवाड़ में सुभाष भगत की गला रेतकर हत्या कर दी गई। यह हत्या अत्यन्त अमानवीय ढंग से की गई थी। डोडा के बजारनी गाँव में राष्ट्रीय स्वयंसेवक संघ के तहसील कार्यवाहक मोहन सिंह संतोष ठाकुर के साथ मिलकर आतंक विरोधी काम करते थे, जिससे आतंकवादियों को परेशानी होती थी। अतः आतंकवादियों ने इन्हें पकड़कर पहले मारपीट की, उसके बाद हलाल करके तड़पा-तड़पाकर मार डाला तथा इनकी लाश को गाँव की कॉपरेटिव दुकान पर लटका दिया, जोकि तीन दिन तक लटकी रही। 21 जनवरी 1994 को आतंकवादियों ने रमेश कुमार नामक व्यक्ति को उसके वृद्ध पिता के सामने काट डाला तथा उसका कलेजा निकालकर उसके पिता के मुँह पर फेंक दिया।

जम्मू-कश्मीर में आतंकवादियों द्वारा हिन्दुओं पर अत्याचार करने की सीमा अपनी पराकाष्ठा पर पहुँच चुकी है। 15 मार्च 2000 को डोडा जिले के कराडा गाँव में जम्मू कश्मीर पुलिस के एक हेड कांस्टेबल शौकत अली, अब्दुल गफूर, मोहम्मद अय्यून, अफरअल्ला, तारिक हुसैन तथा कुछ आतंकवादियों ने सात हिन्दुओं को जंगल में पाँच दिन तक कैद में रखकर अमानुषिक यातनायें दीं। मिट्टी का तेल डालकर उन लोगों के गुप्तांगों को जलाया तथा इनके माँस को तलकर खाया तथा इनके शरीर से बहने वाले खून को पीकर अपनी प्यास बुझाई। इसको देखकर दयाकृष्ण नामक व्यक्ति की वहीं मौत हो गई। शौकतअली और उसके सहयोगी इन युवकों को खच्चरों पर लादकर कराड़ा पुलिस चौकी लाये, जहाँ कुछ पुलिस अधिकारियों ने शेष युवकों को इन दरिंदों से मुक्त कराया। आतंकवादियों ने 21 मार्च 2000 को अनंतनाग जिले में सैंतीस सिखों को गोलियों से भून दिया। आतंक का यह खूनी खेल कश्मीर में लगातार जारी है। पाकिस्तान द्वारा जम्मू कश्मीर में प्रायोजित आतंकी कार्यवाहियाँ सारा संसार जान चुका है। पाकिस्तान छाया युद्ध के रूप में विदेशी भाड़े के आतंकवादी और धर्म के नाम पर गुमराह किये गये युवकों के हाथों में शस्त्र थमाकर कश्मीर में मौत का तांडव करवा रहा है।

'दैनिक जागरण' की खबर के अनुसार पाकिस्तान में मुशर्रफ के सैन्य शासनकाल में बेरोजगारी की संख्या बहुत बढ़ गई है। बेरोजगारी के कारण वहाँ अब तक पाँच सौ बेरोजगार युवक आत्महत्या कर चुके हैं। पाकिस्तान पीपुल्स पार्टी की मानवाधिकार शाखा द्वारा प्रकाशित एक रिपोर्ट के अनुसार पाकिस्तान में सैन्यशासन काल के प्रथम 6 माह में ही तीन सौ से अधिक लोगों ने आत्महत्या की है। पाकिस्तान की खुफिया एजेन्सी आई०एस०आई० मजहब के नाम पर इन लोगों के गुमराह करके धड़ाधड़ आत्मघाती दस्तों में भर्ती किया जा रहा है, जोकि कश्मीर में घुसपैठ करके वहाँ आतंकवाद की जड़े फैला रहे हैं।

एक खुफिया रिपोर्ट के अनुसार पाकिस्तान ने दो हजार से अधिक आतंकवादियों को उमरकोट सीमा क्षेत्र में तैनात कर रखा है। इन आतंकवादियों को हैदराबाद (पाकिस्तान) में स्थित शिविरों में प्रशिक्षण दिया गया है। हैदराबाद पाकिस्तान के उन तमाम शहरों में शामिल है, जहाँ पाकिस्तानी खुफिया एजेन्सी आई०एस०आई० के द्वारा आतंकवादियों के प्रशिक्षण शिविर चल रहे हैं।

अफगानी आतंकवादी शिविर में प्रशिक्षक रह चुके अबु हिजरत उर्फ मोहम्मद नबाज ने प्रेस को बताया कि कम से कम आठ सौ आतंकवादियों को गुलाम कश्मीर में मुजफ्फराबाद स्थित उमरबस्ती और भागलपुर में आत्मघाती दस्तों का फिदायीन बनाने के लिए तीन माह का प्रशिक्षण दिया जा रहा है। पाकिस्तान के गुजरावाला जिले

के निवासी नवाज के अनुसार चार सौ से अधिक आत्मघाती गुरिल्ला नियंत्रण रेखा के उस पार भारतीय सीमा में घुसपैठ करने के इंतजार में हैं। आत्मघाती दस्तों में शामिल होने वाले कट्टर आतंकवादियों में अधिकांश बेरोजगार और अपराधी हैं, जिन्हें धन और अपराधों से मुक्त करने का लालच देकर जम्मू कश्मीर में हमले करने के लिए आई०एस०आई० द्वारा भेजा जाता है। आई०एस०आई० जिन घुसपैठियों को कश्मीर भेज रही है। उनकी उम्र 20 से 25 वर्ष की होती है, ताकि वे वहाँ दो-तीन वर्ष रहकर आतंकवादी हरकतें कर सकें। अपने आतंकी मकसद के प्रति समर्पित मजबूत इरादों वाले इन फिदायीन के अनुसार भारतीय सेना ने कश्मीर में आतंक और कत्ले आम मचा रखा है। जैसा कि भारतीय सेना द्वारा श्रीनगर में लश्कर-ए-तय्यवा का एक 18 वर्षीय फिदायीन खलीलुल रहमान बन्दी बनाया गया है। जिसने बताया कि उसे तो यह बताया गया था कि– 'हमारे कश्मीर के भाई बहनों को भारतीय सेना के जुल्मों से बचाना है। हमारी कश्मीर की बहनों के साथ बलात्कार किया जा रहा है। कश्मीरियों को घरों से निकालकर भारतीय फौजी उन्हें जूतों से रौंदते हैं। लश्कर-ए-तय्यवा के लोग मेरे स्कूल आये थे और मुझे अलग ले गये और कहा कि यदि मैं शहीद हो गया तो मेरे परिवार को आर्थिक सहायता दी जायेगी, मैं कश्मीर में हीरो बन जाऊँगा, फिर मुझे मरना नहीं है, मुझे तो मारना है इस तरह मैं बहाबलपुर में लश्कर की वानी यूनिट के शिविर में आ गया और अपने माँ बाप भाई बहिनों को छोड़कर आजाद कश्मीर की पहाड़ियों में भाग आया, जहाँ मुझे मुजफ्फराबाद के पास की पहाड़ियों में तीन माह की सख्त ट्रेनिंग दी गई। मुझे वहाँ वायरलेस पर बात करना, राकेट लॉचर चलाना, ए०के०-47 रायफल्स चलाना, हथगोले फेकने आदि का प्रशिक्षण दिया गया। हम सितम्बर 2000 में भारत में घुसे, घने जंगलों, ऊँची पहाड़ियों व लिपा घाटी से होते हुये राफियाबाद आये और सोपोर की पहाड़ियों में अपना अड्डा बनाया। हमारा दस्ता 6 फिदायीनों का था, जिनमें मेरी उम्र सबसे कम थी। जनवरी 2002 में हम बारामूला शहर में आये। यहाँ हम किसी भी घर में 48 घन्टे से ज्यादा नहीं रूकते थे। हमें आर्थिक सहायता आई०एस०आई० अथवा लश्कर के आदमियों से प्राप्त होती थी। 22 जून 2002 को मैं जब बारामूला के नूरबाग में था, तब भारतीय सुरक्षा बल के सैनिकों ने मुझे देखा। पहले तो मैंने भागने की कोशिश की और सोचा कि हथगोला फेंक दूँ, किन्तु यह करने से पहले ही भारतीय सैनिकों ने मुझे पकड़ लिया। यहाँ सब देखने के बाद मैं यह कहूँगा कि पाकिस्तान और आजाद कश्मीर में जो कुछ सिखाया गया और बताया गया था, वह सब झूठ था। भारत विरोधी बातें बेमानी थीं। आई०एस०आई० के द्वारा हमारे मन में ढेर सारा जहर भरा गया था, लेकिन मैंने यहाँ अब देखा कि यहाँ कोई जुल्मों सितम नहीं है, जैसा कि मुजफ्फराबाद में मेरे प्रशिक्षकों ने या बहाबलपुर में हमारे नेताओं ने बताया था। मैं दुष्प्रचार में बहक गया था, जिसका मुझे अफसोस रहेगा।

इसी तरह मोहम्मद इरफान भारतीय सेना को भारी नुकसान पहुँचाने के उद्देश्य से भारतीय सीमा में घुसा था। उसके साथ के सभी 6 फिदायीन साथी भारतीय सेना की गोलियों से मारे गये तथा उसे भारतीय सैनिकों ने गिरफ्तार कर लिया और उसे श्रीनगर के बादामी बाग छावनी में कैदी बना के रखा गया। उसने बताया कि उसने आठवीं जमात की पढ़ाई करने के बाद कई बार लश्कर-ए-तय्यबा की बैठकों में समय गुजारा है। इन बैठकों में तकरीर करने वालों का एक ही मकसद होता है, भारतीयों के खिलाफ बोलना। इन बैठकों में लोग खिंचे चले जाते हैं। पाकिस्तान की फौज में इतनी हिम्मत नहीं है कि वह किसी को भारत के प्रति जहर उगलने से रोक सके। मुशर्रफ ने ऐसी बैठकों पर रोग लगाने की कोशिश की थी, किन्तु उन्हें सफलता नहीं मिली। मैं कश्मीर के लोगों पर भारतीय फौज की ज्यादतियों और जुल्मों के बारे में सुनता रहता था। जिससे मैं भी लश्कर-ए-तय्यबा में शामिल हो गया। हालांकि मेरे परिवार के लोगों ने इसका विरोध किया। अभी लश्कर-ए-तय्यबा ने मुझे और ट्रेनिंग पाए सात अन्य फिदायीन को पुंछ के पास, सरहद पर छोड़ दिया था। जहाँ पर जीप पर आये सूबेदार कासिम ने हमें एक-एक ए०के०-47 रायफल, दो-दो हथगोले, और चार-चार मैगजीनें दी एवं ग्रुप लीडर को स्निपर राइफल दी। मैंने सुना तो था कि इन संगठनों को पैसा आई०एस०आई० की तरफ से मिलता है, लेकिन तब यह सच साबित हो गया जब हम सभी को बीस-बीस हजार रूपये दिए गए, लेकिन बाद में उन्हें वापस ले लिया गया और हमसे कहा गया कि इतना पैसा लेकर चलने की आवश्यकता नहीं है, यदि हुई तो ग्रुप लीडर खर्च करेगा। पाकिस्तान द्वारा अधिकृत कश्मीर में हमें ट्रेनिंग के समय बताया गया था कि हमें जाली भारतीय नोट दिये जायेंगे। ये सभी नोट वहीं छपे होंगे, जहाँ पाकिस्तानी करेन्सी छपती है। भारतीय सीमा पर हमें जो भारतीय नोट दिये गये थे, वह जाली थे। हमें सितम्बर 2003 में पीर पंजाल के कठिन रास्ते से होते हुये हरमिया पहुँचाया गया, जहाँ हमें भारतीय फौज ने घेर लिया और मेरे 6 साथियों को मार गिराया। मैं जख्मी होने के कारण भाग न सका, अतः पकड़ा गया। अब मुझे यहाँ ऐसा लगता है कि लाहौर में कही जाने वाली हर बात किस कदर झूठी थी, लेकिन वे मेरे जैसे नौजवानों को गुमराह करके भेजते रहेंगे। मोहम्मद इरफान की जाली नोटों की बात सही प्रतीत होती है। भारत की अर्थव्यवस्था को चौपट करने के लिए पाकिस्तान अपने आई०एस०आई० एजेन्टों और आतंकवादियों द्वारा भारी मात्रा में जाली नोट भारत में भेज रहा है। इसका भंडाफोड़ 23 मई 2000 को जाली नोटों के साथ दाऊद गिरोह के चार सदस्यों की गिरफ्तारी से हुआ। आई०एस०आई० ने दाऊद गिरोह के माध्यम से जाली नोटों की एक बड़ी खेप भारत भेजी, जिसमें से चार लाख दस हजार रूपये पुलिस ने बरामद कर लिये थे। 28 जुलाई 2000 को मुम्बई की पुलिस में जाली नोटों की तस्करी में लिप्त पाँच लोगों को गिरफ्तार किया। इनके पास से एक करोड़ बाईस लाख रु० बरामद हुये, जो

पाँच-पाँच सौ के जाली नोट थे। इस तरह पाकिस्तान हर सम्भव प्रयास से भारत की आर्थिक व्यवस्था एवं शांति व्यवस्था को नष्ट करने का प्रयास कर रहा है।

पाकिस्तान द्वारा प्रायोजित इस आतंकवाद के कारण कश्मीर का जन जीवन पूर्ण रूप से तहस-नहस हो चुका है। विशेषकर हिन्दुओं का। कश्मीर के मुस्लिम समाज के कुछ लोग तो मजहबी आधार पर आतंकवादियों का साथ दे रहे हैं, तो कुछ भय के कारण। कश्मीर में शिक्षा के क्षेत्र को आतंकवाद ने सबसे अधिक नुकसान पहुँचाया है। कई विद्यालय नष्ट हो गये। बन्द हो गये विद्यालय केवल कागज पर चल रहे हैं। मुसलमान विद्यार्थी शिक्षा छोड़कर आतंकवादियों के साथ हो गये। कई सरकारी भवन नष्ट हो गये। कुछ पर इन आतंकवादियों ने अधिकार कर लिया है। शासकीय कर्मचारी कार्यालयों में जाने से घबराने लगे हैं। शहरों में शाम चार बजे के बाद कर्फ्यू जैसी स्थिति बन जाती है। प्रशासनिक व्यवस्था अस्त व्यस्त हो चुकी है। कश्मीर के नगरों में आतंकवादियों के दल आधुनिक हथियारों के साथ मोहल्लों में घूमते रहते हैं जिन्हें देखकर आम नागरिक भयग्रस्त बना हुआ है। कई व्यवसाय समाप्त हो चुके हैं। कई दुकानें तो आतंकवादियों ने जला दी हैं। व्यापारी कश्मीर में व्यापार करने से घबड़ाने लगा है।

आतंकवाद के कारण कश्मीर में हिन्दू-मुसलमान के बीच भाई चारे की भावना खत्म होती जा रही है और घृणा बढ़ती जा रही है। सामाजिक राजनैतिक व धार्मिक गतिविधियाँ बन्द होती जा रही हैं। राष्ट्रीय त्यौहार धमाकों, फायरिंग एवं सुरक्षा बलों व निर्दोष लोगों की हत्याओं से मनाये जाने लगे। आतंकवादियों द्वारा 15 अगस्त और 26 जनवरी को कर्फ्यू जैसी स्थिति बनाई जाने लगी। राष्ट्रीय गीत एवं भारत माता की जय घोष गायब हो गये। दीपावली होली आदि त्यौहार आने पर समाज खुश होने के स्थान पर चिन्ताग्रस्त हो जाता है। जम्मू कश्मीर में सन् 1990 से 2000 तक इन दस वर्षों में आतंकवादी घटनाओं से अपार धन एवं जन की हानि हुई। सरकारी एवं गैर सरकारी आँकड़ों पर हम दृष्टि डालें तो आतंकवादियों द्वारा लगभग 35 हजार व्यक्ति मारे गये, 5000 से ज्यादा बम विस्फोट किये गये, 200 से अधिक मंदिर, मस्जिद, गुरूद्वारे, धर्मशालायें जलाई गई, 25000 करोड़ रूपये से अधिक की सरकारी एवं व्यक्तिगत सम्पत्ति लूटी गई, 2000 से अधिक सरकारी भवन, स्कूल, चिकित्सा केन्द्र जलाये गये। इस तरह कश्मीर में विनाश ही विनाश होता आ रहा है।

पाकिस्तानी नेता व सैनिक अधिकारियों के अलावा कि जम्मू कश्मीर में विषम आतंकी परिस्थितियाँ बनाये रखने में भारतीय सरकार की गलत नीतियाँ भी दोषी हैं। केन्द्र सरकार हमेशा तुष्टिकरण की नीति के द्वारा मुस्लिम समाज के वोट बैंक पर कब्जा करने का प्रयास करती रही। कश्मीर में जब अलगाववाद की आवाज उठी, तो सरकार ने उसको उनका अधिकार माना और उन्हें रियायतें प्रदान की। जबकि

यह तो इस क्षेत्र का देश से अलग करने का षडयंत्र था। धीरे-धीरे यह स्थिति कश्मीर घाटी से सम्पूर्ण कश्मीर राज्य में फैल गई। केन्द्र सरकार के कई मंत्री यहाँ आये, मगर उनके जाने के बाद आतंकवादी गतिविधियाँ और तीव्र हो जाती थी, क्योंकि मंत्री यहाँ आकर अपनी तुष्टीकरण की नीति को आधार बनाकर समाधान खोजते थे, जिससे आतंकवादियों और उनके समर्थकों के हौंसले बढ़ जाते थे। 1992 में केन्द्रीय मंत्री मुफ्ती मोहम्मद सईद ने डोडा के कई स्थानों पर प्रवास किया, किन्तु यहाँ वे स्थानीय नागरिकों से नहीं मिले। उन्होंने यह जानने का प्रयास नहीं किया कि यहाँ आतंकवाद किस ढंग से बढ़ रहा है? देशभक्त नागरिक कैसे जीवनयापन कर रहा है। उन्होंने देशभक्त समाज का मनोबल उठाने की कोशिश नहीं की। वे आतंकवादियों के समर्थकों से मिले और उन्हें खुश करने के लिए फिरकापरस्ती वाला भाषण दिया।

10 मई 1993 की किश्तबाड़ में जब प्रदेश हिन्दू रक्षा समिति के मंत्री एवं लोकप्रिय हिन्दू नेता सतीश भण्डारी की हत्या कर दी गई, तो कांग्रेस सरकार के गृहराज्यमंत्री राजेश पायलट डोडा आए। उनके सामने लोगों ने आतंकवाद के विरोध में प्रदर्शन किये एवं हत्यारों को दण्ड देने की माँग की। पायलट यहाँ हिन्दू-मुस्लिम दोनों से मिले। आतंकवाद से त्रस्त लोगों से मिले। मंत्री जी द्वारा उन्हें आश्वासन दिया गया किन्तु दिल्ली आने के बाद वे अपने सब वादे भूल गए।

30 जनवरी 1994 को तत्कालीन गृहमंत्री शंकर राव चव्हाण डोडा एवं किश्तवाड़ में परिस्थितियों की समीक्षा करने आए। आतंकवादियों ने उनके हैलीकॉप्टर पर फायरिंग की, जिसमें वह बाल-बाल बचे। किश्तबाड़ में उनकी सभी स्थल से थोड़ी दूर पर धमाका किया। प्रशासन ने उन्हें हिन्दू समुदाय से मिलने नहीं दिया। लोगों ने उनसे मिलने के लिए संघर्ष किया, किन्तु यहाँ भी मंत्री ने हिन्दुओं को ही भाई चारे की भावना सिखाई।

1996 में भारत के प्रधानमंत्री गुजराल डोडा जिले के किश्तबाड़ क्षेत्र में आए। वहाँ वे आतंकवाद से पीड़ित समाज को दिलासा दिलाने नहीं आये, बल्कि सेना के हाथों मुठभेड़ में मारे गये आतंकवादी परिवार को ढाढस बंधाने आये थे। यहाँ भी उन्होंने वही तुष्टीकरण की नीति अपनाई। वह उन शहीद परिवारों से नहीं मिले जिनके कारण यहाँ का समाज विस्थापित नहीं हुआ था।

सत्र 1997 में कश्मीर राज्य में मुसलमानों ने भाजपा के विरोध में फारूख अब्दुल्ला की सरकार बनाने के लिए नेशनल कान्फ्रेंस को जिताया, क्योंकि केन्द्र की भाजपा सरकार आतंकवाद के विरूद्ध एवं हिन्दुओं के प्रति नरम थी। फारूख अब्दुल्ला की सरकार बनी। सरकार बनने पर उन्हें आतंकवाद से पीड़ित समाज की सुरक्षा के लिए अधिक सुरक्षा बल देना चाहिये था, किन्तु उन्होंने सुरक्षा बल हटाकर नागरिकों का जीवन और खतरे में डाल दिया। फारूख अब्दुल्ला की राज्य सरकार के

शासनकाल में राज्य के वे लोग, जो आतंकवाद से प्रभावित थे, अपने आप को असुरक्षित महसूस करने लगे, खासकर हिन्दू। अतः हिन्दू वहाँ से विस्थापित होने लगे।

कश्मीर में आतंकवाद के फलने-फूलने का एक मुख्य कारण वहाँ का स्थानीय प्रशासन भी है। प्रशासन के लोग नागरिकों के स्थान पर आतंकवादियों की सहायता करते हैं। स्थानीय प्रशासन में अधिकांश व्यक्ति मुसलमान हैं। इस समुदाय के किसी भी व्यक्ति के मरने पर जिला प्रशासन उसको एक लाख की आर्थिक सहायता एवं उसके परिवार के एक व्यक्ति को नौकरी दे देता है, चाहे वह संदिग्ध ही क्यों न हो, जबकि यदि कोई हिन्दू आतंकवादी के द्वारा मारा जाता है, तो उसे इस तरह की सहायता मिलने में वर्षों लग जाते हैं।

केन्द्र में 1997 में भाजपा गठबन्धन की सरकार बनी, जिसके प्रधानमंत्री अटल बिहारी बाजपेयी बने। इस सरकार के बनने से आतंकवाद पीड़ित समाज के मन में विश्वास जागा। गृहमंत्री लालकृष्ण आडवाणी ने स्वयं डोडा का दौरा किया वहाँ सुरक्षा बलों की संख्या बढ़ाई जहाँ से सुरक्षा चौकियाँ हटा दी गई थी, वहाँ पुनः स्थापित की गई। जंगलों में ऑपरेशन के लिए कमांडो का प्रयोग किया गया। देशभक्त समाज का मनोबल ऊँचा करने के लिए सैनिक छाबनी का निर्माण कराया गया। ग्रामीण सुरक्षा समितियों का गठन तेज कर दिया गया। सरकार ने आतंकवाद का सामना करने के लिए नागरिकों को हथियार देने की योजना बनाई। सेना ने नागरिकों को हथियारों के संचालन का प्रशिक्षण भी दिया।

भाजपा को छोड़कर किसी राजनैतिक पार्टी ने कश्मीर में आतंकवाद का खुलकर विरोध नहीं किया। कांग्रेस के शासनकाल में हमेशा तुष्टीकरण की नीति के कारण आतंकवाद फलता फूलता रहा है। भाजपा सरकार ने संसद से सड़क तक आतंकवाद का खुलकर विरोध किया और इसे मिटाने के प्रयास किये हैं।

आज आतंकवाद कश्मीर घाटी, डोडा, ऊधमपुर, राजौरी, पुंछ इत्यादि जिलों में अपना विकराल रूप दिखा चुका है, जिससे यहाँ की राजनैतिक, सामाजिक, धार्मिक एवं आर्थिक गतिविधियाँ प्रभावित हुई हैं। कश्मीर का आतंकवाद अशिक्षा, बेरोजगारी, गरीबी और पिछड़ेपन के कारण असंतुष्ट कश्मीरियों का कोई आंदोलन नहीं है यह तो पाकिस्तान द्वारा कश्मीर को भारत से अलग करने का एक कुकृत्य है। अतः भारत सरकार को कठोर कदम उठाने की आवश्यकता है।

पाकिस्तान से आतंकवाद का प्रशिक्षण लेकर घुसपैठ करने वाले आतंकवादी कश्मीर में पहाड़ों और जंगलों से प्रवेश करते हैं, अतः सीमा क्षेत्र में अत्यधिक मात्रा में सुरक्षा चौकियों की स्थापना करना चाहिये। जम्मू कश्मीर के अलावा पंजाब, हरियाणा, उत्तर प्रदेश, दिल्ली आदि क्षेत्रों में भी आतंकवादियों पर नजर रखना

चाहिये। कश्मीर में आतंकवाद पर दबाव बनाने के लिए स्थानीय पुलिस बल सक्षम नहीं है, क्योंकि स्थानीय पुलिस में आतंकवाद के समर्थक भी मौजूद हैं। सेना और अर्द्धसैन्यबल ही इस पर रोक लगा सकती है, किन्तु लम्बे समय से कश्मीर में सेना के मौजूद होने के बाद भी आतंकवादी कार्यवाहियों में कमी न होने का एक मुख्य कारण यह भी है कि यहाँ जो सैनिक बल तैनात है, उन्हें कार्यवाही करने का पूर्ण अधिकार प्राप्त नहीं है। उनके हाथ बंधे हुये हैं, अतः सेना को समस्त अधिकार दिये बिना आतंकवाद समाप्त नहीं हो सकता।

इसके साथ ही हमें राज्य में स्थित देशद्रोही एवं देशभक्त की पहचान होना अत्यन्त आवश्यक है। जाति, धर्म और भाषा का भेदभाव किये बिना देशभक्ति को संरक्षण देना चाहिये और देशद्रोही कोई भी हो दण्डित होना चाहिये। आतंकवादियों की सूचना देने वालों का संरक्षण देना चाहिये और संदिग्ध व्यक्तियों पर नजर रखना चाहिये। आज कश्मीर में राज्य प्रशासन, जिला प्रशासन और स्थानीय प्रशासन में अनेक ऐसे अधिकारी हैं जो आतंकवादियों की सहायता करते हैं। सेना और नागरिक के मनोबल को बढ़ाने के लिए जो भी व्यक्ति आतंकवादियों को पकड़वाये, उनसे संघर्ष करें, हथियार के भण्डार पकड़वाये, ऐसे व्यक्तियों को सम्मानित करना चाहिये।

स्वतंत्रता के बाद से ही कश्मीर में किसी भी सरकार ने कश्मीर में भारतीयता को महत्व नहीं दिया। कश्मीर घाटी में मुसलमान ज्यादा संख्या में है, उनमें शिक्षा एवं राष्ट्रीय भावना के द्वारा उनका राष्ट्रीयकरण करना आवश्यक है। उनके दिलों में हिन्दुस्तान और हिन्दुस्तानी के प्रति प्यार एवं भक्तिभावना उत्पन्न करना आवश्यक है। उन्हें यह बताना जरूरी है कि राष्ट्रभक्ति धर्म से बड़ी है। पाकिस्तान के झूठे प्रचार, और कट्टरपंथी मुल्ला मौलवियों के कलुषित प्रचार से राज्य की जनता को बचाना चाहिये। चाहे केन्द्र सरकार हो, राज्य सरकार हो या देश के अन्य राजनैतिक, धार्मिक और सामाजिक दल हों सभी को अपनी तुष्टीकरण की नीति को छोड़कर आपस में मिलकर आतंकवाद का विरोध करना चाहिये। उन्हें आतंकवाद की विचारधारा वाले लोगों को चेतावनी देना चाहिये कि राष्ट्र की विचारधारा के साथ चले अन्यथा देशद्रोह के अपराध में उनके विरूद्ध कार्यवाही की जायेगी।

सन्दर्भ पुस्तकें एवं समाचार-पत्र एवं पत्रिकायें

1. मेहताब अली शाह : 'द फॉरेन पॉलिसी ऑफ पाकिस्तान'
2. के० सुब्रहमण्यम : द हिन्दुस्तान टाइम्स
3. ए०डी० बत्रा : द स्टेटमैन
4. दत्ता एवं शर्मा : पाकिस्तान, जिन्ना से जेहाद तक

5. रविन्द्र जैन : कारगिल : दस्तावेज
6. कृष्ण कुमार रत्तू : कारगिल संघर्ष
7. द स्टेट्मेन
8. आउटलुक
9. इण्डियन एक्सप्रेस
10. द टाइम्स ऑफ इण्डिया
11. दैनिक भास्कर
12. माया
13. इण्डिया टुडे
14. दैनिक जागरण
15. नई दुनिया

12. जम्मू-कश्मीर में इस्लामिक आतंकवाद का सच और भारतीय नेतृत्व की मूढ़ सहनशीलता

डॉ० हेमन्त कुमार पाण्डेय*

सुनीत कुमार चौबे**

ईरान में खुमैनी क्रान्ति की सफलता एवं इस्लामिक विचारधारा के प्रसार ने एशियाई मुसलमानों को भी प्रभावित किया तथा अफगानिस्तान में सोवियत सैन्य हस्तक्षेप एवं वहाँ से उसकी वापसी को इस्लामिक विजय के रूप में देखा गया, जिससे हताश, निराश कश्मीरी इस्लामिक आतंकवादी संगठनों को भी अपनी गतिविधियों को और तेज करने का अवसर मिला। उन्होंने मस्जिदों, मदरसों तथा जुमें की नमाजों, सामाजिक एवं राजनीतिक जमावड़ों के माध्यम से बहुसंख्यक काश्मीरी मुसलमानों के सम्मुख उग्र इस्लामिक विचारधारा का प्रचार-प्रसार किया, जिसका उद्देश्य कश्मीरी समाज का पूर्णतः इस्लामीकरण करना था।[1] इस्लामी आतंकवादी संगठन जमायते इस्लामी, जिसे धन मुख्यतः पाकिस्तान एवं सऊदी अरब से प्राप्त होता है, के बल पर उसने अपनी पहुँच बढ़ाकर कश्मीर घाटी तक कर लिया।[2] तथा कश्मीरी मुसलमानों को अपने कट्टरपंथी इस्लामिक वैचारिक प्रभाव में लाना शुरू किया, जो कि भारतीय संस्कृति, सभ्यता, समाज और हमारी नीतियों के लिए एक गम्भीर चुनौती थी, क्योंकि अब जिहाद के नारे तथा जम्मू एवं कश्मीर में निजाम-ए-मुस्तफा कायम करने की बात खुलकर सामने आने लगी थी। इतना ही नहीं कश्मीर की अनेक मस्जिदों में मुस्लिम इमामों, जो कि भारतीय संस्कृति, सभ्यता एवं सहिष्णु इस्लामिक विचारधारा

---

*वरिष्ठ प्रवक्ता, रक्षा अध्ययन विभाग, मेरठ कॉलेज, मेरठ

**रिसर्च स्कॉलर, रक्षा अध्ययन विभाग, मेरठ कॉलेज, मेरठ

में विश्वास करते थे, को हटाकर उनके स्थान अल्लाह वाले संगठन के कट्टरपंथी इमामों को इस्लामिक धार्मिक शिक्षा "ताब्लीक" देने के लिए नियुक्त किया गया।[3]

कश्मीर में सक्रिय इस्लामिक आतंकवादी संगठन हिजबुल मुजाहिदीन ने जोर देकर कहा कि, 'उनका उद्देश्य सम्पूर्ण विश्व में इस्लामिक धर्म की स्थापना करना है। हम किसी सैद्धान्तिक या भौगोलिक सीमा को नहीं मानते।'[4] जमायते इस्लामी संगठन के नेता सैय्यद अली शाह गिलानी ने अपने वक्तव्य में स्पष्ट रूप से कहा कि- "कश्मीरी मुसलमान मिल्लत/उम्माह के भाग हैं तथा मिल्लत का भाग होने की भावना ने अफगानिस्तान, सूडान तथा सऊदी अरब आदि देशों के मुजाहिदीनों को कश्मीर की तरफ आकर्षित किया है।"[5] कश्मीर में एक हजार से अधिक आतंकवादी भेजने वाले गुट अल अरशाद के मुखिया हाफिज मुहम्मद खान ने लाहौर की मस्जिद 'तईबा' में भाषण करते हुए कहा कि-'जेहाद कौमों को जीवित करन के लिए आवश्यक है। अल्लाह चाहता है कि दुनिया में उसी का शासन हो और यह काम हम ही कर सकते हैं। गिनती के कुछ हजार मुजाहिदीनों ने कश्मीर में पासा पलट दिया है और वह दिन निकट आने वाला है जब कश्मीर पाकिस्तान का भाग बन जायेगा।'[6]

इस्लाम का कट्टरपंथी नेतृत्व पूरी दुनिया में रहने वाले मुसलमानों को अपने साथ लेकर चलना चाहता है और विश्व के अनेक क्षेत्रों में इस्लामी राज्य स्थापित करना चाहता है। यही इस्लामिक भावना जब जुनून की हद तक पहुँच जाती है, तो यह उन लोगों के विरूद्ध कार्य करती है, जो इस विचारधारा को नहीं मानते। इस्लामिक कट्टरता का आभास इसी बात से लगाया जा सकता है कि वह प्रत्येक कॉफिर को इस्लाम के मार्ग पर लाने या उसे समाप्त कर देने का आह्वान करती है। ऐसी नापाक बातें जब रूढ़िवादी, दकियानूस व धर्मांध मुल्ला मौलवी गुमराह युवकों को बताते हैं, तो वे जिहाद के लिए तुरन्त तैयार हो जाते हैं। भारत में इस्लामी कट्टरता की एक बड़ी वजह मदरसा तालीम है, जो बच्चों को 'धर्म के चश्में' से ही दुनिया को देखने की शिक्षा देती है।[7] मदरसों में बच्चों को शुरू से ही यह रटा दिया जाता है कि दुनिया में इस्लाम के सिवा दूसरा कोई धर्म नहीं है और जितने भी दूसरे धर्म हैं वे सभी नकली हैं।[8]

इस्लाम और मदरसा तालीम में राष्ट्र, राष्ट्रीयता एवं देशभक्ति का कोई सबक नहीं है। इस्लामी विद्वान मौलाना मौदूदी-"इस्लाम और राष्ट्रीयता" के रिश्तों की बेबाक व्याख्या करते हुए लिखते हैं-'इस्लाम और राष्ट्रीयता, आत्मा और मकसद के लिहाज से एक दूसरे के मुखलिफ है। जहाँ इस्लाम है, वहाँ राष्ट्रीयता के लिए कोई जगह नहीं है। इस्लाम के मायने यह है कि राष्ट्रीयता जड़ बुनियाद से उखड़ जाये।[9] आई०एस०आई०, सिमी, अलकायदा तथा कश्मीर में सक्रिय सभी इस्लामिक आतंकवादी संगठनों तथा मदरसा तालीम के मकसद भिन्न नहीं है। यह सब "इस्लामी विश्व" के

निर्माण में संलग्न हैं। भारत उनका पहला निशाना है। भारत में नये औरंगजेब, गजनी और गौरी का निर्माण ही मदरसा तालीम का मकसद है। सिमी के बहुचर्चित पोस्टर "या इलाही भेज दे महमूद कोई" का मतलब और मकसद भी एक और नए गजनी का निर्माण था।[10] माना कि सभी मुसलमान आतंकवादी नहीं हैं, लेकिन क्या यह सत्य नहीं है कि कश्मीर में सक्रिय सभी आतंकवादी मुसलमान हैं और कश्मीर से लेकर पाकिस्तान, अफगानिस्तान ईरान तथा मध्य एशियाई देशों तक एक नये इस्लामिक राज्य की स्थापना करना चाहते हैं। राष्ट्रीय इतिहास अनुभवों और अनुभूतियों को यदि तोड़-मरोड़ कर प्रस्तुत किया जायेगा, यदि सत्य पर मजहबी उन्माद के भय, राजनीतिक, कूटनीतिक तथा तथाकथित उदारवाद का आवरण डाला जायेगा तो आतंकवाद की यह आग बुझाये नहीं बुझेगी। यह प्रश्न बार-बार क्यों पूछा जा रहा है और इसका उत्तर क्यों नहीं दिया जाता कि यदि यह आतंकवाद इस्लामिक आतंकवाद नहीं है, तो फिर इस्लामी देश इन्हें हथियार एवं धन उपलब्ध क्यों कराते हैं।[11] कश्मीरी महिला आतंकवादी संगठन दुक्तराने मिल्लत ने नवम्बर 1992 में एक पत्रकार सम्मेलन में यह घोषणा की कि–"कश्मीर का पाकिस्तान के साथ विलय, उम्माह/मिल्लत के एकीकरण की दिशा में पहला कदम होगा। कश्मीर समस्या का कोई और समाधान इस्लाम विरोधी होगा। चूँकि हम समस्त विश्व में इस्लामिक धर्म की स्थापना चाहते हैं, जिसके लिए उम्माह की एकता प्रथम आवश्यकता है।[12] इतना ही नहीं कश्मीरी अल्पसंख्यक हिन्दू समुदाय को प्रेस के माध्यम से अन्तिम चेतावनी 14 अप्रैल 1990 को दिया गया, जिसमें उन्हें दो दिनों के भीतर कश्मीर को छोड़ने या मरने को तैयार रहने की बात कही गयी। लश्कर-ए-तैयबा के प्रमुख, हाफिज मुहम्मद खान ने लिखित बयान दिया कि– "प्रजातंत्र हमारा वंशानुगत संकट है। ये सभी बेकार की प्रक्रियाएँ हैं तथा उस व्यवस्था की भाग हैं, जिनके खिलाफ हम लड़ रहे हैं। यदि अल्लाह ने हमें एक अवसर दिया तो हम पूर्णत: इस्लामिक धर्म की स्थापना का प्रयास करेंगे।[13] जमायते इस्लामी के प्रमुख काजी हुसैन अहमद ने रावलपिंडी में फरवरी 1992 में काश्मीरी एकता दिवस के अवसर पर यह घोषणा की कि, "कश्मीर की आजादी के उपरान्त, काश्मीर से मध्य एशिया तक एक नये इस्लामी राज्य का उदय होगा।[14] भारत इस कड़वे तथ्य को कैसे भुला सकता है कि कश्मीर घाटी से हिन्दुओं को जबरन निकालकर वहाँ की जनसंख्या के मूल चरित्र में परिवर्तन केवल इसी उद्देश्य से किया गया था कि घाटी में मुसलमानों की बहुसंख्या होगी, तो इस्लाम के नाम पर देश का एक और विभाजन कराकर कश्मीर को अलग करा लिया जायेगा। इस समय कश्मीर घाटी लगभग हिन्दू विहीन हो गयी है और अब जम्मू में भी आतंकवादी अभियान इसी उद्देश्य से चलाया जा रहा है। आतंकवादियों के प्रति सहानुभूति रखने और देश को विखण्डित दशा में देखने की मानसिकता वाले लोग

कश्मीर की जनसंख्या के मूल चरित्र को बदलने के लिए लगातार सक्रिय हैं। घाटी में जनसंख्या सन्तुलन न हो, इसके लिए शुरू से ही वहाँ अनुच्छेद 370 का प्रावधान कर दिया गया था। आज भी जब इस अनुच्छेद को समाप्त करने की बात होती है, तो ये कथित मानवतावादी या सेक्यूलर लोग हल्ला मचाना शुरू कर देते हैं। वास्तव में भारतीय सेक्यूलरवाद की अवधारणा सर्वधर्म सम्भाव की न होकर हिन्दू विरोधी और मुस्लिमपरस्त अवधारणा है। किसी स्वघोषित सेक्यूलर या मानवाधिकारवादी ने कभी भी कश्मीरी हिन्दुओं की 'जातीय संहार' के विरूद्ध आवाज क्यों नहीं उठाई? तथाकथित सेक्यूलर लोग आतंकवादियों के खिलाफ भारतीय सैन्य बलों को मिले विशेष अधिकार को तो अनावश्यक बताते हैं, लेकिन जब आतंकवादी स्टेशनों पर खड़ी गाड़ियों में बैठी भोली-भाली निर्दोष जनता को गोलियों से भून डालते हैं, तब इनकी जबानें और कलमें खामोश हो जाती हैं। पुलिस बल या देश के सैनिक जब आतंकवादियों का सफाया करते हैं, तो उसमें इन्हें झूठी मुठभेड़ें दिखाई देती हैं। जब आतंकवादी गिरोह दर्जनों सैनिकों को मौत की नींद सुला देते हैं, तब इन्हें वह महज एक मामूली सी घटना नजर आती है। कश्मीर में यह कहर अगर इस्लाम के नाम पर बरपाया जा रहा है, तब उसे नेस्तानाबूत करने के लिए देशवासियों को एकजुट होना होगा और अपने विरोध को स्वर और शब्द देना होगा। अगर ऐसा नहीं हुआ तो अखबार, प्रायोजित जुलूस, नारे, नेता, भाषण और सरकारें, देश की आम जनता की इच्छा से दूर होते जायेंगे, तब राक्षसी प्रवृत्तियों से देश को मुक्त कराने का अवसर भी हाथ से निकल जायेगा।[15]

स्वतंत्रता संघर्ष के बाद से आज तक हमारी राष्ट्रीयता के स्वरों को देश के सेक्यूलर राजनीतिक नेताओं और बुद्धिजीवियों के उपदेशों से लगातार दबाया जाता रहा है। हमें भ्रामक कथित धर्मनिरपेक्ष पाठों को बलात रटाकर हमारे स्वाभाविक राष्ट्रप्रेम को मन की अन्तिम तहों में रखने को मजबूर किया जाता रहा है, लेकिन अब किसी भी भ्रम और किसी पर भी निर्भरता का समय शेष नहीं बचा है। हमारी राष्ट्र भावना ही एकमेव रक्षा कवच है। यही भावना हमारे अन्तर्विरोधों को मिटाकर हमें हमारी एकात्मकता और राष्ट्रीय अखण्डता का बोध करायेगी। यदि अमेरिका को हजारों मील दूर बैठे ही तालिबान और बिन लादेन का सत्यानाश करने का पूरा अधिकार वहाँ की जनता जार्ज बुश को दे सकती हैं, तो हमारे घरों में घुस आये इस्लामिक आतंकवादियों का समूल नाश करने की इजाजत भारत की जनता हमारे प्रधानमंत्री को क्यों नहीं दे सकती।[16] हम चाहे हिन्दू हो या मुसलमान, यदि इस देश के देशभक्त नागरिक हैं, तो भारतीय राष्ट्रीयता और मानवता के हत्यारों को मौत के घाट उतार देने की कार्यवाही को हमें बिना शर्त पूर्ण समर्थन देना ही होगा। यह जिम्मेदारी भारतीय हिन्दुओं से कहीं अधिक भारतीय मुसलमानों पर है, क्योंकि जम्मू-कश्मीर में आतंकवाद उन्हीं के

मजहब के नाम पर उत्पात मचाते हुए है। आतंकवाद के विषय में सबसे महत्वपूर्ण तथ्य यह है कि लम्बे समय तक आतंकवाद किसी भी देश में तभी फलता-फूलता है जब उसे समर्थन देने वाला बाहरी देश हो। अन्तर्राष्ट्रीय आतंकवाद के विश्व विख्यात अध्येता ब्रायन कोजर, "इस्लामिक आतंकवाद को बीसवीं शताब्दी का कलंक मानते हैं तथा 21वीं शताब्दी में इसके और भी संगठित होकर उभरने की शंका प्रगट करते हैं। वे आगे कहते हैं कि इस्लामी आतंकवादी प्रायः उदारवादी और धर्मनिरपेक्ष लोकतंत्रों को अपना मुख्य निशाना बनाते हैं।"[17]

भारत भी इसी परिपाटी में फँसा एक निरीह राष्ट्र है, जहाँ पाकिस्तान आतंकवाद को जिहाद का नाम देकर खुलकर आतंकवाद फैला रहा है और हमारे राजनीतिक दल आतंकवाद से संगठित होकर लड़ने के बजाय खुद में आतंकवाद के मामले को लेकर दिग्भ्रमित हैं। शायद इसी कारण कश्मीर में आतंकवाद फल-फूल रहा है। एक सिमी जैसे राष्ट्रद्रोही संगठन पर प्रतिबन्ध लगाने के बाद मुस्लिम वोट की लालच में कुछ राजनीतिक दल जिस प्रकार से सड़कों पर आ गये वह शर्म की बात है। वास्तव में यदि सभी राजनीतिक दल, जात-पात, धर्म, सम्प्रदाय की वोट बैंक की दलगत राजनीति से ऊपर उठकर सोचे, तो भारत में आतंकवाद की समस्या अपने आप सुलझ जायेगी और भारत को अपने घर के आतंकवाद से लड़ने के लिए किसी अमेरिका छाप दादा की मदद की आवश्यकता नहीं पड़ेगी। परन्तु इसके लिए आवश्यकता है वोट बैंक की राजनीति छोड़कर राष्ट्रवादी राजनीति करने की, जिहाद और आतंकवाद का फर्क समझने की, क्योंकि आतंकवाद कभी भी किसी का सगा नहीं होता वह उसी को डसता है, जो उसे परिपोषित करता है। यह बात अमेरिका 11 सितम्बर 2001 को जान गया है और अब बारी पाकिस्तान की है।[18]

सन्दर्भ सूची

1. Riyaz Punjabi, 'The concept of an Islamic Caliphate : The Religious and Ethnic pulls of Kashmir Militant Movement.' Journal of Peace Studies, Vol-1 Nov.-Dec. 1993, P-42.
2. Anil Maheswari, Crescent over Kashmir New Delhi, 1993, P. 104.
3. D.N. Dhar, Dynamics of Political Change in Kashmir, New Delhi 2001, P. 204
4. Daily Nide-e-Mashriq, Srinagar, 30 January 1993.
5. Indian Express, 4 January 2001.
6. स्वतंत्र चेतना, 27 अप्रैल 1998, 'जमनानाघ अख्तर' पेज 5

7. प्रतियोगिता दर्पण, डॉ० अरूण कुमार राघव 'विश्वव्यापी आतंकवाद मानवता के लिए चुनौती' नवम्बर 2001, पेज 667
8. हजरत मौलाना बदरूद्दीन अहमद साहब कादरी रसूई, 'तामीरे अदब', फरीद बुक डिपो० प्रा० लि० पेज, 65
9. दैनिक जागरण, 24 फरवरी 2003, पेज 10 'मदरसा तालीम के नुकसान' हृदयनारायण दीक्षित।
10. वही पेज
11. दैनिक जागरण, 8 अक्टूबर, पेज 10
12. Daily Afaq, Srinagar, 16 November 1992
13. The Herald Annual, Karachi, January 1998
14. Riyaz Punjabi, Op. Cit., P.46
15. अमर उजाला 15 अक्टूबर 2001, पेज 4
16. वही
17. स्वतंत्र चेतना, 10 अक्टूबर 2001, पेज 6
18. वही

13. बदलते परिवेश में जम्मू-कश्मीर में आतंकवाद

डॉ० श्रीनिवास मणि त्रिपाठी*
डॉ० रमाकान्त दूबे**

1989 में अपने जन्म से लेकर आज तक की अवधि में जम्मू-कश्मीर का आतंकवाद तमाम उतार-चढ़ावों से होकर गुजरते हुये आज भारत की आंतरिक सुरक्षा के लिए सबसे खतरनाक चुनौती बन गया है। पाकिस्तान के सक्रिय सहयोग से यह एक से बढ़कर एक आतंकी हमले और दुस्साहसिक कारनामों को अन्जाम देता जा रहा है। आज हालत यह है कि देश का कोई भी कोना आतंकवादी हमलों से स्वयं को सुरक्षित महसूस नहीं कर रहा है। देश के अन्य हिस्सों की बात तो दूर जम्मू-कश्मीर राज्द की विधान सभा और भारतीय संसद जैसे सुरक्ष की दृष्टि से अति महत्त्वपूर्ण ठिकानों तक पर आतंकवादी हमले की घटनायें हो चुकी हैं। ये घटनायें लोकतंत्र और भारतीय राष्ट्र राज्य की प्रभुसत्ता को आतंकवाद की खुली चुनौती है। भारतीय संसद पर आतंकवादी हमले ने यह स्पष्ट कर दिया कि सीमापार आतंकवाद सर्वनाश की कीमत पर भी अपना लक्ष्य हासिल करने पर आमादा है। इस आतंकवाद द्वारा बहुत ज्यादा खून बहाये जाने के बावजूद भारत ने अब तक जिस असीम धैर्य और साहस का परिचय दिया है, उसकी जितनी भी प्रशंसा की जाये कम है। यह भारत के धैर्य और उसकी सहनशीलता का ही परिणाम है कि आज विश्व के अधिकांश राष्ट्र एक तरफ जहाँ भारत की पीड़ा को समझने तथा उसके साथ सहयोग के

*वरिष्ठ प्रवक्ता, रक्षा एवं स्त्रातेजिक अध्ययन विभाग, दी०द०उ० गो० विश्वविद्यालय, गोरखपुर
**अध्येता, रक्षा एवं स्त्रातेजिक अध्ययन विभाग, दी०द०उ० गो०विश्वविद्यालय, गोरखपुर

नये-नये क्षितिज तलाशने में दिलचस्पी ले रहे हैं, वहीं दूसरी ओर आतंकवाद से संलग्नता के मामले पर पाकिस्तान को कठघरे में खड़े करते दिखाई दे रहे हैं। 11 सितम्बर, 2001 की घटना के पश्चात् स्थिति में काफी बदलाव आया है। इस घटना ने कश्मीर के पड़ोसी क्षेत्रों के कई पुराने समीकरणों को परिवर्तित कर दिया है। अफगानिस्तान में सत्ता परिवर्तन, तालिबान और पाकिस्तान के बीच सम्बन्ध विच्छेद, अमेरिका का आतंकवाद विरोधी अभियान और उसमें पाकिस्तान की भागीदारी, लादेन का पाकिस्तान में छिपे होने की अपुष्ट खबरें आदि महत्त्वपूर्ण घटनायें हैं। दूसरी तरफ विश्व पटल पर शीतयुद्ध कालीन संघर्षात्मक दृष्टिकोण के बदले सहयोगात्मक दृष्टिकोण के आगमन, विकास की आवश्यकता के हकीकत को समझने, आतंकवाद को त्यागने के लिए अंतर्राष्ट्रीय दबाव आदि ने आतंकवाद के विरूद्ध एक सकारात्मक माहौल तैयार किया है। इसका असर भारतीय उपमहाद्वीप पर भी स्पष्ट दीख रहा है। भारत-पाकिस्तान धीरे-धीरे अपने आपसी रिश्तों को सुधारने की ओर गिरते-पड़ते ही सही अग्रसर हो रहे हैं जो भविष्य के लिए एक शुभ संकेत हैं। ऐसी स्थिति में आतंकवाद के विरूद्ध यदि युक्तिपूर्ण ढंग से सतर्कता के साथ कारगर अभियान शुरू किया जाय, तो आशातीत सफलता प्राप्त की जा सकती है।

ऐतिहासिक परिदृश्य :

1947 में देश के विभाजन के समय से ही कश्मीर भारत-पाक के बीच विवाद का केन्द्र बना हुआ है। अस्सी के दशक तक कश्मीर समस्या दोनों राष्ट्रों के बीच मुख्यत: एक राजनीतिक समस्या रही, परन्तु 1989 से कश्मीर में पाक-प्रायोजित आतंकवाद ने इस समस्या को बहुआयामी जटिलता प्रदान की। आतंकवादी गतिविधियों के कारण कश्मीर सहित सम्पूर्ण देश में आंतरिक सुरक्षा समस्यायें तो बढ़ी ही हैं, सबसे चिन्ताजनक बात यह है कि इस पर से स्वयं पाकिस्तान का नियंत्रण समाप्त होता जा रहा है और ऐसी स्थिति में यह पूरा क्षेत्र अप्रत्याशित खतरों की सम्भावनाओं से घिरता जा रहा है।

1971 में भारत के हाथों मिली शर्मनाक पराजय ने पाकिस्तान को भारत के प्रति अपनी नीति पर पुनः विचार करने के लिए बाध्य कर दिया। इस युद्ध से पाकिस्तान को मुख्यत: दो कटु वास्तविकताओं से रूबरू होना पड़ा। पहला यह कि पाकिस्तान इस तथ्य से पूर्णतया वाकिफ हो गया कि प्रत्यक्ष सैन्य कार्यवाही द्वारा वह कश्मीर को भारत से प्राप्त नहीं कर सकता और उसके द्वारा यदि फिर भी ऐसा प्रयत्न किया जाता है, तो उसे इसकी भारी कीमत चुकानी पड़ सकती है। दूसरा, पाकिस्तान इस बात से आश्वस्त था कि अमेरिका संकट की घड़ी में उसकी सहायता करेगा, लेकिन हिन्द महासागर से अमेरिका के सातवें बेड़े की वापसी ने उसे दूसरा झटका दिया।

पाकिस्तान अभी 1971 की पराजय और उससे मिली सीख का आंकलन करने में ही लगा था कि 1974 में भारत ने पोखरण में अपना प्रथम परमाणु परीक्षण कर दिया। इस परमाणु परीक्षण की घटना ने पाकिस्तान के अन्तर्मन में यह बात बैठा दी कि भारत पर प्रत्यक्ष सैन्य अभियान अब सम्भव नहीं रहा। फलस्वरूप उसने भारत के साथ अपने विवाद निपटाने के लिए अन्य दूसरे सम्भव विकल्पों पर विचार करना शुरू किया। तत्कालीन परिस्थितियों में आतंकवाद का रास्ता उसे एक बेहतर विकल्प के रूप में दिखाई दिया और उसने इस रास्ते पर चलना स्वीकार कर लिया। उसका आंकलन स्पष्ट था कि वह भारत को बाहर से तोड़ने की बजाय भीतर से ज्यादा सक्षम तरीके से कमजोर कर सकता है। अत: उसने एक सुविचारित रणनीति के तहत भारत की आंतरिक सुरक्षा के लिए मुश्किलें खड़ी करने में प्रवृत्त हुआ। इसी क्रम में अस्सी के दशक के प्रारम्भ में उसने पंजाब में आतंकवादी गतिविधियों को व्यापक सहयोग व समर्थन देना प्रारम्भ किया, जिसका नतीजा यह हुआ कि 1984 तक आते-आते पंजाब का आतंकवाद अपने चरमोत्कर्ष पर पहुँच गया। एक समय तो यह लगने लगा कि भारत कहीं पंजाब से हाथ न धो बैठे। इस विकट परिस्थिति में भारत सरकार को आतंकवादियों से निपटने के लिए सैन्य कार्यवाही का कठिन निर्णय लेना पड़ा और इस प्रकार अथक परिश्रम द्वारा पंजाब के आतंकवाद को दबाया जा सका। इस आतंकवाद के खिलाफ भारत के सफल अभियान ने एक बार फिर पाकिस्तान के मंसूबों पर पानी फेर दिया।

अफगानिस्तान घटनाक्रम का प्रभाव :

अपने शीतयुद्धकालीन प्रतिबद्धताओं के चलते अमेरिका अफगानिस्तान में तत्कालीन सोवियत हस्तक्षेप के विरूद्ध अभियान के तहत पाकिस्तानी खुफिया एजेन्सी आई०एस०आई० की सहायता से सोवियत संघ विरोधी ताकतों, विशेषकर तालिबान लड़ाकों को हर प्रकार का समर्थन एवं मदद देकर खड़ा किया। अमेरिकी मदद से ताकतवर बने तालिबान ने अन्तत: 1989 में अफगानिस्तान ने सोवियत सेनाओं को खदेड़ने में सफलता प्राप्त की। अलकायदा समर्थित तालिबान सरकार के हाथों में सत्ता आ गयी। शीतयुद्ध काल के दौरान महाशक्ति की भूमिका में रहे सोवियत संघ के इतिहास में यह सबसे बड़ी और अन्तिम पराजय रही। इसके मात्र दो वर्षों बाद ही सोवियत संघ विखण्डित हो गया।

1979 से 1989 तक अफगानिस्तान में सोवियत सेनाओं के विरूद्ध चले तालिबानी संघर्ष से पाकिस्तान ने निम्नलिखित सीखें ग्रहण की–

(1) आतंकवादी उपायों द्वारा सैन्य शक्ति में महारत हासिल राष्ट्र को भी

आसानी से मात दिया जा सकता है।

(2) सफल आतंकवादी गतिविधि के लिए नवयुवकों को उत्तेजित करने हेतु जेहाद का नारा एक कारगर हथियार साबित हो सकता है।

(3) गैर मुस्लिम राष्ट्रों के विरूद्ध जेहाद के नाम पर आतंकवाद फैलाना आसान होगा।

(4) जेहाद के नाम पर विश्व के मुस्लिम समुदाय के व्यापक मात्रा में आर्थिक एवं सैन्य सहायता प्राप्त की जा सकती है।

(5) जेहाद के नाम पर आतंकवाद फैलाने के लिए जम्मू-कश्मीर एक नयी प्रयोगशाला बन सकती है, जहाँ मुस्लिम समुदाय की बहुलता है।

(6) जेहाद के साथ-साथ वहाँ के लोगों में स्वतन्त्र कश्मीर का सपना भी संजोना होगा, क्योंकि भारत जैसे धर्मनिरपेक्ष राष्ट्र में केवल जेहाद के नाम पर आतंकवाद फैलाना सम्भव नहीं हो सकेगा।

(7) कश्मीर को हड़पने हेतु लम्बी रणनीति के तहत कार्यवाही करनी होगी।

कश्मीर में आतंकवादी रणनीति :

कश्मीर में आतंकवाद के बल पर अपनी कार्य योजना को सफल बनाने के लिए पाकिस्तान के राष्ट्रपति जनरल जिया-उल-हक ने एक व्यापक रणनीति बनायी और 18 अप्रैल 1988 को इस्लामाबाद में सेना के उच्च अधिकारियों के साथ एक गुप्त बैठक में उन्होंने अपने इस बृहत योजना को प्रस्तुत किया। इस बैठक में जनरल जिया ने जो भाषण दिया था, उसे जमाते इस्लामी संस्था ने हिज्बे-इस्लाम नामक पुस्तक के रूप में प्रकाशित किया। इस पुस्तक को गुप्त रूप से पाकिस्तान के वफादार कश्मीरियों में वितरित करवाया गया। पाकिस्तान द्वारा प्रारम्भ किये गये इस योजना, जिसे आपरेशन टोपाक या के-2 नाम से जाना जाता है, के दो प्रमुख उद्देश्य थे-

(1) इस राज्य को भारत से अलग कर देना और पाकिस्तान के इस्लामिक मातृभूमि में इसके विलय को सुरक्षित कर लेना।

(2) राज्य के धर्मनिरपेक्ष सामाजिक एवं राजनीतिक संगठनों को खत्म करना और इस्लामिक विश्वासों एवं नियमों पर आधारित कट्टरपंथी सरकार की स्थापना करना।[1]

कश्मीर में पाकिस्तान द्वारा प्रायोजित इस्लामिक आतंकवाद के पीछे पाकिस्तान की मान्यता है कि-

(1) जम्मू-कश्मीर के मुसलमान पाकिस्तानी मुस्लिम राष्ट्र का निर्माण करते

हैं। चूँकि जम्मू व कश्मीर राज्य में उनका बहुमत है, इसलिए उन्हें पाकिस्तान में शामिल होना चाहिये।

(2) जम्मू-कश्मीर का एकीकरण भारत के बँटवारे की प्रक्रिया को पूर्णता प्रदान करेगा, जो संयुक्त राष्ट्र संघ के हस्तक्षेप के कारण अभी तक भारत का हिस्सा बना हुआ है।

(3) राज्य के मुस्लिमों को उनका भारत में विलय स्वीकार्य नहीं है। चूँकि भारत ने उन्हें पाकिस्तान में शामिल होने के अधिकार से वंचित कर दिया है, इसलिए वे भारत को अपनी भूमि से हटाने के लिए हथियार उठा लिये हैं।

(4) भारत के विरूद्ध इस संघर्ष में भारतीय उपमहाद्वीप में स्थित पाकिस्तान उनका सहयोगी है।

(5) चूँकि भारत के विरूद्ध धार्मिक युद्ध अभी प्रक्रिया में है, राज्य के सामाजिक, आर्थिक और राजनीतिक संगठनों को परिवर्तित कर इस्लामिक नियमों पर चलने वाली सरकार या निजाम-ए-मुस्तफा की स्थापना का प्रयास किया जाय।

(6) हिन्दू एवं अन्य अल्पसंख्यकों को वहाँ से समाप्त कर दिया जाये क्योंकि–

(अ) वे जम्मू-कश्मीर को भारत से अलग होकर पाकिस्तान में शामिल होने के विरूद्ध अग्रमोर्चे का निर्माण करते हैं।

(ब) वे जम्मू-कश्मीर को पाकिस्तान के हिस्से के रूप में स्वीकार करने को तैयार नहीं हैं।

(स) वे कश्मीर में इस्लामिक नियमों पर आधारित सामाजिक व राजनीतिक व्यवस्था को स्वीकार नहीं करते और राज्य में निजाम-ए-मुस्तफा का विरोध करते हैं।

(द) वे स्वयं को इस्लामिक बहुसंख्यक राजनीतिक, आर्थिक एवं सामाजिक व्यवस्था में ढलना स्वीकार नहीं करते।

(य) वे भारत के विरूद्ध जेहाद में भाग नहीं लेते।[2]

जम्मू-काश्मीर में पाक-प्रायोजित आतंकवाद की स्त्रातेजी निम्नवत् है–

(1) पाकिस्तान और आजाद कश्मीर के प्रेस एवं इलेक्ट्रानिक मीडिया तथा राज्य के भीतर के स्थानीय प्रेसों के सहयोग से एक संगठित अभियान प्रारम्भ करना तथा राज्य के स्थानीय आर्थिक एवं राजनीतिक संगठनों तथा उनके ऐतिहासिक तथा राजनीतिक संस्कृति को अस्त-व्यस्त करना।

भारत पर आक्रांता का आरोप लगाकर उसकी छवि को धूमिल करना और राज्य की मुस्लिम जनता को भारत के विरूद्ध उद्वेलित करना।

(2) राज्य के इस्लामीकरण का फायदा उठाकर जम्मू-कश्मीर को भारत से अलग करना जिससे राज्य में कार्यरत राजनीतिक व्यवस्था को समाप्त किया जा सके और राजनीतिक ढाँचे जैसे-राजनीतिक पार्टियाँ, दबाव समूह और अन्य गुटों के हितों को नष्ट किया जा सके।

(3) घुसपैठ के द्वारा राज्य में सुरक्षा ढाँचों को नष्ट करना और भारतीय सैनिकों की कार्यक्षमता को गुप्त रूप से छति पहुँचाना, जिससे कि राज्य में भारत सरकार को और अधिक सैनिक तैनात करने के लिये विवश होना पड़े।

(4) राज्य में इस्लामिक मानसिकता पर आधारित राष्ट्रीय सुरक्षा बल को तैयार करना जिससे कि–

(अ) भारत के साथ अन्तिम युद्ध लड़ने के लिए इस्लामिक मानसिकता का निर्माण किया जा सके।

(ब) अन्तर्राष्ट्रीय स्तर पर यह जनमत तैयार किया जा सके कि भारत जम्मू-कश्मीर के मुसलमानों पर सुरक्षा बलों द्वारा दमन की कार्यवाही कर रहा है।

(5) राज्य से हिन्दुओं को समाप्त करना जिससे कि–

(अ) भारत का कश्मीर में जो सहायक आधार है, उसे समाप्त किया जा सके।

(ब) भारत सरकार के संचार माध्यमों, आपूर्ति स्रोतों और सूचना के प्रसार, जिसमें कश्मीरी हिन्दुओं की मुख्य भूमिका है, को समाप्त किया जा सके।

(स) राज्य के वर्तमान जनसंख्या संतुलन को समाप्त किया जा सके और इसे पूर्णतया मुस्लिम क्षेत्र बनाया जा सके तथा राज्य से धार्मिक सह-अस्तित्व को समाप्त किया जा सके, जो अब तक इस क्षेत्र में सामाजिक व्यवस्था के मुख्य आधार रहे हैं।

(द) राज्य में कट्टरपंथी मुस्लिम समाज का निर्माण किया जा सके और उन्हें भारत के विरूद्ध अडिग साम्प्रदायिक सेना के रूप में तैयार किया जा सके।

(6) जम्मू प्रान्त के मुस्लिम बहुल क्षेत्रों में आतंकवाद को बढ़ावा और चिनाब

नदी के पश्चिम के क्षेत्र में भारत के विरूद्ध एक आतंकवादी जत्था तैयार करना, जिससे कि समझौते के समय जम्मू-कश्मीर को चिनाब नदी के दोनों तरफ के क्षेत्रों को दो अलग राज्यों में बाँटा जा सके।

(7) धीरे-धीरे जम्मू-कश्मीर में गृह युद्ध को बढ़ावा देना, जिससे कि भारत को थकाया जा सके और साथ ही साथ बाह्यशक्तियों से इस मामले में हस्तक्षेप करने के लिए प्रार्थना करना, जिससे कि भारत अन्ततः पाकिस्तान के पक्ष में सुलह करने पर मजबूर हो जाये।[3]

सैन्य अधिकारियों की गुप्त बैठक में आपरेशन टोपाक की रूपरेखा तय होने के चार महीने बाद ही राष्ट्रपति जिया-उल-हक एक हवाई दुर्घटना में मारे गये और बेनजीर भुट्टो पाकिस्तान की प्रधानमंत्री बनी। अपने पिता को फाँसी देने वाले जनरल जिया के प्रति उनमें असीम घृणा होने के बावजूद उन्होंने जनरल जिया के भारत विरोधी विचारधारा का ही अनुसरण किया। उन्होंने आपरेशन टोपाक को कार्यरूप में लाने के लिए आई०एस०आई० को स्वीकृति प्रदान कर दी। इसका असर भारतीय उपमहाद्वीप पर भी स्पष्ट दीख रहा है।

प्रधानमंत्री की स्वीकृति के बाद आई०एस०आई० ने कश्मीर में अपनी गतिविधियाँ प्रारम्भ कर दी। प्रारम्भ में उसने घाटी क्षेत्र में तोड़-फोड़ एवं हिंसा की कार्यवाही करने के लिए आतंकवादियों की घुसपैठ कराना प्रारम्भ किया। प्रारम्भिक वर्षों में उन्हें अपेक्षित सफलता नहीं मिली, क्योंकि कश्मीर के लोगों ने आतंकवाद के विरूद्ध एकजुटता प्रदर्शित की। 1992 के बाबरी मस्जिद विवाद ने हिन्दुओं और मुसलमानों के बीच खाई तैयार करने में महत्त्वपूर्ण भूमिका निभाई और पाकिस्तान ने इसका भरपूर फायदा उठाया। पाकिस्तान के लिए कश्मीरी नवयुवकों को भारत के विरूद्ध भड़काने का यह एक सुनहरा मौका था। इस घटना के उपरान्त पाकिस्तान द्वारा नयी नीति के तहत अब कश्मीरी मुस्लिम नवयुवकों को आर्थिक एवं धार्मिक प्रलोभन देकर तथा स्वतंत्र कश्मीर का सपना दिखाकर आतंकवादी बनने हेतु उन्हें पाकिस्तान के आतंकवादी प्रशिक्षण शिविरों में भेजा जाने लगा। 1990 में पाकिस्तान के दौरे पर गये अमेरिकी गुप्तचर संस्था सी०आई०ए० के अध्यक्ष राबर्ट गेट्स को पाकिस्तान के अधिकारियों ने बताया कि पाकिस्तान में आतंकवादियों के प्रशिक्षण हेतु 31 शिविर चलाये जा रहे हैं। वास्तव में पाकिस्तान में 63 प्रशिक्षण शिविरों के चलने की बात का 23 अप्रैल, 1990 को वाशिंगटन पोस्ट ने रहस्योद्‌घाटन किया। आतंकवादियों को प्रशिक्षण देकर कश्मीर में घुसपैठ कराने के साथ-साथ आई०एस०आई० के एजेण्टों ने इग्लैण्ड, अमेरिका और अन्य देशों के संयुक्त राष्ट्र कार्यालयों के आगे भारत विरोधी प्रदर्शन कराये। योजनानुसार कश्मीर के प्रशासनिक तंत्र में पाकिस्तानी एजेण्टों को घुसाने तथा अन्दर से सरकार को निष्क्रिय करने का कार्यक्रम भी तेजी से चला।

जमाते इस्लामी तथा अन्य संस्थाओं द्वारा कश्मीर में मदरसे खोलकर कश्मीरी बच्चों में उनके बचपन से ही धर्म के नाम पर पाकिस्तान के प्रति भक्तिभाव और भारत के प्रति नफरत की भावनायें भरने का कार्यक्रम भी आई०एस०आई० द्वारा तीव्र गति से चलाये गये और इस तरह जम्मू-कश्मीर का आतंकवाद 1998-99 तक एक समान ढर्रे पर चलता रहा।

कारगिल संघर्ष :

1998 में भारत और पाकिस्तान द्वारा किए गये परमाणु परीक्षणों के पश्चात् पाक प्रायोजित आतंकवाद एक नयी दिशा की ओर अग्रसर हुआ। भारत के द्वारा किए गये परमाणु परीक्षण के प्रतिक्रिया स्वरूप पाकिस्तान ने भी जवाबी परमाणु परीक्षण करके अपने को इस भय से मुक्त कर लिया कि भारत पुनः कभी उसकी सुरक्षा एवं क्षेत्रीय अखण्डता को खतरा पहुँचा सकेगा। नाभिकीय शक्ति प्राप्त कर लेने के पश्चात् पाकिस्तान ने कश्मीर के आतंकवाद को अन्तिम चरण में पहुँचाने की कोशिश में लग गया, जिसकी परिणति कारगिल संघर्ष के रूप में सामने आयी। कारगिल संघर्ष में पाकिस्तान भले ही प्रत्यक्ष भागीदारी से इंकार करता रहा हो, लेकिन इस कार्यवाही में उसके हाथ छिपे नहीं रह गये हैं। जिस समय लाहौर शिखर वार्ता चल रही थी, पाकितानी सेना कारगिल संघर्ष की योजना बना रही थी। जुलाई 1999 में यह प्रकाश में आया कि कारगिल की योजना 1998 में ही बना ली गयी थी।[4] पाकिस्तान के पूर्व सेनाध्यक्ष जनरल मिर्जा असलम बेग ने इस बात का खुलासा किया कि प्रधानमंत्री द्वारा कश्मीर में आतंकवादी कार्यवाही करने की स्वीकृति जनवरी 1999 के शुरूआत में ही ली जा चुकी थी।[5] एक अन्य पाकिस्तानी आलोचक ने कहा कि ऐसा माना जाता है कि कारगिल की योजना 1998 में ही बन चुकी थी और इसका निष्पादन फरवरी 1999 में उस समय हुआ जब भारत और पाकिस्तान के बीच शिखर वार्ता चल रही थी।[6]

यह पाकिस्तान के भाग्य की विडम्बना ही कहा जायेगा कि कारगिल संघर्ष में भी उसे वही सीख मिली, जो भारत के साथ इसके पूर्व के युद्धों में मिली थी। 1998 के परमाणु विस्फोटों के बाद फरवरी 1999 में भारत और पाकिस्तान के बीच कश्मीर विवाद सहित अन्य मुद्दों के समाधान हेतु जो लाहौर शिखर वार्ता हुयी और भविष्य में भारत-पाक सम्बन्धों के सुधरने के आसार नजर आने लगे थे, कारगिल संघर्ष ने उन सभी आशाओं पर पानी फेर दिया। कारगिल संघर्ष में भारत की विजय ने पाकिस्तान के 'आपरेशन टोपाक' नामक बृहत् योजना को नेस्तनाबूत कर दिया, फिर भी पाकिस्तान द्वारा कश्मीर में आतंकवादियों का घुसपैठ और उनको सहयोग व समर्थन दिया जाना बन्द नहीं किया गया।

11 सितम्बर 2001 की आतंकवादी कार्यवाही :

15 और 16 जुलाई 2001 को अटल बिहारी बाजपेयी और जनरल परवेज मुशर्रफ के बीच आगरा शिखर वार्ता की सफलताओं, असफलताओं और भविष्य की सम्भावनाओं पर चर्चा चल ही रही थी कि 11 सितम्बर को 'पेंटागन' एवं 'वर्ल्ड ट्रेड सेन्टर' पर आतंकवादियों के हमले ने दक्षिण एशिया क्षेत्र में एक नये बदलाव को जन्म दे दिया। आगरा शिखर वार्ता के दौरान भारत और पाकिस्तान के बीच अन्य मुद्दों के साथ-साथ कश्मीर समस्या पर जो कुछ भी सार्थकता हासिल की गयी, वह पाकिस्तान पर अमेरिकी दबाव का परिणाम थी[7], क्योंकि अमेरिका आतंकवादी गतिविधियों को संचालित करने के आरोप में पाकिस्तान को आतंकवादी राष्ट्र घोषित करने वाला था[8]। इसलिए पाकिस्तान की यह विवशता थी कि वह आतंकवाद के विरूद्ध सार्थक कार्यवाही करे और भारत के साथ सम्बन्ध सुधारने का प्रयास करे। परन्तु भारत छोड़ते समय राष्ट्रपति परवेज मुशर्रफ ने शिमला और लाहौर समझौतों को कचड़े में डालने की बात कही और अन्ततः उन्होंने यह कह ही डाला कि आगरा शिखर वार्ता अमेरिकी दबाव का परिणाम थी। धीरे-धीरे वे इस शिखर सम्मेलन में हुये करारों से मुँह मोड़ने लगे। आगरा शिखर वार्ता की सफलताओं का काल पाकिस्तानी राष्ट्रपति के भारत में रहने तक सीमित रहा और ज्यों ही वे पाकिस्तान वापस पहुँचे, दोनों देशों के आपसी सम्बन्ध पुनः पूर्व की दशा में आ गये।

11 सितम्बर, 2001 की घटना के पश्चात् अमेरिका द्वारा अफगानिस्तान पर सैन्य कार्यवाही के लिए आधार स्थल प्राप्त करने हेतु पाकिस्तान पर दबाव प्रारम्भ किया गया। पाकिस्तान पर अमेरिकी दबाव ने पाकिस्तान के साथ आतंकवादी संगठनों के सम्बन्ध का तुरन्त परिवर्तित कर दिया। 11 सितम्बर की घटना के बाद की कार्यवाहियों के संदर्भ में पाकिस्तान ही एक ऐसा देश रहा, जिसके ऊपर सबसे अधिक प्रभाव पड़ा। कल तक पाकिस्तान जो अलकायदा के साथ-साथ अन्य अनेक इस्लामिक आतंकवादी संगठनों का मित्र था, वह तुरन्त उनका शत्रु हो गया। जिन आतंकवादी संगठनों को वह स्वतंत्रता संग्राम सेनानी कहकर पुकारता था, वे ही संगठन अब उसके लिए आतंकवादी गिरोह बन गये। जो आतंकवादी संगठन पाकिस्तान को अपना स्वामी एवं मसीहा मानने पर गर्व करते थे, उन्हें यह भूल जाना पड़ा कि उन्हें पाकिस्तान का समर्थन व सहयोग पुनः मिल सकेगा।[9] शीतयुद्धोत्तर काल में किसी बाह्य शक्ति के दबाव में आकर किसी राष्ट्र के नीति परिवर्तन की ऐसी घटना पहली बार सामने आयी। अपने प्रतिद्वन्द्वी भारत के साथ सैन्य प्रतिस्पर्द्धा तथा बयानबाजी के सम्बन्ध में पाकिस्तान को चाहे जो भी महारत हासिल हो, अमेरिकी दबाव में आने पर उसकी आन्तरिक कमजोरी तथा बाह्य संवेदनशीलता पूरी दुनियाँ के सामने उजागर हो गयी। पाकिस्तान के विदेश नीति की अस्थिरता भारत के साथ-साथ तालिबान सरकार के साथ भी स्पष्ट हो गयी।

अमेरिका द्वारा अफगानिस्तान पर सैन्य कार्यवाही और पाकिस्तान पर अमेरिकी दबाव के कारण कश्मीर में चल रही पाक-प्रायोजित आतंकवादी गतिविधियों का प्रभावित होना स्वाभाविक था। तालिबान के साथ सम्बन्ध विच्छेद के साथ-साथ पाकिस्तान के ऊपर यह अन्तर्राष्ट्रीय दबाव बढ़ता गया कि वह कश्मीर में चल रहे आतंकवाद को समर्थन देना बन्द करे। 1 अक्टूबर और 13 दिसम्बर, 2001 को क्रमशः जम्मू-कश्मीर विधान सभा और भारतीय संसद पर आतंकवादी हमलों के बाद पाकिस्तान पर अन्तर्राष्ट्रीय दबाव बढ़ते गये। 10 जून, 2002 को ब्रिटेन के विदेश सचिव जैक स्ट्रा ने ब्रिटिश पार्लियामेण्ट में कहा कि जम्मू-कश्मीर में लश्करे तोयबा, जैश-ए-मोहम्मद और हरकत-उल-मुजाहिदीन सहित अनेको आतंकवादी संगठन, इस क्षेत्र में हिंसात्मक गतिविधियों को अंजाम दे रहे हैं। भारत तो शुरू से ही पाकिस्तान पर यह सीधा आरोप लगाता रहा है कि पाकिस्तानी सरकार और मुख्य रूप से पाकिस्तानी खुफिया एजेन्सी 'इण्टर सर्विसेज इंटेलिजेंस डायरेक्टरेट' (आई०एस०आई०डी०) कश्मीर में आतंकवाद को परोक्ष समर्थन व सहयोग देती रही है। भारत सरकार हमेशा से यह मानती रही है कि कश्मीर के आतंकवादी संगठनों और आई०एस०आई०डी० के बीच सीधा सम्बन्ध है। पाकिस्तान की हर आगामी सरकारें आई०एस०आई०डी० के माध्यम से आतंकवादियों को आर्थिक सहायता प्रदान करती रही हैं और उन्हें उत्साहित करती रही है। इसके साथ ही वे बाह्य आतंकवादियों को भी इस क्षेत्र में प्रवेश कराती हैं, जिससे कि इस क्षेत्र में आतंकवादी मुहीम को बढ़ाया जा सके।[10]

अमेरिकी विदेश सचिव कोण्डोलिजा राइस ने 30 अक्टूबर, 2003 को कहा कि आतंकवाद के ढाँचे को पूर्णरूप से नष्ट करना होगा। इस कार्य में सभी लोगों को और मुख्य रूप से पाकिस्तान को कुछ और अधिक कर दिखाने की आवश्यकता है और पाकिस्तान को यह सुनिश्चित करना होगा कि न तो पाकिस्तान में और न ही कश्मीर में किसी आतंकवादी गतिविधि को संचालित होने दिया जायेगा।[11] 23 जनवरी, 2003 को पाकिस्तान में अमेरिका के पूर्व राजदूत नैन्सी पावेल ने पाकिस्तान-अमेरिकी व्यापार परिषद की सभा को सम्बोधित करते हुये कहा कि पाकिस्तानी सरकार को उसके द्वारा किए गये वायदे कि वह न तो सीमापार से आतंकवादियों की घुसपैठ करायेगा और न ही अपने क्षेत्र को आतंकवाद के लिए आधार बनने देगा, को आवश्यक रूप से निभाना होगा।[12] 9 जून, 2002 को रूस के राष्ट्रपति ब्लादिमिर पुतीन ने कहा कि हमें पाकिस्तान से यह आश्वासन लेना होगा कि वह अपने क्षेत्र से भारत के किसी भी भाग में, कश्मीर में अथवा दुनिया के किसी अन्य क्षेत्र में आतंकवादी गतिविधियों को संचालित नहीं होने देगा और वह हर तरह से सुनिश्चित करने का प्रयत्न करे कि पाकिस्तान का समाज पारदर्शी, लोकतांत्रिक, पूर्वानुमान करने योग्य एवं समझने योग्य है।[13] 29 मार्च, 2003 को फ्रांस के

विदेशमंत्री ने पाकिस्तान के विदेशमंत्री को यह कहा कि पाकिस्तानी सरकार द्वारा किए गये उन सभी करारों को पूरा करने की आवश्यकता है, जिससे कश्मीर में आतंकवाद को समाप्त किया जा सके और नियंत्रण रेखा को सम्मान दिया जा सके।[14] 10 जून, 2002 को यूरोपियन यूनियन ने पाकिस्तान से कहा कि वह नियंत्रण रेखा से घुसपैठ रोकने के लिए पारदर्शी, निर्णायक और प्रमाणित कदम उठाये, आतंकवादी समूहों की सप्लाई बन्द करे, आतंकवादियों द्वारा कश्मीर में की जा रही हिंसात्मक गतिविधियों को रोकने में सहायता करे तथा नियंत्रण रेखा से उस पार (पाकिस्तान में) चलाये जा रहे आतंकवादी शिविरों को बन्द करे।[15]

अन्तर्राष्ट्रीय दबावों का पाकिस्तान के ऊपर इतना प्रभाव अवश्य पड़ा कि अब तक कश्मीर के जिन आतंकवादी गतिविधियों को वह स्वतंत्रता संग्राम कहता था, अन्ततः उसे आतंकवादी कार्यवाही के रूप में स्वीकार करना पड़ा। इसके साथ ही पाकिस्तान को लम्बे समय के लिए न सही, लेकिन कुछ समय के लिए पाकिस्तान में चल रहे आतंकवादी शिविरों पर प्रतिबंध लगाना पड़ा। पाकिस्तान की इस कार्यवाही से तथा अमेरिका के आतंकवाद विरोधी अभियान के चलते कई आतंकवादी संगठनों ने अपना नाम परिवर्तित कर दिया। पाकिस्तान के आतंकवाद विरोधी अमेरिकी अभियान में शामिल होने तथा आतंकवाद के खिलाफ बार-बार वक्तव्य देने के कारण राष्ट्रपति परवेज मुशर्रफ पर भी जानलेवा हमले किए गये। इससे यह स्पष्ट होता है कि पाकिस्तान में आतंकवादी संगठनों की जड़ मजबूत हो चुकी है और यही कारण है कि वर्तमान पाकिस्तानी सरकार भारत के साथ सम्बन्ध सुधारने की इच्छुक होकर भी सार्थक परिणाम तक नहीं पहुँच पा रही है और पाकिस्तान से जम्मू-कश्मीर राज्य में आतंकवादियों की घुसपैठ अब भी जारी है।

अफगानिस्तान में तालिबान सरकार का तख्ता पलट तथा पाकिस्तान द्वारा आतंकवादी संगठनों को सहयोग एवं समर्थन में ढील देने से कश्मीर में आतंकवादी गतिविधियाँ प्रभावित हुयी हैं। घाटी के आतंकवादियों को धीरे-धीरे यह विश्वास होने लगा है कि उनको आश्रय एवं सहायता प्रदान करने वाले पाकिस्तान की नीति कभी भी परिवर्तित हो सकती है। ऐसी स्थिति में उन्हें अपने अस्तित्व को बनाये रखना एक चुनौती बन जायेगी। कश्मीर मुद्दे को अलग रखकर भारत और पाकिस्तान ने आपसी सम्बन्ध सुधारने के लिए विभिन्न क्षेत्रों में जो प्रयास जारी रखे हैं, उनसे निश्चित रूप से पाक-समर्थित आतंकवादियों में पाकिस्तान के प्रति सन्देहपूर्ण मनोवृत्ति उत्पन्न की है। 11 सितम्बर, 2001 की घटना के पूर्व कश्मीर में सक्रिय आतंकवादी संगठन कश्मीर मुद्दे का हल निकालने के लिए जहाँ भारत पाकिस्तान और आतंकवादी संगठनों के बीच त्रिपक्षीय बातचीत पर बल देते थे, वहीं वर्तमान समय में वे भारत के साथ द्विपक्षीय बातचीत को अपेक्षाकृत ज्यादा महत्त्व देने लगे हैं।

भारत द्वारा कश्मीर में आतंकवाद विरोधी कार्यवाही में क्रमिक तीव्रता, अन्तर्राष्ट्रीय समुदाय द्वारा आतंकवाद की भर्त्सना तथा उसको रोकने के लिए प्रयास एवं कश्मीर के आतंकवादियों के प्रति पाकिस्तान की अपेक्षाकृत उदासीनता से कश्मीर के आतंकवादियों को आत्मबल गिरा है तथा वहाँ पर लोकतांत्रिक समाज को बढ़ावा मिला है। 2002 में कश्मीर विधानसभा चुनाव में आतंकवादियों द्वारा लोगों की हत्या करने की धमकी तथा चुनाव के बहिष्कार का आह्वान करने के बावजूद लोगों ने भारी संख्या में मतदान में भाग लिया। इससे यह बात स्पष्ट होती है कि कश्मीर के लोगों ने पाकिस्तान के जनमत संग्रह प्रस्ताव का मुँहतोड़ जवाब दिया है। विधान सभा चुनाव में लोगों की सक्रिय भागीदारी ने पाकिस्तान के इस झूठे दावे को निराधार कर दिया है कि कश्मीर की जनता पाकिस्तान में मिलना चाहती है।[16]

2002 के विधान सभा चुनाव में कश्मीर को लेकर पाकिस्तान के मनसूबे को आघात तो लगा ही साथ ही साथ वहाँ के लोगों ने नेशनल कांफ्रेंस पार्टी के 50 वर्षों के राजनीतिक एकाधिकार को भी समाप्त कर दिया।[17] अब्दुल्ला सरकार की प्रशासनिक कमजोरी तथा राजनीतिक भ्रष्टाचार वहाँ के लोगों को और अधिक देर तक अंधेरे में नहीं रख सकी। हालांकि नेशनल कांफ्रेंस विधानसभा चुनाव में सबसे बड़ी राजनीतिक पार्टी के रूप में उभरी परन्तु 87 सदस्यों वाले विधानसभा में यह अपना बहुमत हासिल न कर सकी। 1996 के विधानसभा चुनाव में पार्टी को जहाँ 56 सीटें मिली थीं वहीं 2002 के चुनाव में वह मात्र 28 सीटों में सिमट गयी। 1996 की तरह नेशनल कांफ्रेंस पार्टी वहाँ के अधिकारी तन्त्र को अपने पक्ष में करने में असमर्थ रही।[18] यह तथ्य इस बात को प्रमाणित करता है कि कश्मीर की जनता सामाजिक प्रजातांत्रिकता के माध्यम से अपने विकास एवं समृद्धि का मार्ग अपनाने को इच्छुक हैं।

कश्मीर में आतंकवादियों की कमजोर होती स्थिति, कश्मीरी लोगों में लोकतांत्रिक समाज को निर्मित करने की इच्छा तथा भारतीय लोकतांत्रिक व्यवस्था में कश्मीरी लोगों के आस्था एवं विश्वास को देखकर पाकिस्तान को धीरे-धीरे यह विश्वास होने लगा है कि अब वह कश्मीर में आतंकवादी गतिविधियों को ज्यादा दिनों तक कायम नहीं रख सकता। 11 सितम्बर की घटना के पश्चात् इस क्षेत्र के बदले स्त्रातेजिक वातावरण, भारत के साथ गत 58 वर्षों से अधिक के कटुतापूर्ण सम्बन्धों के दुष्परिणामों तथा भविष्य की चुनौतियों के सन्दर्भ में परिस्थिति की ग्राह्यताओं को देखते हुये पाकिस्तान अब इस बात का एहसास करने लगा है कि अब उसे भारत के साथ मित्रवत व्यवहार को अपनाकर एक दूसरे को सहयोग देना चाहिये, जिससे कि दोनों राष्ट्रों को समुचित विकास हो सके। भारत शुरू से ही पाकिस्तान के साथ मधुर एवं सहयोगात्मक सम्बन्ध का पक्षधर रहा है और पाकिस्तान द्वारा भारत के विरूद्ध

अनेकों कार्यवाहियों के बावजूद वह सम्बन्ध सुधारने का नित नवीन प्रयास करता रहा है। इसी क्रम में 22 अक्टूबर, 2003 को भारत द्वारा पाकिस्तान के समक्ष सम्बन्ध सुधारने की दिशा में एक 12 सूत्रीय प्रस्ताव रखा गया जो निम्नवत् है–

(1) क्रिकेट तथा खेल के अन्य माध्यमों को पुनः प्रारम्भ करना।

(2) श्रीनगर तथा पाकिस्तान अधिकृत कश्मीर के मुजफ्फराबाद शहर के बीच बस सेवा प्रारम्भ करना।

(3) वायु यातायात तथा ओवर फ्लाइट को कायम रखने के लिए दूसरे दौर की बातचीत का आयोजन करना।

(4) वायु यातायात से सम्बन्धित वार्ता के पश्चात् रेल सम्पर्क स्थापित करने के लिए बातचीत करना तथा दिल्ली–लाहौर बस सेवाओं में वृद्धि करना।

(5) सैन्य सक्रियाओं के डायरेक्टर जनरलों के माध्यम से दोनों राष्ट्रों के तटरक्षक बलों के बीच सम्पर्क स्थापित करना।

(6) अरब सागर में कुछ विशेष सीमा तक मछुआरों को पकड़ने पर रोक लगाना।

(7) दिल्ली और लाहौर के अलावा अन्य शहरों से भी वीसा जारी करना।

(8) 65 वर्ष से अधिक के नागरिकों को पैदल वाघा सीमा को पार करने की अनुमति देना।

(9) कराची और मुम्बई के बीच नौचालन सुविधा प्रारम्भ करना।

(10) राजस्थान के खोखरापार और पाकिस्तान के मुनाबाओ के बीच बस सेवा स्थापित करना।

(11) 20 अतिरिक्त पाकिस्तानी बच्चों को भारत में चिकित्सीय सुविधा उपलब्ध कराना।

(12) दिल्ली और इस्लामाबाद के उच्चायोगों में कर्मचारियों की संख्या में वृद्धि करना।[19]

पाकिस्तान के व्यवहार में ऐसा पहली बार देखा गया कि वह केवल कुछ मामलों को छोड़कर अधिकांश प्रस्तावों को बिना किसी हिचकिचाहट के स्वीकार कर लिया। भारत के प्रस्ताव के जवाब में पाकिस्तान ने निम्न प्रतिक्रिया व्यक्त की–

(1) मुजफ्फराबाद और श्रीनगर के बीच बस सेवाओं के प्रस्ताव का स्वागत है, परन्तु इस पर संयुक्त राष्ट्र संघ के कार्यकर्त्ताओं द्वारा निगरानी की आवश्यकता है और यात्रा करने वाले लोगों को संयुक्त राष्ट्र संघ द्वारा प्रमाण पत्र दिया जाना चाहिये।

(2) टिकाऊ व गम्भीर वार्तालापों की आवश्यकता है।

(3) भारत ने वायु सम्पर्क मार्ग को कायम करने के लिए वार्ता के समय का जो प्रस्ताव रखा है, तो इस सम्बन्ध में वार्ता की तिथि को दिसम्बर के अन्तिम सप्ताह में निश्चित किया जाना चाहिये।

(4) समझौता एक्सप्रेस को पुनः प्रारम्भ किया जाना चाहिये, ताकि ज्यादा संख्या में लोग एक दूसरे के सम्पर्क में आ सकें।

(5) रेल और वायु सम्पर्क के बातचीत में कोई सम्बन्ध नहीं होना चाहिये।

(6) खेल माध्यमों के पुनरारम्भ का स्वागत है।

(7) विभिन्न शहरों से वीसा जारी करने के प्रस्ताव का स्वागत है, परन्तु समस्या यह है कि उन्हें किस तरह से लागू किय जाये? पाकिस्तान चाहता है कि दोनों देशों के दूतावासों के कर्मचारियों की संख्या को दिसम्बर, 2001 के पूर्व की संख्या में कर दिया जाये।

(8) वरिष्ठ नागरिकों के सीमा पार करने के प्रस्ताव का स्वागत है।

(9) दिल्ली-लाहौर बस सेवाओं में वृद्धि करने की अपेक्षा समझौता एक्सप्रेस को पुनः प्रारम्भ किया जाये, जो लोगों के 14 घंटे की कठिन यात्रा को आसान कर देगा।

(10) पाकिस्तान अमृतसर और लाहौर के बीच बस सेवा का प्रस्ताव करता है।

(11) मानवीय आधार पर दोनों देशों में कैद मछुआरों की मुक्ति के प्रयास किये जायें।

(12) कराची व पंजाब प्रान्त के हृदय चिकित्सा संस्थान भारत के कुछ गरीब बच्चों को इलाज की सुविधा प्रदान करेंगे।

(13) कराची-मुम्बई जलमार्ग सेवा दोनों देशों के संयुक्त बातचीत के बाद सम्भव है।

(14) सिंध और मुनाबाओं के बीच रेल सम्पर्क आपसी बातचीत के बाद ही सम्भव है।[20]

मार्च, 2003 में अल्ट्रा कन्जर्वेटिव जमाते इस्लामी के मुखिया काजी हुसेन अहमद ने कहा कि पाकिस्तान को भारत के साथ शान्ति बनाये रखनी चाहिये। उन्होंने तर्क देते हुये कहा कि अमेरिका पर निर्भर होने की अपेक्षा पाकिस्तान को भारत के साथ शान्ति बनाये रखना ज्यादा अच्छा होगा। इस वक्तव्य के छः महीने बाद ही भारतीय प्रधानमंत्री अटल बिहारी बाजपेयी ने पाकिस्तान के साथ दोस्ती का हाथ बढ़ा दिया।[21] केवल इतना ही नहीं, 11 सितम्बर के बाद की बदली परिस्थितियों ने

पाकिस्तान के भारत विरोधी संगठनों एवं संस्थाओं के मनोवृत्ति को भी परिवर्तित कर दिया है। भारत विरोधी विचारधारा रखने वाले नवे वक्त (Nawai Waqt) मीडिया समूह ने अपने सम्पादकीय में यह लिखा कि यदि संयुक्त वार्तालाप की निरन्तरता भारत-पाक सम्बन्धों में सुधार ला सकता है तो कश्मीर समस्या के समाधान को लक्ष्य बनाना अभी ठीक नहीं है।[22] भारत के साथ यदि पाकिस्तान के सम्बन्ध सुधरते रहते हैं, तो कश्मीर समस्या के उचित समाधान तक पहुँचा जा सकता है।

एक तरफ भारत जहाँ पाकिस्तान के साथ सम्बन्ध सुधारने की दिशा में प्रयासरत है, वहीं कश्मीर की जनता भी आतंकवाद से निपटने के लिए स्वयं को सक्षम बनाने में जुट गयी है। लगभग दो दशकों से भारतीय सेना पाक-प्रायोजित आतंकवाद के विरूद्ध मोर्चा लिए बैठी हुयी है, फिर भी कश्मीर में आतंकवादी वारदातें होती ही रहती हैं। अपने अमन की सुरक्षा के प्रति लोगों में जागरूकता को देखते हुए भारत सरकार ने भारतीय सैनिकों की देख-रेख में प्रत्येक गाँव में ग्राम रक्षा समिति का निर्माण करवाया है, जिसके सदस्यों को आतंकवादियों से गाँव की सुरक्षा हेतु हथियार तथा अन्य आवश्यक साज-सामान उपलब्ध कराये जाते हैं। अपने सुरक्षा की तत्परता उन गाँववासियों में अधिक है जहाँ संचार के माध्यम तथा मीडिया के लोगों की सबसे अधिक अनुपलब्धता है। इन सुरक्षा समितियों में उन नौजवानों की तादात ज्यादा है, जो अपने मुल्क की रक्षा के लिए अरब राष्ट्रों से स्वदेश को वापस लौट चुके हैं।[23]

कश्मीर के नौजवानों में अपने अमन की सुरक्षा हेतु सचेत होने का कारण स्पष्ट है। आतंकवादियों द्वारा स्थानीय लोगों के घरों को आश्रय, भोजन तथा वस्त्रों के लिए उपयोग किया जाता था। बन्दूक की नोक पर वे घर के कीमती वस्तुओं को भी लूटकर ले जाते थे। घर के नाबालिग बच्चों को वे आतंकवादी बनाने के लिये लेकर चले जाते थे और उन्हें प्रशिक्षित करके आतकवाद फैलाने के लिए पुनः कश्मीर में भेज देते थे। ग्राम रक्षा समिति के एक कार्यकर्त्ता मुहम्मद कासिम का कहना है कि 'हम जानते हैं कि हम बन्दूकों से खेल रहे हैं। हर दिन मौत का दिन है। सच तो यह है कि वर्षों से आतंकवादियों द्वारा गाँववासियों को डराया व धमकाया गया है, लेकिन अब वे स्वतः आतंकवादियों के विरूद्ध खड़े होते जा रहे हैं। अंततः यह कहा जा सकता है कि यह संघर्ष आतंकवादियों की गुलामी और भय से मुक्ति के बीच का चुनाव है।[24]

निष्कर्ष :

11 सितम्बर, 2001 की घटना के बाद की समयावधि में तमाम उलट-फेर के चलते आज कश्मीर के आतंकवाद की परिस्थितियाँ काफी बदल चुकी हैं। भारत

और पाकिस्तान के सुधरते सम्बन्धों को देखते हुये काश्मीर के आतंकवादी संगठनों में अकेलापन महसूस होने लगा है। भारत के साथ-साथ पाकिस्तान को भी यह आभास होने लगा है कि इस क्षेत्र में आतंकवादी गतिविधियों के प्रसार से दोनों राष्ट्रों के सुरक्षा एवं विकास प्रभावित होंगे तथा आपसी सम्बन्धों में कटुता बनी रहेगी। अफगानिस्तान में तालिबान और अलकायदा के पतन के बाद कश्मीर के आतंकवादी संगठनों को बाहर से मिलने वाली सहायता काफी प्रभावित हुयी है। जम्मू-कश्मीर विधानसभा और भारतीय संसद पर हमले के बाद भारत ने आतंकवाद विरोधी अभियान तेज कर दिया है। आतंकवादियों से निपटने के लिए भारत ने आधुनिक हथियारों के साथ-साथ रात्रिदर्शी एवं दूरसंवेदी उपकरणों की आपूर्ति हेतु अमेरिका के साथ समझौता भी किया है। कश्मीर से लगा हुआ चीन का सीक्यांग क्षेत्र भी इस्लामिक आतंकवाद से प्रभावित रहा है। यदि कश्मीर के आतंकवाद के विरूद्ध सक्रिय एवं प्रभावकारी पहल किये जायें, तो इस कार्यवाही में चीन से भी सहयोग मिलने की सम्भावना है, क्योंकि कश्मीर से आतंकवाद के खत्म होने पर चीन को सीक्यांग क्षेत्र में आतंकवाद विरोधी कार्यवाही में सहूलियत मिलेगी।

आज आवश्यकता इस बात की है कि भारत सरकार उक्त परिस्थितियों के अनुरूप रणनीति तैयार कर कश्मीर में आतंकवाद पर निर्णायक प्रहार करें। इस रणनीति में निम्नलिखित बिन्दुओं पर ध्यान देना लाभकारी साबित होगा –

(1) पाकिस्तान के साथ नियन्त्रण रेखा पर बाड़ लगाने के कार्य को पूरा कर आतंकवादियों के घुसपैठ को रोकने के कारगर उपाय करके उनके कश्मीरी सहयोगियों से उनके हर प्रकार के सम्पर्कों को पूरी तरह काटना होगा।

(2) आतंकवाद विरोधी कार्यवाही में रात्रि के अभियानों की सफलता हेतु रात्रिदर्शी उपकरणों तथा दूरसंवेदी तकनीकों का पर्याप्त एवं सफलतम उपयोग करना होगा।

(3) समाज से आतंकवादियों को अलग करने के लिए वहाँ की जनता में लोकतांत्रिक मूल्यों के प्रति जागरूकता, विकास एवं आधुनिकता के प्रति आकर्षण तथा आधुनिक शिक्षा के प्रति उनकी रूचि जागृत करनी होगी।

(4) आतंकवाद विरोधी अभियान में वहाँ के स्थानीय लोगों को सक्रिय भागीदारी देनी होगी, क्योंकि सुरक्षा बलों को वहाँ के स्थानीय लोग जो वहाँ की भौगोलिक दशाओं तथा अन्य परिस्थितियों में अधिक सक्षम हैं बेहतर सहयोग दे सकेंगे।

(5) जम्मू-कश्मीर को भारत की मुख्य धारा से जोड़ने हेतु केन्द्र एवं राज्य

दोनों स्तरों पर सक्रिय एवं निर्णायक कदम उठाने की अति आवश्यकता है।

(6) भारत को पाकिस्तान के साथ सहयोगात्मक सम्बन्धों को और अधिक विस्तृत करना होगा तथा भारत-पाक दोनों को पारस्परिक विकास के प्रति अपनी प्रतिबद्धताओं को मूर्तरूप देना होगा।

(7) जम्मू-कश्मीर के स्थानीय लोग जो भारत की मुख्य धारा से हटकर आतंकवाद का रास्ता अपना लिये हैं, उन्हें राष्ट्र की मुख्य धारा में लाने का प्रयास करना होगा।

(8) कश्मीर की स्थानीय सरकारें प्रारम्भ से ही सत्ता की राजनीति करती रही हैं और अपने राजनीतिक हितों की पूर्ति हेतु उन्होंने समय-समय पर अलगाववादी ताकतों को समर्थन भी प्रदान किया है। अतः कश्मीर के स्थानीय राजनीतिक संगठन जब तक सत्ता की राजनीति से ऊपर उठकर आतंकवाद को समाप्त करने के लिये एकीकृत प्रयास नहीं करेंगे, तब तक वहाँ के आतंकवादियों को आत्मबल मिलता रहेगा।

(9) चूँकि कश्मीर ही केवल आतंकवादी गतिविधियों से प्रभावित नहीं है, अपितु इसके पड़ोसी क्षेत्र पाकिस्तान, अफगानिस्तान और चीन में भी आतंकवादी गतिविधियाँ जारी हैं, इसलिए आतंकवाद से प्रभावित इस क्षेत्र के सभी राष्ट्र एकजुट होकर सहयोगात्मक ढंग से आतंकवाद विरोधी कार्यवाह करें, तो कश्मीर के साथ-साथ इस पूरे क्षेत्र से आतंकवाद को समाप्त किया जा सकता है।

(10) भारतीय संविधान की धारा 370 के तहत कश्मीर को विशेष राज्य का दर्जा मिलने से कश्मीरी लोगों को भारत की मुख्य धारा में पूर्णरूप से शामिल होने का अवसर नहीं मिल सका है, जिसके कारण यहाँ पर अलगाववादी शक्तियों को आसानी से प्रश्रय मिलता रहा है। इसलिए भारत की राष्ट्रवादी एकता में काश्मीर को शामिल करने के लिए केन्द्र सरकार को साहसिक, राजनीतिक एवं कूटनीतिक निर्णय लेना होगा।

सन्दर्भ सूची

1. डॉ० एम०के० टेंग एवं सी०एल० गाडू, "व्हाइट पेपर ऑन कश्मीर", 'ज्वाईंट ह्यूमन राइट्स कमेटी, पृ० 31
2. वही, पृ० 31-32
3. वही, पृ० 32-33

4. बीटिंग ए हिस्ट्री रिट्रीट, न्यूज लाइन्स, जुलाई, 1999
5. अफजल मुहम्मद द्वारा लिखे गये आर्टिकल में उद्धृत, 'डान', जुलाई 18, 1999
6. एम०पी० भण्डारा, 'डान', जुलाई 21, 1999
7. संदर्भ 1, पृ० 130
8. अम्बरीन जावेद, पाकिस्तान्स नान-नाटो एलाय स्टेटस, एशियन प्रोफाइल, वा० 33, नं० 1, फरवरी 2005, पृ० 72
9. वी० मुरलीधर रेड्डी, ट्रबुलसम लिंक्स, फ्रंटलाइन, वा० 22, नं० 14, जुलाई 2-15, 2005, पृ० 49
10. 'कश्मीर : द टू स्टोरी' जनवरी 2004 एट डब्ल्यू डब्ल्यू डब्ल्यू, मीइण्डिया, एनआईसी, इन, पृ० 7
11. वही।
12. वही, पृ० 8
13. वही।
14. वही।
15. वही।
16. श्याम खोसला, आर्गनाइजर, अक्टूबर 20, 2002, पृ० 3
17. वही।
18. वही।
19. 'इण्डिया एण्ड पाकिस्तान पीस प्रोपोजल' तथा 'इण्डियाज 12 प्वाइंट सी०बी०एम० प्रोपोजल टू पाकिस्तान', स्ट्रैटेजिक डाइजेस्ट, आई०डी०एस०ए०, नई दिल्ली, वा० 33, नं० 11, नवम्बर 2003, पृ० 1188
20. साभार : एचटीटीपी/डब्ल्यूडब्ल्यूडब्ल्यू, रेडिफ, काम/सीएमएस/प्रिंट, जेएसपी? डाकपैथ = न्यूज/2003/अक्टूबर 29/वाक एचटीएम
21. बी० मुरलीधर रेड्डी, बिहाइंड द गेम, फ्रंटलाइन, वा० 22, नं० 9, 23 अप्रैल - 6 मई, 2005, पृ० 129
22. वही।
23. लव पुरी, ए जेहाद अगेन्स्ट मिलिटैंसी, फ्रंटलाइन, वा० 22, नं० 1, जनवरी 1-14, 2005, पृ० 33
24. वही, पृ० 34

14. कश्मीर :
पाक प्रेरित आतंकवाद से ग्रसित

डॉ० अवतार सिंह*

प्राकृतिक सौन्दर्य के लिए प्रख्यात कश्मीर आज पूर्ण रूप से आतंकवादी एवं उग्रवादी कार्यवाहियों से ग्रसित है। आतंकवादियों द्वारा घाटी में निर्दोष लोगों का अपहरण करके कत्ल करना, प्रतिदिन बम विस्फ़ोट की घटनायें, सामूहिक नरसंहार और आतंकी घटनाओं जैसे जघन्य कृत को अंजाम दिया जा रहा है जिनमें कश्मीर के प्रमुख जिले अन्नतनाग, बडगाम, बारामूला, डोडा, जम्मू कारगिल, कठुआ, कुपवाड़ा, पुलवामा, पूँछ, राजौरी, श्रीनगर और उधमपुर आदि आतंकवादी गतिविधियों के प्रमुख केन्द्र है, जो पाकिस्तान समर्थक 'कश्मीर लिबरेशन फ्रंट' और अन्य आतंकवादियों के प्रभाव में है, ये पाकिस्तान से प्रशिक्षण प्राप्त करके कश्मीर में जेहाद के नाम पर आतंक फैला रहे हैं। इन आतंकवादियों को न केवल सीमा पार से पाकिस्तानी सरकार का समर्थन प्राप्त है, बल्कि ओसामा बिल लादेन जैसे कट्टरपंथी जेहादियों से भी इनके सम्बन्ध है। कश्मीर में सक्रिय आतंकवादियों में लगभग 90 प्रतिशत पाकिस्तानी है, जिन्हें विभिन्न मुस्लिम स्वयंसेवी संगठनों से सहायता व समर्थन मिल रहा है। इनमें 'वर्ल्ड एसोसिएशन ऑफ मुस्लिम यूथ', 'रावित-ए-अलम-इस्लामी वर्ल्ड', 'कश्मीर फ्रीडम मूवमेन्ट', 'कश्मीर अमेरिकन कॉसिल', 'कश्मीर स्टडी ग्रुप' तथा 'फ्रेण्डस आफ कश्मीर' विशेष रूप से है तथा मौलाना मसूद अजहर द्वारा संचालित अल-रसीद-ट्रस्ट, जिसकी स्थापना मूलतः जनकल्याण कार्यों के संचालन हेतु की गयी थी, के माध्यम से आई०एस०आई० अरब

---

*प्रवक्ता-रक्षा अध्ययन विभाग, राजकीय स्नातकोत्तर महाविद्यालय, नई टिहरी (उत्तराखण्ड)

देशों से प्राप्त धन का उपयोग आतंकवाद के संचालन हेतु कर रही है जिसका मुख्यालय कराची में स्थित है।

कश्मीर में आतंकवाद की शुरूआत 1980 के दशक से हुई, जब सन् 1947-48, 1965 और 1971 में भारत व पाकिस्तान के मध्य हुए युद्धों में मिली असफलता के बाद पाकिस्तान ने प्रत्यक्ष सशस्त्र टकराव की नीति का परित्याग करके कश्मीर में घुसपैठ कराकर न्यून तीव्रता संघर्ष के द्वारा कश्मीर को भारत से अलग कराने की योजना बनाई, जिसके तहत् अप्रैल 1982 में तत्कालीन पाकिस्तानी राष्ट्रपति जनरल जिया-उल-हक ने कश्मीर को अन्तर्राष्ट्रीय मुद्दा बताते हुए आतंकवादियों की दिल खोलकर मद्द करने की एक वीभत्स शुरूआत की और कश्मीर एवं पंजाब में आतंकवादी गतिविधियों में तीव्रता लाने के लिए 'इण्टर सर्विसेज इन्टेलीजेन्स (आई०एस०आई०) निदेशालय द्वारा तहरीके मोमिन सेल नं०-202 स्थापित किया, जिसके लिए पाकिस्तानी सरकार ने 730 करोड़ रूपये वार्षिक व्यय की व्यवस्था की। इसके बाद ही "कश्मीर लिबरेशन आर्मी" और 'कश्मीर लिबरेशन सेल' तैयार हुई। इन दोनों आतंकवादी संगठन का उद्देश्य भारत के दिग्भ्रमित युवा वर्ग को आतंकवादी गतिविधियों के लिए प्रशिक्षित करने में सहायता प्रदान करना था। शुरूआती दौर में पाक सेना के कर्नल रैंक के अधिकारियों द्वारा इन युवाओं को प्रशिक्षण दिया जाता था और प्रशिक्षण प्राप्त करने के बाद उनको गतव्यों तक पहुँचाने के लिए सेना के बन्द वाहनों का प्रयोग किया जाता था। सन् 1983 में पाक अधिकृत कश्मीर और लाहौर के आस-पास आधा दर्जन शिविर आतंकवादियों हेतु शुरू किये गये, जहाँ युवाओं को प्रशिक्षण दिया जाता था, धीरे-धीरे इन शिविरों में वृद्धि होती गयी। फलतः पाकिस्तान में अफगान गुरिल्लाओं को दी जाने वाली भारी अस्त्र-शस्त्र सहायता और विदेशी मुद्रा धीरे-धीरे पाकिस्तान अधिकृत कश्मीर की और मुड़ने लगी। अफगानिस्तान में सोवियत संघ के विरूद्ध जेहाद के अभियान से पाकिस्तान ने अच्छा अनुभव प्राप्त किया और जेहाद के नाम पर कश्मीर में आतंकवादी गतिविधियों को बढ़ावा देना तथा भारत से अलग होने की लड़ाई के लिए कश्मीरियों को प्रशिक्षण देकर उकसाया जा रहा था।[1]

अप्रैल सन् 1988 में राष्ट्रपति जिया-उल-हक का अपने सैनिक कमाण्डरों के समक्ष दिया गया उद्‌बोधन भी उल्लेखनीय था-"महत्वपूर्ण पदों पर हम अपने आदमी बिठायें, जो पुलिस महकमें, वित्तीय संसाधनों, संचार व्यवस्था और अन्य महत्वपूर्ण संसाधनों में गड़बड़ी करे, विद्यार्थियों और किसानों में भारत विरोधी भावना भरें, बेहतर हो ये धार्मिक मुद्‌दों को लेकर हो ताकि दंगों और सरकार विरोधी प्रदर्शनों में उनका सक्रिय सहयोग मिल सके। ऐसे तरीके अपनायें और विकसित करे, ताकि चुपचाप बिना किसी ताकत को काम में लाये जम्मू और कश्मीर, कश्मीर के भीतर तथा

लद्दाख में संचार व्यवस्था को नष्ट किया जा सके। उपद्रवी तत्वों और सशस्त्र गिरोहों को संगठित और प्रशिक्षित करे जो शुरू में घाटी के अर्द्धसैनिक बलों का मुकाबला कर सके। सिख आतंकवादियों के साथ मिलकर जम्मू में अराजकता और आतंक फैलाया जाय, ताकि घाटी से ध्यान बँट जाय और हिन्दू मस्तिष्क भी शासन में अविश्वास करने लगे।"[2] इसी के साथ 100 प्रशिक्षित आतंकवादी पाकिस्तान से भारत आये। यही समय था जब पृथकवादी पंथिक कमेटी का जन्म हुआ। अमृतसर के स्वर्ण मन्दिर से खालिस्तान की स्थापना की घोषणा की गई और पाकिस्तान ने भारतीय पृथकतावादियों को उकसाने, शरण देने, प्रशिक्षित करने तथा शस्त्रों से लैस करने की कार्यवाही रोकने के बजाय और तेज कर दी।[3] साथ ही राष्ट्रपति जनरल जिया-उल-हक ने कश्मीर घाटी को मुक्त कराने हेतु सेना के कोर कमाण्डरों व आई०एस०आई० की एक संयुक्त उच्चस्तरीय बैठक बुलाकर कश्मीर में अपरोक्ष रूप से युद्ध के संचालन का निर्णय लिया। इस अप्रत्यक्ष सैनिक कार्यवाही को 'आपरेशन टोपैक' नाम दिया गया। आई०एस०आई० के तत्कालीन प्रमुख जनरल गुल द्वारा तैयार 'आपरेशन टोपैक' योजना पर व्यापक विचार-विमर्श हेतु सम्पन्न बैठक में जनरल जिया-उल-हक के अलावा जे०के०एल०एफ० के नेता अमानुल्ला खाँ, अफगान मुजाहिद्दीन के नेता गुलबद्दीन हिकमतयार तथा कई प्रमुख फौजी जनरल मौजूद थे। इस अवसर पर जिया-उल-हक ने कहा कि-"कश्मीर को आजाद करने की योजनाओं में हमने अतीत में जो गलतियाँ की हैं कि हमने सीधे-सीधे सैनिक हस्तक्षेप के चलते कश्मीर को भारत से अलग करना चाहा और मात खा गये। भविष्य में इन गलतियों से सबक लेते हुए सेना के अन्तिम विकल्प को सुरक्षित रखेंगे।"[4]

आपरेशन टोपैक : इस योजना का नाम 18 शताब्दी में उरूग्वे में स्पेन के विरूद्ध अपरम्परागत युद्ध का सफल संचालन करने वाले राजकुमार टोपैक एमरू के नाम पर रखा गया। इस योजना का संचालन निम्नलिखित चरणों किया जाना था:-

(1) प्रथम चरण के अन्तर्गत कश्मीर में आतंकवादियों को प्रविष्ट कराकर प्रशासन को पंगु करने हेतु व्यापक स्तर पर तोड़-फोड़ की कार्यवाही की जानी थी। इसके अतिरिक्त किसानों व विद्यार्थियों के समुदाय में अपनी पैठ बनाकर उन्हें विद्रोह हेतु प्रेरित व प्रोत्साहित करना था।

(2) द्वितीय चरण में पाकिस्तान में प्रशिक्षण शिविर लगाकर आतंकवादियों को प्रशिक्षण देने का प्रावधान था।

(3) तृतीय चरण में भारत के पूर्वोत्तर क्षेत्र व पंजाब में आतंकवादी गतिविधियों का संचालन कर उसे उलझाये रखना था।

(4) भारत के विरूद्ध अन्तर्राष्ट्रीय प्रचार कर विश्व जनमत को अपने (पाक के) पक्ष में करना।

(5) आखरी और महत्वपूर्ण चरण में सियाचिन, कारगिल, राजौरी व पूँछ इलाकों में अधिकतम आतंक फैलाकर भारतीय सशस्त्र सेनाओं को भारी संख्या में घाटी के बाहर तैनात करने हेतु विवश करना था। जब भारतीय सेनाएँ घाटी बाहर तैनात हो, तो उस समय पूर्ण निर्धारित योजनानुसार पाकिस्तानी सेनाओं को श्रीनगर, कुपवाड़ा, बारामूला, बादीपुर और पटना स्थित बस डिपो, संचार केन्द्रों व सम्पर्क मार्गों को तहस-नहस करना था। ठीक उसी समय "आजाद कश्मीर" स्थित मुजाहिद्दीनों को आगे बढ़कर उक्त स्थलों पर कब्जा करते हुए बनिहाल सुरंग व कारगिल-लेह के रास्तों पर नियंत्रण करके अन्ततः सम्पूर्ण घाटी को पृथक करना योजना का अन्तिम उद्देश्य था।

योजनानुसार कश्मीर क्षेत्र में भारत-पाक सीमा के भू-विन्यास का सामरिक लाभ उठाते हुए पाकिस्तान में प्रशिक्षण प्राप्त अत्याधुनिक हथियारों से सुसज्जित आतंकवादियों की व्यापक घुसपैठ के परिणामस्वरूप सम्पूर्ण घाटी में अशान्ति फैल गई।[5] 15 अगस्त सन् 1989 को कश्मीर घाटी में आतंकवादियों द्वारा राज्य सरकार के भवनों पर तिरंगे के स्थान पर जे०के०एल०एफ० एवं पाकिस्तान के झण्डे फहराने, स्थानीय पुलिस और सी०आर०पी०एफ० के मध्य संघर्ष, श्रीनगर दूरदर्शन के महानिदेशक की हत्या तथा विस्फोटों और लूटमार की घटनाओं से घाटी में अराजकता का माहौल उत्पन्न हो गया और घाटी में एक तरह से आतकवादियों और अलगावादियों का प्रभुत्व स्थापित हो गया। वर्ष 1989 के अन्त तक पाक प्रशिक्षित एवं समर्थित कश्मीरी उग्रवादियों एवं अलगावादियों ने अत्यन्त खतरनाक क्षमतायें अर्जित कर ली थी। वे नागरिक शासन को छिन्न-भिन्न करने सुरक्षा बलों पर खुले आम मशीनगनों एवं राकेटों से हमला करने तथा सैनिक बलों पर घात लगाकर हमला करने तक में समर्थ हो गये थे। उन्होंने कश्मीर घाटी लगाकर हमला करने तक में समर्थ हो गये थे। उन्होंने कश्मीर घाटी में आतंक का राज स्थापित कर दिया था। पाक द्वारा दिसम्बर 1989 में "कूटनाम" 'जर्ब-ए-मोमिन' नामक युद्धाभ्यास करके स्थिति को काफी अधिक चिन्ताजनक बना दिया था। इसी दौरान आतंकवादियों द्वारा तत्कालीन केन्द्रीय गृहमंत्री मुफ्ती मोहम्मद सईद की बेटी डॉ० रूबिया सईद का 8 दिसम्बर 1989 को अपहरण करके और डॉ० रूबिया की रिहाई के बदले अपने पाँच कुख्यात आतंकवादियों मो० हनीद शेख, जावेद अहमद, जगर नूर मुहम्मद, अब्दुल भट्ट और शेख खाँ को मुक्त करने का षडयंत्र रचा। इस षड़यंत्र से जाहिर हो गया था कि इसका संचालन सीमा पार से ही किया जा रहा था, क्योंकि इन आतंकवादियों के रिहा होने पर कश्मीर में जुलूस निकाले गए और आजाद कश्मीर (Pok) के नारे लगे।[6] सन् 1990 के प्रारम्भ इसके प्रति क्रिया स्वरूप कश्मीर घाटी में आतंकवाद और ज्यादा भड़क गया। आतंकवादी सेना पर भी हमले करने लगे जिससे सेना की गतिविधियाँ अवरूद्ध होने

लगी। कश्मीर में दूरदर्शन तथा आकाशवाणी के कार्यक्रम प्रभावित हुए। आतंकवादियों के प्रभाव से स्थानीय समाचार पत्रों झूठे खबरे प्रकाशित होने लगी और इण्डियन आयल के अधिकारी दुरैस्वामी का भी डॉ० रूबिया की तरह अपहरण किया गया, रिहाई के बदले 9 खूँखार आतंकवादियों को रिहा करना पड़ा। इसी दौरान 5 फरवरी 1990 को पाक समर्थित जे०के०एल०एफ० के 4000 आतंकवादियों ने जम्मू के निकट भारतीय सीमा में घुसपैठ करने का असफल प्रयास किया।[7]

दूसरी ओर जे०के०एल०एफ० का आजाद कश्मीर की बात पाकिस्तान के गले नहीं उतर रही थी। इनकी लोकप्रियता को निष्प्रभावी बनाने के लिए उन्होंने आतंकवादी संगठन 'हिजबुल मुजाहिद्दीन' का निर्माण किया। इस संगठन ने 1990 से 1993 के मध्य व्यापक हिंसा फैलाते हुए जे०के०एल०एफ० के अनेक नेताओं की हत्या की, और 1995 में हिजबुल और जमायतुल मुजाहिदीन के आतंकवादियों ने कश्मीर के सबसे पवित्र और आदरणीय मकबरा 'चरार-ए-शरीफ' पर कब्जा कर लिया, जिस पर सुरक्षा बलों और आतंकवादियों के बीच संघर्ष से यह मकबरा जलकर तबाह हो गया। जिस कारण घाटीवासियों का आतंकवादियों के प्रति मोह भंग होना हो गया।[8] आतंकवादियों द्वारा किये हजरतबल एवं चरार-ए-शरीफ काण्ड के बाद कश्मीर घाटी में ब्रिटेन व अमेरिकी पर्यटकों के अलफरान आतंकवादी संगठन द्वारा किये गए अपहरण तथा हिन्दुओं की पवित्र अमरनाथ यात्रा के दौरान 6 अगस्त 1995 को खनबल-पहलगांव मार्ग पर हरकत-उल-अंसार द्वारा किये गये विस्फोट के फलस्वरूप घाटी में आतंकवादियों पर भारतीय रक्षा बलों के बढ़ते दबाव के कारण आतंकवादी संगठन मुश्किल में आ गये। यही कारण था कि आतंकवादियों के गिरते मनोबल तथा भारतीय सेना के समक्ष उनके आत्मसमर्पण जैसी घटनाओं से चिंतित होकर आई०एस०आई० ने कश्मीर में नये आतंकवादी संगठन "लश्करे-तोइबा" के गठन हेतु पाकिस्तान में व्यापक प्रचार एवं भर्ती अभियान चलाया। इस संगठन में भाड़े के विदेशी आतंकवादियों को कश्मीरियों के स्थान पर शामिल किया गया। "लश्करे-तोइबा" को पाकिस्तान ने स्वाधीनता सैनानी बताते हुए आतंकवादियों के लिए स्थापित "कश्मीर रिलीफ-फंड" में आर्थिक सहायता हेतु विश्व के मुस्लिम समुदाय को उत्प्रेरित भी किया।[9] मई 1999 में छाया युद्ध की तीव्रता का परिणाम 'कारगिल संघर्ष' रहा, इस संघर्ष के पीछे तत्कालीन सेनाध्यक्ष जनरल परवेज मुशर्रफ का हाथ था, जिन्होंने तत्कालीन प्रधानमंत्री नवाज शरीफ का तख्ता पटलकर खुद को राष्ट्राध्यक्ष घोषित किया। तभी से घाटी में आतंकवादी हिंसा की बाढ़ आयी और कश्मीर घाटी में भाड़े के सैनिकों की भारी संख्या में घुसपैठ हुई। इसी के बाद आतंकवादी भारतीय विमान आई०सी० 814 का अपहरण करके अफगानिस्तान से कंधार ले गए, जिसके बदले भारत को चार खूँखार आतंकवादियों को छोड़ना पड़ा। इस घटनाक्रम से आतंकियों का हौसला और भी मजबूत हो जाने से हिंसक घटनाओं में इजाफा हुआ

और आतंकवादियों ने इसके बाद सैन्य प्रतिष्ठानों और सैन्य शिविरों को अपना निशाना बनाते हुए कश्मीर में आतंकवाद से लड़ने के लिए तैनात स्पेशल आपरेशन ग्रुप के मुख्यालय पर धाक प्रशिक्षित आतंकवादियों ने धावा बोला,[10] जो उनके बुलन्द हौसले का प्रमाण था।

कश्मीर में आतंकवादियों द्वारा निर्दोष लोगों के मारे जाने के कारण भारत ने जुलाई 2000 में पाकिस्तान समर्थित हिजबुल मुजाहिदीन आतंकवादी संगठन से संघर्ष विराम की पहल की, जो पाक हठधार्मिता के कारण न हो सकी। इस दौरान कश्मीर में आतंकी गतिविधियाँ और तेज हो गयी, जिसमें अमरनाथ तीर्थ यात्रियों को तक नहीं बख्शा गया, जो कश्मीर की सूफी परम्परा के सर्वथा प्रतिकूल था। भारत ने इसके बावजूद भी रमजान के पवित्र अवसर पर 26 नवम्बर 2000 को एक तरफा संघर्ष विराम की घोषणा की तथा संघर्ष विराम की अवधि तीन बार बढ़ायी। मई 2001 को संघर्ष विराम खत्म हुआ। इसके बाद आतंकवादी गतिविधियों में इजाफा होने के कारण अक्टूबर 2001 को कश्मीर विधान सभा पर हमला किया गया। जनवरी 2002 को पाकिस्तानी राष्ट्रपति मुर्शरफ ने राष्ट्र को सम्बोधित करते हुए कहा था कि - "कश्मीर हमारी रगों में है और कोई पाकिस्तानी कश्मीर से ताल्लुक नहीं तोड़ सकता। पाकिस्तान कभी भी कश्मीर से अलगाववादियों को नैतिक, कूटनीतिक और राजनीतिक समर्थन से पीछे नहीं हटेगा।"[11] ज्ञातव्य है कि यह वाक्य मुर्शरफ ने उस वक्त कहे जब इसके ठीक एक दिन पहले 12 जनवरी 2002 को अमेरिका दबाव के कारण कश्मीर में दहशतगर्दी फैलाने वाले आतंकी संगठन 'लश्करे-तोइबा' और 'जैरा-ए-मुहम्मद' पर पाबन्दी लगाई थी। इसके बावजूद भी निर्दोष लोग पाक प्रेरित-आतंकवाद के निशाने पर रहे। नवम्बर 2002 में जम्मू के रघुनाथ मन्दिर पर आतंकी हमला व 24 कश्मीरी पंडितों की हत्या कर दी गयी। जनवरी 2005 में संघर्ष विराम की धज्जियाँ उड़ाते हुए गुरेज चोटी पर पाक समर्पित आतंकवादियों ने कब्जे जैसी नापाक घटना को अंजाम दिया गया तथा श्रीनगर के लाल चौक पर भी हमला किया।[12]

कश्मीर में आई०एस०आई० की भूमिका : पाकिस्तान का जन्म होते ही जिन्ना ने आई०एस०आई० (इण्टर सर्विस एजेन्सी) की स्थापना की। 1965 में भारत-पाक युद्ध में पराजय के कारण अप्रत्यक्ष लड़ाई की दीर्घकालीन योजना पाकिस्तान द्वारा बनाई गयी। इसके लिए आई०एस०आई० को फिर से सक्रिय किया गया। जिसके अध्यक्ष जनरल हमीद गुल और मुख्यालय इस्लामाबाद में बनाया गया। वर्तमान में आई०एस०आई० के 25 हजार से अधिक एजेंट है जो पाँच विभागों में बँटकर कार्य करते हैं–

(1) जाइन्ट इंटेलीजेंस एक्स

(2) जाइन्ट काउन्टर इंटेलीजेंस ब्यूरो

(3) जाइन्ट इंटेलीजेंस नार्थ

(4) जाइन्ट इंटेलीजेंस मिसलेनियम

(5) जाइन्ट सिग्नल्स इंटेलीजेंस

इस तंत्र को चलाने के लिए वार्षिक खर्चा लगभग 160 करोड़ रूपये है। जिसे यह तंत्र अफीम व अन्य मादक पदार्थों की तस्करी करके जुटाता है। भारत में आतंकवाद को जारी रखने के लिए इस तंत्र द्वारा पाकिस्तानी अखबारों में विज्ञापन छपवाकर जेहाद के नाम पर मुसलमानों से चंदा माँगा जाता है, जिसे "फैजल बैंक लिमिटेड, 43-कायदे आजम रोड़, लाहौर के खाता संख्या 201186001 में जमा किया जाता है। इसके अतिरिक्त इस्लामिक डेवलमेंट बैंक और हबीब बैंक भारत में इस्लामिक मदरसों के नाम पर चलाये जा रहे हैं। इसके बाद भी धन की कमी होने पर प्रतिबंधित पाकिस्तानी बैंक-बैंक ऑफ कामर्स एण्ड क्रेडिट इंटरनेशनल (बी०सी०सी०आई०) द्वारा भारतीय जाली मुद्रा और फर्जी अमेरिकी डॉलर जारी करके पूरा किया जाता है। इस प्रकार आई०एस०आई० का पूरा तंत्र स्ववित्त पोषित है।[13] आई०एस०आई० को शक्तिशाली बनाने में अमेरिकी गुप्तचर संस्था (सी०आई०ए०) का भी हाथ रहा है। इसका मूल कारण मध्यपूर्व की राजनीति, मुस्लिम देशों में सी०आई०ए० की धाक जमाने के लिए आई०एस०आई० का सहयोग प्राप्त करना था।

लन्दन स्थित सेन्टर फॉर डिफेंस स्टडीज के क्रिस स्मिथ की पुस्तक "द डिफ्यूजन ऑफ स्माल आर्म्स एण्ड लाइट व्हेपन्स इन पाकिस्तान एण्ड नार्दन इण्डिया" में स्पष्ट किया गया कि पाकिस्तान में आई०एस०आई० ने अपनी निजी राष्ट्रीय और विदेश नीति बना रखी है। जिसके तहत कश्मीरी और पंजाबी आतंकवादी गुटों का 80 के दशक के शुरू से ही हथियार और प्रशिक्षण दिया जा रहा है। आई०एस०आई० के पास आज भी भारत और पाकिस्तान को अस्थिर करने लायक हथियार मौजूद है। ज्ञातव्य है कि आई०एस०आई० कश्मीर में हिजबुल मुजाहिदीन, लश्करे-तोइबा, जमाते इस्लाम, मरकज-दावा-अल-इरशाद, मल्लाह टाइगर्स आदि संगठनों के माध्यम से आतंक फैला रखा है। इन प्राइवेट एजेन्सियों के सहारे काम करके वह आतंकवाद का सीधे प्रायोजक होने पर पर्दा डाल देता है। कश्मीर मुद्दे के अन्तर्राष्ट्रीयकरण की शुरूआत 1991 में हुई जब आई०एस०आई० ने आतंकवाद का प्रशिक्षण देने वाले 35 लीबियाई नागरिकों को भारत में अपने मजलूम मुस्लिम भाईयों को प्रशिक्षण देने के लिए भेजा। तब से दुनिया के हर कोने से उसे इस्लामिक देशों का समर्थन मिला और 105 प्रशिक्षण शिविरों में 20 हजार से ज्यादा कश्मीरी आतंकवादियों को प्रशिक्षित किया गया।

पाकिस्तान ने कश्मीर को अखिल इस्लामी मुद्दा बनाने में कामयाबी हासिल है। दुनिया भर अखिल इस्लामी चन्दा उगाही संगठन कश्मीर को फिलिस्तीन और ब्रोसिया जैसे अखिल इस्लामी मुद्दों के बराबर अहमियत दे रहे हैं। उनमें से कई संगठन तो सिर्फ राहत कोष जुटाने का काम करते हैं, लेकिन उन्होंने अपनी अपीलों और प्रचार सामग्री में कश्मीर को अलग मुल्क बताया है।[14] अब तो साफ तौर पर जाहिर होता है कि आई०एस०आई० ने भारत की चारों ओर से घेराबन्दी कर ली है। आई०एस०आई० भारत में गृह युद्ध थोपना चाहती है। भारत में व्यापक पैमाने पर एक साथ आतंकी घटनाओं को करने की क्षमता पैदा कर रही है। भारत में कई स्थानों पर की गयी घटनाएँ इसके उदाहरण हैं।

भारत के गृह मंत्रालय की संसदीय समिति को गृह सचिव ने मार्च 2000 को जो रिपोर्ट प्रस्तुत की थी, वह चौंकाने वाली थी। इस रिर्पोट में कहा गया था कि– "पाकिस्तान की आई०एस०आई० नामक खुफिया एजेन्सी के लोगों को नेपाल और बाँगलादेश में प्रशिक्षण मिल रहा है। जम्मू-कश्मीर सहित पूरे भारत में आई०एस०आई० ने बड़ा जाल फैला लिया है। अनेक इस्लामिक संगठनों में इसके लोग स्थापित हो चुके हैं। उत्तर-पूर्वी राज्यों में उल्फा से इसका परस्पर सहयोग का रिश्ता है। भारत के कुल 535 जिलों में से 210 में आई०एस०आई० का जाल फैल चुका है। दक्षिण-पश्चिम राज्यों में 69 जिले हैं, जिसमें 48 में इसकी हिंसक गतिविधियाँ जारी है। असम में उल्फा को आई०एस०आई० द्वारा खुली मदद मिल रही है। जहाँ 25 जिलों में निरन्तर सशस्त्र युद्ध जारी है। नागालैण्ड और त्रिपुरा में स्थिति नियंत्रण से बाहर हो रही है।" आई०एस०आई० द्वारा प्रायोजित आतंकवाद को लेकर भारत के गृहमंत्रालय द्वारा कराये गये अध्ययन से पता चलता है कि भारत में प्रतिवर्ष लगभग 1000 से अधिक भारतीय सुरक्षा बलों के जवान और अधिकारी मारे जा रहे हैं।[15] भारत के प्रसिद्ध रक्षा विश्लेषक रह चुके मेजर जनरल करीम जो कि लम्बे समय तक जम्मू-कश्मीर में आतंकवादियों के खिलाफ सैनिक कार्यवाही के इंचार्ज भी रहे है, अब सेनानिवृत्त अधिकारी हैं, उनके अनुसार– "विश्वभर में इस्लाम के नाम पर हो रहे झगड़ों, युद्धों में पाकिस्तान की बड़ी भूमिका है। उसी के तत्व हर जगह पहुँचे हुए हैं। वे उन्हें पढ़ाते है कि-देखो हम मुसलमान है और हिन्दुस्तानी काफिर हैं। हमारा फर्ज है कि हम उनके जुल्मों के शिकार हो रहे कश्मीरियों को आजाद कराये, उनका सबसे प्यारा दोस्त चीन है, जो किसी खुदा या भगवान को नहीं मानता और इस दृष्टि से सबसे बड़ा काफिर है, पर चीन के विरूद्ध पाकिस्तान एक शब्द भी नहीं बोलता। कहने का तात्पर्य है कि ये सब राजनीतिक दावपेंच है। महजब से इसका कोई लेना-देना नहीं है।.........कश्मीर तो मात्र एक बहाना है। मान लीजिए भारत कल कश्मीर को दे भी दे, तो इसके बाद वे चार अन्य बहाने खोज लेंगे। समस्या इतने में खत्म नहीं होगी,

बल्कि बढ़ ही जायेगी, वे फिर पंजाब की माँग करेंगे और उग्रवाद तेज कर देंगे।"[16]

कश्मीर में आतंकवाद का संचालन भी आई०एस०आई० करती है। अफगानिस्तान, (तालिबान) पाक अधिकृत कश्मीर और पाकिस्तान तीनों स्थानों पर लगभग 160 आतंकवादी प्रशिक्षण केन्द्र हैं। यहाँ हथियारों को चलाने का भी प्रशिक्षण दिया जाता है। भाड़े के आतंकवादियों को दो-दो साल के लिए नियुक्त करके कश्मीर में भेजा जाता है। आई०एस०आई० न केवल कश्मीर तक सीमित है, बल्कि पूरे भारत में अशान्ति और आतंकवाद की भूमिका में आ गई है। 1988 से कश्मीर में जितने भी आतंकवादी घटनाएँ हुई हैं, कहीं न कहीं उनके सम्बन्ध आई०एस०आई० से जुड़े थे। आज कश्मीर तथा पूरे भारत में फैले आतंकवादियों के तार पाकिस्तानी खुफिया एजेंसी से जुड़े हुए हैं। कश्मीर में सक्रिय आतंकवादी संगठनों को दिशा-निर्देश, हथियार सामग्री तथा धन भी मुहैया आई०एस०आई० के माध्यम से किया जाता है, जो इसके एजेण्टों द्वारा किया जाता है। आई०एस०आई० जम्मू-कश्मीर में उग्रवाद को बढ़ावा देने के लिए 3 करोड़ से 5 करोड़ रूपये तक प्रत्येक माह खर्च कर रही है तथा आई०एस०आई० द्वारा इन आतंकवादियों को दिये जाने वाले हथियारों में टैंकभेदी प्रक्षेपास्त्र, राकेट लांचर, मोर्टर और विमान भेदी तोपें देना प्रारम्भ कर दिया है।[17]

जम्मू-कश्मीर में सक्रिय आतंकवादी संगठन : कश्मीर घाटी में मुख्य रूप से निम्न संगठन सक्रिय है–

(1) लश्कर-ए-तौयबा (मुख्यालय पाकिस्तान में)
(2) जैश-ए-मोहम्मद
(3) हरकल-उल-मुजाहिदीन
(4) हरकल-उल-अंसार
(5) हिजबुल मुजाहिदीन (मुख्यालय-पाकिस्तान)
(6) अल-उमर-मुजाहिदीन
(7) जम्मू-कश्मीर इस्लामी फ्रंट,[18]
(8) अमानुल्ला खाँ गुट (मुख्यालय-पाकिस्तान)
(9) मरकज-उल-दवा (मुख्यालय-पाकिस्तान)
(10) जमात-उल-फुकस जेहाद ग्रुप
(11) इस्लामी इंकलामी महाज
(12) इख्वान-उन-मुसलमीन
(13) हिजबुल्ला जांबाज फोर्स
(14) जमात-ए-इस्लामी
(15) तहरीक-उल-मुजाहिदीन

(16) तहरीक-उल-जेहाद

(17) अंसार उल्ला[19]

जम्मू-कश्मीर में आतंकवाद एक कथित धर्मयुद्ध (जेहाद) है। भारत से अलग मुस्लिम राज्य स्थापित करने के लिए संघर्ष है, जो जम्मू-कश्मीर को मुस्लिम राज्य में परिवर्तित करके पाकिस्तान का अंग बनाने का एक प्रयास है। कश्मीर में पाकिस्तान द्वारा आयोजित इस्लामिक आतंकवादी संघर्ष की मुख्य विचारधारा इस प्रकार है:–

(i) जम्मू व कश्मीर के मुसलमान पाकिस्तानी मुस्लिम राष्ट्र के एक हिस्से का निर्माण करते हैं, क्योंकि जम्मू व कश्मीर राज्य में उनका बहुमत है, जिस कारण उन्हें पाकिस्तान का भाग होना चाहिए।

(ii) जम्मू-कश्मीर के मुस्लिमों को भारत में विलय स्वीकार नहीं है, क्योंकि भारत ने उन्हें पाकिस्तान में सम्मिलित होने के अधिकार से वंचित किया है। इसलिए उन्होंने भारत को जम्मू-कश्मीर से हटाने के लिए हथियार उठाये हैं।

(iii) जम्मू-कश्मीर का एकीकरण बँटवारे की प्रक्रिया को पूर्णता प्रदान करेगा, जो संयुक्त राष्ट्र संघ के कारण अभी भी भारत का अभिन्न अंग बना हुआ है।

(iv) भारत के विरूद्ध जेहाद अभी प्रक्रिया में है। जम्मू-कश्मीर के सामाजिक, आर्थिक व राजनीतिक संगठनों को परिवर्तित कर इस्लामिक नियमों पर चलने वाली सरकार या निजाम-ए-मुस्तफा की स्थापना की जाय।

(v) भारत के विरूद्ध इस संघर्ष में उपमहाद्वीप में स्थित मुस्लिम मातृभूमि (देश) उनका सहयोगी है।

(vi) हिन्दू एवं अल्पसंख्यकों को वहाँ से समाप्त कर दिया जाय। क्योंकि–

(1) वे जम्मू-कश्मीर को पाकिस्तान में शामिल करने के विरूद्ध अग्रमोर्चे का निर्माण करते हैं।

(2) वे मुस्लिम नियमों को नीति के रूप में स्वीकार नहीं करते हैं और कश्मीर में निजाम-ए-मुस्तफा का विरोध करते हैं।

(3) वे अपने को इस्लामिक बहुसंख्यक राजनीतिक, आर्थिक एवं सामाजिक व्यवस्था के अन्तर्गत ढलना स्वीकार नहीं करते।

(4) वे पाकिस्तान के भाग के रूप में कश्मीर को स्वीकार करने को तैयार नहीं है।

(5) वे भारत विरोधी धर्मयुद्ध में भाग नहीं लेते।[20]

जम्मू-कश्मीर में प्रमुख आतंकवादी घटनायें-

(1) 8 दिसम्बर 1989 को केन्द्रीय मंत्री मुफ्ती मुहम्मद सईद की बेटी डॉ० रूबिया का अपहरण। रिहाई के बदले पाँच खूँखार आतंकवादियों को रिहा किया गया।

(2) अक्टूबर 1993 में श्रीनगर के हजरत बल दरगाह पर आतंकवादियों ने कब्जा किया।

(3) 14-15 जुलाई 1999 की रात को कश्मीर में सीमा सुरक्षा बल के परिसर में घुसकर आतंकवादियों ने डी०आई०जी० सहित चार की हत्या और 12 बन्धक बनाये।

(4) 19-20 जुलाई की रात को डोडा जिले के एक गाँव में 19 व्यक्तियों की निर्मम हत्या की गई।[21]

(5) 19 मार्च 2000 में छतीसिंहपुरा में 35 सिख परिवारों का जनसंहार किया गया।

(6) मार्च 2000 में ही जम्मू जिले के डोडा गाँव में 32 परिवारों की सामूहिक हत्यायें की गयी।

(7) 16 जनवरी 2001 को श्रीनगर हवाई अड्डे पर आतंकवादियों ने आत्मघाती हमले से 11 लोगों को मार डाला।

(8) 1 अक्टूबर 2001 को लश्करे-तोइबा और जैश-ए-मुहम्मद आतंकी संगठनों ने विधानसभा पर हमला करके 40 लोगों को मौत के घाट उतारा।

(9) 17 फरवरी 2002 को नियंत्रण रेखा के पास राजौरी जिले के पास एक गाँव हिन्दू परिवार के 8 लोगों की गला रेतकर हत्या की गयी।

(10) नवम्बर 2002 को जम्मू के रघुनाथ मन्दिर व शिव मन्दिर पर आतंकी हमला किया गया।

(11) नवम्बर 2002 को ही जम्मू के निकट 24 कश्मीरी पंडितों की हत्या की गयी।

(12) जनवरी 2005 को आतंकवादियों ने गुरेज चोटी पर कब्जा किया।[22]

(13) 29 जुलाई 2005 की शाम को श्रीनगर के लाल चौक में आतंकवादियों ने बी०एस०एफ० के बंकर पर हमला, जिसमें 17 लोग घायल हुए।

(14) 11 जुलाई 2006 को जम्मू-कश्मीर के श्रीनगर में एक के बार एक करके पाँच विस्फोटों में प०बंगाल के छः पर्यटक सहित 9 की मौत और 37 घायल हुए।[23]

कश्मीर में घुसपैठ के नये रास्ते :

पाक अधिकृत कश्मीर से

(1) लोट	(7) जनवे	(3) शाहपुर
(2) डुडनियाल	(8) ढाकी	(4) गुटरियाँ
(3) केल	(9) छितरियाँ	(5) लाम सेक्टर
(4) गुथूर	**जम्मू में :-**	(6) केरी सेक्टर
(5) खोजाबन्दी	(1) लाहौरी गली	(7) सौजान सेक्टर
(6) जूरा	(2) बलनोई	(8) नत खेरी (जौनरियाँ सेक्टर)

आज कश्मीर की त्रासदी केवल यही बखान नहीं करती कि कश्मीर में भारत के समर्थकों की संख्या बहुत कम हुई है। "ला इलाहिल्ला" "यहाँ क्या चलेगा निजाम-ए-मुस्तफा" (यहाँ केवल इस्लामी शासन ही चलेगा हमें क्या चाहिये - "आजादी सिर्फ आजादी") जैसे नारे कश्मीर की फिजा में जड़ तक घुल चुके हैं। इस फिजा का मूल कारण पं० नेहरू से लेकर राजीव गाँधी तक भारत के सभी प्रधानमंत्रियों ने बराबर इस इम्प्रेशन को बल प्रदान किया कि भारत सरकार की कश्मीर नीति का मुख्य आधार तुष्टीकरण है। चाहे वह पाकिस्तान के सन्दर्भ में हो या कश्मीर के स्थानीय संगठनों के सम्बन्ध में हो। पिछले 90 के दशक के बाद केन्द्र सरकार ने कश्मीर में अपने समर्थकों तथा विरोधियों को सीमा पार के नीति-निर्माताओं को इस बात का एहसास करा दिया है कि इसके पास न तो दृढ़ इच्छा शक्ति है और न यह व्यावहारिक है। तुष्टीकरण और उदासीनता के समानान्तर झूलों में भारत की कश्मीर नीति झूलती रही है।[24] पाकिस्तानी फौज ने करगिल युद्ध के बाद कश्मीर में जेहाद को जारी रखने के लिए लगभग 25000 आतंकवादियों को, जो विभिन्न देशों से संबंध रखते हैं, धर्म के नाम पर कश्मीर में आतंक फैलाने के लिए छापामार युद्ध के लिए प्रशिक्षितं किया है। यह प्रशिक्षण लैटिन अमेरिका देशों के प्रचलित "फोको पद्धति" के आधार पर दिया जाता है। जो ऐसे क्षेत्र में आतंकवादी कार्यवाही करते हैं, जहाँ कि उनको जनता का ठोस समर्थन प्राप्त नहीं है। आज पूरे कश्मीर में कई आतंकवादी संगठन सक्रिय हैं, जो आतंकवादी कार्यवाही से अपने उद्देश्य को अंजाम दे रहे हैं।

सीमा पार से युद्ध विराम और इस्लामाबाद घोषणा के बाद यदि विश्लेषण किया जाय, तो वर्ष 2003 में सीमा पार से कुल 163 सामूहिक घुसपैठ की तुलना में वर्ष 2004 मई से अगस्त तक 174 आतंकवादी समूह सीमा पार करके कश्मीर में प्रवेश किया है, जबकि पूरे वर्ष में 298 आतंकवादी समूह ने प्रवेश किया है। वर्ष 2005 में 267 और वर्ष 2006 में 283 समूहों ने प्रवेश किया है।[25] घाटी में घरों की

दीवारों पर एक बार फिर भारत विरोधी पोस्टर लगाये जा रहे हैं। कुछ पोस्टरों में लिखा है कि–मुजफ्फराबाद 100 किमी०, नई दिल्ली 1000 किमी०, कौन नजदीक है? "यति क्या बनि? पाकिस्तान" (यहाँ क्या बनेगा? पाकिस्तान) युद्ध विराम का लाभ उठाकर जम्मू-कश्मीर में घुसपैठ के 17 नए रास्ते आतंकवादियों ने खोजे हैं। पाक अधिकृत कश्मीर और पाकिस्तान में पहले से चल रहे क्रमशः 123 आर 72 आतंकवादी प्रशिक्षण शिवरों में क्रमशः 5 और 8 नए प्रशिक्षण शिविर और जुड़ गये हैं। पाकिस्तान 'कश्मीर बनेगा अपना' का उद्देश्य पूरा करने के लिये आतंकवादी संगठनों को नए सिरे से सक्रिय कर रहा है। समाजिक एवं राजनीतिक मोर्चे में शह देने के लिए पाकिस्तान द्वारा तहरीफ-ए-हुर्रियत पार्टी को आर्थिक सहयोग दिया जा रहा है। जम्मू-कश्मीर में आतंकवादियों को संरक्षण देने का एक बड़ा मंच और साथ ही आतंकवाद के संचालन का सबसे बड़ा गढ़ हुर्रियत पार्टी को माना जाता है। भारत यात्रा के दौरान पाक प्रधानमंत्री शौकत अजीज ने जहाँ हुर्रियत नेताओं से मुलाकात करके एकता के साथ बेहतर सौदेबाजी की नसीहत दी।[26] वहीं पाकिस्तान के राष्ट्रपति जनरल मुर्शरफ जम्मू-कश्मीर में सक्रिय आतंकवादियों को "स्वतन्त्रता सेनानी" कहने से नहीं थकते। वे खुलेआम इन्हें सहयोग और समर्थन-प्रदान करने के साथ-साथ धन और हथियार भी मुहैय्या कर रहे हैं। सच तो है कि पाकिस्तान अपने जन्म के समय से ही जम्मू-कश्मीर में आतंकवाद का कभी प्रत्यक्ष और कभी परोक्ष समर्थन करता आया है। आतंकवाद को समर्थन देना पाकिस्तान की नीति का एक भाग बन गया है।

जम्मू-कश्मीर में जहाँ आतंकवादी गतिविधियों पर अंकुश लगाने की बात है, तो सबसे पहले आवश्यकता है कि आतंकवादियों की घुसपैठ पर रोक लगे और जिनको रोकने के लिए निम्न उपायों को अमल में लाया जा सकता है–

- पाकिस्तान से लगी हुई भारतीय सीमा पर काँटेदार तार लगाये जाने चाहिए।
- पाकिस्तान से जुड़ी हुई सीमाओं को सील कर देना चाहिए एवं आवश्यकतानुसार सुरक्षा पट्टी का निर्माण किया जाना चाहिए।
- पाकिस्तान की सीमा से लगे हुए जिलों में पहचान-पत्र आवश्यक करके जारी करना चाहिए।
- सीमा सुरक्षा बलों के जवानों की संख्या बढ़ानी चाहिए साथ ही इन्हें कारगर रक्षा उपकरण मुहैय्या करना चाहिए।
- सीमा क्षेत्र में सेना की गश्त को बढ़ना तथा सीमा क्षेत्र में सुरंगें बिछाना चाहिए।
- दो सीमा चौकियों के बीच की दूरी को कम किया जाना चाहिए।
- आतंकवादियों के ठिकानों पर प्रत्याक्रमण की नीति अपनाकर एवं उनकी सप्लाई अथवा लाइफ लाइन पर प्रहार करना चाहिए।
- गुप्तचर व्यवस्था को अधिक चुस्त एवं दुरूस्त करना चाहिए।

सन्दर्भ सूची

1. स्ट्रैटजिक एनालिसिस, वाल्यूम 27 नं० 3, 2003, पृ०सं० 283
2. भारत-पाक चौथा युद्ध शर्ट या सम्भावनाएँ, अशोक कुमार सिंह संस्करण 1998,पृ०सं०128
3. प्रमुख देशों की विदेशनीतियाँ, डॉ० मथूरालाल शर्मा, संस्करण 1992, पृ०सं० 198
4. भारतीय सुरक्षा के बदलते आयाम, डॉ० बाबूराम पाण्डेय व रामसूरत पाण्डेय, संस्करण 1997, पृ०सं० 102
5. भारतीय सुरक्षा के बदलते आयाम, डॉ० बाबूराम पाण्डेय व रामसूरत पाण्डेय, संस्करण 1997, पृ०सं० 102
6. इण्डिया पाकिस्तान इन बार एण्ड पीस, जे०एम० दीक्षित, पृ०सं० 331
7. दैनिक जागरण, 27 जुलाई 2000
8. प्रतियोगिता दर्पण, नवम्बर 2007, पृ०सं० 682
9. भारतीय सुरक्षा के बदलते आयाम, डॉ० बाबूराम पाण्डेय व रामसूरत पाण्डेय, संस्करण 1992, पृ०सं० 103, 104
10. क्रानिकल, जून 2004, पृ०सं० 83
11. राष्ट्रीय रक्षा और सुरक्षा, डॉ० लल्लन जी सिंह, संस्करण 2006, पृ०सं० 500-501
12. राष्ट्रीय रक्षा और सुरक्षा, डॉ० लल्लन जी सिंह, संस्करण 2006, पृ०सं० 500-501
13. अमर उजाला, 2 अगस्त, 2000
14. इण्डिया टुडे, 15 मई 1994, पृ०सं० 36-37
15. दैनिक जागरण, 14 अप्रैल 2000
16. दैनिक जागरण, 2 अप्रैल 2000
17. राष्ट्रीय सुरक्षा, जे०एम०श्रीवास्तव, संस्करण 2007-08, पृ०सं० 133
18. प्रतियोगिता दर्पण, नवम्बर 2007, पृ०सं० 684
19. प्रतियोगिता दर्पण, मई 2000, पृ०सं० 1740
20. राष्ट्रीय सुरक्षा की समसामयिक समस्याएँ, डॉ०ए०पी० शुक्ल, डॉ० राहुल मिश्र, संस्करण 2006 पृ०सं० 230-31
21. राष्ट्रीय रक्षा और सुरक्षा, डॉ० लल्लन जी सिंह, संस्करण 2006, पृ०सं० 499
22. डॉ० सावित्री शैव, डॉ० अवतार सिंह, भारत-पाक सम्बन्ध एक विश्लेषणात्मक पक्ष, तूणीर, 26 जनवरी 2005, पृ०सं० 65
23. इण्डिया न्यूज, 1-7 सितम्बर 2007, पृ०सं० 11
24. डॉ० कृष्णकान्त मिश्र, भारत-पाक सम्बन्धों में कश्मीर समस्या, तूणीर, 26 जनवरी 2005, पृ०सं० 50
25. प्रतियोगिता दर्पण, नवम्बर 2007, पृ०सं० 682
26. प्रतियोगिता दर्पण, अप्रैल 2005, पृ०सं० 1653

15. कश्मीर की स्वायत्तता और भारतीय सुरक्षा

डॉ० डी०के० पाण्डेय*

अगस्त 1947 को जब हिन्दुस्तान से ब्रिटिश प्रभुत्व समाप्त हुआ, तो कश्मीर एक स्वतंत्र राज्य बन गया। विभाजन की शर्तों के अनुसार यह बात उस राज्य पर निर्भर करता था कि वह भारत या पाक किसी एक में शामिल हो जाय या स्वतंत्र बना रहे। अतः कश्मीर के राजा ने भारत और पाक दोनों द्वारा पेश किये गये राज्य प्राप्ति के उपकरणों को अस्वीकार कर अपने राज्य को स्वतंत्र रखने की इच्छा प्रकट की। 12 अगस्त 1947 को कश्मीर के राजा ने भारत तथा पाक के साथ एक यथास्थिति समझौता किया, ताकि आर्थिक एवं संचार सेवाओं के मामले में यथापूर्व स्थिति बनाये रखा जा सके। पाक ने इस समझौते को स्वीकार कर लिया, परन्तु भारत ने ऐसा नहीं किया तथा कश्मीर के राजा को बातचीत के लिए आमंत्रित किया।[1]

बाद की स्थिति को देखकर स्पष्ट हो गया कि यथास्थिति मसझौते को मान्यता देना पाक का केवल एक दिखावा मात्र था, क्योंकि एक महीने के अन्दर ही उसके कश्मीर के लोगों की आर्थिक गतिविधियाँ बन्द करके तथा अपने क्षेत्रों से खाद्य पदार्थों आदि की आपूर्ति रोक कर तंग करना शुरू कर दिया। आर्थिक रूप से बहिष्कार का निर्णय करने से ऐसा लगता था कि पाक कश्मीर को अपने में मिलाने के लिए ऐसा कर रहा था। किन्तु इससे भी अपने इच्छा की पूर्ति न होता देखकर वह सैनिक दबाव डालने के लिए उत्सुक दिखाई देने लगा। पाक का ऐसा सोचना था कि कश्मीर एक मुस्लिम देश का हिस्सा बने। परिणामतः उसने कश्मीर पर कबायली आक्रमण करवा दिया। इससे कश्मीर पर आक्रमणकारियों का अधिकार हो जाने का

---

*रीडर एवं विभागाध्यक्ष, हे०न०ब० गढ़वाल विश्वविद्यालय परिसर बादशाहीथौल नई टिहरी (उत्तराखण्ड)।

खतरा पैदा हो गया। कश्मीर के राजा ने भारत से सहायता के लिए प्रार्थना की परन्तु कश्मीर का भारत में शामिल न होने के कारण भारत ने उसे सहायता देने में असमर्थता व्यक्त की।[2]

23 अक्टूबर, 1947 को कश्मीर के राजा ने यह निर्णय किया कि कश्मीर भारत में सम्मिलित हो जायेगा। 26 अक्टूबर 1947 को उन्होंने विलय के संलेख को निष्पादित किया तथा कश्मीर के विलय को उस समय के गवर्नर जनरल माउण्टबेटन ने स्वीकार किया।[3] कश्मीर की विधिवत् रूप से चुनी गई सरकार, जिसका मुखिया राजा था, जिसके साथ पाक भी यथास्थिति समझौता राजा से पहले ही कर चुका था, के कार्य से कश्मीर भारत का एक अंग बन गया। तब राजा हरी सिंह को अन्य देशी शासकों द्वारा निष्पादित अंगीकार पत्र के समान अंगीकार पत्र निष्पादित करके भारत से सहायता माँगनी पड़ी थी। इस अंगीकार पत्र से भारत डोमीनियन को उस रियासत पर प्रतिरक्षा, विदेश कार्य और संचार की बाबत अधिकारिता प्राप्त हो गयी।[4]

26 अक्टूबर 1947 को जब राजा हरि सिंह ने विलय के पत्र पर हस्ताक्षर किया, तो उसके साथ ही उन्होंने भारत के तत्कालीन गर्वनर माउण्टबेटन के नाम एक शर्तनामा भी संलग्न किया था, जिसमें उन्होंने रक्षा, विदेश और संचार और मुद्रा सम्बन्धी नियमों को भारत सरकार को सौंपते हुए शेष सभी विषयों पर कानून बनाने का अधिकार खुद के पास रखा था। विलय के संलेख के अनुसार-कश्मीर राज्य का भारतीय डोमीनियन में विलय कुछ शर्तों के अध्यधीन था। संलेख में प्रावधान डोमीनियन विधायिनी को कश्मीर राज्य में किसी प्रभाव के लिए अनिवार्य रूप से भूमि अर्जन करने का अधिकार नहीं देता। यदि कश्मीर के लिए भूमि अर्जन आवश्यक हुआ, तो उनकी प्रार्थना पर राजा उस भूमि को डोमीनियन के खेर्च पर डोमीनियन के लिए अर्जित करेंगे। इसके अतिरिक्त संलेखों में यह भी प्रावधान था कि संलेख से राजा भविष्य के भारतीय संविधान को मानने के लिए बाध्य नहीं होंगे और न ही भविष्य में बने ऐसे संविधान से भारत सरकार से करार करने का उनका विशेषाधिकार प्रभावित होगा।[5]

उपर्युक्त परिस्थितियों को ध्यान में रखते हुए भारतीय संविधान के अनुच्छेद 370 में रखा गया जिससे उक्त विलय संलेख की भावना एवं लिखत के अनुरूप कश्मीर राज्य की भारतीय संघ में विशेष स्थिति बनी हुई है। अनुच्छेद 370 में प्रावधान है कि संविधान के अन्य प्रावधानों के बावजूद कश्मीर राज्य के सम्बन्ध में संसद की कानून बनाने की शक्ति संघीय सूची तथा समवर्ती सूची के केवल उन विषयों तक ही सीमित है, जो कश्मीर राज्य के साथ सलाह करके राष्ट्रपति यह घोषित करे कि वह मामले, विलय संलेख में उल्लिखित मामलों के समरूप है। अनुच्छेद 370(3) में यह प्रावधान है कि राष्ट्रपति यह घोषणा कर सकते हैं कि

अनुच्छेद 370 अब लागू नहीं होगा, किन्तु इसमें एक परन्तुक लगा है, जिसके अनुसार, राष्ट्रपति ऐसी घोषणा कश्मीर राज्य की संवैधानिक सभा की संस्तुति पर ही कर सकेंगे।[6] राज्य पर संसद का विधायी प्राधिकार भी संघ और समवर्ती सूची की उन्हीं मदों तक सीमित रहेगा, जो अंगीकार पत्र में विनिर्दिष्ट विषय में तत्स्थानी है। यह अंतरिम व्यवस्था तब तक चलेगी जब तक संवैधानिक सरकार अपना विनिश्चय न कर दे।

संविधान के उपर्युक्त उपबंधों के अनुसरण में राष्ट्रपति ने संविधान (जम्मू-कश्मीर का लागू होना) आदेश 1950 को निकाला। यह कश्मीर राज्य के परामर्श से निकाला गया था और इसमें वे मामले विनिर्दिष्ट थे, जिनकी बाबत संघ की संसद कश्मीर राज्य के लिए विधि बनाने के लिए सक्षम होगी। यह मामले उन तीन विषयों से संबंधित थे अर्थात् प्रतिरक्षा, विदेश कार्य और संचार, जिनकी बाबत कश्मीर ने भारत में विलय किया था। 1949 के भारत-पाक युद्ध विराम के साथ ही भारत की कश्मीर समस्या लड़ाई के विधायी मैदान में आ गयी। तब तक रियासत का एक तिहाई हिस्सा पाक के कब्जे में आ चुकी थी बाकी हिस्से में 1951 में अंशकालिक और संक्रमणकालीन प्रावधानों समेत अनुच्छेद 370 के तहत विशेष का दर्जा दिया गया था। इस विशेष दर्जे का सार यह था कि बाहरी लोगों को वहाँ जमीन खरीदने पर पाबंदी लगा दी गयी और राज्य के नामधारी प्रमुख सदर-ए-रियासत को केन्द्र तभी नियुक्त कर सकता था, जब राय विधान सभा ने उसके चयन को मंजूरी दे दी हो।[7]

कश्मीर की संविधान सभा द्वारा अनेक निर्णय लिये गये थे। इन निर्णयों तथा इनके प्रभावों पर सम्यक विचार विमर्श आवश्यक हो गया था। अतः भारत सरकार और कश्मीर राज्य के मध्य हुए विचार विमर्श के दौरान एक करार जुलाई 1952 में हुआ, जो दिल्ली समझौते के नाम से प्रसिद्ध हुआ। इसके कुछ बिन्दु इस प्रकार हैं–

(1) भारत शासन इस बात पर सहमत हुआ कि यद्यपि सभी राज्यों सम्बन्ध में विधायिका की अवशेषी शक्तियाँ केन्द्र में निहित है किन्तु कश्मीर राज्य के संबंध में अवशेषी शक्तियाँ राज्य में निहित है।

(2) यह सहमति हुई कि कश्मीर में अधिवासित व्यक्ति, भारत के नागरिक माने जायेंगे, किन्तु राज्य विधायिका, राज्य की जनता को विशेषाधिकार प्रदत्त करने हेतु सशक्त होगी।

(3) इस बात के लिए भी सहमति हुई कि राष्ट्रीय झण्डे के अतिरिक्त, कश्मीर राज्य का अपना झण्डा होना चाहिए तथा राज्य का झण्डा संघ के झण्डे का प्रतिद्वन्द्वी नहीं होगा।[8]

भारत सरकार ने यह घोषणा की थी कि कश्मीर के शासक द्वारा राज्य के भारत से सम्बन्ध उस राज्य की संविधान सभा द्वारा अंतिम रूप से अवतरित किये

जायेंगे। राज्य के लोगों ने प्रभुत्व सम्पन्न संविधान सभा का निर्वाचन किया, जिसका पहला अधिवेशन 31.10.1951 को हुआ। राज्य की संविधान सभा ने पहला कार्य यह किया कि राजा के अनुवांशिक शासन को समाप्त कर दिया। इस प्रकार कश्मीर राज्य में राजाओं का शासन समाप्त हुआ और राज्य का प्रधान निर्वाचित व्यक्ति होने लगा। अक्टूबर 1956 को संविधान सभा ने राज्य का स्थायी संविधान बनाने के लिए अनेक समितियाँ गठित की। कश्मीर राज्य की यह विशेष बात है कि भारत के सभी राज्यों को शामिल करने वाले भारत के संविधान के भाग 6 के उपबंधों के स्थान पर उस राज्य के संविधान के लिए एक पृथक संविधान है।[9]

पृथक राज्य संविधान को अंगीकार करके राज्य में जो उदार अध्युपाय क्रिये गये हैं, उनके होते हुए भी कश्मीर के पाक समर्थक तथ्य इस बात के लिए लगातार आन्दोलन करते रहे कि राज्य पाक में मिले या भारत में, इसके लिए अंतिम रूप से फैसला करने के लिए जनमत संग्रह होना चाहिए। अतः इस माँग को लेकर पाक समर्थक "प्लैबिसिट फ्रंट" द्वारा हिंसात्मक कार्य भी किये गये, किंतु फरवरी 1975 को भारत सरकार और प्लैबिसिट फ्रंट के प्रतिनिधियों के बीच समझौता हो गया।

भारतीय सुरक्षा : भारत को राज्यों का संघ कहा गया है। संविधान केन्द्र में एक मजबूत संघीय सरकार की कल्पना करता है। देश की एकता तथा अखण्डता के लिए संघीय सरकार की यह सृहठता आवश्यक भी है, किन्तु इसके साथ ही साथ संविधान राज्यों के शक्तिशाली स्वरूप को भी मान्यता देता है। परन्तु स्वायत्ता के माध्यम से जिन माँगों को रखा गया है, वे पूर्णतः शक्ति के विकेन्द्रीकरण से भिन्न है। भारत को राज्यों का एक संघ माना जाता है, जिसका अपना राष्ट्रपति, एक प्रधानमंत्री, एक सर्वोच्च न्यायालय एवं एक निर्वाचन आयोग का विधान भारतीय संविधान में किया गया है, किन्तु कश्मीर के अपने सदर-ए-रियासत व वजीरे-आजम की माँग का कारण प्रथम दृष्टया यही प्रतीत होता है कि यह केवल राज्य को देश से अलग करने की एक चाल है। अब वह समय आ गया है जब कश्मीर को पूरी तरह से भारतीय संविधान के अन्तर्गत लाया जाय। एक राष्ट्र में दो संविधान रहे इसका कोई औचित्य नहीं है। स्वायत्ता का अर्थ यह नहीं होता है कि राज्य की जो परिकल्पना है उसे ही ध्वस्त कर दिया जाय और स्वायत्ता की आड़ में देश को विभाजन की ओर ढकेल दिया जाय। यदि स्वायत्ता देश को विभाजन की ओर ले जा रही हो या ऐसी परिस्थिति पैदा कर रही हो जो राष्ट्र की प्रभुसत्ता के लिए खतरा हो, तो उसे किसी भी मूल्य पर मान्यता नहीं दी जा सकती।[10]

भारत के लिए कश्मीर का स्त्रातेजिक महत्व बहुत अधिक है। अभी तक हुए चार युद्धों में यह शत्रुओं का प्रमुख लक्ष्य रहा है। कश्मीर तीन हिस्सों में बँटा है–जम्मू, लद्दाख, कश्मीर। भारत की आंतरिक सुरक्षा का आकार बहुत बड़ा है।

आन्तरिक सुरक्षा, कानून एवं व्यवस्था को बनाये रखने के साथ वह प्रशान के विभिन्न अंगों के माध्यम से विश्वसनीय सूचनायें एकत्र करना, आतंकवाद तथा भीतरघात रोकने तथा एक स्वस्थ समाज व्यवस्था पर निर्भर करता है। यदि किसी देश की राजनीति में सत्ता हथियाने की बुराई घर की जाती है, तो शत्रु राज्यों द्वारा आन्तरिक व्यवस्था को तोड़कर शांति भंग करने का प्रयास किया जाता है। जनता को जाति या धर्म के आधार पर बाँट दिया जाता है, तब राज्य के साधनों से आन्तरिक सुरक्षा को बनाये रखना प्राय: असंभव हो जाता है। जो कश्मीर के बारे में पूर्णतया सत्य सिद्ध होता है।[11]

कश्मीर के तीन पर्वत श्रेणियाँ जास्वर, पीरपंजाल और पंजी जिनके बारे में यदि विचार करें, तो इन शिखरों ने भारत को मध्य एशिया व यूरोपीय देशों के प्रभाव से मुक्त रखा। सामरिक दृष्टि से कश्मीर घाटी व गिलगिट क्षेत्र पर विश्व की महाशक्तियाँ अपनी नजरें जमायी हुई हैं। भविष्य में गिलगिट कभी भी अन्तर्राष्ट्रीय राजनीति का एक नया विस्फोट केन्द्र बन सकता है। चीन द्वारा एक विशाल राजमार्ग का निर्माण कर लिए जाने के बाद इस क्षेत्र की सामरिक महत्ता और भी बढ़ गई है।

आज के अधिकतर युद्धों में राज्यों द्वारा यही प्रयास किया जाता है कि युद्ध उनकी धरती पर न लड़ा जाय। ऐसी स्थिति में इस क्षेत्र का सामरिक महत्व बढ़ जाना स्वभाविक है। इस क्षेत्र में अनेक सामरिक महत्व के दर्रे हैं, जिनमें-शिपकी, जोजिला, पीरपंजाल, चांगला भूंजनाग और बुर्जिला आदि हैं। ये दर्रे कभी भी शत्रु का प्रवेश द्वार बन सकते हैं, क्योंकि भारत-चीन युद्ध में चीन ने शिपकी दर्रे से होकर लद्दाख के कई स्थानों पर अपना कब्जा जमा लिया।

उपरोक्त तथ्यों को ध्यान में रखकर यह बात ध्यान देने की है कि यदि कश्मीर को स्वायत्ता प्रदान करने की स्थिति में चीन या पाक की ओर से कोई आक्रमण होने की स्थिति के लिए हमें इन महत्वपूर्ण सामरिक स्थलों को स्वायत्ता प्रदान कर देनी चाहिए?

यदि हम कश्मीर की आर्थिक स्थिति पर विचार करें तो ज्ञात होगा कि राज्य की आय का प्रमुख स्रोत पर्यटन, व्यवसाय तथा कुछ लघु कुटीर उद्योग है, जिनमें कालीन इत्यादि का निर्माण होता है। पिछले कुछ वर्षों में विस्फोटक स्थिति के कारण राज्य की स्थिति काफी खराब हो चुकी है और वह केवल केन्द्र से मिली आर्थिक सहायता पर ही खड़ा है। यदि केन्द्र से मिलने वाली सहायता बन्द हो जाय, तो राज्य की स्थिति बदतर हो जायेगी।

एक और बात यह है कि पिछले 15 वर्षों से जिस आतंकवाद की आग में राज्य जल रहा है तथा जिससे पूरी तरह निपटने में केन्द्र सरकार भी पूरी तरह सफल

नहीं हो पा रही है, प्रस्तावित स्वायत्ता प्राप्त कर लेने के बाद राज्य की अशांति को किस प्रकार दूर किया जा सकेगा?

अंतत: हम देखते हैं कि कश्मीर द्वारा प्रस्तावित स्वायत्ता को यदि मान लिया जाय, तो यह भारतीय संघ के स्वरूप का ही विनाश कर देगी। इस राज्य के अलग सदर-ए-रियासत व वजीर-ए-आजम की माँग यदि मान लिया जाय, तो संविधान के उस रूप का खण्डन कर देगी, जिसमें सम्पूर्ण देश में एक राष्ट्रपति और प्रधानमंत्री की बात कही गई है। केन्द्र के लिए यह प्रश्न भी विचारणीय होगा कि जिस प्रकार की स्वायत्ता कश्मीर को दी जाने की बात की जा रही है, उसका भारत के अन्य राज्यों पर क्या प्रभाव पड़ेगा।

सन्दर्भ सूची

1. यू०आर० घई-भारत की विदेशनीति-पृ० 327
2. वही, पृ०-328-29
3. डॉ० एस०के० कपूर-अन्तर्राष्ट्रीय विधि-पृ०-812
4. डॉ० एस०के० कपूर-अन्तर्राष्ट्रीय विधि-पृ०-813
5. डॉ० एस०के० कपूर-अन्तर्राष्ट्रीय विधि-पृ०-813
6. डॉ० एस०के० कपूर-अन्तराष्ट्रीय विधि-पृ०-813
7. प्रतियोगिता दर्पण, अगस्त 2000 पृ०सं०-32
8. डी०डी० बसु-भारत का संविधान एक परिचय-पृ०-254
9. सुरेश कुमार शर्मा-कश्मीर थ्रू द एजेज, पृ०-306
10. दैनिक जागरण-अगस्त, 2001
11. लल्लन जी सिंह-राष्ट्रीय रक्षा और सुरक्षा-पृ०-93-94

16. सियाचिन मुद्दा और भारत-पाक सम्बन्ध

अनुराग जायसवाल*
संजय कुमार पाण्डेय**

अखण्ड भारत के विभाजन के बाद भारत और पाकिस्तान के मध्य आरम्भ से ही विभिन्न विषयों को लेकर मतभेद रहा है, जिनकी तनाव बढ़ाने में महती भूमिका रही है। इन विवादों में **'सियाचिन समस्या'** भी एक प्रमुख समस्या बनी हुयी है। भू-राजनैतिक एवं सामरिक दृष्टि से सियाचिन भारत, पाकिस्तान और चीन के बीच अत्यन्त संवेदनशील लद्दाख अंचल में केन्द्रीय स्थान रखने के कारण अति ज्वंलत महत्वपूर्ण क्षेत्र है, जो कि विगत बीस वर्षों से ऐसा नया संघर्ष स्थल बन गया है, जहाँ हिमनद की सतह पर शून्य से 40-50 डिग्री नीचे के तापमान की प्रतिकूल परिस्थितियों में भी 20 हजार फुट से ऊँची पर्वत चोटियों पर संघर्षरत दोनों देशों ने अब तक हजारों करोड़ से भी अधिक धनराशि व्यय की है। साथ ही दोनों देशों के हजारों सैनिक भी मौत की गोद में सो चुके हैं। सियाचिन के रक्षार्थ भारत तथा पाकिस्तान दोनों ने ही अपनी एक-एक ब्रिगेड को तैनात कर रखा है, जिनकी देख-रेख व खान-पान पर प्रतिदिन करोड़ों का खर्च वहन कर रहे हैं।

1911-12 में पर्वतारोही डब्ल्यू० मूर क्राफ्ट ने सर्वप्रथम इस हिमनद का पता लगाया और सियाचिन ग्लेशियर की घाटियों, चोटियों आदि स्थानों को नक्शांकित किया। यह ग्लेशियर विश्व का सबसे ऊँचा और दूसरा सबसे बड़ा हिमनद है। यह हिमनद लद्दाखी क्षेत्र में स्थित है, जिसकी समुद्र तल से ऊँचाई 5000-6000 मी० है। यह अत्यन्त दुर्गम स्थान है। यह स्थान पूरे वर्ष बर्फ से हिमाच्छादित रहता है। 110

***प्रवक्ता, रक्षा अध्ययन विभाग, मेरठ कॉलेज, मेरठ**
****शोध छात्र, रक्षा अध्ययन विभाग, मेरठ कॉलेज, मेरठ**

किमी० लम्बे इस क्षेत्र की चौड़ाई कई स्थानों पर 2-8 किमी० है। ग्लेशियर के निकट ही काराकोरम मार्ग है। सियाचिन हिमनंद का एक किनारा नुब्रा घाटी के कोने पर है। इस क्षेत्र का दूसरा किनारा 23000 फुट ऊँचाई पर स्थित इंदिरा कोल पर है। इस क्षेत्र का दूसरा प्रमुख हिमनद साल्तोर ग्लेशियर है। सालतोर पर सियां ला, विलाफोंड ला, ग्लोइंग, ला और पारमा ला प्रमुख दर्रे है, जो कि सियानागड़ी के भारतीय शीर्ष पर स्थित है। इन दोनों ग्लेशियरों को सम्मिलित रूप से तीसरा ध्रुव भी कहा जाता है। वास्तविक रूप से सियाचिन ग्लेशियर एक नुब्रा नदी है, जो कि सम्पूर्ण लद्दाख क्षेत्र में बहती है, किन्तु परतापपुर के आगे यह नदी बर्फ में परिवर्तित हो जाती है इस क्षेत्र को 'गुलाब की घाटी' के नाम से और इस सबसे ऊँचे संघर्ष स्थल को सैनिक 'जनरल ग्लेशियर' के नाम से भी सम्बोधित करते हैं।

सियाचिन हिमनद की समस्या कुछ कारणों के चलते भारत तथा पाकिस्तान के मध्य तनावपूर्ण सम्बन्धों में एक महत्वपूर्ण मुद्दे के रूप में बनी हुयी है। भारत तथा पाकिस्तान के मध्य विगत चार संघर्ष होने के बावजूद आज सियाचिन का सीमांकन नहीं किया जा सका। 1947-48 में कश्मीर पर पाकिस्तान के आक्रमण के बाद निर्धारित युद्ध विराम रेखा पर यह हिमनद स्थित है। उक्त युद्ध विराम रेखा केवल 'खोर' नामक ज्ञात स्थान के निकट NJ 9842 बिन्दु पर निर्धारित की गयी थी। युद्ध विराम समझौते में इस बात का उल्लेख भी किया गया था कि भविष्य में यदि आवश्यकता होगी, तो उक्त रेखा NJ 9842 बिन्दु के उत्तर की ओर खींची जायेगी, लेकिन विवाद उस समय उत्पन्न हुआ जब पाकिस्तान ने 1963 में चीन से मित्रता के नाते कश्मीर का लगभग 4500 वर्ग किमी० क्षेत्र चीन को अवैध रूप से सौंप दिया।

शिमला समझौते (1972) के अन्तर्गत 1949 में निर्धारित युद्ध विराम रेखा को वास्तविकं नियंत्रण रेखा के रूप में परिवर्तित कर दिया गया। रही बात दोनों रेखाओं में मूलभूत अंतर की, तो 1949 के समझौते में जहाँ NJ 9842 बिन्दु से रेखा उत्तर की ओर खींचने की बात थी, वहीं 1972 के समझौते में उक्त रेखा के विषय में कुछ नहीं कहा गया। अस्पष्ट रूप से मात्र यह संकेत किया गया कि उक्त बिन्दु से आगे 'खोर' नामक स्थान के पूर्व की ओर यह रेखा हिमनदी में मिल गई है। भारतीय पक्ष का कहना है कि शिमला समझौते के बाद NJ 9842 बिन्दु के आगे कोई रेखा नहीं है, जबकि पाकिस्तान ने बड़ी चालाकी से उक्त समझौते की शब्दावली से 'हिमनद' शब्द को निकालकर यह कहना शुरू कर दिया कि यह नियन्त्रण रेखा पूर्व की ओर काराकोरम दर्रे तक फैली हुयी है। पाकिस्तान शायद इसलिए कहता है कि चीन से मित्रता के द्वारा वह इस क्षेत्र पर अपना अधिकार कर ले।

सियाचिन समस्या वास्तव में भारत के रक्षा विश्लेषणों की अदूरदर्शिता का परिणाम है, क्योंकि स्वतंत्रता के पश्चात् यानि 1947 से ही भारत-पाकिस्तान और चीन के मध्य सीमांकन स्पष्टतः नहीं हो पाया था। 1965 तथा 1971 के भारत-पाक

संघर्ष तथा 1949 के युद्ध विराम समझौता व 1972 के शिमला समझाते में भी इस दुर्गम एवं निर्जन क्षेत्र की नियंत्रण रेखा के बारे में कोई ठोस निर्णय नहीं लिया जा सका और बिना बँटवारे के छोड़ दिया गया।

वास्तव में, भारत-पाक सम्बन्धों का अतीत शांति-मित्रता-सहयोग का अतीत नहीं, अपितु संघर्षों की कड़वाहट का अतीत है। दोनों देशों के मध्य चार संघर्ष हो चुके हैं, फिर भी इतना साधिकार कहा जा सकता है कि वर्ष 1972 तक उक्त हिमनद को लेकर दोनों देशों के बीच कोई नया विवाद नहीं था। इस अनिर्धारित क्षेत्र पर अपना स्वाधिकार जमाने के लिए पाक सेना से सैनिक एवं देशी पर्वतारोहण अभियानों का आयोजन की शुरूआत कर दी। इन अभियान दलों ने सिंधी, कांगड़ी, तेरम कांगड़ी, सलतोरी कांगड़ी चोटियों का आरोहण ग्योंग ला, विलाफोंड ला और सिया ला दर्रों को पार करने के बाद किया। 1984 में पाकिस्तान ने एक जापानी पर्वतारोही दल को सियाचिन के नजदीक रियो (अक्साई चिन के सामने) चोटी पर आरोहण की अनुमति प्रदान कर दी। इस तरह सियाच्चिन हिमनद के पश्चिम एवं पूर्वी हिस्से को एक सम्पर्क मार्ग के रूप में परिवर्तित किया जा सकता था। इसके साथ ही साथ पाकिस्तान ने मानचित्रों में हेरा-फेरी का कार्य भी किया। भारत ने प्रतिवाद स्वरूप पाकिस्तान को चेतावनी दी कि वह अपने इन अभियानों को इस क्षेत्र में क्रियान्वित करने से रोके, परन्तु पाकिस्तान के न मानने पर 14 अप्रैल 1984 को उक्त क्षेत्र की रक्षा हेतु अपनी सेनायें नियोजित कर दी और तब से इस क्षेत्र से भारत को बाहर करने के लिए पाकिस्तान संघर्षरत है।

पाकिस्तान की सामरिक योजना यह है कि वह इंदिरा कोल को अपने कब्जे में ले ले, जिससे कारगिल, लेह तथा काराकोरम दर्रों के मध्य प्रमुख सम्पर्क सूत्र पामिक सोसेर काराकोरम राजमार्ग को बंद किया जा सके। अगर ऐसा हो जाता है तो पाकिस्तान कश्मीर घाटी और लद्दाख के मध्य प्रमुख सम्पर्क मार्ग को अस्त व्यस्त कर सकता है। चीन की सामरिक दृष्टि से यह क्षेत्र काफी महत्वपूर्ण स्थान है। चीन को इसमें आने-जाने की सुविधा मिलने से अक्साई चिन ओर चीन के उत्तरी मार्ग की दूरी कम होने के साथ ही वह POK में आसानी से प्रवेश कर सकेगा और भारतीय उपमहाद्वीप पर नियंत्रण की स्थिति में पहुँच जायेगा। चीन इस मार्ग से पाकिस्तान के सहयोग से अरब देशों तक सम्पर्क करने में समर्थ हो जायेगा।

भारत के लिए इस क्षेत्र का विशेष महत्व है, क्योंकि सिया कांगड़ी पर्वत से POK काराकोरम मार्ग, चीनी सिक्यांग प्रांत, पूर्वी सोवियत संघ और अफगानिस्तान के महत्वपूर्ण स्थलों पर नजर केन्द्रित किया जा सकता है। चीन ने इस क्षेत्र में काराकोरम मार्ग का निर्माण किया। यह 800 किमी लम्बा मार्ग चीन की सिक्याग प्रांत को खुंजेराव दर्रे (4350 मी० ऊँचा) के रास्ते POK स्थित मुजफ्फराबाद से जोड़ दिया है। पाकिस्तान इस क्षेत्र पर अधिकार करने का अनवरत प्रयास करने के साथ

ही सलतोरो रिज तथा वालतोरो रिज से NJ 9842 से सीधी सीमा रेखा के लिए दबाव डाल रहा है। भारत यदि इसे सीमा रेखा स्वीकार करे, तो 3/4 हिमनद पाकिस्तान में चला जायेगा, जिसे स्वीकार करना भारत के लिए असंभव है।

सियाचिन की चौकियाँ समुद्र तल से 22 हजार फुट से ऊँची, विश्व की सबसे ऊँची भारत व पाक द्वारा स्थापित चौकियाँ हैं। इस क्षेत्र में 108 चौकियाँ हैं। इन चौकियों पर तैनात भारतीय जवानों के लिए सैन्य सामग्री एवं रसद आपूर्ति के लिए वायुसेना के विशालकाय परिवहन विमान I.L. 76.A.N. 32 और M.I.-17 तथा चीता हेलीकाप्टरों का प्रयोग किया जाता है। इसके लिए 114 हेलीकाप्टरों से युक्त एक विशेष स्क्वाड्रन का गठन किया गया है। 18 वर्ष पूर्व शुरू किये गये इस कार्य को, जिसे आपरेशन मेघदूत के नाम से जाना जाता है, आज भी विश्व का लम्बा, ऊँचा और खर्चीले हवाई परिचालन आपरेशनों में से एक है। सियाचिन चार-उत्तरी, मध्य, उपक्षेत्र उत्तर और दक्षिण हिमनद सेक्टरों में विभाजित है। इस वायुसैनिक अड्डे से सब सेक्टर उत्तर और दक्षिण के हिमनद के लिए हेलीकाप्टर से उड़ानें भरी जाती हैं। सियाचिन क्षेत्र में सैनिकों का सबसे बड़ा शत्रु यहाँ का मौसम है। यहाँ पर 90 प्रतिशत सैनिक गोली की बजाय मौसम से काल ग्रसित हो रहे हैं। सियाचिन पर अब तक हजारों सैनिकों की जान जा चुकी है और उससे कई गुना ज्यादा घायल एवं बीमार हुये हैं। यह स्पष्ट है कि भारत जान-माल की भारी क्षति के बावजूद इस हिमनद की रक्षा का अनवरत प्रयास कर रहा है।

इस विवाद को हल करने के लिए समय-समय पर प्रयास भी किये गये हैं। पाकिस्तान राष्ट्रपति जनरल जिया उल हक और तत्कालीन प्रधानमंत्री राजीव गांधी के मध्य सियाचिन को विसैन्यीकृत क्षेत्र बनाने पर सहमति हो गई थी, परन्तु हक के निधन के बाद यह समझौता अधर में लटक गया। जनवरी 1994 में इस मामले के हल के लिए भारत ने एक अनौपचारिक प्रस्ताव सौंपा, परन्तु पाकिस्तान की तरफ से इसका कोई उत्तर नहीं आया। 1992 में भारत एवं पाक रक्षा सचिवो में एक सहमति बनी थी, जिसके अन्तर्गत सलतोरो पहाड़ियों से भारतीय सेना की वापसी होनी थी, जो इंदिरा कोल, सिया कांगड़ी, सिया ला, शेरपी कांगड़ी, सलतोरो कांगड़ी, विलाफोंड ला, बिन्दु 7248, बिन्दु 6989, एन.जे. 9842 पर तैनात है। दूसरी ओर पाकिस्तान सेना को वर्तमान स्थित से पश्चिम की ओर लौटना था। इस रेखा पर गोशरब्रुम-1, बलतोरो कांगड़ी, बिन्दु 3917, कुरमा दिंग गोमा, एन.जे. 9842 है। 5 नवम्बर 1992 को तत्कालीन भारतीय रक्षा सचिव एन.एन. बोहरा और पाकिस्तानी रक्षा सचिव शाह अब्बास जिलानी के मध्य सहमति हुयी और भारत ने यह कहा कि सलतोरों पहाड़ियों को ही नियंत्रण रेखा माना जाये, परन्तु पाकिस्तान ने 1972 के शिमला समझौते के समय की स्थिति पर जोर दिया। फरवरी 1999 में प्रधानमंत्री वाजपेयी की लाहौर बस यात्रा के दौरान दोनों देशों ने अपने सभी मामलों पर बैठक जारी करने का प्रस्ताव रखा

था, लेकिन कारगिल संघर्ष के बाद वार्ता प्रक्रिया ठप हो गयी थी। 18 फरवरी 2004 को इस्लामाबाद में सम्पन्न तीन दिवसीय विदेश सचिव स्तरीय वार्ता में शांति पहल के लिए एक रूपरेखा तैयार की गयी, जिसमें विवादों को खत्म करने का सुझाव रखा गया। पाकिस्तान के असहयोगात्मक रवैये के कारण 16 नवम्बर 1998 में दोनों पक्षों के बीच सियाचिन वार्ता असफल समाप्त हो गयी।

सियाचिन के भौगोलिक एवं सामरिक महत्व के कारण ही दोनों देश इस विवादित क्षेत्र पर अपना दावा स्थापित करना चाहते हैं। अतः यह विश्वास करना उचित ही है कि समस्या सियाचिन के विषय में नहीं, अपितु कश्मीर के विषय में है। यदि कश्मीर समस्या, पाक अधिकृत कश्मीर तथा पाकिस्तान द्वारा अवैध रूप से चीन को दिये गये भारतीय क्षेत्र का ठोस समाधान निकल आता है, तो सियाचिन समस्या का स्वतः ही समाधान हो जायेगा। 20 जून 2004 को भी भारत और पाकिस्तान सियाचिन ग्लेशियर से अपनी-अपनी फौजें हटाने पर सहमत हुये थे। साथ ही इस बात पर भी सहमति बनी थी कि दोनों देशों के सैनिक जहाँ पर तैनात थे, उसे ही वास्तविक नियंत्रण रेखा स्वीकार करेंगे। अब केवल इस रेखा का निर्धारण करना है, जिसके निर्धारण के लिए पाकिस्तानी सैन्य विशेषज्ञों के साथ निकट भविष्य में इस्लामाबाद में बैठक करने की बात की गई थी। संयुक्त राष्ट्र के 59 वें वार्षिक अधिवेशन के दूसरे दिन 24 दिसम्बर 2004 को रूजवेल्ट को होटल में भारतीय प्रधानमंत्री डॉ० मनमोहन सिंह तथा पाकिस्तानी राष्ट्रपति परवेज मुर्शरफ ने सियाचिन से सेना वापसी के मुद्दे पर वार्ता की।

यदि विश्लेषणात्मक दृष्टि से देखा जाये तो शांति प्रक्रिया के दौर के अन्तर्गत अमन का कारवाँ वहीं तक पहुँचा है, जहाँ पहले था। सकारात्मक दिशा में बढ़ती हुयी दिख रही बातचीत वास्तव में कोई नयी मंजिल पर नहीं पहुँच सकी है, क्योंकि बीच-बीच में पाकिस्तान यह बोलने लगता है कि जब तक कश्मीर मसले पर कोई प्रगति नहीं होगी, तब तक अन्य मुद्दों पर किसी भी स्तर की बातचीत निरर्थक है। अभी हाल में 23 नवम्बर 2004 को दो दिवसीय यात्रा पर आये पाकिस्तान के प्रधानमंत्री शौकत अजीज ने फिर कश्मीर राग अलापते हुये कहा कि कश्मीर मुद्दे के हल की दिशा में होने वाली प्रगति के साथ ही अन्य मुद्दों पर बातें आगे बढ़ेगी।

भारत-पाकिस्तान के मध्य विगत चार संघर्षों के बावजूद आजतक सियाचिन क्षेत्र का सीमांकन नहीं हो सका। इसके 1/3 भाग पर पाकिस्तान का कब्जा है और 2/3 भाग पर अपना दावा पेश करता रहा। वास्तव में यह क्षेत्र किसका है? इस सम्बन्ध में संदेह उत्पन्न होने का मुख्य कारण केवल यही है कि इस हिमनद का सामरिक महत्त्व है। सियाचिन के 2/3 भाग पर भारत का आधिपत्य है। इस हिमनद के सैनिक और भौगोलिक महत्व को देखते हुये, न तो पाकिस्तान इस क्षेत्र की अवेहलना कर सकता है और न ही भारत। सियाचिन में परस्पर मान्य सीमांकन प्राप्त

करने पर भारत पाकिस्तान के मध्य टकराव के बिन्दुओं का प्रेक्षण करने से पूर्व हमारा ध्यान बरबस से संयुक्त राज्य अमेरिका एवं चीनी जनवादी गणराज्य की ओर आकर्षित हुये बिना नहीं रहता, जिनके हाथों में अपने जन्मकाल से भारत को पराजित करने की महत्वकांक्षा से युक्त पाकिस्तान खेलता रहा है। सम्प्रति सियाचिन क्षेत्र में चीन-पाकिस्तानी हित एक दूसरे के पूरक है।

सियाचिन समस्या के समाधान एवं सम्बन्धों को सामान्य बनाने के लिए दोनों देशों को खुले दिमाग से सोचने की आवश्यकता है, क्योंकि इस विवाद ने दोनों देशों के बीच राजनैतिक मुद्दे का रूप ले लिया है। इससे दोनों देशों की जनता के मन-मस्तिष्क में यह बात छा गई है कि सियाचिन हमारा है। अत: दोनों देशों को यही प्रयास करना चाहिए कि जितना भाग जिसके पास है, उसको ही अपनी नियंत्रण रेखा मान ले। अपनी-अपनी सेनाओं को वापस बुलाकर इस क्षेत्र को 'नो मेन्स लैण्ड' का दर्जा प्रदा करे। क्योंकि सैन्य क्रियाकलापों के कारण सियाचिन के पर्यावरण को काफी क्षति हो रही है। यह क्षेत्र पर्यावरण की दृष्टि से एक बड़ा कचरा घर बनता जा रहा है। सामरिक अस्त्रों के प्रयोग, हेलीकाप्टरों के ध्वनि से इस क्षेत्र में हिमस्खलन तेजी से बढ़ रहा है।

अत: सियाचिन सामरिक दृष्टि से अत्यंत संवेदनशील क्षेत्र है, वहाँ पर्यावरण की दृष्टि से घातक संकेत मिल रहे हैं कि यहाँ जारी सैन्य क्रियाकलाप एक भयानक परिणाम से निपटने के लिए तैयार होना होगा। इसलिए दोनों देशों को इस क्षेत्र के समाधान के विषय में जल्द से जल्द निष्कर्ष की ओर आना पड़ेगा, जिससे दोनों देशों को धन और जन हानि के साथ ही साथ यहाँ के पर्यावरण को बचाने में मदद मिले।

सन्दर्भ सूची

1. J.N. Dixit : "Indo-Pak Relation" Prahabat Prakashan, New Delhi, 2003.
2. J.N. Dixit : "Indian Foreign Policy" Prahabat Prakashan, New Delhi, 2004.
3. USI Journal Vol. CXXXII, No. 550, Oct.-Dec., 2002
4. Quoted in Major Maroof Raza (Retd.) "Siachin : The Untold Story" (A Personal Account) I.D.R. Jan. 1990.
5. Quoted in Major Maroof Raza (Retd.) "Siachin, Conflict without End" (Viking Penguin India, 2002)
6. Pariksha Manthan Part-6, 1998-99.
7. Civil Services Chronical May 2004, Aug. 2004.
8. Civil Services Today May 2004.

17. भारत-पाक सम्बन्धों का प्रमुख मुद्दा है कश्मीर

प्रो०वाय०बी० निकुंभ*

ब्रिटिश राज के राजप्रतिनिधि लॉर्ड माऊंटबेटन ने मार्च 1947 में जो योजना तैयार की उस योजना के तहत भारत का विभाजन हुआ। उसी योजना के अनुसार 14 अगस्त 1947 को पाक का और 15 अगस्त 1947 में भारत स्वतंत्र देश के रूप में निर्माण हुआ। इस प्रकार भारत भूमि का विभाजन होकर पाक का निर्माण हुआ और उस घटना की पार्श्वभूमि बहुत ही कटु होने के कारण इसकी छाया दोनों देशों के सम्बन्धों पर छायी है। इसलिए इसी घटना का परिणाम दोनों देशो में रह रहे लोगों की मानसिकता पर होना स्वाभाविक है।

1933 में कैंब्रिज विभाग के विचारानुसार पाक में कश्मीर समाविष्ट किया गया, लेकिन वास्तव में कश्मीर का पाक में विलय नहीं हुआ, इसलिए अक्टूबर 1947 में बल प्रयोग द्वारा कश्मीर को पाक में समाविष्ट करने का प्रयोग किया गया। जब पाक का वह प्रयास विफल हुआ तो यही घटना यू०एन०ओ०, अमरिका सत्ता समूह, मुस्लिम राष्ट्र समूह इसी प्रकार के अनेक माध्यम से और 1965, 1971, कारगिल संघर्ष करके पाक ने अपना ध्येय प्राप्त करने का प्रयास जारी रखा। इसके अलावा भारत के विरोध में दशहतवाद, जहरीला प्रचार, तथा अंतराष्ट्रीय सभा, सम्मेलनों में भारत विरोधी मार्ग अपनाये और इसी वजह से भारत-पाक के बीच में हमेशा तनावपूण सम्बन्ध बने रहे।

---

*विभाग प्रमुख-संरक्षण शास्त्र, जयहिंद महाविद्यालय, धुले (महाराष्ट्र)

कश्मीर के संदर्भ में पाक की भूमिका–

- धार्मिक द्विराष्ट्रवाद पाक के निर्माण का मूलाधार है। कश्मीर में बहुसंख्यक मुस्लिम होने के कारण कश्मीर की प्राप्ति पाक की सैद्धांतिक भूमिका रही है। इस बारे में पाक ने भावनात्मक आधार भी लिया है। भारत आक्रमक वृत्ति का है, ऐसा प्रचार भी पाक की ओर चलाया जाता है।
- अगर कश्मीर का पाक में विलय हो जाता है, तो वांशिक, भाषिक, तथा आर्थिक दृष्टि से पाक को तात्विक आधार से कश्मीर को लेकर एकाग्र रहना ज्यादा सुलभ हो सकता है।
- अगर कश्मीर पाक के कब्जे में चला जाता है, तो जो नदियों के पानी के बँटवारे का प्रश्न भारत के साथ है, वह हमेशा के लिए सुलझ जायेगा।
- अगर कश्मीर का पाक में विलय हो जाता है, तो पाक की आबादी बढ़कर उसके साथ उसकी सत्ता और प्रतिष्ठा में भी बढ़ोतरी हो जायेगी और उसी बात का प्रभाव मुस्लिम समाज पर और दुनिया के अनेक राष्ट्रों पर पड़कर पाक के हित में होगा।
- कश्मीर अगर पाक में विलय हुआ, तो पंजाब, हरियाणा, हिमाचल की ओर से पाक को भारत पर आक्रमण करना सुलभ हो जायेगा और उसी माध्यम से भारत की सुरक्षा व्यवस्था तहस-नहस करना पाक को सुलभ हो जायेगा।
- कश्मीर पाक की ओर रहने से पाक और चीन का संबंध बढ़कर भारत का अफगानिस्तान तथा रशिया के साथ जो संबंध बने हुए हैं, उसमें दूरी निर्माण करना पाक को संभव हो सकता है।

ऊपर दिये गये सभी कारणों से यह पता चलता है कि कश्मीर पाक के लिए कितना महत्वपूर्ण है।

स्वतंत्र होने के बाद भारत के सामने जो अनेक गंभीर समस्यायें थी, उनमें से कश्मीर की समस्या आज तक सुलझ नहीं पाई। उसी समस्या के कारण दोनों देशों के बीच हमेशा तनाव बना रहा है। इस समस्या का परिणाम दोनों राष्ट्रों के संबन्धों पर ही नहीं, बल्कि सामान्य जनता के ऊपर भी उसका सीधा असर पड़ता है। इसी कारण कश्मीर घाटी में रह रहे लोगों को मानसिक तनाव तथा वित्तीय परेशानी से जूझना पड़ता है। इसी समस्याओं के कारण इस उपमहाद्वीप में अनेक बाहरी सत्तायें प्रवेश करने का प्रयास कर रही हैं। पाक की ओर से भारत के विरोध में चलाये जा रहे जहरीले प्रचार के कारण और कश्मीर में चल रहे सीमापार आतंकवाद के कारण वहाँ का सामान्य जनजीवन अस्तव्यस्त हो चुका है, और वहाँ की जो विलगता की भावना है, उसने गगन चूम लिया है।

1947 में जब भारत को स्वतंत्रता मिली उस वक्त पूरे हिंदुस्थान में लगभग 562 संस्थानें थीं। उन संस्थानों को पाक में या भारत में विलय होने का पूरा अधिकार दिया गया था। उस वक्त जो संस्थानें भारतीय भू-प्रदेश के अंतर्गत आते थे, उन्होंने भारत में शामिल होना मंजूर कर लिया और जो पाक के भूप्रदेश में अधीन जाने थे, उन्होंने पाक में शामिल होना मंजूर कर लिया। लेकिन कश्मीर भारत और पाक सीमा रेखा पर होने और आकार से बड़ा होने के कारण कश्मीर का अपने आप में एक अलग ही महत्व है और वहाँ के राजा हरी सिंह ने उसे दोनों देशों से अलग रखने का ही निर्णय लिया था।

कश्मीर : भू-राजकीय महत्वः–

कश्मीर भारत के उत्तर में हिमालय और कारकोरम पर्वत के बीच में बसा हुआ है। यह संपूर्ण प्रदेश का कश्मीर, जम्मू तथा लद्दाख सह तीन मुख्य विभाग हैं। इसमें से 2/5 प्रदेश पर पाकने कब्जा किया है। यही प्रदेश में लश्कर के लिए अत्यन्त महत्वपूर्ण गिलगिट, बाटिस्तान, हुंजा, नगर, हजारा और स्कार्डू, इन सभी विभागों का समावेश होता है। यही प्रदेश में से पाकिस्तान-चीन और तिब्बत झांनशियाग सिकियांग इनको जोड़ने वाला कारकोरम रास्ता जाता है और इसी रास्ते के पास में अफगानिस्तान, और रशिया की सीमा लगी हुई है। कश्मीर पर हरदम आक्रमण करने के लिए यह प्रदेश पाक को अत्यंत उपयुक्त है। इसी कारण से पाकिस्तान और भारत दोनों देशों को कश्मीर लश्करी दृष्टि से बहुत ही महत्वपूर्ण है।

कश्मीर पर पाकिस्तान का जो ध्यान केंद्रित है उनके कई विशिष्ट कारण हैं:– उसमें (1) मुस्लिम बहुलता प्रमुख कारण है। (2) कश्मीर पर हुकूमत उसका मतलब लद्दाख पर हुकूमत। (3) चीन से नजदीकी रिश्ते। (4) भारत की हानि। (5) अफगानिस्तान को शह देना। (6) भारत और रशिाय के बीच में भौगोलिक अंतर बढ़ाना। यह सभी पाके के हित में है। जम्मू प्रदेश में से कश्मीर की ओर जाने के लिए एक ही महत्वपूर्ण रास्ता है और वह रास्ता बनिहाल की दुर्गम घाटी में से जाता है और उसमें विख्यात जवाहर नाम का एक बोगदा (Jawahar Terminal) है अगर पाक ने यह एक ही रास्ता अपने कब्जे में लिया तो उनका उद्देश्य सफल हो जाता है। आज तक पाक ने अपने मनसूबे पूरे करने के लिए यही रास्ते पर अपना नियंत्रण बनाकर उसी वक्त दूसरी ओर से कश्मीर में घातपात करने की दोहरी राजनीति अपनाई है।

कश्मीर के बारे में ब्रिटेन के प्रधानमंत्री अटली ने (25 अक्टू० 1947) भारत के प्रधानमंत्री पंडित नेहरू जी को पत्र लिखकर उसमें कहा कश्मीर की उत्तर सीमा अफगानिस्तान, रशिया और चीन को लगी हाने के कारण कश्मीर की सुरक्षा भारत की सुरक्षा के लिए अत्यावश्यक है। इसलिए कश्मीर को मद्द करना भारत के हित में ही है।

कश्मीर के बारे में ब्रिटेन तथा अमेरिका की भूमिकाः–

ब्रिटेन और अमेरिका के मन में कश्मीर के बारे में बहुत ही नासमझ थी। पाक को उन दोनों देशों की ओर से काफी सहयोग मिलता था, तथापि 1950–55 कालखंड में ब्रिटेन और अमेरिका के बीच जो गुप्त समझौते हुये, उन सभी समझौतों के विवरण आज उपलब्ध हैं। उससे इस विषय के बारे में अलग से विचार किया जा सकता है।

ब्रिटेन और अमेरिका की ऐसी धारणा थी कि भविष्य में भारत एक महान शक्ति का रूप ले सकता है और दक्षिण एशिया में शांति का एक आधार स्तंभ बन सकता है और चीन का अह्वान भी भारत स्वीकार सकता है। इसी कारण भारत को वित्तीय सहायता दे कर उसे बलशाली बनाने का विचार अमेरिका और ब्रिटेन कर रहे थे, लेकिन शीत युद्ध के दौरान भारत, रशिया तथा अमेरिका के गुटीय राजकारण में शामिल होने को तैयार नहीं था, लेकिन पाक ने यह बात मान्य कर ली थी और पाक का उपयोग मुस्लिम राष्ट्रों ने निश्चित करने का निश्चय किया गया। इसी वजह से पाक कश्मीर की हमेशा माँग कर रहा था और भारत उसे कश्मीर देने को तैयार नहीं था और कश्मीर की समस्या यू०एन०ओ० की सुरक्षा समिति में रखकर ज्यादा से ज्यादा दिन तक कायम रखकर पाक को कश्मीर के मोह में लगा रखने का प्रयास अमेरिका और ब्रिटेन कर रहे थे। अगर अमेरिका और ब्रिटेन का यह कुटिल दाँवपेंच ध्यान में लिया गया, तो कश्मीर की समस्या यू०एन०ओ० में क्यों ले जाई गयी? उनका आपको आकलन होता।

आज कश्मीर में अनेक अलगाववादी संघटन है उनमें जेकेएलएफ, हरकत–उल अन्सार, जैश–ए–मोहम्मद, लश्कर–ए–तोएबा, हुरियत कॉन्फ्रेन्स। इस सभी संघटनों में कुछ ऐसे संघटन हैं, जो कश्मीर को पाक में जोड़ना चाहते हैं, कुछ ऐसे संघटन हैं जो कश्मीर को भारत में जोड़ना चाहते हैं। कुछ ऐसे संगठन हैं जो कश्मीर को भारत या पाक से अलग रखकर स्वतंत्र राष्ट्र बनाना चाहते हैं। अगर इन सभी संघटनों के राय के अनुसार कश्मीर को रखा गया तो भी कश्मीर समस्या का हमेशा का हल नहीं हो सकता है।

कश्मीर स्वतन्त्र राष्ट्र नहीं बन सकता कारण :

- कश्मीर आर्थिक दृष्टि से बहुत दुर्बल है। पिछले 55 सालों में भारत ने लगभग सौ हजार कोटी से भी अधिक रूपये खर्च करके वहाँ के जन जीवन में बदलाव लाने की कोशिश की। अगर कश्मीर को भारत–पाक से विभक्त रखा गया या पाक को जोड़ दिया गया, तो भी इतना खर्च होना

असंभव है।

- अगर कश्मीर को स्वतंत्रता दी गई, तो वो इतना दुर्बल हो जाएगा कि उसे भारत-पाक, चीन-अफगानिस्तान और रशिया इन सारे देशों से हमेशा खतरा बना रहेगा।
- अगर कश्मीर को भारत से अलग किया गया, तो उसका परिणाम नागालैंड, मिझोरम, पंजाब इन सारे राज्यों पर पड़ेगा और उसकी तरह पाकिस्तान में भी सिंध, बलूचिस्तान, पख्तूनिस्तान इन सारे राज्यों पर होगा। इसलिए कश्मीर का अलग होना भारत और पाकिस्तान दोनों के लिए एक जैसे ही हानिकारक हैं।
- कश्मीर का विलीनीकरण करारनामा और कलम (धारा) 370 के अनुसार भारतीय संविधान के कलम। कश्मीर के लिए बंधनकारक है। इसी वजह से कश्मीर भारत से विलग नहीं हो सकता। अगर वैसा हुआ तो उसे राष्ट्र द्रोह समझ के भारत कश्मीर में लश्करी ताकत का इस्तेमाल कर सकता है और उसी से कश्मीर का विनाश होगा।
- अगर पाक ने कश्मीर में हस्तक्षेप किया, तो भारत और पाकिस्तान के मध्य युद्ध हो सकता है। पाकिस्तान और अफगानिस्तान के मध्य मैत्रीपूर्ण सम्बन्ध न होने के कारण भारत-पाक युद्ध के दौरान पाक को अफगान सीमा पर भी अपना लक्ष्य केन्द्रित करना पड़ेगा।
- आज सिंध व बलूचिस्तान अशांत दिखाई पड़ते हैं। अगर भारत-पाक के बीच युद्ध हुआ तो वहाँ भी उठाव हो सकता है।
- इसलिए मेरा मानना यह है कि, कश्मीर पाक में विलय होना तथा उनका स्वतंत्र रहना इन दोनों बातों से भारत और पाकिस्तान को एक जैसा ही खतरा है। इसलिए कश्मीर का भारत में रहना ही संविधानिक तथा राजकीय दृष्टि से योग्य है।

सारांश -

- अगर कश्मीर मुद्दे पर भारत की ओर से देखा जाए तो भारत के लिए कश्मीर मुद्दे पर युद्ध को आमंत्रण देना भारत के हित में नहीं है।
- भारत ने अपनी क्षमता बढ़ाकर पाकिस्तान पर उसका दबाव तथा प्रभाव बनने तक अविचल रहकर संकटों को निमंत्रण न देकर अपनी जीवन यात्रा जारी रखकर भारत का उज्वल भविष्य निर्माण करना सहज सुलभ है।
- भारत-पाकिस्तान सम्बन्ध का विचार करते हुए अपने इसी अंतिम साध्य पर दृष्टि रखकर योग्य साधन पद्धति, और धोरणात्मक पर्याय कर भारत

चलता रहा तो उसे पुनः एक बार अपना सामर्थ्य प्राप्त होकर महानता के शिखर पर पहुँच सकता है। इसके लिए संयम, आत्मविश्वास, समन्वयदृष्टी इन सभी बातों का हमेशा स्वीकार करके, वही भारत के हित में हो सकता है।

- दोनों देशों के लिए संघर्ष की भूमिका उचित नहीं होगी।
- समर्थ रूप से वैभवशाली और सुखी सम्पन्न बनने के लिए और अमन चैन के लिए आपसी सहयोग की भावना आवश्यक है और समय की मांग भी।

सन्दर्भ सूची

1. भारतीय विदेश नीति-डॉ० चंद्रशेखर दिव्यन
2. प्रचलित विदेश नीति-प्रो० दि०वा० इंदापवार
3. अन्तर्राष्ट्रीय सम्बन्ध-बसंत रायपूरकर
4. Strategic Digest
5. Defence Analysis
6. Air Books

18. भारत-पाक सम्बन्धों के मध्य कश्मीर समस्या

डॉ० राकेश चन्द्र सिंह कुँवर*

15 अगस्त 1947 को भारत और पाकिस्तान पृथक-पृथक राष्ट्रों के रूप में विश्व के मानचित्र पर आये इतिहास के सीने में और जब देश के दो टुकड़े हुये, तो मजहब की तलवार को हाथ में लेकर न जाने कितनी जाने गयी और एक माँ की दो सन्तानें लड़-झगड़कर अलग-अलग हुये। शान्ति का पहला बेटा भारत जितना धीर-गम्भीर निकला, दूसरा बेटा पाकिस्तान शान्ति की आशा को धूमिल करके युद्ध का आह्वान करता रहा। यह दुर्भाग्य ही रहा है कि भारत माता की गोद में पलने और बढ़ने वाला पाकिस्तान धार्मिक भावनाओं को आधार बनाकर सदैव भारत को शक और घृणा की दृष्टि से देखते हुए भारत विरोधी रूख अपनाता रहा। पाकिस्तान जन्म से ही भारत को अपना शत्रु मानता आ रहा है, क्योंकि दोनों देशों के सामने निराकरण के लिए अनेक ऐसी कड़वी बातें विभाजन से पूर्व जन्म ले चुकी थीं, जो आज भी शत्रुता को जीवित बनाये हुये है।

जम्मू-कश्मीर राज्य का अस्तित्व पहली बार ईस्ट इण्डिया कम्पनी और महाराजा गुलाब सिंह के बीच हुए अमृतसर समझौते के अन्तर्गत निश्चित हुआ था। इस सन्धि के अनुसार महाराजा गुलाब सिंह को जम्मू-कश्मीर का शासक माना गया था। स्वतन्त्रता के समय इस राज्य के शासक महाराजा हरी सिंह थे। जब 1947 में ब्रिटेन ने विभाजन के साथ-साथ भारत को स्वतन्त्रता देने का निर्णय लिया, उस समय भारत में 562 रियासतें थी।[1] स्वतन्त्रता अधिनियम के अन्तर्गत देश की रियासतों को

---

*उपाचार्य-रक्षा अध्ययन विभाग, हे.न.ब. गढ़वाल विश्वविद्यालय, श्रीनगर गढ़वाल (उत्तराखण्ड)

भारत अथवा पाकिस्तान के साथ मिलने की स्वतन्त्रता दे दी गई थी। जिसमें अंग्रेजों का षड्यंत्र था। उनका विचार था कि कई राजा स्वतंत्र रहना पसन्द करेंगे और इसी तरह भारत कई खण्डों में बँट जायेगा। परन्तु तत्तकालीन गृहमंत्री सरदार बल्लभभाई पटेल के प्रयासों से 559 रियासतों ने अपनी भौगोलिक एवं धार्मिक सुविधारनुसार भारत अथवा पाकिस्तान में अपने को मिला लिया। परन्तु तीन रियासतों जूनागढ़, हैदराबाद और जम्मू-कश्मीर अपने को मिलाने में असमर्थ रहे। जूनागढ़ और हैदराबाद को तो सैनिक कार्यवाही एवं जनमत संग्रह के तहत सरदार बल्लभभाई पटेल ने भारत में मिला लिये परन्तु[2] शेख अब्दुला और पं० नेहरू की मित्रता के कारण सरदार पटेल कश्मीर रियासत के साथ कुछ न कर सके और हरी सिंह स्वतंत्र जम्मू-कश्मीर का स्वप्न देखते हुए भारत और पाकिस्तान के साथ अस्थायी समझौता करने का प्रयास किया तथा भारत में विलय के प्रश्न को आगे टाल दिया। बस इसी से होती है शुरू कश्मीर समस्या।

कश्मीर का मामला पं० जवाहर लाल नेहरू ने अपने हाथों में रखा क्योंकि नेशनल कान्फ्रेंस के नेता शेख अब्दुल्ला से उनकी पुरानी मित्रता थी। शेख ने कश्मीर में अपना राजनीतिक आधार बनाने के लिए मुस्लिम युवकों की हिन्दू महाराजा हरी सिंह के विरूद्ध भड़काना शुरू कर दिया और कश्मीर का सुल्तान बनना उनके जीवन की सबसे बड़ी आकांक्षा बन गयी। शेख ने कश्मीर मुस्लिम नेशनल कान्फ्रेंस का नाम बदल कर 'नेशनल कान्फ्रेंस' कर दिया। पं० नेहरू के आशीर्वाद से शेख को All India State People Conference का अध्यक्ष बना दिया गया, जिससे उन्हें राष्ट्रीय मंच पर आने का सुअवसर मिला। 10 मई 1946 को शेख ने महाराजा के विरूद्ध आन्दोलन शुरू किया और पूरा मुस्लिम समाज विद्रोह के रास्ते पर आ गया। फलतः 20 मई को महाराजा ने शेख को गिरफ्तार कर लिया। इस घटना से दुखित होकर पं० नेहरू शेख अब्दुल्ला को छुड़ाने कश्मीर पहुँचे, तो उन्हें भी गिरफ्तार कर लिया गया। इस घटना से नेहरू जी के मन में महाराजा के प्रति शत्रुता के बीज ने जन्म ले लिया। अतः भविष्य की कोख से जन्म लेने वाली 'कश्मीर समस्या' के लिए शेख की गद्दारी, महाराजा की जिद और पं० नेहरू की अदूरदर्शिता ने भूमिका बना दी। पं० नेहरू का शेख से व्यक्तिगत मोह, कश्मीरीपन व उसकी निर्णय क्षमता ने उनके राष्ट्रीय दृष्टिकोण को ग्रस लिया। उनके इस व्यक्तिगत अहं ने कश्मीर को भारत की शेख रियासतों की पंक्ति से बाहर कर दिया। मुस्लिम बहुल आबादी वाले जम्मू कश्मीर के हिन्दू महाराजा हरी सिंह 1947 तक विलय के प्रश्न पर कोई निर्णय नहीं ले पाये। वे स्वयं बड़ी दुविधा में थे, क्योंकि यदि वे भारत के साथ विलय करते, तो पं० नेहरू की दृढ़धर्मिता रास नहीं आती और यदि पाकिस्तान में मिलते, तो पूर्वजों द्वारा स्थापित विशाल रियासत का नामोनिशान मिट जाता। अतः वे अपनी रियासत को

स्वतन्त्र रखना चाहते थे। सामरिक महत्व तथा विश्वभर के पर्यटकों को आकर्षित करने वाली प्राकृतिक सुषमा के कारण भारत और पाकिस्तान दोनों ही जम्मू-कश्मीर को अपना अंग बनाने के लिए उत्सुक थे। महाराजा को इस असमंजस की स्थिति से उबारने के लिए लार्ड माउन्टबैटन 19 जून 1947 को श्रीनगर पहुँचे।[3] माउन्टबैटन ने महाराजा को कश्मीर रियासत को पाकिस्तान में मिलाने की सलाह दी, परन्तु महाराजा को यह बात पसन्द नहीं आई और अपनी इच्छा व्यक्त करते हुये कहा कि "मैं जम्मू-कश्मीर को भारत तथा पाकिस्तान के बीच स्विट्जरलैंड जैसा स्वतन्त्र राज्य बनाना चाहता हूँ।" इस पर माउन्टबैटन ने महाराजा को समझाया कि "तत्कालीन परिस्थितियों में यह सम्भव नहीं और यह रियासत कभी स्वतन्त्र नहीं रह सकती। आपकी रियासत हिन्दुओं तथा मुसलमानों की रणस्थली बनेगी और आपको गद्दी से वंचित होना पड़ेगा।" परन्तु महाराजा की असमंजस की स्थिति के कारण पाकिस्तान को बड़ी निराशा हुई। अन्ततः पाकिस्तान ने अपने सीमान्त प्रदेश में कबायलियों को मड़काकर और पर्याप्त सैन्य सहायता देकर 22 अक्टूबर 1947 को जम्मू-कश्मीर पर आक्रमण कर दिया। महाराजा ने अपनी रियासत को बचाने के लिए भारत से सैनिक सहायता की माँग की ओर भारत में विलय की इच्छा व्यक्त की। पं० नेहरू ने साफ कह दिया कि "जम्मू-कश्मीर का विलय तभी स्वीकार किया जायेगा तथा तब ही भारतीय फौज श्रीनगर पहुँचेगा, जब महाराजा जम्मू-कश्मीर की सत्ता शेख अब्दुल्ला को सौंपे और स्वयं रियासत छोड़कर बाहर चले जाये। अन्त में राष्ट्र हित में महाराजा हरी सिंह ने शेख अब्दुल्ला को सत्ता सौंप दी। फलतः 26 अक्टूबर 1947 को जम्मू-कश्मीर का भारत में मान लिया गया और 27 अक्टूबर 1947 को भारतीय सेना का पहला जत्था श्रीनगर पहुँचा। इस समाचार को सुनकर पाकिस्तानी गवर्नर मुहम्मद अली जिन्ना आग बबूला हो उठे और उन्होंने भारत के साथ लड़ाई प्रत्यक्ष छेड़ने का निश्चय किया और दोनों सेनाओं में युद्ध अनवरत रूप से चलता रहा। 1 जनवरी 1948 को भारत ने इस मामले को संयुक्त राष्ट्र संघ की सुरक्षा परिषद में प्रस्तुत किया और अन्ततः सुरक्षा परिषद के प्रयास से 1 जनवरी 1949 को युद्ध बन्द हो गया। जिससे कश्मीर में युद्ध विराम रेखा अस्तित्व में आयी। इस युद्ध में पाकिस्तान ने कश्मीर का लगभग 83294 वर्ग किमी० यानी सम्पूर्ण कश्मीर का 36.4 प्रतिशत भू-भाग जबरन अपने कब्जे में ले लिया।[4] यह प्रदेश आज भी उसके अधिकार में है।

यह सबसे बड़ा दुर्भाग्यपूर्ण पहलू यह है कि 1965 और 1971 के युद्धों में अपने उस क्षेत्र के कुछ भाग को पाकिस्तान से छीन लेने के बाद भी वार्ता की मेज पर भारत ने न केवल अपना वह इलाका पाकिस्तान को सौंप दिया, बल्कि 1949 को युद्ध विराम रेखा को 1972 के शिमला समझौते में 'नियन्त्रण रेखा' घोषित करके अपने ही पैरों पर कुल्हाड़ी मार ली।[5] 1980 के दशक में पाकिस्तानी राष्ट्रपति

जिला-उल-हक 1987 में क्रिकेट मैच देखने जयपुर आये। तनाव को कम करने की चतुर चाल भारत के सैन्य अभ्यास आपरेशन ब्रासटेंक्स के बाद सीधे युद्ध की बजाय छद्‌म युद्ध की शुरूआत की। पाकिस्तान की मदद से पंजाब में आतंकवाद भड़का 1989 में प्रधानमंत्री राजीव गाँधी और बेनज़ीर भुट्टो एक दूसरे के परमाणु प्रतिष्ठानों पर हमला न करने के समझौते पर दस्तखत करने के लिए इस्लामाबाद में मिले, लेकिन सियाचिन पर कोई समझौता नहीं हो सका।[6] सन् 1990 के प्रारम्भ में कश्मीर में पृथकवादी आन्दोलन जोर पकड़ने लगा और व्यापक रूप से हिंसा और अपहरण होने लगे। कश्मीर की आजादी की माँग को धार्मिक रंग दे दिया गया। केन्द्र में नरसिंह राव की सरकार द्वारा कश्मीर समस्या का समाधान निकालने के लिए अनेक प्रयास किये गये पर सब निष्फल रहे। 1993 में आतंकवादी हजरतबल की पवित्र दरगाह में घुस गये, जिन्हें बल प्रयोग कर निकालना पड़ा। अक्टूबर 1996 में विधान सभा चुनाव हुये और फिर फारूख अब्दुल्ला ने 9 अक्टूबर को मुख्यमंत्री की शपथ ली। शनैः शनैः कश्मीर की गुत्थी उलझती गयी और पाकिस्तान का समर्थन पाकर आतंकवादियों का मनोबल बढ़ता गया। सन् 1997 में प्रधानमंत्री इन्द्र कुमार गुजराल ने पाकिस्तान से सम्बन्ध सुधारने और कश्मीर समस्या के समाधान पर बल दिया। वे पाक प्रधानमंत्री नवाज शरीफ से क्रमशः मई सितम्बर, अक्टूबर 1997 में मालदीव, अमेरिका व ब्रिटेन में मिले, किन्तु कश्मीर में पाक प्रयोजित आतंकवादी गतिविधियों में कोई कमी नहीं आयी। 1998 में अटल बिहारी वाजपेयी जी प्रधानमंत्री बने, तो उन्होंने कश्मीर समस्या का हल करने का हर सम्भव प्रयास किया और 20 फरवरी 1999 को दिल्ली लाहौर बस सेवा के उद्‌घाटन अवसर पर लाहौर जाकर पाकिस्तान की ओर मित्रता का हाथ बढ़ाए तथा 21 फरवरी 1999 को नवजा शरीफ के साथ लाहौर घोषणा पर हस्ताक्षर करके कश्मीर सहित सभी द्विपक्षीय बातचीत द्वारा हल करने की वचनबद्धता व्यक्त की, किन्तु मई 1999 में पाकिस्तान ने बदले में कारगिल युद्ध देकर भारत का विश्वास तोड़ दिया।[7] लाहौर घोषणा पत्र भारत-पाक की मित्रता का नहीं, अपितु पाकिस्तान द्वारा भारत से विश्वासघात किये जाने का प्रतीक बना। इस विश्वासघात का सबूत है-350 भारतीय जवानों के शव और 500 से अधिक घायल जवान, जो सदा के लिए विकलांग हो गये।[8] मार्च 2000 में जब अमेरिकी राष्ट्रपति बिल क्लिंटन भारत यात्रा पर आते, तो मुशर्रफ को बुरा लगा।

राष्ट्रपति बिल क्लिंटन ने कश्मीर में मध्यस्थता करने के पाकिस्तान के प्रस्ताव को ठुकरा दिया। 14-16 जुलाई 2007 को पाकिस्तानी राष्ट्रपति जनरल परवेज मुशर्रफ व प्रधानमंत्री अटल बिहारी वाजपेयी के बीच आगरा शिखरवार्ता हुई, परन्तु कश्मीर को लेकर वार्ता निष्फल रही।[9] 1 अक्टूबर 2001 को कश्मीर विधान सभा के भवन पर तथा 13 दिसम्बर 2001 को भारतीय संसद पर हमला करके पाकिस्तान

प्रेरित आतंकवादियों ने 'लक्ष्मण रेखा' पार की और भारत के विश्वास को चूर-चूर कर दिया। परिणामस्वरूप दोनों देशों की फौजें सीमा पर तैनात हो गयीं और मुशर्रफ ने देश के नाम सम्बोधन में यहाँ तक कह डाला कि 'कश्मीर हमारी रगों में है। कोई पाकिस्तानी कश्मीर से ताल्लुक नहीं तोड़ सकता। पाकिस्तान कभी भी कश्मीरी अलगाववादियों को नैतिक, कूटनीतिक और राजनीतिक समर्थन देने से पीछे नहीं हटेगा। इसके बावजूद बाजपेयी द्वारा वर्ष 2003 में शुरू भारत-पाक शान्ति प्रक्रिया के तहत भारत ने नवम्बर 2003 में दोनों देशों के बीच विमान सेवा प्रारम्भ करने से लेकर दिल्ली लाहौर बस सेवा को व समझौता ट्रेन को जनवरी 2004 से प्रारम्भ किया गया। 7 अप्रैल 2005 को श्रीनगर-मुजफ्फराबाद के बीच बस सेवा शुरू तथा 19 फरवरी 2006 को थार एक्सप्रेस ट्रेन चालू कर दी गई। ईरान से पाकिस्तान होकर गुजरने वाली पाइप लाइन[10] और भारत लाहौर में तथा पाकिस्तान हैदराबाद में नया वीजा काउन्टर खोलने पर दोनों देशों की रजामंदी हुई।[11] फिर भी दोनों देशों के बीच कश्मीर एक ऐसी समस्या है, जो आपसी सम्बन्धों एक उलझन पैदा करती है।

वास्तव में जम्मू-कश्मीर के संवेदनशील मसले को गम्भीरता से समझने की जरूरत है। जम्मू-कश्मीर मसले पर बातचीत के पहले जरूरी है कि वहाँ की विषम भौगोलिक, राजनीतिक, सामाजिक एवं समारिक परिस्थितियों की गहनता से समीक्षा की जाए। इसके साथ वहाँ की स्थानीय जातियों, जनजातियों और धार्मिक सम्प्रदायों की मानसिकता का सूक्ष्म तरीके से अध्ययन एवं विश्लेषण किए जाने की गहन जरूरत है।[12]

कश्मीर समस्या को सुलझाने में दिये गये सुझाव :

कश्मीर समस्या 60 साल पुरानी है। इस समस्या के समाधान के लिए समय-समय पर कई फार्मूले दिये गये हैं। उन फार्मूलों के मुख्य बिन्दु निम्न हैं–

मैक नाटन योजना : 1949 तक कश्मीर समस्या का हल न होने के बाद पाकिस्तान की नीयत निरन्तर बदलती गयी और वह कश्मीर पर आक्रमण करने की योजना बनाने लगा, ऐसी स्थिति में सुरक्षा परिषद के अध्यक्ष जनरल मैकनाटन ने कश्मीर समस्या को सुलझने की एक योजना प्रस्तुत की, जिसे मैकनाटन योजना कहा जाता है। इस योजना के अन्तर्गत पाकिस्तान को अक्रान्ता घोषित नहीं किया गया और पाकिस्तानी आक्रान्ता तथा अक्रान्त भारत को एक ही स्तर पर रखा गया था। इसमें भारत तथा पाकिस्तान दोनों से कहा गया था कि वे अपनी-अपनी सेनाएँ कश्मीर से हटायें। इस प्रकार कश्मीर का विसैन्यीकरण करके जनमत संग्रह की बात कही गयी थी। भारत सरकार ने इस योजना को स्वीकार नहीं किया।[13]

डिक्सन फार्मूला : कश्मीर समस्या के हल का सबसे पुराना फार्मूला यही माना जाता है। 14 मार्च 1950 को संयुक्त राष्ट्र सुरक्षा परिषद ने कश्मीर समस्या के हल के लिए सर आवेन डिक्सन को भारत-पाक में अपना प्रतिनिधि नियुक्त किया था। डिक्सन फार्मूले के तहत समूचे जम्मू-कश्मीर को तीन क्षेत्रों में विभाजित करने का सुझाव था। एक-वह क्षेत्र जो नि:सन्देह भारत में विलय चाहता हो। दो-वह क्षेत्र जहाँ के लोग पाकिस्तान में शामिल होना चाहते हैं और तीन-वह क्षेत्र जहाँ लोगों की इच्छा के बारे में सन्देह हो। डिक्सन ने इसी क्षेत्र में जनमत संग्रह कराने की सिफारिश की थी डिक्सन के इस फार्मूले को भारत-पाक दोनों में ही दृढ़ता से ठुकरा दिया था।

अमेरिकी प्लान : अमेरिका चाहता है कि जम्मू-कश्मीर के एक इलाके (कश्मीर घाटी और गिलगिट आदि नार्दन एरिया के क्षेत्रों को मिलाकर) को स्वतन्त्र करा दिया जाए-जहाँ वह अपना मजबूत केन्द्र बना सके। बाकी क्षेत्र को भारत-पाक में विभाजित कर दोनों के हवाले कर दिया जाये। अमेरिका इस क्षेत्र में अपना आधार बनाकर तिब्बत, झिनजियांग, मध्य एशिया, अफगानिस्तान और भारत पर अपना प्रभाव रखना चाहता है।

अमेरिका में रह रहे अनिवासी पाकिस्तानी पूँजीपति फारूक कटवारी के 'कश्मीर स्टडी ग्रुप' का भी कुछ इसी से मिलता-जुलता फार्मूला है। जम्मू और लद्दाख भारत में रहे और कश्मीर घाटी एवं पाक अधिकृत कश्मीर को मिलाकर एक एकीकृत कश्मीर बना दिया जाये। इस एकीकृत को संप्रभु राष्ट्र का दर्जा ता मिले पर उसकी अन्तर्राष्ट्रीय पहचान 'वफर स्टेट' की तरह रहे।

नियन्त्रण रेखा को अन्तर्राष्ट्रीय सीमा रेखा बनाने का फार्मूला : भारतीय रक्षा अध्ययन एवं विश्लेषण संस्थान से जुड़े ज्यादातर रक्षा विशेषज्ञों का मानना है कि चूँकि सन् 1948, 1965 और 1971 की खुली लड़ाइयों और 1999 के कारगिल संघर्ष के बावजूद कश्मीर समस्या का हल नहीं हो सका और दोनों परमाणु सम्पन्न देश एक इंच जमीन भी छोड़ने को राजी नहीं होंगे। इसलिए वर्तमान स्थिति में नियन्त्रण रेखा को अन्तर्राष्ट्रीय सीमा में बदलकर ही इसका हल निकाला जा सकता है। समस्या यह है कि इस फार्मूले के अमल की पहल कौन करे भारत या पाकिस्तान?

जे०के०एल०एफ० फार्मूला : जम्मू कश्मीर लिबरेशन फ्रंट के नेता अमानुल्लाह खान ने भारत-पाक परमाणु परीक्षणों के बाद जून 1998 में प्रकाशित एक पुस्तक 'कश्मीर-हू एंड हाउ ट्रबेल द केरणु' में कश्मीर समस्या के हल के लिए विस्तृत प्रस्ताव प्रस्तुत किया है। इसके मुताबिक विभाजित जम्मू-कश्मीर के सभी इलाको-कश्मीर घाटी जम्मू लद्दाख पाक अधिकृत और गिलगिट-बाल्टिस्तान को मिलाकर एक पूरी तरह संघीय लोकतांत्रिक गैर सांप्रदायिक स्वतन्त्र बनाया जाये, जिसमें मैत्री व्यापार सम्बन्ध भारत-पाक से हो। इसकी अपनी सरकार बने और इसके 15 साल बाद

संयुक्त राष्ट्र संघ की निगरानी में जनमत संग्रह कराके यह तय किया जाये कि इसे स्वतन्त्र रहना है या भारत-पाक में विलय करना है।

अमानुल्लाह ने कश्मीर समस्या के हल के लिए एक ग्यारह सदस्यीय अन्तर्राष्ट्रीय कश्मीर समिति (आई०के०सी०) बनाने का भी सुझाव दिया था। इसमें संयुक्त राष्ट्र सुरक्षा परिषद के पाँचो सदस्य देशों के एक-एक प्रतिनिधि, एक सदस्य संयुक्त राष्ट्र महासचिव द्वारा मनोनीत, दो प्रतिनिधि गुटनिरपेक्ष देशों के संगठन द्वारा मनोनीत, एक प्रतिनिधि इस्लामी देशों के संगठन (ओ०आई०सी०) द्वारा मनोनीत और एक-एक प्रतिनिधि जर्मनी व जापान के हो। इस समिति को कश्मीर के हल का पूरा अधिकार हो और भारत-पाक इसकी सिफारिशें मानने का बाध्य हो। लेकिन भारत-पाक में किसी ने भी अमानुल्लाह खान के प्रस्तावों को कभी खास तबज्जो नहीं दिया।[14]

मुर्शरफ का फार्मूला : पाक राष्ट्रपति जनरल परवेज मुशर्रफ ने जो तीन सूत्रीय फार्मूला का सुझाव दिया वह निम्न है–

(1) कश्मीर का दर्जा बदलने पर विचार किया जाय।

(2) जम्मू-कश्मीर को मैदानी इलाके सहित कुल सात क्षेत्रों में बाँटकर उसकी पहचान की जाए, जिसमें दो क्षेत्र आजाद कश्मीर (पाक-अधिकृत) में है, जबकि पाँच क्षेत्र भारत में है।

(3) इन सातों क्षेत्रों का दर्जा बदल दिया जाए।

उनके इस फार्मूले के अनुसार जम्मू एवं कश्मीर पर भारत व पाकिस्तान का संयुक्त नियन्त्रण भी हो सकता है और संयुक्त राष्ट्र की देखरेख में विकल्प पर भी विचार किया जा सकता है। मुशर्रफ द्वारा प्रस्तुत यह फार्मूला वास्तव में 9 व 11 सितम्बर की अमेरिकी घटना व दबाव का एक नया प्रयोग है। इससे किसी परिणाम के प्राप्त करने की उम्मीद कम ही है। इसके विपरीत इस प्रस्ताव के उलझने की सम्भावना अधिक दिखाई देती है। पाकिस्तानी शासक का इरादा एक तीर दो निशाने साधने का है, एक-शान्ति की पहल करना, द्वितीय-भारत को उलझाकर कश्मीर समस्या को अन्तर्राष्ट्रीय विवाद घोषित करना है। इतना ही नहीं इसके माध्यम से पाकिस्तान अन्तर्राष्ट्रीय दबाव को कम करके नाटकीय रूप से अमेरिका को सन्तुष्ट करना चाहता है।

मुशर्रफ का कहना है कि कश्मीर मसले का हल सीमा के दोनों और के क्षेत्रों की पहचान करके, विसैन्यीकरण और उन्हें एक रूपता प्रदान करने में निहित है। मुशर्रफ ने जम्मू-कश्मीर को मैदानी क्षेत्र सहित कुल सात क्षेत्रों में बाँटने का प्रस्ताव किया है जिसमें सात हजार फुट ऊँचा पहाड़ी क्षेत्र, पीर पंजाल, कश्मीर घाटी, वृहद हिमालयी क्षेत्र करोकरम, जिसमें कुछ हिस्से चीन के पास हैं भी शामिल है, इनमें दो

क्षेत्र पाक अधिकृत (आजाद कश्मीर) तथा पाँच भारत में है मुशर्रफ के मुताबिक भारतीय नियन्त्रण वाले इन पाँच क्षेत्रों में:–

पहला क्षेत्र : जम्मू, सांभा और कठुआ का है, जिसमें हिन्दु बाहुल्य आबादी है।

दूसरा क्षेत्र : जम्मू का है, जिसमे डोडा, पुंछ और राजौरी का इलाका आता है, जिसमें मुस्लिम आबादी अधिक है, जिसमें गुज्जर सिख तथा राजा शामिल है, जो पाक अधिकृत कश्मीर से जुड़े हैं।

तीसरा क्षेत्र : तीसरा क्षेत्र कश्मीर घाटी का है, जिसमें श्रीनगर सहित मुस्लिम बाहुल्य इलाका आता है।

चौथा क्षेत्र : जिसमें कारगिल का इलाका आता है। यहाँ शिया व बाल्टी आबादी का बहुमत है।

पाँचवा क्षेत्र : बौद्ध बाहुल्य वाला लद्दाख का इलाका आता है।

पाकिस्तानी राष्ट्रपति परवेज मुशर्रफ का इरादा मुस्लिम बाहुल्य दो अलग क्षेत्र बनाने का है–

(1) हिन्दू बाहुल्य जम्मू से मुस्लिम बाहुल्य क्षेत्र का अलग करना।

(2) बौद्ध बाहुल्य लद्दाख को अलग-अलग करके परोक्ष रूप से चीन की कृपा पर छोड़ देना। मुशर्रफ की सोच है कि धर्म के आधार पर इस क्षेत्र का विभाजन कर दिया जाये, भले ही वे ऊपरी तौर पर ऐसा न कहते हों।

भारत के लिए सम्भव नहीं कि इस प्रस्ताव पर गम्भीरता से सोचे। पाकिस्तान को यह बात ध्यान में रखनी होगी कि आज भारत में उनके यहाँ से भी अधिक मुस्लिम आबादी है। आज न तो मजहब के आधार पर किसी क्षेत्र के विभाजन को असली जामा पहनाया जा सकता है और न ही भाषा के आधार पर बंटवारा किया जाना सरल है।[15]

कश्मीर समस्या का समाधान : कश्मीर दोनों राष्ट्रों के लिए प्रतिष्ठा का प्रश्न ही नहीं, वरन सर्वोपरि राष्ट्रीय हित है। इस समस्या का समाधान किये बिना भारत व पाकिस्तान के मध्य स्थायी मधुर सम्बन्ध कायम होना कठिन है।[16] दोनों देशों के बीच कश्मीर ऐसा मुद्दा है। जिस पर दोनों पक्ष अभी अपने-अपने रूख पर अड़े हैं। यह प्रश्न उठता है कि कश्मीर मसले के हल के लिए भारत के सामने कौन-कौन से विकल्प है, जो न केवल भारत के हितों की रक्षा करे, बल्कि जनता के इच्छाओं के अनुरूप भी हो और पाकिस्तान भी उसे मान ले, लेकिन ऐसे विकल्प निकाल लेना बहुत ही कठिन कार्य प्रतीत होता है।

मौजूदा स्थिति में यदि कोई स्थायी विकल्प है। तो वह है नियन्त्रण रेखा को भारत-पाकिस्तान के बीच की वास्तविक सीमा मान लेना चाहिए। परन्तु इसके लिए

आवश्यक है कि दोनों राष्ट्र आपसी सम्बन्धों में पहले मधुरता लाने का प्रयास करे। कुल मिलाकर यह कहा जा सकता है कि दोनों देश आपसी विवाद के मुद्दों को सुलझाने के प्रति पूर्णतया सकारात्मक है तथा दोनों देशों की जनता चाहती है कि आपस में अच्छे सम्बन्ध कायम हो। कश्मीर विवाद को छोड़कर अन्य क्षेत्रों में जैसे खेल, साहित्य फिल्म, कला, संस्कृति, विज्ञान एवं प्रौद्योगिकी क्षेत्र में रिश्ते बने तथा लोगों का आपसी सम्पर्क बढ़े अगर ऐसा होता है, तो हालात जल्दी सामान्य हो सकते हैं। इसलिए दोनों देशों को उदारता और लचीलेपन का प्रयास करना ही होगा। इसी में ही समझदारी है। अगर दोनों देश सैनिक प्रतिद्वन्द्विता के रास्ते पर चलते हैं, तो वह दिन दूर नहीं, जब हमें विकास के संसाधनों को जबरदस्त तंगी का सामना करना पड़ेगा।

कश्मीर समस्या के समाधान के लिए दोनों देशों को निम्नलिखित उपायों पर जोर देना चाहिए:–

(1) सीमा पार से पाकिस्तान की भाड़े के आतंकवादियों को बढ़ावा देना और घुसपैठ बन्द करवाना चाहिए। पाकिस्तान विभिन्न आतंकवादी संगठनों तथा विदेशी भाड़े के उग्रवादियों के प्रशिक्षण कैम्पों के आयोजनों उन्हें संरक्षण आर्थिक, सैनिक तथा नैतिक सहायता देना बन्द करे।

(2) नियन्त्रण रेखा को अन्तर्राष्ट्रीय सीमा में बदलना चाहिए।

(3) सियाचीन से दोनों देशों को सेना कम करनी चाहिए क्योंकि एक अनुमान के अनुसार दोनों देशों का हर दिन का औसतन खर्च 5 करोड़ रूपये हैं।

(4) कश्मीर के अलावा मानवता से जुड़े मसलों को भी प्राथमिकता देनी चाहिए।

(5) आर्थिक और व्यापारिक मसलों पर अधिक से अधिक ध्यान देना चाहिए।

(6) आपसी झगड़ों को द्विपक्षीय आधार पर सुलझाना चाहिए।

कश्मीर को लेकर समय-समय पर अनेक तरह के समझौतों तथा सम्मेलनों द्वारा समाधान सुझाये गये हैं। इस विवाद का हल निकालना भले ही कठिन हो, लेकिन असम्भव तो बिल्कुल नहीं है, बशर्ते कि दोनों पक्ष इसके लिए पर्याप्त राजनैतिक इच्छाशक्ति का परिचय दे। कश्मीर समस्या का समाधान अतीत से सबक सीखे बिना नहीं हो सकता।

कश्मीर समस्या को लेकर जहाँ भारत एवं पाकिस्तान में शान्ति-प्रस्ताव, वार्ता एवं मित्रता का सिलसिला जारी है, वहीं दूसरी ओर सीमा पार से आतंकवादी गतिविधियों पर पाकिस्तान ने पूरी तरह अंकुश नहीं लगाया गया है और न ही विश्व बिरादरी को आश्वासन दिए जाने के बावजूद राष्ट्रपति परवेज मुर्शरफ पाकिस्तानी भूमि से आतंकवादी गतिविधियों के पनपने से रोक लगा सके हैं। पाकिस्तान से लगी हुई

814 किमी० लम्बी नियंत्रण रेखा एवं 124 किमी० लम्बी सियाचिन ग्लेशियर की सीमा पर पिछले 60 वर्षों से लघु एवं छद्म युद्ध जारी है। जिस कारण वास्तविक नियंत्रण रेखा या उसके आस-पास सेना चौकसी में आई थोड़ी सी कमी भी आतंकवादियों का हौसला बढ़ा सकती है और यह सिर्फ जम्मू-कश्मीर के लिए ही नहीं, बल्कि राष्ट्रीय सुरक्षा के लिए भी घातक चुनौती बन जायेगी। जहाँ कश्मीर में निरन्तर आतंकवादी घुसपैठ एवं उग्रवादी गतिविधियाँ जारी हैं, वहीं अभी भी पाकिस्तान से प्रशिक्षित बनाकर आतंकवादी भेजने का सिलसिला थमा नहीं है। पाकिस्तान जब तक जम्मू-कश्मीर में आतंकवादियों को प्रोत्साहन, प्रशिक्षण, समर्थक, सहयोग, आर्थिक मदद एवं घुसपैठ पर रोक नहीं लगाता, तब तक कश्मीर के सन्दर्भ में बात करना व शान्ति की पहल करना सरासर बेमानी होगी।

यदि दोनों देश तहे दिल से अपने कश्मीर समस्या को हल करने हेतु सच्चे मन से जुट जाये, तो कोई वज़ह नहीं है कि समस्या का सन्तोषजनक हल न निकल सके। आज तक दोनों राष्ट्रों के मध्य अविश्वास की खाई रही है, जिसे समूल रूप से दूर किया जाये, तो कश्मीर समस्या एक गौण स्थान प्राप्त कर लेगा। यदि दोनों राष्ट्र एक दूसरे के ऊपर विश्वास नहीं करते हैं, तो समस्या ज्यों की त्यों बनी रहेगी। जहाँ भारत हमेशा से दोनों देशों से सम्बन्धित सभी समस्याओं को एक साथ सुलझाने के प्रयास पर जोर देता रहा है, वहीं पाकिस्तान हमेशा यह कहता रहा है कि वह कश्मीर की समस्या अलग प्रश्न के रूप में ही लेता है। कश्मीर को अन्तर्राष्ट्रीय रंग देने का प्रयास निरर्थक सिद्ध होगा। दोनों देशों को कश्मीर सहित सभी विवाद 1972 के शिमला समझौते के ही अनुरूप हल करने हेतु यथासम्भव प्रयास करना चाहिए दोनों देशों के लिए यही मार्ग अधिक श्रेयस्कर है। आपसी बातचीत ही समस्या हल करने का एक मात्र रास्ता है।

सन्दर्भ सूची

1. भारतीय युद्ध कला, डॉ० लल्लन जी सिंह, संस्करण, पृ०सं०-7
2. अन्तर्राष्ट्रीय सम्बन्धों पर युद्ध का प्रभाव, डॉ० लल्लन जी सिंह, संस्करण 1999, पृ०सं०-1
3. भारतीय युद्ध कला, डॉ० लल्लन जी सिंह, संस्करण, पृ०सं०-8
4. भारतीय युद्ध कला, डॉ० लल्लन जी सिंह, संस्करण, पृ०सं०-12
5. अधीश कुमार कारगिल अपराधी कौन? संस्करण 1999, पेज नं०-9
6. डॉ० सावित्री शैव डॉ० अवतार सिंह, भारत-पाक सम्बन्ध एक विश्लेषणात्मक पक्ष, तूणीर 26 जनवरी, 2005, पृ०सं०-65
7. राष्ट्रीय रक्षा और सुरक्षा, डॉ० लल्जन जी सिंह, संस्करण 2006, पृ०सं०-461
8. अन्तर्राष्ट्रीय सम्बन्ध सिद्धान्त और व्यवहार, डॉ० पुष्पेश पंत श्रीपाल जैन,

संस्करण-2004 पृ०सं०-477
9. अन्तर्राष्ट्रीय राजनीति, डॉ०एस०सी० सिघल, संस्करण 2006, पृ०सं०-188
10. राष्ट्रीय रक्षा और सुरक्षा, डॉ० लल्लन जी सिंह, संस्करण 2006, पृ०सं०-749
11. सिविल सर्विसेज क्रानिकल, फरवरी 2007, पेज नं०-35
12. प्रतियोगिता दर्पण, अप्रैल 2005, पृ०सं०-1652
13. भारत एवं आधुनिक विश्व, प्रो० परमेश्वर पाण्डेय, संस्करण 1992, पृ०सं०-98
14. सिविल सर्विसेज क्रानिफल, जून 2005, पृ०सं० 181
15. तूणीर, 26 जनवरी, 2005
16. प्रतियोगिता दर्पण, अक्टूबर 2001, पृ०सं०-582

19. भारत-पाक सम्बन्ध और कश्मीर समस्या

प्रो० लल्लन जी सिंह*
डॉ० दीपेन्द्र सिंह तोपवाल**

भारत के विभाजन के फलस्वरूप अगस्त 1947 ई० में विश्व के राजनैतिक मानचित्र पर भारत और पाकिस्तान के रूप में दो नये स्वतन्त्र राष्ट्रों का अभ्युदय हुआ। विभाजन के समय यह उम्मीद की गई थी कि यह विभाजन दोनों देशों के बीच शान्ति और भाई-चारे के वातावरण का निर्माण करेगा। किन्तु इन आशाओं के विपरीत विभाजन के फलस्वरूप उत्पन्न रक्तपात और कटुता की स्थिति ने अपेक्षित आशाओं पर पानी फेर दिया तथा दोनों देशों के बीच कटुता, विरोध और परस्पर अविश्वास की भावना को ज़न्म दिया। यह इसी भावना का परिणाम है कि दोनों देश अपनी जनता के रहन सहन का स्तर सुधारने, अपना आर्थिक विकास करने तथा अपने देश में राजनीतिक स्थिरता लाने जैसे महत्वपूर्ण उद्‌देश्यों की जगह अपनी शक्ति और बहुमुल्य संसाधनों का दुरूपयोग एक दूसरे के प्रति निर्देशित अनुत्पादित कार्यक्रमों पर करते आ रहे हैं।

यदि हम दोनों देशों के बीच इस विरोध और परस्पर अविश्वास के कारणों का परीक्षण करें, तो इसके मूल में धर्म के आधार पर दो राष्ट्र सम्बन्धी सिद्धान्त को मुख्य रूप से उत्तरदायी पाते हैं। जिसने दोनों देशों की आम जनता के दिलो-दिमाग को इस स्तर तक जहरीला बना दिया है कि दोनों देश एक दूसरे के प्रति लेने वाले प्रत्येक छोटे-छोटे निर्णयों में भी अत्यधिक और अनावश्यक सावधानी बरतते प्रतीत

---

*आचार्य एवं अध्यक्ष - हे०न०ब०ग०वि०वि० श्रीनगर, उत्तराखण्ड
**प्रवक्ता राजकीय स्नातकोत्तर महाविद्यालय, नई टिहरी

होते हैं। इस विश्वास और विरोध की पीछे कुछ हद तक पाकिस्तान का नेतृत्व भी उत्तरदायी है, जिसने अपने निहित स्वार्थों के कारण शुरू से ही यह प्रचारित करने की चेष्टा की है कि भारत-पाकिस्तान को शान्ति पूर्वक नहीं रहने देगा तथा जब भी उसको मौका मिलेगा, वह पाकिस्तान को या तो नष्ट कर देगा या अपने में मिला लेगा। इस दुष्प्रचार का पाकिस्तान की जनता के ऊपर प्रतिकूल मनोवैज्ञानिक प्रभाव पड़ा है।

इससे पहले कि विभाजन के कारण उत्पन्न आन्तरिक समस्याओं की ओर दोनों देश ध्यान देते, वे कश्मीर समस्या पर एक दूसरे से सैन्य संघर्ष में उलझ गये। इस कश्मीर समस्या का कोई हल तो न निकल सका, पर इसने आज तक दोनों देशों को लगातार तनाव की स्थिति में रखा है। दोनों देशों की जनता कश्मीर समस्या से अपने को इस तरह भावनात्मक रूप से जुड़ी पाती है कि निकट भविष्य में इसका कोई ऐसा समाधान सामने प्रतीत नहीं होता है, जो कि दोनों देशों को स्वीकार्य हो।

स्मरणीय है कि स्वतन्त्रता के पश्चात भारत ने गुटनिरपेक्षता की नीति का अनुसरण करने का निर्णय लिया। जबकि इसके विपरीत पाकिस्तान ने पश्चिमी देशों के साथ सैन्य गठबन्धन की नीति का पालन करना उचित समझा। पाकिस्तान की यह नीति उसके भारत के प्रति अविश्वास और विरोध के बोध पर आधारित थी पाकिस्तान ने साम्यवाद के विरोध पर पश्चिमी प्रभुत्व वाले दो सैन्य गुटों 1954 में सीटो और बाद में सेन्टो की सदस्यता प्राप्त की, पाकिस्तान के इस गठबन्धन की नीति ने भारत और पाकिस्तान के बीच मतभेदों की खाई को और बढ़ाया, तथा पाकिस्तान को भारत के प्रति आक्रमक रवैया अपनाने में सहायता की।

सन् 1950 के दशक के अन्तिम वर्षों में भारत और चीन के बिगड़ते सम्बन्धों तथा भारत की 1962 ई० के युद्ध में करारी हार के बाद भारत ने अपनी सैन्य शक्ति को बढ़ाने की दिशा में कुछ कठोर कदम उठाने का निर्णय लिया, जिसके परिणामस्वरूप पाकिस्तान को उसके साम्यवादी विरोधी रूख बदलने का अच्छा अवसर प्राप्त हुआ। इसके तुरन्त बाद सामान्य शत्रु (भारत) के सिद्धान्त के आधार पर चीन और पाकिस्तान के बीच नजदीकी सम्बन्धों का सूत्रपात हुआ और मार्च 1963 में हस्तगत काश्मीर के क्षेत्र के मूल्य पर पाकिस्तान ने चीन से सीमा सम्बन्धी एक समझौता किया। इस सीमा सम्बन्धी समझौते ने जहाँ एक तरफ पाकिस्तान को कश्मीर में यथा स्थिति बदलने के लिए उत्साहित किया, वहीं इसी समझौते के कारण उसे भारत के साथ किसी भी सशस्त्र संघर्ष में चीन की तरफ से पूर्ण सहायता का आश्वासन प्राप्त हुआ। इसी समय यू०एस०ए० द्वारा पाकिस्तान की स्त्रातेजिक स्थिति को ध्यान में रखते हुए उसे सैनिक व आर्थिक सहायता देना प्रारम्भ किया। जिससे वे भारत के

बढ़ते प्रभाव को कम कर सके। इसी समय से पाकिस्तान व भार दोनों ने परमाणु विकल्प के बारे में गम्भीरता पूर्वक सोचना प्रारम्भ कर दिया था। अप्रैल 1965 में पाकिस्तान फौजें कच्छ के भारतीय क्षेत्र में घुसी और दोनों के बीच सम्पूर्ण पश्चिमी मोर्चों पर घमासान संघर्ष हुआ, जिसमें पाकिस्तान ने सैन्य गठबन्धन के अन्तर्गत अमेरिका और अन्य पश्चिमी देशों के द्वारा प्रदत्त सैन्य उपकरणों का खुलकर प्रयोग किया। यह दोनों देशों के बीच पहला सबसे बड़ा सशस्त्र संघर्ष था, जिसमें कराची से लेकर हिमालय तक लगी पूरी सीमाएँ प्रभावित हुई। इस युद्ध के बाद साम्यवादी रूस ने पहल की तथा ताशकन्द में प्रधानमंत्री शास्त्री और अयूब खान के बीच 1966 में ताशकन्द में एक समझौता सम्पन्न हुआ।

उसी समय दोनों देशों के घरेलू राजनीतिक विकास ने दोनों के बीच राजनीतिक उद्देश्यों में व्याप्त अन्तर को पूर्णतया स्पष्ट कर दिया। जहाँ एक तरफ पाकिस्तान ने लोकतन्त्रीय पद्धति को सैन्य गुट द्वारा समाप्त कर दिया तथा उस देश की अर्थ व्यवस्था को पश्चिमी एवं अरब आश्रितता पर विकसित किया, वहीं भारत ने अपने लोकतन्त्रीय पद्धति को बरकरार रखा तथा उसे और मजबूत बनाया साथ ही साथ भारी उद्योगों की योजनायें बनाकर आर्थिक स्वतन्त्रता बनाये रखने का प्रयास किया। लेकिन दोनों देशों के बीच 1971 में एक बार फिर टकराव हुआ, जबकि पाकिस्तानी शासक अपने पूर्वी पाकिस्तान सम्बन्धी आन्तरिक समस्या समझाने में असफल रहे और जिसके परिणामस्वरूप पूर्वी पाकिस्तान से बहुसंख्यक शरणार्थियों के भारत में प्रवेश के कारण भारत की अर्थव्यवस्था पर काफी दुष्प्रभाव पड़ा तथा भारत द्वारा इस दबाव को हटाने के लिए किये गये प्रयास के परिणामस्वरूप दोनों देशों के बीच एक और संघर्ष का सूत्रपात हुआ। स्मरणीय है कि 1971 के युद्ध के छिड़ने के पूर्व भारतीय उपमहाद्वीप में बड़ी शक्तियाँ खुलकर सामने आयी। पाकिस्तान को अमेरिका द्वारा पूर्वी पाक समस्या से निबटने तथा किसी सम्भावित भारत-पाक संघर्ष की स्थिति में उसको सहायता का आश्वासन दिया गया। वहीं इस प्रकार की स्थिति का सामना करने के लिए भारत एवं साम्यवादी रूस ने एक मित्रता सन्धि पर हस्ताक्षर किये। फिर भी 1971 के युद्ध के समय पाकिस्तान का विघटन रोका न जा सका और इस प्रकार इस विघटन ने दोनों देशों के बीच कटुता के वातावरण को चरम सीमा तक बढ़ा दिया, क्योंकि पाकिस्तान ने अपने इस विघटन के लिए भारत को पूर्णतया दोषी माना।

स्मरणीय है कि भारत और पाकिस्तान लगातार एक दूसरे के प्रति विद्वेष पूर्ण नीति से पर्याप्त हानि उठा चुके हैं। जिसकी वजह से दोनों राष्ट्रों के बीच चार बड़े संघर्ष 1947-1948, 1965, 1971 तथा 1999 हो चुके हैं। सन् 1972 के युद्ध में

भारी विजयोपरान्त किए गए शिमला समझौते में कश्मीर को विवादित क्षेत्र मानकर भारत ने एक बहुत बड़ी गलती की है, जिसकी वजह से विगत कई वर्षों से कश्मीर में पाकिस्तान द्वारा छद्म युद्ध लड़ा जा रहा है। जिसकी वजह से हजारों की संख्या में जनता एवं सुरक्षा बलों को मौत के घाट उतारा जा रहा है। आज कश्मीर घाटी में पाकिस्तानी, अफगानी, सूडानी, ईरानी, तूरानी, तालिबानी एवं अलकायदा सहित विश्व भर के इस्लामी उग्रवादियों एवं भाड़े के हत्यारों ने डेरा डाल रखा है।[1]

कश्मीर समस्या : भारत-पाक विभाजन के फलस्वरूप दोनों राष्ट्रों के सम्बन्ध मधुर नहीं रह सके। जिसके अनेक कारण है। उनमें कश्मीर सबसे प्रमुख है। कश्मीर की समस्या दोनों राष्ट्रों के बीच एक ऐसी ज्वालामुखी की तरह है जो समय-समय पर लावा उगलती रहती है। इस समस्या के जन्म का मुख्य कारण कश्मीर क्षेत्र में निवास करने वाली मुस्लिम बहुल्य जनसंख्या का होना तथा यहाँ का शासक हिन्दू राजा था। क्योंकि जब दुर्भाग्य वश भारत-पाकिस्तान का बँटवारा 1947 ई० में हुआ तो उस समय हरी सिंह कश्मीर के महाराजा थे और वे विलय के बारे में कोई स्पष्ट निर्णय नहीं ले पाये फलत: 15 अगस्त 1947 के पूर्व जब लार्ड माउण्टबैटन ने कश्मीर का दौरा किया, तब अपनी पुरानी मित्रता के आधार पर माउन्टवैटन ने हरी सिंह को भारत या पाकिस्तान दोनों में से किसी एक में समय रहते विलय हो जाने की बात की, मगर राजा हरि सिंह ने इस बात को गम्भीरता से नहीं लिया। वे चाहते थे कि कश्मीर एक स्वतन्त्र राज्य बना रहे, जबकि भारतीय स्वतन्त्रता अधिनियम के अन्तर्गत देश की रियासतों को भारत अथवा पाकिस्तान में मिलने की स्वतन्त्रता दे दी गयी थी। इसमें अंग्रेजों का षड्यन्त्र था। उनका विचार था कि कई राजा लोग स्वतन्त्र रहना पसन्द करेंगे और इस तरह भारत कई खण्डों में बँट जायेगा परन्तु सरदार पटेल के प्रयास से 558 रियासतों का विलय हो गया, परन्तु शेख अब्दुला और पं० नेहरू की मित्रता के कारण सरदार पटेल कश्मीर रियासत के साथ कुछ न कर सके और हरी सिंह ने स्वतन्त्र कश्मीर का स्वप्न देखते हुए भारत और पाकिस्तान में किसी के साथ विलय न कर स्वतन्त्र रहना पसन्द किया। अन्तत: पाकिस्तान ने अपने सीमान्त प्रदेश में कवायलियों को भड़काकर और पर्याप्त सैन्य सहायता देकर 22 अक्टूबर 1947 ई० को कश्मीर पर आक्रमण कर दिया।[2] इस अचानक आक्रमण से राजा हरि सिंह चिंतित हो गये। तब राजा हरि सिंह ने कश्मीर को बचाने के लिए भारत सरकार से मदद मांगी। लेकिन लार्ड माउन्टबैटन ने प्रतिरक्षा समिति की बैठक बुलाकर स्पष्ट किया कि जब तक कश्मीर का भारत में विलय नहीं होता, तब तक वहाँ फौज भेजना अन्तर्राष्ट्रीय नियमों का उल्लंघन होगा। परन्तु परिस्थिति की भयंकरता और कवालियों को आगे बढ़ने से रोकने में अपनी सेना की असमर्थता को

देखकर भारत की अखण्डता को बचाने के उद्‌देश्य से महाराज ने अपने प्रधानमंत्री जस्टिस मेहर चन्द्र महाजन को तुरन्त विलय प्रस्ताव पर हस्ताक्षर करके 25 अक्टूबर 1947 को दिल्ली भेजा और 26 अक्टूबर 1947 को कश्मीर राज्य को भारत में मिलने सम्बन्धी विलय पत्र पर हस्ताक्षर कर दिये गये। फलतः 26 अक्टूबर 1947 ई० को जम्मू-कश्मीर का भारत में विलय मान लिया गया।[3] लेकिन आज तक इस विलय को पाकिस्तान ने स्वीकार नहीं किया है। इस प्रकार भारत और पाकिस्तान के बीच कभी न समाप्त होने वाला संघर्ष प्रारम्भ हो गया।

स्मरणीय है कि भारत और पाकिस्तान के बीच विवाद का सबसे प्रमुख कारण जम्मू कश्मीर राज्य का क्षेत्र है। इस राज्य में मुस्लिम सम्प्रदाय के लोग अधिक संख्या में निवास करते हैं। जम्मू कश्मीर राज्य का क्षेत्रफल 222236 वर्ग किमी० है जिसमें पाकिस्तान अधिकृत क्षेत्र लगभग 78932 वर्ग किमी० तथा चीन अधिकृत क्षेत्र लगभग 42735 वर्ग किमी० है।[4] परन्तु दुर्भाग्यवश भारत विभाजन के बाद से ही कश्मीर भारत-पाकिस्तान के बीच तनाव व शत्रुतापूर्ण सम्बन्धों का कारण रहा है। जिसके पीछे भारत चार युद्ध लड़ चुका है और कई दौर की शिखर वार्ताएँ भी हो चुकी हैं, लेकिन अविश्वास व संदेह के कारण इन वार्ताओं का भी कोई ठोस परिणाम नहीं निकला और स्थिति ज्यों कि त्यों बनी हुई है। यद्यपि भारत की यह सोच रही है कि कश्मीर समस्या का समाधान आपसी बातचीत के द्वारा सुलझाया जाय, परन्तु पाकिस्तान बिना किसी तीसरे पक्ष के इस समस्या के समाधान को सम्भव ही नहीं मान रहा है। भारत किसी भी तरीके से कश्मीर समस्या का हल चाहता है लेकिन पाकिस्तान हर रोज नई चाल चलकर कश्मीर समस्या को उलझाये रखना चाहता है। वैसे भी पाकिस्तान कश्मीर समस्या को अन्तर्राष्ट्रीय मंचों एवं सम्मेलनों तथा संयुक्त राष्ट्र संघ में समय-समय पर उठाता रहता है। वास्तव में उसने कश्मीर समस्या का अन्तर्राष्ट्रीयकरण करने में कूटनीतिक सफलता प्राप्त कर ली है। आज बड़ी शक्तियाँ कश्मीर समस्या को विश्व शान्ति एवं सुरक्षा के लिए एक बड़ा खतरा मान रहे हैं। ये शक्तियाँ सीधे हस्तक्षेप नहीं करना चाहती, परन्तु वे भारत पर कश्मीर समस्या के हल के लिए राजनैतिक दबाव अवश्य बनाती रहती है, लेकिन पाकिस्तान द्वारा प्रायोजित आतंकवाद कश्मीर में फल-फूल रहा है और बड़ी शक्तियाँ आँख बन्द कर इस दैत्य रूप राक्षस (आतंकवाद) को देख रही हैं, क्योंकि पाकिस्तान कश्मीर को अलग करने के उद्‌देश्य से उग्रवादी प्रवति एवं बेरोजगार नवयुवकों को कट्टर इस्लाम समर्थक बनाने, धन मुहैया कराने के साथ हल्के हथियार उपलब्ध कराकर भारतीय सीमा में घुसपैठ कर आतंकवादी कार्यवाहियों को अंजाम देकर भारतीय सुरक्षा के लिए खतरा उत्पन्न कर रहा है।

उल्लेखनीय है कि अक्टूबर 1998 ई० की सर्दियों में जब भारतीय सेना के जवान कश्मीर की चोटियों में निर्मित बंकरों को छोड़कर नीचे चले आए, तो उसी दौरान पाक खुफिया एजेन्सी इण्टर सर्विस इनटेलीजेन्स तथा पाक सेना ने भारतीय बंकरों पर कब्जा किया। जिसके फलस्वरूप भारत को कारगिल का युद्ध लड़ना पड़ा, जिसमें भारत को विजय श्री प्राप्त हुई और नवाज शरीफ को शान्ति के प्याले में जहर पीना पड़ा।[5] लेकिन इसके बाद भी आतंकवादियों की घुसपैठ जारी है। मई 1999 के बाद कश्मीर में जारी जेहाद के लिए करीब 25000 आतंकवादियों को प्रशिक्षित किया है, जो कि दुनिया की भिन्न-भिन्न राष्ट्रीयताओं से सम्बन्ध रखते हैं को प्रशिक्षित किया है यह प्रशिक्षण लैटिन अमेरिकन देशों में प्रचलित "फैको पद्धति" के आधार पर दिया गया है। सन् 1993 में पाक अधिकृत कश्मीर और लाहौर के इर्द-गिर्द मुश्किल से आधा दर्जन शिविर आतंकवादियों हेतु शुरू किए गये थे, किन्तु अब इनकी संख्या 160 तक पहुंच गई है।[6] एक अनुमान के अनुसार पाकिस्तान के विभिन्न इलाकों में 2500 से भी ज्यादा मदरसे क्रियाशालि है जो प्रत्येक वर्ष 300000 कट्टर जेहादी मानसिकता की फौज को तैयार कर रही है जो इस्लाम के नाम पर जान गंवाने को तत्पर हैं।[7] इसी का परिणाम है कि पाकिस्तान ने केवल जम्मू-कश्मीर के अन्दर पाक पोषित आतंकवाद को बढ़ावा दे रहा है, बल्कि भारत में पनप रहे नक्सलियों को भी आर्थिक व अन्य प्रकार से साजो-सामान की पूरी मदद करता आ रहा है। जिसके परिणाम स्वरूप जुलाई 2006 ई० में छत्तीसगढ़ के वस्तर इलाके में सलबाजुडम से जुड़े आदिवादियों पर हमला किया गया, जिसमें लगभग 100 लोगों की मौत हुई और 250 से अधिक व्यक्ति घायल हुए हैं। 24 दिसम्बर 1999 को इंडियन एयर लाइंस का विमान आई०सी० 814 का अपहरण नेपाल के त्रिभुवन अन्तर्राष्ट्रीय हवाई अड्डे से किया गया जिसमें 178 यात्री सहित चालक दल के 11 सदस्य सवार थे। अपहरणकर्ता विमान को तालिबान शासित अफगानिस्तान के कंधार शहर में ले गये, जहाँ से उन्होंने अपने तीन साथियों मौलाना मसूद अजहर, मुस्ताक अहमद जरगर तथा अमर सहिद शेख की रिहाई की मांग की।[8] भारत सरकार को इन आतंकवादियों की माँग स्वीकार करते हुए विमान तथा यात्रियों को सही सलामत बचाने के एवज में तीन खूँखार आतंकवादियों को रिहा करना पड़ा। इतना ही नहीं 01 अक्टूबर 2001 ई० को जैश-ए-मोहम्मद तथा लश्करे तोइवा आदि संगठनों द्वारा जम्मू कश्मीर विधान सभा भवन पर खुलेआम आत्मघाती हमला किया गया, जिसमें करीब 46 लोग मारे गये जबकि 80 से अधिक घायल हुए। 03 नवम्बर 2001 ई० को दक्षिण दिल्ली के शॉपिंग कॉम्पलैक्स अंसल प्लाजा में हमला, 24 सितम्बर 2002 ई० में गुजरात के गाँधीनगर के अक्षरधाम मन्दिर में हमला, 13 दिसम्बर 2001 ई० को भारतीय संसद पर हमला, मई 2002 ई० को जम्मू कश्मीर के कालूचक में आतंकवादी हमला, 25

अगस्त 2005 ई० को मुम्बई के ताज होटल के सामने तथा मुम्बा देवी मन्दिर के पास झावेरी बाजार में दो शक्तिशाली विस्फोट, 11 मार्च 2006 को वाराणसी के संकट मोचन मन्दिर में बम विस्फोट तथा जुलाई 2006 ई० को मुम्बई में श्रंखलाबद्ध विस्फोट कर यह संदेश दिया है कि उनकी जड़ें भारत के अन्दर काफी गहराई तक फैली हुयी हैं।[9]

पाकिस्तान कश्मीर समस्या का स्थाई हल नहीं चाहता है। उसने अपने इरादे को व्यावहारिक रूप देने के लिए जम्मू कश्मीर में छद्म युद्ध छेड़ रखा है, जो कि विगत दो दशक सक चला आ रहा है। पाकिस्तानी आतंकवादियों के साथ-साथ इस्लामिक देशों के आतंकवादियों ने भी जम्मू-कश्मीर में कहर ढा रखा है। जिससे भारत की आन्तरिक एवं बाह्य सुरक्षा दोनों अत्यन्त गहराई तक प्रभावित हुई हैं और यही पाकिस्तान चाहता है। लेकिन पाकिस्तान को यह नहीं भूलना चाहिए कि दक्षिण पूर्व एशिया के दोनों बड़े राष्ट्र अब परमाणु सम्पन्न हैं। ऐसे में कश्मीर समस्या का समाधान युद्ध से सम्भव नहीं है, बल्कि इस समस्या का समाधान बात-चीत के द्वारा निकाला जा सकता है, जिसके लिए भारत-पाकिस्तान के मध्य अब तक 16 बार शिखर वार्ताएँ हो चुकी हैं और कई बार सचिव स्तरीय वार्ताएँ भी हुई हैं। इसके अलावा वर्ष 2004 में 6 जनवरी को इस्लामाबाद में वाजपेयी तथा मुशर्रफ ने संयुक्त घोषणा पत्र पर हस्ताक्षर किये। 24 नवम्बर 2004 को न्यूयार्क में मनमोहन सिंह तथा मुशर्रफ ने भी संयुक्त घोषणा पत्र पर हस्ताक्षर कर आपसी रिश्तों को मजबूत बनाने का प्रयास किया।[10] लेकिन इनका कोई नतीजा नहीं निकला। जब तक पाकिस्तान आतंकवाद को प्रश्रय देता रहेगा। दोनों देशों के सम्बन्धों में सुधार नहीं हो सकता, क्योंकि दोनों देश एक दूसरे के प्रति विश्वास नहीं करते हैं, जिससे दोनों एक दूसरे की नीयत में खोट महसूस करते हैं। ऐसे में कितनी भी शिखर वार्ताएँ क्यों न हों, लेकिन आतंकवादी घटनायें कम नहीं हो सकती, क्योंकि इसका सबसे ज्वलन्त उदाहरण कारगिल युद्ध था। उस समय भी लाहौर यात्रा का कार्यक्रम चल रहा था ऐसा लगता है कि पाकिस्तान की कुछ नियत सी बन गयी है कि एक तरफ वार्ता करो और दूसरी तरफ कश्मीर सहित भारत के विभिन्न हिस्सों में आतंकवादी घटनाओं को अंजाम देते रहो। ऐसा नहीं हो सकता है कि एक तरफ जम्मू कश्मीर में मासूम लोगों की हत्या होती रहे और दूसरी तरफ बातचीत चले।

पाकिस्तान की सबसे बड़ी समस्या भारत का पड़ोसी होना ही है। क्योंकि भारत के आकार प्रकार व शक्ति से दक्षिण एशिया में भारत को एक क्षेत्रीय शक्ति के रूप में देखा जाता है। भारत का यह रूप पाकिस्तान की अन्तर्राष्ट्रीय व क्षेत्रीय परिकल्पना के विरूद्ध है। पाकिस्तान विश्व के हर मंच पर भारत का विरोध करके

अपने आपको दक्षिण एशिया में एक ऐसी शक्ति के रूप में विकसित करना चाहता है, जो भारतीय एकाधिकार को चुनौती देने में सक्षम हो। भारत का दक्षिण एशिया में एकाधिकार चूँकि पाकिस्तान के हितों के विरूद्ध है, इसलिए वह भी अपने आप को इस क्षेत्र में जुड़ा अनुभव नहीं करता है। दक्षिण एशिया से अधिक पाकिस्तान अपने आपको पश्चिम एशिया का विस्तार मानता है तथा अफगानिस्तान, ईरान, तुर्की व पहले सोवियत संघ के इस्लामिक गणराज्यों को इस्लाम के नाम पर जोड़कर एक सामरिक गठबन्धन का निर्माण करने के लिए गम्भीर प्रयास करता रहता है। इन देशों के बीच पाकिस्तान आर्थिक सहयोग संगठन का निर्माण तो पहले ही हो चुका है और अब वह आर्थिक उद्देश्यों के स्थान पर इस मंच का उपयोग भी राजनीतिक लक्ष्यों और विशेष तौर पर भारत विरोधी प्रचार के लिए कर रहा है। वैसे भी ईरान, तुर्की व अफगानिस्तान का सहयोग पाकिस्तान को अपनी कश्मीर नीति के पक्ष में प्राप्त है।

भारत और पाकिस्तान के लिए यह अच्छा अवसर है कि दोनों देश संवाद को विकसित करें तथा एक दूसरे पर विश्वास करना सीखे। जिस तरह कश्मीर के सवाल पर पाकिस्तान का अड़ियल रूख ही सदैव वार्ता की विफलता का कारण रहा है। अब पाकिस्तान को यह समझना होगा कि कश्मीर के सवाल पर लचीला रूख ही शान्ति और दोस्ती की प्रक्रिया को आगे बढ़ा पायेगी। पाकिस्तान को यह समझना होगा कि दुनिया में किसी भी समस्या का हल शान्तिपूर्ण बातचीत से ही निकला है। यहाँ तक कि युद्धों के बाद भी वार्ता की ही मेज पर बैठना पड़ता है। आज पाकिस्तान और भारत रक्षा के मद में बेशुमार धनराशि खर्च कर रहे हैं। सियाचिन ग्लेशियर पर स्थित सैनिक चौकी पर भारत प्रतिदिन करीब साड़े तीन करोड़ रूपये खर्च करता है। इसी तरह पाकिस्तान सियाचिन की अपनी चौकी पर सैनिकों को जो रोटियाँ पहुँचाता है, उसमें हर रोटी की कीमत एक हजार रु० पड़ती है।[11] सियाचीन ग्लेशियर की स्थित सैनिक चौकी करीब 20000 फुट की ऊँचाई पर स्थित है और यह दुनिया का सबसे ऊँचा लड़ाई का मैदान है।[12] इस बर्फीली और ऊँची चौकी की रक्षा के लिए अक्सर सैनिकों को अपनी शहादत देनी पड़ती है। यदि पाकिस्तान आतंकवाद और युद्ध का रास्ता छोड़कर भारत के साथ शान्ति और दोस्ती का हाथ बढ़ाये तो वह आर्थिक जर्जरता के भँवर से निकल पायेगा और कश्मीर में शान्ति और अमन लौट पायेगा। पूर्व प्रधानमंत्री अटल बिहारी वाजपेयी जी ने ठीक ही कहा है कि "हम अपना पड़ोसी नहीं बदल सकते, पर अपना नजरिया तो बदल ही सकते हैं।" अब पाकिस्तान के राष्ट्रपति परवेज मुशर्रफ को आई०एस०आई० और अन्य एजेन्सियों को कश्मीर व पूर्वोत्तर में दखल देने से रोकना होगा। भारत और पाकिस्तान के बीच समझ-बूझ अमेरिका को इस क्षेत्र में अपनी योजनाओं को क्रियान्वित करने से रोक सकती है।

इस समझबूझ से दक्षिण एशियाई लोगों को एक नई पहचान मिलेगी जो धर्म और सीमाओं के बन्धन से ऊपर होगी।

सन्दर्भ सूची

1. डॉ० डी०के० पाण्डे जी का लेख कश्मीर समस्या, डॉ० संजय कुमार, अनुराग जायसवाल 21वीं सदी में भारत की सुरक्षा चुनौतियाँ, पेज-170
2. सुरेन्द्र मिश्र, आकाश मिश्र, - भारत-पाक सम्बन्ध, पेज-139
3. प्रो० लल्लन जी सिंह - युद्ध कला, पेज-11
4. प्रो० लल्लन जी सिंह - युद्ध कला, पेज-11
5. सेमीनार जुलाई 1999, पेज-19
6. प्रो० लल्लन जी सिंह - युद्धकला, पेज-12
7. डॉ० एस०बी० सिंह - भारत की सुरक्षा समस्यायें, पेज-121
8. इंडिया टुडे - दिसम्बर 1999
9. डॉ० डी०पी०एस० भण्डारी, डॉ० दीपेन्द्र सिंह तोपवाल-तूणीर, वर्ष-3, अंक-7, 15 अगस्त 2006
10. सहारा समय - 30 अप्रैल 2005
11. सहारा समय - 21 जुलाई 2001
12. सहारा समय - 21 जुलाई 2001

20. कश्मीर समस्या के आइने में भारत-पाक सम्बन्ध

डॉ० कृष्णकान्त मिश्र*

भारत को 15 अगस्त 1947 में स्वाधीन होने के बाद जिन विकट समस्याओं से जूझना पड़ा, उनमें पाकिस्तान से आने वाले विस्थापितों के अलावा कश्मीर का मसला भी था। ब्रिटेन ने स्वतन्त्रता के समय देशी रजवाड़ों को यह छूट दे दी थी कि वे चाहें तो भारत में रहें या पाकिस्तान में मिलना चाहें तो उसमें मिल जाए। इस पर अधिकांश रजवाड़े भारत में मिल गए, पर जम्मू कश्मीर के तत्कालीन महाराजा हरि सिंह अगस्त के दूसरे सप्ताह तक भी कोई निर्णय नहीं कर पाए। 14 अगस्त 1947 को जम्मू कश्मीर के महाराजा और पाकिस्तान ने यथा स्थिति बनाए रखने के लिए समझौते पर हस्ताक्षर किये।

पाकिस्तान के गवर्नर जनरल मोहम्मद अली जिन्ना जम्मू कश्मीर को पाकिस्तान में मिलाने के लिए साजिश रचने लगे। 15 अगस्त 1947 के बाद कश्मीर में पाकिस्तानी झंडे लहरा गये। जम्मू कश्मीर को जरूरी चीजें पहुँचाने वाली सप्लाई लाइन रोक दी गयी। पुन्छ और कई क्षेत्रों में महाराजा के खिलाफ बगावत करायी गई। सबसे खतरनाक बात यह हुई कि पाकिस्तान की शह पर सशस्त्र कबायलियों ने अक्टूबर 1947 में जम्मू-कश्मीर पर धावा बोल दिया और उनके दस्ते राजधानी श्रीनगर की ओर बढ़ने लगे। स्थिति की गम्भीरता को भांपकर महाराजा हरि सिंह ने 24 अक्टूबर 1947 को भारत से तुरन्त सैनिक सहायता भेजने की अपील की और खुद श्रीनगर से भागकर जम्मू चले गए पर भारत ने बिना विलय के सैनिक भेजने से इंकार कर दिया।

***रीडर, रक्षा एवं स्त्रातेजिक अध्ययन विभाग, श्री मुरलीमनोहर टाउन पी०जी० कालेज, बलिया (उ.प्र.)**

महाराजा ने श्रीनगर की ओर बढ़ते हुए कवायलियों से चिंतित होकर पुनः सहायता की गुहार की। भारत ने महाराजा कश्मीर के लिखित अनुरोध तथा विलय-पत्र पर महाराजा के दस्तखत कर दिये जाने और विलय को भारत द्वारा स्वीकार कर लिए जाने के बाद 27 अक्टूबर 1947 को भारतीय फौजें कश्मीर भेजी। सेना ने समय पर पहुँचकर और तेजी से कदम उठाकर श्रीनगर हवाई अड्डे को आक्रमणकारियों से बचा लिया। पर दुःखद बात यह हुई कि आक्रमणकारियों को पूरी तरह खदेड़े बिना ही लड़ाई बन्द कर दी गई। दरअसल तत्कालीन गवर्नर जनरल माउन्ट बैटेन ने नेहरू जी को सलाह दी कि लड़ाई आगे तक चलने से दोनों देशों के बीच सीधा युद्ध भड़क उठेगा। अतः हमलावरों को उरी के पार खदेड़कर भारतीय फौजें रूक गई।[1]

यह भी तथ्य है कि अगर 24 अक्टूबर को ही जब महाराजा ने कश्मीर में सैनिक सहायता भेजने का अनुरोध किया था, तत्काल विलय पत्र पर हस्ताक्षर कराकर उसी दिन भारतीय फौजें भेज दी जाती तो आक्रमणकारियों को पहले ही रोका जा सकता था। 15 अगस्त 1947 के पूर्व कई देशी रजवाड़ों ने विलय पत्र पर हस्ताक्षर किये भी थे। अतः 24 अक्टूबर को ही विलय-पत्र पर हस्ताक्षर क्यों नहीं कराये गये? तथ्यों से यह भी सवाल उठता है कि कश्मीर के बारे में रक्षा परिषद की बैठक 27 अक्टूबर को सुबह यानि तीन दिन विलम्ब से बुलाने के पीछे क्या माउन्ट बैटेन की नीयत गलत तो नहीं थी। माउन्ट बैटेन ने विलय पत्र स्वीकारते हुए जो पत्र दिनांक 27 अक्टूबर 1947 को लिखा था, उसमें ये शब्द क्यों जोड़े-'मेरी सरकार की इच्छा है कि कश्मीर में कानून और व्यवस्था पुनः स्थापित हो जाने तथा वहाँ की धरती आक्रमणकारियों से मुक्त करा लिए जाने के बाद कश्मीर के विलय का सवाल जनता की इच्छा से तय किया जाना चाहिए।' बाद की घटनाओं से यह भी सिद्ध हो गया कि कश्मीर का सवाल संयुक्त राष्ट्र में ले जाना गलत साबित हुआ। भारत ने 1 जनवरी 1948 को संयुक्त राष्ट्र में मूल शिकायत यह की थी कि पाकिस्तान ने आक्रमण किया है, अतः पाकिस्तान को आक्रमण समाप्त करने को कहा जाये, क्योंकि कश्मीर कानूनी और वैध रूप से भारत का हिस्सा है। इस बुनियादी सवाल से हटकर संयुक्त राष्ट्र में अमेरिका व ब्रिटेन की कूटनीति के कारण कश्मीर का मसला भारत व पाकिस्तान के बीच दो बराबर के दावेदारों के बीच का विवाद बन गया। कुछ जिम्मेदारी भारत की भी है। श्री कृष्णा मेनन जिन्होंने बड़े प्रभावशाली ढंग से संयुक्त राष्ट्र में भारत का पक्ष प्रस्तुत किया था ने बाद में कहा कि भारत को यह मसला संयुक्त राष्ट्र घोषणा पत्र के अध्याय 7 के अन्तर्गत उठाना चाहिए था, जिसमें शान्ति को खतरे और आक्रमण के कार्यों के खिलाफ मामले उठाने का प्रावधान है, न कि अध्याय 6 के अन्तर्गत जिसमें विवादों को निपटाने का प्रावधान है। इस तरह

भारत बड़े देशों की चालों के जाल में फंसता चला गया। संयुक्त राष्ट्र के 1948 व 1949 के प्रस्तावों में जनमत संग्रह की बात कही गयी थी, पर ऐसा करने के पूर्व पाकिस्तान से आक्रमण समाप्त करने को भी कहा गया था, जो उसने 50 वर्षों में भी पूरा नहीं किया। पाकिस्तान ने तब से संयुक्त राष्ट्र में ही नहीं सभी अन्तर्राष्ट्रीय मंचों पर कश्मीर में जनमत संग्रह कराने का राग अलापना शुरू कर दिया।

बाद में नेहरू जी की भी समझ में आने लगा कि अमेरिका व ब्रिटेन की चाल कश्मीर को भारत से अलग करने की है। उन्होंने 1949 में अमेरिकी राष्ट्रपति ट्रूमैन और ब्रिटिश प्रधानमंत्री एटली का यह प्रस्ताव नामंजूर कर दिया कि कश्मीर का प्रश्न पंच-फैसले से निपटाया जाए। ब्रिटेन खुलकर पाकिस्तान का पक्ष लेने लगा और अमेरिका कश्मीर को स्वतन्त्र या संयुक्त राष्ट्र की देखरेख में रखने और वहाँ विदेशी सेनायें तैनात किये जाने की युक्तियाँ ढूँढ़ने लगा। पर नेहरू जी अब सतर्क हो चुके थे। 1953 तक नेहरू जी जनमत संग्रह के लिए तैयार थे, पर 1953 में जब अमेरिका ने पाकिस्तान को विपुल सैनिक सहायता देनी शुरू कर दी, तो वे समझ गये कि पाकिस्तान ताकत के बल पर बात करना चाहता है।

(i) 1952 का दिल्ली समझौता : मुख्य बिन्दु :

(1) जम्मू कश्मीर संविधान सभा के इस पक्ष के सन्दर्भ में कि केवल उन मामलों को छोड़कर जिनका उल्लेख विलय पत्र में किया गया है, शेष सभी मामलों में राज्य की सम्प्रभुता बरकरार रहेगी। भारत सरकार इस पर सहमत हुई कि शेष वैधानिक अधिकार जो जम्मू व कश्मीर के अतिरिक्त सभी राज्यों के सम्बन्ध में केन्द्र के पास हैं, जम्मू व कश्मीर के मामले में वे सब संवैधानिक अधिकार स्वयं राज्य में ही निहित है।

(2) दोनों सरकारों के बीच इस पर भी सहमति हुई कि भारतीय संविधान के अनुच्छेद 5 के अनुसार वे व्यक्ति जो जम्मू व कश्मीर में अपना निवास स्थान रखते हैं, भारत के नागरिक माने जायेंगे परन्तु राज्य की विधायिका को यह अधिकार दिया गया कि वह स्टेट सबजैक्ट नोटिफिकेशन 1927 एवं 1932 के सन्दर्भ में राज्य की जनता से सम्बन्धित विशेष अधिकारों और उन्मुक्तियों के सिलसिले में कानून बना सकती है। राज्य की विधायिका को यह अधिकार भी दिया गया है कि वह राज्य की उस प्रजा के लिए भी कानून बना सकती है, जो 1947 में साम्प्रदायिक झगड़ों के कारण पाकिस्तान चली गयी थी और फिर कश्मीर वापस लौट आई।

(3) और यह कि भारत के राष्ट्रपति को राज्य में वह सब सम्मान प्राप्त रहेंगे,

जो उसे भारत के अन्य राज्यों में प्राप्त हैं और उससे सम्बन्धित भारतीय संविधान में 52 से 82 तक जो अनुच्छेद हैं, वे राज्य में भी लागू रहेंगे। साथ ही इस पर भी सहमति हुई कि क्षमादान और सजाओं में रियासत आदि से सम्बन्धित जो भी शक्तियाँ भारत के राष्ट्रपति को प्राप्त है, वे सभी शक्तियाँ उसमें यथावत निहित रहेंगी।

(4) भारत गणराज्य की सरकार इस पर सहमति हुई है कि गणराज्य के झंडे के साथ-साथ राज्य अपना झंडा भी रख सकता है, लेकिन राज्य सरकार ने इस पर अपनी सहमति दी है कि राज्य का झंडा कभी भी गणराज्य के झंडे का प्रतिद्वंद्वी बनकर नहीं रहेगा। यह भी मान लिया गया है कि गणराज्य के झंडे की वही हैसियत और स्थिति जम्मू व कश्मीर राज्य में भी रहेगी, जैसी भारत के अन्य राज्यों में हैं, लेकिन कुछ ऐतिहासिक कारणों से जिनका सम्बन्ध राज्य के स्वतन्त्रता संघर्ष से है, राज्य की इस जरूरत को मान लिया गया है कि वह चाहे तो अपने झंडे को बरकरार रख सकता है।

(5) सदर-ए-रियासत की स्थिति के सम्बन्ध में भी पूर्णतया सहमति हो गयी है। यद्यपि उसका चुनाव राज्य की विधायिका द्वारा पारित किया जाएगा, तथापि अपने पद पर आसीन होने से पूर्व वह भारत के राष्ट्रपति की मान्यता भी प्राप्त करेगा। यह बिल्कुल उसी प्रकार होगा, जैसा भारत के अन्य राज्यों में है, यानि राज्य प्रमुख की नियुक्ति भारत के राष्ट्रपति द्वारा की जाती है और वह उसी के द्वारा नामांकित किया जाता है, परन्तु वह व्यक्ति, जिसे राज्य प्रमुख के पद पर नियुक्त किया जाना है, राज्य सरकार को भी स्वीकार्य होना चाहिए। यदि कोई व्यक्ति राज्य सरकार को स्वीकार्य नही है, तो ऐसे व्यक्ति को राज्य का प्रमुख नहीं बनाया जाएगा। इस मामले में कश्मीर की स्थिति अन्य राज्यों से भिन्न इस मायने में होगी कि सदर-ए-रियासत को सबसे पहले राज्य की विधायिका द्वारा चुना जाएगा, न कि वह राज्य सरकार और भारत के राष्ट्रपति द्वारा नामांकित होगा। जहाँ तक सदर-ए-रियासत की शक्तियों तथा उसके कार्यों का सम्बन्ध है उस सम्बन्ध में निम्नलिखित बातों पर सहमति हो गई है।[2]

(क) राज्य का प्रमुख वही व्यक्ति हो सकेगा, जिसे राज्य की विधायिका की सिफारिशों के बाद भारतीय गणराज्य के राष्ट्रपति की मान्यता प्राप्त होगी।

(ख) वह राष्ट्रपति के प्रसाद पर्यन्त ही उस पद पर रह सकेगा।

(ग) वह स्वयं अपने हाथ से लिखकर भारत के राष्ट्रपति को सम्बोधित करते

हुए अपने पद से त्यागपत्र दे सकता है।

(घ) राज्य का प्रमुख अपने पद पर आसीन होने के दिन से पाँच साल तक कार्य कर सकेगा, लेकिन इसका सम्बन्ध उन प्रावधानों से भी है जो उस समय लागू होंगे।

(ङ) पद की अवधि समाप्त होने के बाद वह तब तक इस पद पर कार्य करना जारी रखेगा, जब तक उसका उत्तराधिकारी उसका पद ग्रहण नहीं कर लेता।

(6) जहाँ तक मौलिक अधिकारों का सम्बन्ध है, दोनों पक्षों के बीच कुछ मौलिक सिद्धान्तों पर सहमति हुई है। यह स्वीकार किया गया है कि राज्य की जनता को मौलिक अधिकार प्राप्त होंगे, मगर राज्य की विशेष स्थिति के सन्दर्भ में भारतीय संविधान में "मौलिक अधिकारों" से सम्बन्धित पूरे अध्याय को राज्य में लागू नहीं किया जा सकता। जो बात अभी तय की जानी बाकी है, वह यह कि क्या 'मौलिक अधिकारों' से सम्बन्धित अध्याय राज्य के संविधान का भाग हो।

(7) जहाँ तक भारत के उच्चतम न्यायालय के क्षेत्राधिकार का सम्बन्ध है, यह स्वीकार किया गया है कि कुछ समय तक जब तक राज्य में न्यायिक परामर्शदाताओं के बोर्ड का अस्तित्व है, जो कि राज्य का सर्वोच्च न्यायिक प्राधिकरण है, सर्वोच्च न्यायालय के पास केवल अपील सम्बन्धी क्षेत्राधिकार ही रहेगा।

(8) आपात कालीन शक्तियों के सम्बन्ध में भी काफी बहस हुई है। भारत सरकार अनुच्छेद 352 को लागू करने का आग्रह करती रही है, जो राष्ट्रपति को यह अधिकार प्रदान करता है कि वह राज्य में एक सामान्य आपात की घोषणा कर सकता है, जबकि राज्य सरकार का तर्क यह रहा है कि युद्ध अथवा आन्तरिक गड़बड़ी के समय भारत सरकार की सुरक्षा सम्बन्धी शक्तियों के इस्तेमाल के मामले में भारत सरकार के पास उचित कदम उठाने की पूरी शक्ति रहेगी कि वह आपात की घोषणा कर सके।

परन्तु राज्य शिष्टमण्डल इस बात के विरूद्ध रहा है कि आन्तरिक गड़बड़ी के समय राष्ट्रपति ही सामान्य आपात की घोषणा करने की शक्ति का भी प्रयोग करे। लेकिन राज्य के शिष्टमण्डल के लिहाज करते हुए भारत सरकार के अनुच्छेद 352 में उपधारा (1) के अन्त में कुछ परिवर्तन निम्नलिखित शब्दों के द्वारा किए गये हैं– परन्तु आन्तरिक गड़बड़ी के समय राज्य सरकार की प्रार्थना पर अथवा उसके साथ सहमति होने पर। दोनों पक्ष इस पर सहमत हुए कि अनुच्छेद 356 जो राज्य के

संविधान के स्थगित होने के सम्बन्ध में है तथा अनुच्छेद 360 जो आर्थिक आपात के सिलसिले में है की आवश्यकता नहीं है। जो तथ्य ऊपर बताए गये हैं, उनसे यह स्पष्ट है कि जम्मू व कश्मीर राज्य भारतीय गणराज्य में एक विशिष्ट स्थान रखता है और राज्य के उस विशिष्ट स्थान की इजाजत स्वयं संविधान का अनुच्छेद (2) उसे देता है।

अपनी प्राकृतिक सुन्दरता के लिए आकर्षित करने वाला कश्मीर आज पूर्ण रूप से आतंक और उग्रवादी कार्यवाहियों से त्रस्त है। आतंकवादियों द्वारा निर्दोष एवं मासूमों का अपहरण और उनका कत्ल करना आदि गतिविधियों के कारण कश्मीर समस्या के सामने अन्य समस्याओं की निरन्तर उपेक्षा होती जा रही है। कर्फ्यू, मारपीट, आगजनी, सशस्त्र संघर्ष, तनाव और हिंसा अब यहाँ दिन प्रतिदिन घटने वाली घटनायें हो गयी हैं। अनुपम सौन्दर्य के लिए प्रख्यात घाटी में चारों ओर आतंक का ही बोलबाला है।

कश्मीर समस्या मुख्य रूप से ऐसी समस्या है जो कि भारत-पाकिस्तान के अभ्युदय के साथ उत्पन्न हुई थी। भारत के लिए यह घरेलू मामला है, क्योंकि कश्मीर भारत का अभिन्न अंग है। पाकिस्तान के लिए यह अन्तर्राष्ट्रीय मामला है, क्योंकि यह उसे मिलना चाहिए। पाकिस्तान की आन्तरिक राजनीति का भी यही मुख्य मुद्दा रहा है। इस बड़ी समस्या को और अधिक उलझाने के लिए पाकिस्तान सदैव अपने सभी प्रयास मुस्लिम बाहुल्य जनसंख्या को धर्म के नामपर अपनी ओर आकृष्ट करने, भारत के विरूद्ध भड़काने तथा आतंकवादी गतिविधियों को प्रोत्साहित करने में सफल रहा है।

ऐतिहासिक घटनाओं ने भी कश्मीर समस्या को भड़काने में सहायता की है। पूर्वी पाकिस्तान का पाकिस्तान से अलग होकर बाँगलादेश बन जाने, आपरेशन ब्लूस्टार, 1984 में फारूख अब्दुला सरकार की बर्खास्तगी, श्रीमती गाँधी की हत्या और जिया उल हक द्वारा भारत को अस्थिर करने के लिए कश्मीर और पंजाब में अशान्ति फैलाने के संकल्प के रूप में आतंकवाद सामने आया। फलतः पाकिस्तान में अफगान गुरिल्लाओं को दी जाने वाली भारी अस्त्र-शस्त्र सहायता और विदेशी मुद्रा धीरे-धीरे पाकिस्तान अधिकृत कश्मीर की ओर मुड़ने लगी, जहाँ कश्मीरियों को आतंकवादी प्रशिक्षण देकर भारत से अलग होने की लड़ाई के लिए उकसाया जाने लगा। पाकिस्तानी किताब "फतेह" के अनुसार वर्ष 1987 और 1991 के बीच अनेक कश्मीरियों के दल मुजाहिदीनों के साथ लड़ाई का अनुभव प्राप्त करने के लिए अफगानिस्तान भेजे गये।[3] जिन व्यक्तियों में मुक्ति आन्दोलन का नेतृत्व करने की काबलियत थी, उन्हें अलग छाँटा गया।

वर्ष 1988 के आते-आते पाकिस्तान अधिकृत कश्मीर में आतंकवादी प्रशिक्षण शिविर स्थापित हो गये तथा पाक प्रशिक्षित उग्रवादी ए०के० 47 जैसे परिष्कृत हथियारों सहित कश्मीर घाटी में प्रवेश करने लगे। सितम्बर-अक्टूबर 1988 में ही पहली बार कश्मीर पुलिस ने बड़े पैमाने पर पाक प्रशिक्षित उग्रवादियों को गिरफ्तार किया तथा उसके द्वारा प्रदत्त उन्नत हथियारों का जखीरा भी बरामद किया था।[4] धीरे-धीरे कश्मीर का अधिकांश क्षेत्र पाकिस्तान समर्थक कश्मीर (लिबरेशन फ्रंट) और अन्य उग्रवादी गुटों के प्रभाव में आता गया। 15 अगस्त 1989 को श्रीनगर में राष्ट्रीय ध्वज जलाया गया और पाकिस्तानी झण्डे लहराये गये। इस घटना के बाद तो कश्मीर घाटी में एक तरह से आतंकवादियों और अलगाववादियों का प्रभुत्व स्थापित हो गया। वर्ष 1989 के अन्त तक पाक प्रशिक्षित एवं समर्थित कश्मीरी उग्रवादियों एवं अलगाववादियों ने अत्यन्त खतरनाक क्षमतायें अर्जित कर ली थी। वे नागरिक शासन को छिन्न-भिन्न करने सुरक्षा बलों पर ओपन मशीनगनों तथा राकेटों से हमला करने तथा सैनिक बलों पर घात लगाकर हमला करने तक में समर्थ हो गये। उन्होंने घाटी में एक तरह से आतंक का राज स्थापित कर लिया। पाकिस्तान ने दिसम्बर 1989 में "कूटनाम" "जर्व-ए-मोमिन" नामक युद्धाभ्यास करके इस स्थिति को और भी अधिक गम्भीर बना दिया। तत्कालीन केन्द्रीय गृहमंत्री मुक्ति मोहम्मद सईद की बेटी डॉ० रूबिया सईद अपहरण काण्ड (8 दिसम्बर से 14 दिसम्बर 1989) और रूबिया की रिहाई के बदले पाँच कुख्यात उग्रवादियों और देशद्रोहियों (मो० हमीद शेख, जावेद अहमद जगर, नूर मुहम्मद, अब्दुल भट्ट और शेख खाँ) को मुक्त कराने का जो ड्रामा चला उससे भी साफ जाहिर था कि उसका संचालन सीमा पार से ही हो रहा था।[5] वर्ष 1990 के आरम्भ में इन सब बातों की प्रतिक्रिया यह हुई कि कश्मीर घाटी में आतंकवाद और अधिक भड़क गया। विद्रोहियों का साहस इतना अधिक बढ़ गया कि वह सेना पर हमले करने लगे। सैन्य बलों की गतिविधियाँ अवरूद्ध होने लगी। दूरदर्शन व आकाशवाणी के कार्यक्रम बन्द हो गये। स्थानीय समाचार-पत्र उग्रवादियों के प्रभाव में आकर मनगढ़त ढंग से झूठी खबरें प्रकाशित करने लगे। प्रशासन में जो ढील आ चुकी थी वह और गहरी होती गयी। परिणाम स्वरूप डॉ० रूबिया सईद की रिहाई की भाँति इण्डियन ऑयल के अधिकारी दुरैस्वामी की रिहाई के लिए नौ खूंखार उग्रवादियों को छोड़ना पड़ा। दूसरी ओर 4000 पाक समर्थित जे०के०एल०एफ० उग्रवादियों ने 5 फरवरी 1990 को जम्मू के पास भारतीय क्षेत्र में घुसने का असफल प्रयास किया।[6] उल्लेखनीय है कि 1987 के दौरान अमानुल्ला खाँ के नेतृत्व में पाकिस्तान में जे०के०एल०एफ० की स्थापना हुई थी तथा 1988-89 से ही कश्मीर में आन्दोलन उग्र होता गया।

ज्ञातव्य है कि 1983 में पाक अधिकृत कश्मीर और लाहौर के इर्द-गिर्द मुश्किल से आधा दर्जन शिविर आतंकवादियों हेतु शुरू किये गये थे, किन्तु अब

उनकी संख्या 160 तक पहुँच चुकी है। कुछ समय पहले कश्मीर और पंजाब में विध्वंस और आतंकवाद की गतिविधियों में तीव्रता लाने के इण्टर सर्विसेज इंटेलीजेंस (आई०एस०आई०) निदेशालय द्वारा तहरीके मोमिन सेल नम्बर-202 स्थापित किया था। इसके बाद कश्मीर लिबरेशन आर्मी (के०एल०ए०) तैयार हुई। दोनों शाखायें भारत के सिरफिरे युवकों को प्रशिक्षित करने में सहायता करती है। शुरू-शुरू में प्रशिक्षण पाक सेना के कर्नल रैंक तक के अधिकारियों द्वारा दिया जाता था और प्रशिक्षुओं को उनके गन्तव्यों तक पहुँचाने के लिए सेना के बन्द वाहन इस्तेमाल किये जाते थे। इस तरह का एक छोटा किला लाहौर के बाहर है, जो एक कर्नल राजा के अधीन है। पहले तो यहाँ प्रशिक्षण की गतिविधियाँ गुपचुप चलायी जाती थी, पर अब खुलेआम हो रही है। गुलमर्ग क्षेत्र में भी एक शिविर स्थापित किया गया है।[7]

अधिकतर नये शिविर अफगान विद्रोहियों द्वारा संचालित व नियंत्रित हैं, जो 'मारो और भागो' अभियान में निपुण हैं। इनके द्वारा निर्जन क्षेत्रों में दो दर्जन से अधिक शिविर तम्बुओं में चलाये जा रहे हैं। इतना ही नहीं रावलपिण्डी के गली नम्बर 4 में एक गुमनाम किलाबन्द मकान "हादी सफेद" एक गहन प्रशिक्षण केन्द्र के रूप में प्रयोग किया जा रहा है। यहाँ पंजाब के युवकों और कश्मीर के मुसलमानों को एक साथ रखा जाता है। हालाँकि यहाँ जे०के०एल०एफ० के आतंकवादियों को विशेष तौर से प्रशिक्षित किया जाता है। इसी तरह इस्लामाबाद हवाई अड्डे से लगा एक बन्द भवन है, जहाँ कश्मीर के शीर्षस्थ आतंकवादी रखे वे प्रशिक्षित किये जाते हैं। प्रशिक्षण प्राप्त करने के बाद कश्मीर सीमा से लगे पहाड़ों के सैकड़ों गुप्त रास्तों से भयानक हथियारों से लैस भारी संख्या में आतंकवादियों को कश्मीर में घुसाया जाता है। खतरनाक रास्तों को जानने वाले गाइडों की फीस प्रति व्यक्ति 500 रूपये से बढ़कर 2,000 रूपये तक हो गयी है। यही फीस कश्मीरी युवकों को सीमा पार कराने या प्रशिक्षित युवकों को वापस कश्मीर में लाने हेतु दी जाती है। एक सूचना के अनुसार लगभग 8000 प्रशिक्षित आतंकवादी युवक लूट-पाट के लिए घातक हथियारों से लैस कश्मीरी सीमा क्षेत्र में बिखरे पड़े हैं। उन्हें अनुकूल समय का इन्तजार है, यानि प्रत्येक वर्ष का मई एवं जून का महीना।[8]

आज जम्मू-कश्मीर के आतंकवाद ने भारत सरकार के पाँव भले ही न उखाड़े हों, किन्तु राज्य के लोगों को अपनी मिट्‌टी से उखड़ने पर मजबूर कर दिया है। आतंकवादियों के आतंक एवं हत्या से डर कर और अपनी करोड़ो की सम्पत्ति छोड़कर करीब 3 लाख कश्मीरी पण्डित एवं मुसलमान श्रीनगर आदि क्षेत्रों को छोड़कर जम्मू और दिल्ली के शरण शिविरों में खानाबदोशों की भाँति अपना गुजारा कर रहे हैं। गौरतबल है कि कश्मीर में आतंकवादी विरोधी अभियानों में सेना पिछले 10 सालों में 2800 के करीब जवानों और अधिकारियों को खो चुकी है। यह बात

भी अब सार्वजनिक हो चुकी है। कि कश्मीर का मोर्चा सेना के लिए भारी साबित हो रहा है। कश्मीरी आतंकवादी राज्य की व्यवस्था को नेस्तनाबूद करने के लिए यहाँ के सीधे-सादे लोगों को अपना निशाना बना रहे हैं। अपहरण, आगजनी, बलात्कार तथा नृसंश हत्याएँ आतंकवाद के प्रमुख हिस्से हैं, किन्तु विगत कुछ वर्षों से आतंकवादियों ने अपने कुछ कट्टर साथियों को रिहा कराने के लिए सरकारी अफसरों, मंत्रियों व अन्य अधिकारियों तथा सगे-सम्बन्धियों के अपहरण का जो नया सिलसिला शुरू किया है, वह पूरे देश के लिए चिन्ता का विषय है। कश्मीर घाटी में एक परियोजना स्थल का मुआयना करते वक्त भारतीय तेल निगम के कार्यकारी निदेशक के०दुरैस्वामी का अपहरण (28 जून 1991) तथा 45 दिनों तक कोशिशें तथा सौदेबाजी चलने के बाद रिहाई (20 अगस्त 1991) के बदले कश्मीर प्रशासन को पाँच आतंकवादी को अदला-बदली में छोड़ने तथा एच०एम०टी० के महाप्रबन्धक एच०एल०खेड़ा जैसे गणमान्य व्यक्तियों की हत्या के कथित अभियुक्त जावेद अहमद शाला को कानूनी कार्यवाही के उपरान्त जमानत पर रिहा कराने का वादा किया गया। उल्लेखनीय है कि राष्ट्रीय मोर्चा सरकार के केन्द्रीय गृहमंत्री मुक्ति मोहम्मद सईद की पुत्री डॉ० रूबिया का श्रीनगर में अपहरण और तत्पश्चात फिरौती के रूप में कट्टर आतंकवादियों की रिहाई ने जिस प्रशासनिक कमजोरी को प्रकट किया था, अब आतंकवादी उसे प्रमुख हथियार के रूप में सरकार के खिलाफ इस्तेमाल कर रहे हैं और सरकार हर बार कठिनाई से गिरफ्तार किये गये आतंकवादियों को अपहत व्यक्तियों की एवज में रिहा कर रही है।[9]

इतना ही नहीं पाकिस्तानी सेना भी आई०एस०आई० की योजनाओं को अमलीजामा पहनाने के उद्देश्य से कश्मीरी उग्रवादियों को भारत में अस्थिरता पैदा करने का प्रशिक्षण देने के बाद पुनः जम्मू-कश्मीर में घुसपैठ करने में मदद् कर रही है। ऐसे कुछ कश्मीरी उग्रवादियों को भारतीय सुरक्षा बलों ने गिरफ्तार भी किया है इनके पास से राकेट, लांचर, अत्याधुनिक राइफलें, ग्रेनेड, राकेट तथा और भी बहुत ही अत्याधुनिक हथियार बरामद हुए हैं। सुरक्षा बलों ने वर्ष 1990 तथा 1991 के बीच 1136 इस तरह के शस्त्र कश्मीरी उग्रवादियों से बरामद किये। इसी अवधि में सुरक्षा बलों ने 5,067 उग्रवादियों को बन्दी बनाया। इनमें 1,054 पाकिस्तान में प्रशिक्षित थे।[10] सुरक्षा बलों द्वारा गिरफ्तार किये गये कुछ उग्रवादियों ने यह बताया कि उन्हें आई०एस०आई० से पर्याप्त पैसा, शस्त्र चलाने का प्रशिक्षण तथा मुफ्त अत्याधुनिक हथियार दिये जाते हैं।

कश्मीरी उग्रवादियों से रिश्ता कायम करने के लिए आई०एस०आई० नेपाल के रास्ते प्रशिक्षित उग्रवादियों को कश्मीर घाटी में भेजती है। ये उग्रवादी नेपाल में हवाई जहाजों से पहुँचते हैं और फिर फलों के विक्रेता बनकर घाटी में दाखिल होते

हैं। दरअसल आई०एस०आई० कश्मीर घाटी में सभी भारत विरोधी शक्तियों को करीब लाने का प्रयास इसलिए कर रही है ताकि कश्मीर घाटी में राजनैतिक प्रक्रिया शुरू ही न हो सके। इस उद्देश्य की पूर्ति के लिए आई०एस०आई० कश्मीर घाटी में भारत विरोधी शक्तियों को हिंसक गतिविधियों में लिप्त रहने के लिए लगातार प्रेरित करती रही है।[11]

पाकिस्तान के नेताओं और अधिकारियों का कहना है कि जब तक कश्मीर समस्या का हल नहीं होगा तब तक स्थायी शान्ति नहीं हो सकती। ऐसा कहकर वे आतंकवादियों को और प्रोत्साहन दे रहे हैं। घुसपैठियों के रूप में जो मुजाहिदीन आतंकवादी हरकतों में लगे हुए हैं, वे भाड़े के सैनिक हैं। जो अफगानिस्तान से बुलाये गये हैं या फिर अधिकृत कश्मीर के शिविरों में प्रशिक्षित गुमराह युवक हैं, जिन्हें सिर्फ हत्याये करने के काम पर नियुक्त किया गया है। पाकिस्तानी खुफिया संगठन आई०एस०आई० एक मात्र लक्ष्य सामने रखकर चल रहा है कि कश्मीर में ही नहीं बल्कि पूरे भारत में आतंकवादी गतिविधियाँ तेज कर दी जाएँ। उदाहरणार्थ- कारगिल में करारी राजनयिक और सैनिक हार के बाद पाक सरकार और आई०एस०आई० तथा सेना भारत में आतंकवाद बढ़ाकर बदला लेने के उद्देश्य से 14-15 जुलाई 1999 की रात कश्मीर में सीमा सुरक्षा बल के आवासीय परिसर में घुसकर आतंकवादियों ने जिस निर्मम ढंग से डी०आई०जी० समेत चार की हत्या कर दी और 12 लोगों को बन्धक बना लिया, उससे एक बार फिर भारत में पाकिस्तान द्वारा समर्थित आतंकवाद का सनसनी खेज ढंग से खुलासा हुआ है। इतना ही नहीं आतंकवाद की ताजा घटना डोडा जिले के एक गाँव में 19-20 जुलाई 99 की रात को हुई जिसमें 19 व्यक्ति मारे गये। आज यह भी पता चल रहा है कि करीब 5 हजार प्रशिक्षित और हथियारबंद आतंकवादी घुसपैठिये फिर से कश्मीर में नियंत्रण रेखा को पार करने की ताक में बैठे हुए हैं। वास्तव में भारत के खिलाफ उनके मन में जहर इस कदर घोला गया है कि एक बार पिटने के बाद भी उनका जहर कम नहीं होता, बल्कि और बढ़ जाता है। आज जरूरत इस बात की है कि अपनी सेना को आदेश दिया जाये कि इस छाया युद्ध को सदा के लिए खत्म करने की कार्यवाही करें।[12]

आज कश्मीर की त्रासदी केवल यही नहीं है कि पूरा राष्ट्र स्तब्ध है, बल्कि यह भी है कि कश्मीर में भारत के समर्थकों की संख्या बहुत कम रह गयी है। "ला इल्लाहिल्ला, यहाँ क्या चलेगा निजाम-ए-मुस्तफा" (यहाँ केवल इस्लामिक शासन ही चलेगा) "हमें क्या चाहिए- आजादी-आजादी" जैसे नारे कश्मीर की फिजा में बहुत गहराई तक घुल चुकी है। इस फिजा का मूल कारण यह भी है कि पं० नेहरू से लेकर राजीव गाँधी तक सभी ने बराबर इस इम्प्रेशन को बल प्रदान किया है कि भारत सरकार की कश्मीर नीति का मुख्य आधार तुष्टिकरण है चाहे वह पाकिस्तान के

सन्दर्भ में हो अथवा कश्मीर के स्थानीय समूहों या संगठनों के सन्दर्भ में। पिछले चार दशक में केन्द्र सरकार ने कश्मीर में अपने समर्थकों तथा विरोधियों को सीमा पार के नीति-निर्धारकों को इस बात का पक्का एहसास करा दिया है कि इसके पास न तो दृढ़ इच्छा शक्ति है और न ही यह व्यावहारिक है। तुष्टिकरण और उदासीनता के समानान्तर झूलों में भारत की कश्मीर नीति झूलती रही है। क्या यह त्रासदी नहीं है कि पिछले 43 वर्षों तक कश्मीर को विशेष राज्य का दर्जा दिये जाने और राज्य के विकास हेतु अरबों रूपये नियोजित करने के बावजूद भी केन्द्र सरकार अपने समर्थकों की पहचान नहीं कर पायी है।[13]

भारत के गृह मंत्रालय की संसदीय समिति को गृह सचिव ने जो रिपोर्ट प्रस्तुत की है वह चौंकाती है। इस रिपोर्ट के अनुसार पाकिस्तान की आई०एस०आई० नामक खुफिया एजेन्सी के लोगों को नेपाल और बाँगलादेश में प्रशिक्षण मिल रहा है। भारत में आई०एस०आई० ने बड़ा जाल फैला लिया है। अनेक इस्लामिक संगठनों में इसके लोग स्थापित हो चुके हैं। उत्तर पूर्वी राज्यों में उल्फा से इसका परस्पर सहयोग का रिश्ता है। भारत के कुल 535 जिलों में से 210 में आई०एस०आई० का जाल फैल चुका है। दक्षिण-पश्चिम राज्यों में 69 जिले हैं जिनमें 48 में इसकी हिंसक गतिविधियाँ जारी हैं। असम में उल्फा को आई०एस०आई० की खुली मदद मिल रही है, जहाँ 23 जिलों में निरन्तर सशस्त्र युद्ध जारी है। नागालैण्ड और त्रिपुरा में स्थिति नियंत्रण से बाहर हो रही है। आई०एस०आई० द्वारा प्रायोजित आतंकवाद को लेकर भारत के गृह मंत्रालय द्वारा कराए गए अध्ययन से पता चलता है कि भारत में प्रतिवर्ष लगभग 1000 भारतीय सुरक्षाबलों के जवान और अधिकारी मारे जा रहे हैं। कारगिल के अनुपात में यह स्थिति चिन्ताजनक है। इस अध्ययन के अनुसार आई०एस०आई० की आतंकी गतिविधियों में अब तक भारतीय सेना के 5600 से अधिक सैनिक अधिकारी मारे जा चुके हैं। 20 हजार से अधिक भारतीय मुसलमान पाकिस्तानी और अफगानिस्तानी प्रशिक्षण कैम्पों में प्रशिक्षित हो अब भारत में आतंकियों के साथ सक्रिय है। आई०एस०आई० ने देश में 900 विदेशी आतंवादियों को भी सक्रिय कर रखा है। इस प्रकार देश में घुसकर लगभग 30 हजार लोग आतंकवाद फैला रहे हैं।

इस प्रकार कश्मीर दोनों राष्ट्रों के लिए प्रतिष्ठा का प्रश्न ही नहीं वरन सर्वोपरि राष्ट्रीय हित है। इस समस्या का समाधान किये बिना भारत व पाकिस्तान के मध्य स्थायी सम्बन्ध कायम हो पाना कठिन है। अपने-अपने पूर्वाग्रहों से हटकर ही कश्मीर समस्या का समाधान दोनों राष्ट्र प्राप्त कर सकते हैं।

सन्दर्भ सूची

1. उमा सिंह, इण्डिया पाकिस्तान रिलेशन्स इन ए हिस्टोरिकल परस्पेक्टिव, वर्ल्ड फोकस, वाल्यूम–22, पृष्ठ–38
2. शिशिर गुप्ता, ए स्टडी इन इण्डिया–पाकिस्तान रिलेशन्स पृष्ठ–49
3. कलीम बहादुर, टेरेरिज्म आर फ्रीडम स्ट्रगल इन कश्मीर, वर्ल्ड फोकस वाल्यूम–23 पृष्ठ–4
4. वही पृष्ठ–7
5. जे०एन० दीक्ष्तित, इण्डिया–पाकिस्तान इन वार एण्ड पीस पृष्ठ–33
6. दैनिक जागरण, 27 जुलाई, 2000
7. हिन्दुस्तान, 17 अगस्त, 2000
8. हिन्दुस्तान, 22 दिसम्बर, 2000
9. जे०एन० दीक्षित, इण्डिया–पाकिस्तान इन वार एण्ड पीस पृष्ठ–333
10. वही पृष्ठ–335
11. सेमिनार, अगस्त 1998
12. वही
13. हिन्दुस्तान, 22 दिसम्बर, 2000

21. भविष्य कश्मीर का

डॉ० बलवान सिंह*

क्या कश्मीर भारत पाकिस्तान सम्बन्धों का केन्द्र बिन्दु है? क्या विभाजन के समय कश्मीर पाकिस्तान को दे दिया जाना चाहिए था? यदि कश्मीर पाकिस्तान को दे दिया जाता तो क्या भारत पाकिस्तान के सम्बन्ध मधुर होते? क्या पाक अधिकृत कश्मीर एवं भारतीय कश्मीर को पुनः एकीकृत किया जा सकता है? इस एकीकृत कश्मीर का भविष्य क्या होगा? अर्थात एकीकृत कश्मीर भारत के पक्ष में जाना चाहिए अथवा पाकिस्तान के पक्ष में अथवा इसे स्वतंत्र किया जाना चाहिए? क्या जम्मू कश्मीर घाटी एवं लेह-लद्दाख इस एकीकरण के पक्ष में होंगे? क्या भारतीय कश्मीर-जम्मू (हिन्दू संस्कृति), कश्मीर घाटी (मुस्लिम संस्कृति) तथा लेह-लद्दाख (बौद्ध संस्कृति) से प्रभावित तीन अलग-अलग भू-सांस्कृतिक क्षेत्र हैं? क्या इस आधार पर कश्मीर को तीन भागों में बाँट दिया जाना चाहिए? क्या कश्मीर घाटी के मुस्लिम संस्कृति बाहुल्य क्षेत्र के लोग अपनी नीतियाँ जम्मू एवं लेह लद्दाख क्षेत्र पर थोपते हैं?

भारत एवं पाकिस्तान के राजनीतिक नेता कश्मीर के किस प्रकार के समाधान की ओर अग्रसर हैं? अथवा केवल वार्ताओं के दौर ही चल रहे हैं और समस्या ज्यों की त्यों हैं। क्या कोई ऐसा समाधान सम्भव है, जिससे भारत, पाकिस्तान एवं कश्मीर के लोग तीनों संतुष्ट हो सकें? यह जानते हुए की कश्मीर समस्या का कोई मान्य समाधान निकालना शायद सम्भव नहीं है, फिर भी क्या भारत पाकिस्तान के नेताओं की आपस में इस मुद्दे पर वार्ता करना एक मजबूरी है? यह सच है कि शायद पाकिस्तान, पाक अधिकृत कश्मीर को स्वतन्त्र करना अथवा भारत को देना स्वीकार नहीं करेगा और शायद भारत भी अपने अधिकार वाले कश्मीर को पाकिस्तान को देना

*रीडर, रक्षा अध्ययन विभाग, महाविद्यालय भटवली बाजार (उनवल), गोरखपुर

अथवा स्वतंत्र करना स्वीकार नहीं करेगा। पाक अधिकृत कश्मीर के लोग एवं भारतीय कश्मीर के कट्टर पंथी तथा अतिवादी लोग कश्मीर के भारत अथवा पाकिस्तान में विलय को भी शायद सहज स्वभाविक रूप से स्वीकार नहीं करेंगे। ऐसी स्थिति में हमें किसी सर्वमान्य समाधान की आशा करना एक दिवास्वप्न से अधिक प्रतीत नहीं होता।

पाकिस्तान की सदैव से यह अभिलाषा रही है कि वह सम्पूर्ण कश्मीर को अथवा कम से कम कश्मीर घाटी एवं लेह लद्दाख के क्षेत्र को पाकिस्तान में मिला ले। इसी कश्मीर के लिए पाकिस्तान ने 1947-48 एवं 1965 में भारत से युद्ध भी किया किन्तु उसे सफलता प्राप्त नहीं हुई, बल्कि 1971 के युद्ध के परिणामस्वरूप उसका एक अंग पूर्वी पाकिस्तान, बाँगलादेश बन गया। जब पाकिस्तान को यह भरोसा हो गया कि वह प्रत्यक्ष युद्ध के बल पर अपने लक्ष्य कश्मीर को प्राप्त नहीं कर सकेगा, तो उसने परोक्ष युद्ध अर्थात् आतंकवाद का सहारा लिया। किन्तु 11 सितम्बर 2001 को अमेरिका के वर्ल्ड ट्रेड सेन्टर पर आतंकवादियों के हमले के बाद पूरी दुनिया का जनमत आतंकवाद के विरूद्ध हो जाने के कारण पाकिस्तान का यह प्रयोग भी असफल सिद्ध हो गया। अब पाकिस्तान वार्ताओं के द्वारा अपने उसी लक्ष्य अर्थात कश्मीर को प्राप्त करना चाहता है।

पाकिस्तान के राष्ट्रपति परवेज मुशर्रफ ने व्यक्तिगत रूप से कश्मीर समस्या के समाधान के लिए कुछ प्रस्ताव रखे हैं–जिनमें कश्मीर के विभिन्न क्षेत्रों की पहचान करना एवं उन क्षेत्रों के आधार पर कश्मीर का पुर्नविभाजन करना तथा कश्मीर का विसैन्यीकरण करना प्रमुख हैं। परवेज मुशर्रफ ने पूरे कश्मीर अर्थात पाक-अधिकृत कश्मीर एवं भारतीय कश्मीर को सात क्षेत्रों में चिन्हित करने का प्रस्ताव किया है। ये सात क्षेत्र-जम्मू सहित मैदानी क्षेत्र, 7,000 फुट ऊँचाई तक का गिलगित क्षेत्र, पीर पंजाल क्षेत्र, घाटी क्षेत्र, बृहद हिमालय क्षेत्र, ऊपरी सिन्धु घाटी क्षेत्र तथा उत्तरी कराकोरम क्षेत्र हैं, जिसका कुछ भाग पाकिस्तान ने चीन को दे दिया है। पाकिस्तान की इच्छा है कि सर्वप्रथम पाक-अधिकृत कश्मीर एवं भारतीय कश्मीर के बीच की 1948 से चली आ रही नियंत्रण रेखा की मान्यता को समाप्त किया जाय। तत्पश्चात् कश्मीर घाटी जो कि मुस्लिम बाहुल्य एवं कश्मीर के सौन्दर्य का मुख्य क्षेत्र है, को अलग सीमांकित कराया जाय तथा उसे विशिष्ट स्वायत्तता (लगभग स्वतंत्रता) दिलायी जाये और सम्भवत: बाद में उसे इस्लाम के नाम पर पाकिस्तान में मिला लिया जाये। पाकिस्तान की सोच यह लगती है कि सर्वप्रथम किसी भी तरह से कश्मीर घाटी को भारतीय सैन्य बलों के वैधानिक नियंत्रण से मुक्त कराया जाये, तत्पश्चात् उसको किस प्रकार पाकिस्तान में मिलाया जाये, यह सोचा जाये।

भारतीय प्रधानमंत्री मनमोहन सिंह ने 17 नवम्बर 2004 को अपने कश्मीर दौरे के समय एक सभा में पाकिस्तानी राष्ट्रपति परवेज मुशर्रफ के उपयुक्त प्रस्ताव को यह कहकर नकार दिया कि भारत अन्तर्राष्ट्रीय सीमा के नये सिरे से निर्धारण को मंजूर नहीं करता तथा हम मजहब के नाम पर कश्मीर के पुनर्विभाजन के पक्ष में नहीं हैं। भारत की सोच यह है कि पूरा कश्मीर भारत का अभिन्न अंग है, किन्तु हम पाक अधिकृत कश्मीर को पाकिस्तान को इस शर्त पर दे सकते हैं कि पाकिस्तान एक अच्छे पड़ौसी की भाँति रहे तथा आतंकवादियों को प्रशिक्षित कर भारत में भेजना बन्द करे। कश्मीर समस्या के समाधान में वर्तमान समय में निम्न बिन्दु सकारात्मक भूमिका निर्वाह कर रहे हैं–

- भारत व पाकिस्तान दोनों देश परमाणु शक्ति सम्पन्न राष्ट्र बन चुके हैं, अतः दोनों के बीच अगला निर्णायक युद्ध होने की सम्भावना कम है।
- आतंकवाद के विरूद्ध अन्तर्राष्ट्रीय जनमत एक जुट हो चुका है। अतः भारत के विरूद्ध आतंकवादियों का प्रयोग पाकिस्तान के स्वयं के लिए घातक सिद्ध हो सकता है।
- भारत एवं पाकिस्तान दोनों ओर के नागरिक युद्ध नहीं, बल्कि शान्ति एवं विकास चाहते हैं।
- भारत एवं पाकिस्तान पर अत्यधिक अन्तर्राष्ट्रीय दबाव है कि वे आपसी विचार विमर्श के द्वारा कश्मीर समस्या का समाधान निकाल लें।
- कश्मीर के लोग आतंकवाद से तंग आ चुके हैं। अतः वे आतंकवादियों के विरूद्ध हैं तथा शान्ति के पक्ष में हैं।
- भारतीय कश्मीर के लोग धीरे-धीरे भारत की प्रजातान्त्रिक व्यवस्था में अपना विश्वास व्यक्त करते हुये चुनावों में भाग ले रहे हैं तथा कश्मीर में चुनी हुई वैधानिक सरकार कार्य कर रही है और आतंकवादी अलग-थलग पड़ते जा रहे हैं।
- भारत की केन्द्र सरकार द्वारा भारतीय कश्मीर के विकास के लिए दी जा रही आर्थिक सहायता एवं शान्ति बहाली के प्रयासों से आम नागरिकों का सरकार पर विश्वास बढ़ता जा रहा है।

वास्तविकता यह है कि कश्मीर का यथास्थिति के अतिरिक्त कोई समाधान नहीं है। जो पाक अधिकृत कश्मीर है, वह पाकिस्तान के अधिकार में तथा जो भारतीय कश्मीर है वह भारत के अधिकार में रहे। भारत एवं पाकिस्तान दोनों अपने-अपने क्षेत्र के कश्मीरी नागरिकों को उनका जीवन स्तर ऊँचा उठाकर,

बेरोजगारी एवं भ्रष्टाचार दूर करके अपने-अपने देश की मूल धारा में लाने का पूरा प्रयास करें। शिमला समझौते के समय भारत की तत्कालीन प्रधानमंत्री श्रीमती इन्दिरा गाँधी ने पाकिस्तान के प्रधानमंत्री जुल्फिकार अली भुट्टो को सुझाव दिया था कि नियंत्रण रेखा (एल०ओ०सी०) को पुख्ता कर दिया जाये। अन्तर्राष्ट्रीय समुदाय भी न्यूनतम परिवर्तन के साथ नियंत्रण रेखा को स्थायी सीमा रेखा बनाने के पक्ष में हैं।

22. कश्मीर का दर्द उतार फेंकिये, लेकिन...

कृष्णानन्द शुक्ल*

कश्मीर एक बार फिर सुर्खियों में आया है। वजह पाकिस्तान का दावा नहीं और न ही आतंकियों का हमला। वजह सिर्फ है, राष्ट्रीय स्वयं सेवक संघ का वह बयान कि जम्मू व कश्मीर राज्य का तीन सेक्टर-जम्मू, लद्दाख और कश्मीर में विभाजन कर दिया जाये। वस्तुतः यह बयान अमली जामा पहनाने योग्य है अथवा नहीं, लेकिन राजनीति के अखाड़ों में पैंतरेबाजी दिखाने वाले लोगों के लिए मसाला जरूर मिल गया है। हालाँकि पूरा देश चाहता है कि कश्मीर समस्या का समाधान निकले, लेकिन प्रस्ताव किस प्रकार का हो? अभी तक यह मुद्दा राष्ट्रीय स्तर पर ही विवाद का विषय बना हुआ है।

कश्मीर की समस्या आखिर है क्या? क्या इतिहासकारों ने जो बताया है वह अथवा विगत युद्धों का जो परिणाम सामने आया है वह अथवा आतंकवाद। मैं किसी ऐतिहासिक पेंचीदगियों में नहीं पड़ना चाहता। मेरा विश्वास यथार्थ और यथार्थवादी प्रयोगों पर है। कश्मीर की स्थितियों का अवलोकन करने के बाद कश्मीर समस्या के तीन पहलू मुझे नजर आते हैं–

(1) कश्मीर भारतीय भू-भाग का अभिन्न अंग बना रहे (भारतीय पक्ष);

(2) कश्मीर को पाकिस्तान में मिला दिया जाये (पाकिस्तान पक्ष) और

(3) कश्मीर की स्वतंत्रता (पाक समर्थित आतंकियों का पक्ष)।

अब यदि इन्हीं पहलुओं को बारीकी से देखा जाये, तो कश्मीर समस्या की

---

*वरिष्ठ प्रवक्ता - रक्षा अध्ययन विभाग एवं अध्यक्ष - रक्षा अध्ययन शोध समिति, जवाहर लाल नेहरू स्मारक पी०जी० कालेज, महराजगंज (उ०प्र०)

वास्तविकता ज्ञात हो सकती है। जहाँ तक दस्तावेजीय आधार हमें बताते हैं, उससे एक बात अकाट्य सत्य के रूप में दृष्टिगोचर होती है कि कश्मीर भारत का एक अभिन्न अंग है, क्योंकि अधिकारिक विलय-पत्र इसी बात की गवाही देता है। दूसरी ओर पाकिस्तानी पक्ष यह भी है कि विलय-पत्र गलत है, क्योंकि इसमें आम कश्मीरियों की राय शामिल नहीं है। यदि उस समय आम कश्मीरियों की राय ली गयी होती तो कश्मीर पाकिस्तान का हो सकता था, क्योंकि अधिकांश आबादी मुस्लिम धर्म से सम्बन्धित थी। वास्तव में यह आधार पाकिस्तान को जूनागढ़ के विलय के मुद्दे से प्राप्त हुआ होगा। यदि पाकिस्तान की इस दलील को मान लिया जाये, तो सबसे पहले पाकिस्तान के वजूद पर ही प्रश्न चिन्ह लग जायेगा, क्योंकि इसके दो सशक्त आधार हैं–पहला यह कि क्या भारत पाक विभाजन के मुद्दे पर आवाम की राय ली गयी थी? दूसरा यह कि पाकिस्तान बनाये जाने का क्या नैतिक आधार था, जबकि नवनिर्मित पाकिस्तान की तत्कालीन आबादी के दो गुना से भी अधिक केवल मुसलमान भारत में रह रहे थे और भारत छोड़कर जाना ही नहीं चाहते थे। अब प्रश्न यह है कि पाकिस्तान जो दलील कश्मीर के सम्बन्ध में देता आया है, क्या उसी दलील को वह अपने वजूद के सम्बन्ध में भी स्वीकार कर सकेगा? उत्तर निस्संदेह नहीं में ही होगा, तो फिर कश्मीर पर पाकिस्तान के दावे की बात कैसे स्वीकार की जा सकती है?

अब यदि अन्तिम पहलू 'कश्मीर की स्वतंत्रता' जिसकी हिमायत पाकिस्तान, पाकिस्तानी समर्थित आतंकी संगठन और गुलाम कश्मीर के लोग करते हैं यदि इस पर विचार करें तो कुछ हद तक उसमें तथ्य नजर आता है, लेकिन इसमें पाकिस्तान की कुटिलता भी साफ-साफ दिखायी देती है, क्योंकि यहाँ सबसे महत्वपूर्ण और गौर तलब बात यह है कि कश्मीर की आजादी की हिमायती करने वाला पाकिस्तान सबसे पहले गुलाम कश्मीर को ही क्यों नहीं आजाद कर देता है? संयुक्त राष्ट्र संघ, दक्षेस मंच आदि पर इस मसले को उठाने वाला पाकिस्तान गुलाम कश्मीर को संयुक्त राष्ट्र संघ के हवाले करके यदि उसकी आजादी का मसला उठाये, तो बात कुछ समझ में आये, लेकिन पाकिस्तान ऐसा कर नहीं रहा है और न ही वह ऐसा करेगा, क्योंकि कश्मीर को हथियाना ही उसका एकमात्र उद्देश्य बना हुआ है। यदि आतंकियों की आजादी की माँग पर हम विचार करें, तो यहाँ उनकी माँग को जायज इस आधार पर नहीं कहा जा सकता, क्योंकि सीमा पार से आये और एक तिहाई गुलाम कश्मीरियों के तथा-कथित रहनुमा जिस प्रकार से निर्दोष कश्मीरियों का ही नरसंहार करते हैं। उन्हीं के हाथों में उन निर्दोष कश्मीरियों का भाग्य कैसे सौंपा जा सकता है? जिनकी रक्षा का वचन अक्टूबर 1947 में भारत ने कश्मीर की राजा हरी सिंह एवं कश्मीरी आवाम को दिया था। यदि गुलाम कश्मीर के नागरिकों, जिन्हें पाकिस्तान स्वतंत्रता

सेनानी कहता है, कि आजादी की बात पर गौर करें, तो सबसे पहला और अहम प्रश्न यही उठता है। कि भारत से आजादी की माँग करने वाले लोग पाकिस्तान की गुलामी क्यों सह रहे है? आजादी का माँग तो उन्हें पाकिस्तानी सरकार से भी करनी चाहिए।

न केवल उपरोक्त तथ्यों वरन् सतही आधारों पर भी यदि देखा जाये तो पूरा कश्मोर भारत का था, है और आगे भी रहेगा। यदि इस पर किसी ने अब आँख उठाने की जुर्रत की, तो उसे विशाल भारतीय जन सैलाब का कोप भाजन बनना पड़ेगा। लेकिन इस प्रकार के कथनों से कश्मीर की वर्तमान समस्या का समाधान तो होने से रहा। हमें यह निश्चित रूप से मान लेना चाहिए कि हमारी सरकारें कश्मीरियों की पीड़ा और परेशानियों को समझने में या तो नाकामयाब रही है या फिर उन्होंने इसे गम्भीरता से नहीं लिया। यदि हम आज के सन्दर्भों में कश्मीर समस्या के समाधान की बात करें, तो इसके लिए हमें न तो सीमा पार देखने की आवश्यकता है और न ही किसी के मदद की। जरूरत है सिर्फ कश्मीरी आवाम का विश्वास जगाने की और विशेष रूप से उन्हें यह बताने की, कि भारत सरकार ही उनकी रहनुमा है, जिसने उन्हें 1947 के संकट से बचाया, उनका पालन पोषण किया तथा आगे भी करना उन्हीं की जिम्मेदारी है। मुट्ठी भर भाड़े के आतंकवादी जो उन्हीं का संहार करते हैं और आबरू लूटते हैं, उनके रहनुमा नहीं शोषक हैं। कागजी तौर पर यह सुझाव अच्छा है, लेकिन यही सुझाव एक प्रश्न यह छोड़ जाता है कि इस सुझाव को अमली जामा कैसे पहनाया जाए?

अपनी प्रतिवर्ष की जम्मू व कश्मीर यात्राओं के दौरान मैंने एक बात साफ-साफ नोट की है कि आतंक का साया वादियों में जबरदस्त छाया हुआ है–विशेष रूप से कश्मीर के उन क्षेत्रों में जहाँ छोटे-छोटे कस्बे हैं। एक बात और जो गौर करने योग्य है–वह है अशिक्षा। इन क्षेत्रों में शिक्षा का प्रसार नहीं के बराबर है और जो हैं, उसके केन्द्र मदरसे हैं। इन मदरसों में जिहादी शिक्षा देकर हमारें भोले-भाले कश्मीरियों को गुमराह किया जाता है, जिसके फलस्वरूप शोषण बर्दाश्त करके भी ये भोले-भाले लोग आतंकियों की मदद करते हैं। कश्मीर क्षेत्र में ऐसे मदरसों की बहुतायत है और यह क्षेत्र आतंकियों की गतिविधियों का विशेष केन्द्र बिन्दु है। इसके विपरीत जम्मू क्षेत्र में आतंकी गतिविधियाँ कम हैं और लद्दाख क्षेत्र में तो नहीं के बराबर है। इसका एक सबसे बड़ा कारण सांस्कृतिक एवं भाषायी आदान-प्रदान है। जम्मू व लद्दाख क्षेत्र वैष्णो देवी व अमरनाथ की तीर्थ यात्राओं से सम्बन्ध रखता है। प्रतिवर्ष बेशुमार तादात में भारत के विभिन्न क्षेत्रों से यहाँ लोग आते हैं, जिसके कारण यह क्षेत्र भारत की मुख्य धारा से जुड़ा हुआ है। इसके विपरीत कश्मीर का क्षेत्र भारत की मुख्य धारा से आज तक पूर्ण रूपेण नहीं जुड़ सका है। इसके लिए वहाँ का पर्यटन उद्योग पूर्व की भाँति चलाया जाना चाहिए, ताकि शेष

भारत के लोगों का पर्यटकों के रूप में कश्मीर में भारी संख्या में आवागमन हो सके। यही एक मात्र मार्ग है कश्मीर को भारत की मुख्य धारा से जोड़ने का। लेकिन सुरक्षा का प्रश्न फिर आड़े आ जाता है।

यदि राजनैतिक लाभ को छोड़कर कश्मीर को तीन सैक्टर में बाँटने के प्रस्ताव पर गौर किया जाए तो यह सलाह यदि बहुत अच्छी नहीं है, तो बहुत बुरी भी नहीं है। यदि इसे तीन भागों में बाँट दिया जाये, तो जम्मू व लद्दाख क्षेत्र सरकार के लिए समस्या ग्रस्त रह ही नहीं जायेंगे और तब कश्मीर के हालातों पर आसानी से काबू पाया जा सकता है, ऐसा मेरा मानना है। लेकिन इसके लिए भी शिक्षा का प्रसार, रोजगार, सुरक्षा की गारन्टी जैसे मामलों को नजर अंदाज नहीं किया जा सकता।